utb 4399

Eine Arbeitsgemeinschaft der Verlage

Böhlau Verlag · Wien · Köln · Weimar
Verlag Barbara Budrich · Opladen · Toronto
facultas · Wien
Wilhelm Fink · Paderborn
A. Francke Verlag · Tübingen
Haupt Verlag · Bern
Verlag Julius Klinkhardt · Bad Heilbrunn
Mohr Siebeck · Tübingen
Ernst Reinhardt Verlag · München
Ferdinand Schöningh · Paderborn
Eugen Ulmer Verlag · Stuttgart
UVK Verlag · München
Vandenhoeck & Ruprecht · Göttingen
Waxmann · Münster · New York
wbv Publikation · Bielefeld

Für G.
Für E. & S.

Ulrich Baumgärtner

Wegweiser Geschichtsdidaktik

Historisches Lernen in der Schule

2., aktualisierte Auflage

Ferdinand Schöningh

Der Autor:
Ulrich Baumgärtner unterrichtet am Karlsgymnasium München, bildet dort als Seminarlehrer Geschichtslehrerinnen und Geschichtslehrer aus und lehrt als außerplanmäßiger Professor Didaktik der Geschichte am Historischen Seminar der Ludwig-Maximilians-Universität München; er ist Schulbuchautor und Mitglied im Redaktionsbeirat der Zeitschrift *Praxis Geschichte*. Publikationen zur Auseinandersetzung mit dem Nationalsozialismus in der Bundesrepublik (*Reden nach Hitler. Theodor Heuss – die Auseinandersetzung mit dem Nationalsozialismus (2001)*), zur Bildungsgeschichte (*Transformationen des Unterrichtsfaches Geschichte. Staatliche Geschichtspolitik und Geschichtsunterricht in Bayern im 20. Jahrhundert (2007)*) sowie zu Fragen des historischen Lehrens und Lernens.

Umschlagabbildung: Pattakorn Uttarasak/Shutterstock.com

Online-Angebote oder elektronische Ausgaben sind erhältlich unter **www.utb-shop.de**

Bibliografische Information der Deutschen Nationalbibliothek

Die Deutsche Nationalbibliothek verzeichnet diese Publikation in der Deutschen Nationalbibliografie; detaillierte bibliografische Daten sind im Internet über http://dnb.d-nb.de abrufbar.

2., aktualisierte Auflage 2019

Internet: www.schoeningh.de

Printed in Germany.
Herstellung: Ferdinand Schöningh, Paderborn
Einbandgestaltung: Atelier Reichert, Stuttgart

UTB-Band-Nr: 4399
ISBN 978-3-8252-5090-4

Inhalt

Wegweiser Geschichtsdidaktik – ein kurzer Überblick über das Buch

Ausstellungen, Filme, Unterricht – Geschichte ist auf vielfache Weise im privaten und im öffentlichen Leben präsent. Wie Geschichte in verschiedenen Kontexten rezipiert und vermittelt wird, ist Gegenstand der Geschichtsdidaktik als Teildisziplin der Geschichtswissenschaft. Darüber informiert das vorliegende Buch. Es ist kein Handbuch, in dem man alles nachschlagen kann; es ist auch kein Lehrbuch, das das gesamte Prüfungswissen enthält; aber es ist ein Wegweiser, der hilft, sich auf dem Feld der Geschichtsdidaktik zurechtzufinden. Es ist keine Landkarte, die das gesamte Gebiet verzeichnet, sondern markiert die Hauptwege, mitunter auch lohnende Nebenwege. Das Buch legt keine Route fest, auch wenn die Abfolge der Kapitel gleichsam eine Reiseempfehlung darstellt. Die einzelnen Teile sollen aber auch für sich verständlich sein, so dass der Leser selbst entscheiden kann, wann und wo er abbiegt. Der Wegweiser ist noch nicht der Weg selbst: Er muss mit eigener Anstrengung zurückgelegt werden.

An wendet sich das Buch? Es ist geschrieben als Grundlage für Einführungsseminare an der Universität, als Hilfsmittel bei der Prüfungsvorbereitung, als wiederholende Begleitlektüre in der Lehrerausbildung; es wendet sich gleichermaßen an Studierende, angehende und praktizierende Lehrkräfte, wobei es auch für diejenigen hilfreich sein soll, die keine studierten Historiker sind.

Worum geht es? Geschichte beschäftigt sich mit der Vergangenheit. Diese ist unwiderruflich vergangen und nur noch in den Quellen, also den Hinterlassenschaften früherer Zeiten, präsent. Dies ist ein winzig kleiner Ausschnitt vergangenen Lebens; das meiste ist verloren gegangen. Der Zugang zur und die Auseinandersetzung mit der Vergangenheit geschieht auf vielfältige Weise:

Jeder einzelne setzt sich mit seiner eigenen Lebens-Geschichte auseinander, ist stolz auf Leistungen, bereut Fehler, erzählt Erlebnisse und ordnet seine Erinnerungen. Dabei können wichtige Ereignisse wie der Fall der Mauer oder die Terroranschläge am 11. September 2001 („9/11") und bedeutsame Entwicklungen wie die wirtschaftliche Globalisierung eine Rolle spielen. Das heißt: Jeder einzelne macht sich nicht nur ein Bild seines eigenen Lebens, sondern auch ein Bild vom Gang der Geschichte. Dies lässt sich als **Geschichtsbewusstsein** bezeichnen.

Doch das Geschichtsbewusstsein ist nicht nur individuell, sondern eingebunden in gesellschaftliche Zusammenhänge. Dass der Nationalsozialismus schlimme Menschheitsverbrechen begangen hat, dass diese nicht vergessen werden dürfen und in geeigneter Form erinnert werden müssen, ist z. B. eine weithin verbreitete und für das Selbstverständnis der Bundesrepublik zentrale Vorstellung. Wie eine Gesellschaft mit der Geschichte umgeht, zeigt sich in vielfältigen Formen: Welchen Nationalfeiertag hat ein Staat? Wie wird er gefeiert? Welche

Ereignisse und Epochen werden in Filmen aufgegriffen? Welche Ausstellungen haben Erfolg? Daran lässt sich erkennen, wie eine Gesellschaft sichtbar mit Geschichte umgeht. Diese kollektiven Formen des Umgangs mit der Vergangenheit lassen sich als **Geschichtskultur** bezeichnen. Eine besondere Variante stellt die **Geschichtspolitik** dar, die „Geschichte als Waffe" (Edgar Wolfrum) im politischen Kampf benutzt, um die eigene Position zu stärken und um die gegnerische zu schwächen.

Während im weiten Bereich der Geschichtskultur grundsätzlich alles möglich und erlaubt ist – Geschichtsklitterung ebenso wie phantasievolle Umdeutung, politische Instrumentalisierung ebenso wie erlebnishafte Ausgestaltung –, ist die **Geschichtswissenschaft** an feste Regeln gebunden. Sie gewinnt ihre Erkenntnisse aus einer systematischen Analyse der Quellen und erhält so belastbare Ergebnisse. Auf der Grundlage dessen, was als Überlieferung vorliegt, erfolgt eine Rekonstruktion – oder sogar Konstruktion – dessen, was früher geschehen ist.

Geschichtskultur und Geschichtswissenschaft ist gemeinsam, dass sie sich auf die Vergangenheit beziehen: die Geschichtswissenschaft gemäß dem Anspruch wissenschaftlicher Rationalität, die Geschichtskultur mit den Freiheiten der Imagination. Ein Spielfilm, der ein historisches Ereignis darstellt, muss sich nicht an die durch die Forschung gesicherten Fakten halten, sondern darf zum Beispiel Figuren hinzuerfinden. Die jeweilige Darstellung der Vergangenheit, sei es die geschichtswissenschaftliche, sei es die geschichtskulturelle, vermittelt ein **Bild der Vergangenheit**. Dies wird – ein sehr weites Verständnis des Begriffs vorausgesetzt – auch als „**Erzählung**" einer Geschichte bezeichnet.

Eine Besonderheit stellt der **Geschichtsunterricht** dar. Als schulisches Unterrichtsfach mit einer eigenen, vergleichsweise kurzen Geschichte, ist er bestimmt durch die ihm zugesprochenen **Ziele**, die zu behandelnden **Inhalte** sowie die dabei verwendeten **Methoden** und **Medien**. Im Blick auf die Geschichte des Geschichtsunterrichts hat sich dieses Bedingungsfeld immer wieder verändert: Untertanengeist vs. demokratische Gesinnung; Politikgeschichte vs. Sozialgeschichte; Lehrervortrag vs. Gruppenarbeit; Geschichtserzählung vs. Quellenarbeit sind Stichworte für vorherrschende Tendenzen. Vorausgesetzt wird dabei, dass das historische Lernen eine unverwechselbare und nicht ersetzbare Spielart des allgemeinen schulischen Lernens ist, das sich unter anderem mit Hilfe **geschichtsdidaktischer Prinzipien**, also Grundsätzen, die für das historische Lernen exklusiv sind, beschreiben lässt. Aktuell wird die Frage diskutiert, welche **Kompetenzen** der Geschichtsunterricht vermitteln soll – und kann.

Die Didaktik der Geschichte interessiert sich also für das gesamte Feld der **Vermittlung und Rezeption von Geschichte**, vor allem natürlich für den Geschichtsunterricht, aber auch für die außerschulische Geschichtsvermittlung in Museen oder durch Denkmäler, für den Umgang mit Geschichte in Politikerreden und Spielfilmen, für die Geschichtsvorstellungen Einzelner oder ganzer Gruppen, für die Planung, den Ablauf und die Wirkung historischer Lernprozesse vor allem, aber nicht nur im schulischen Bereich.

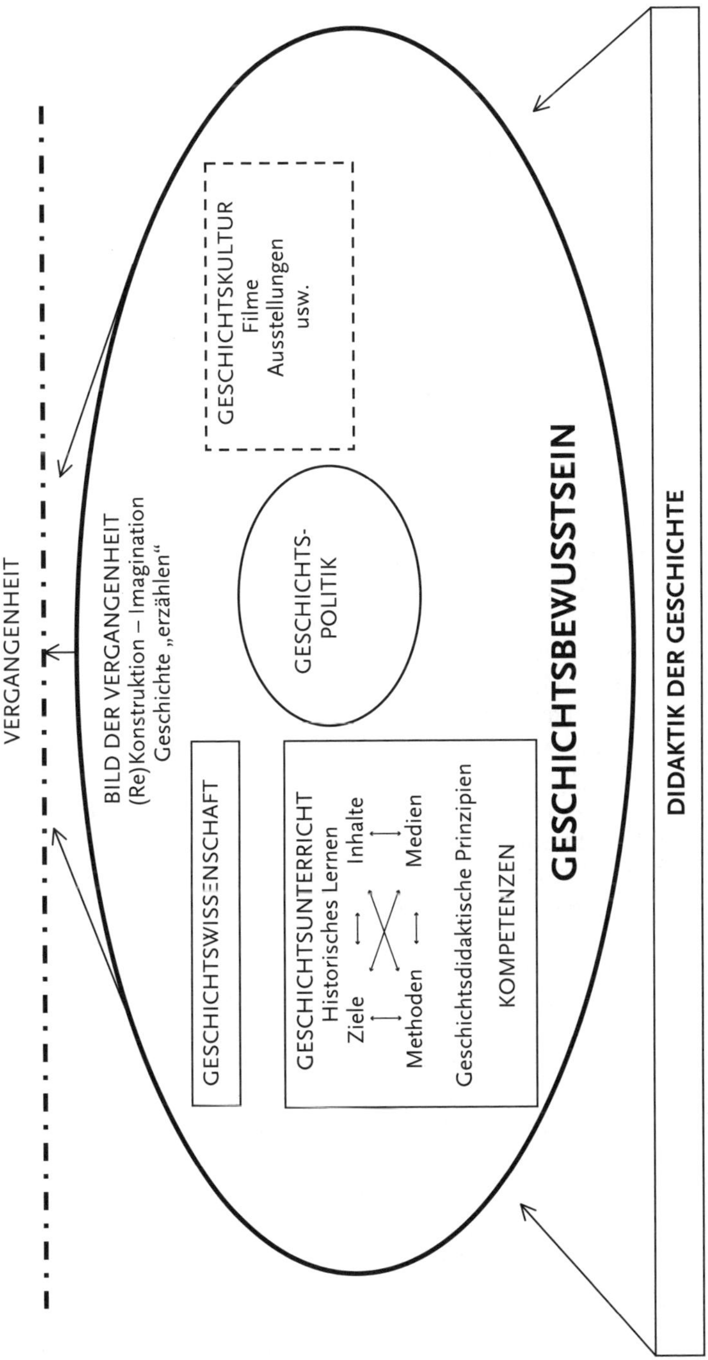

Abb. 1: Der Gegenstandsbereich der Geschichtsdidaktik

Wie ist das Buch aufgebaut? Die folgende Darstellung der einzelnen, hier kurz skizzierten Aspekte soll bei der Orientierung im geschichtsdidaktischen Terrain helfen. Sie geht vom Allgemeinen ins Besondere. Zunächst wird die geschichtswissenschaftliche Disziplin Geschichtsdidaktik vorgestellt, bevor das Phänomen Geschichte in der Gesellschaft mit Hilfe der zentralen Begriffe „Geschichtsbewusstsein" und „Geschichtskultur" skizziert wird. Im Folgenden geht es um Geschichte in der Schule im Allgemeinen, bevor im Besonderen Ziele, Inhalte, Methoden und Medien des historischen Lernens ausführlicher vorgestellt werden. Es geht also vornehmlich um eine Geschichtsdidaktik für die Schule.

Traditionell hat sich die Geschichtsdidaktik mit hohem theoretischem Anspruch und mitunter mit ausgeprägter Lust an der Kontroverse auf die **Ziele historischen Lernens** konzentriert. Die frühere Auseinandersetzung verschiedener geschichtsdidaktischer Positionen und die aktuelle intensive Diskussion über vielfältige Kompetenzmodelle sind dafür Beispiele. Demgegenüber wurde die Erörterung der im Unterricht zu verhandelnden **Inhalte** eher vernachlässigt. Ein Alleinstellungsmerkmal des historischen Lernens sind hingegen die **Medien**, weshalb sich die geschichtsdidaktische Diskussion, neben den Zielen, auf diesen Bereich konzentriert hat. Der Umgang mit Quellen verschiedenster Art spielt z. B. in der schulischen Unterrichtspraxis, aber auch in allen anderen Vermittlungsprozessen, eine wichtige Rolle. Dementsprechend hat die vorliegende Darstellung hier ihren Schwerpunkt. Eine spezifische **Methodik** des historischen Lernens auszumachen, fällt hingegen nicht leicht, da das Vorgehen bei der Text- oder bei der Bildanalyse sich zwar in der Fragestellung, aber nicht im konkreten Vorgehen grundsätzlich von dem unterscheidet, was in anderen Fächern praktiziert wird.

Am Ende steht ein Ausblick auf Fragen der **Planung, Durchführung und Auswertung von Unterricht**. Dies kann man sich nicht theoretisch aneignen, sondern muss man praktisch lernen. Aber man kann es nur praktisch lernen, wenn man das eigene Tun theoretisch reflektiert. Darüber, welche Wirkung historisches Lernen hat, ist trotz inzwischen bemerkenswerter **empirischer Forschungen** insgesamt wenig bekannt, da die entsprechenden Lernprozesse diffus und im Einzelnen schwer zu fassen sind. Gleichwohl lohnt am Ende ein kurzer Blick auf die aktuelle Forschung.

Das vorliegende Buch hilft, wie gesagt, bei der Orientierung. Es zeigt Wege und weist auf Wichtiges hin. Insofern finden sich vornehmlich knapp gehaltene, klar strukturierte und möglichst objektive Basisinformationen zu Fragen, die in der Geschichtsdidaktik verhandelt werden. Persönliche Einschätzungen werden dabei nicht verschwiegen, aber stets als solche gekennzeichnet. Schaubilder sollen beim Verständnis helfen, wohl wissend, dass jede Visualisierung schon eine Deutung enthält. Die **Probleme und Perspektiven** greifen ohne Anspruch auf Systematik einzelne Fragestellungen auf und sollen zur Reflexion und zur Weiterarbeit anregen. Dazu dienen die **Literaturhinweise**, die nur erste Anregungen bieten und die eigenständige Literatursuche nicht ersetzen können. Die folgenden Grundlagenwerke, Zeitschriften und sonstigen Ressourcen bilden dafür eine unverzichtbare Grundlage.

Grundlegende Literatur

Bei der ***Literatursuche*** *bietet sich folgendes Vorgehen an: Sinnvoll ist es, (1) zunächst die nachfolgenden Titel im Hinblick auf das gewählte Thema durchzusehen. Die mit * markierten Titel sind aufgrund ihrer Aktualität und aufgrund ihrer inhaltlichen Breite als Einstieg besonders gut geeignet. Hier finden sich (2) weitere Literaturangaben und Hinweise in den Fußnoten, so dass nach und nach ein immer besserer Überblick über die Entwicklung der Forschung und den aktuellen Forschungsstand möglich wird. Auch die Recherche in Bibliothekskatalogen kann hier weiterhelfen, wobei ein Negativergebnis nicht bedeutet, dass es keine einschlägige Literatur gibt. (3) Aktuelle Beiträge finden sich in den Zeitschriften; besonders wichtig sind die mit ** bezeichneten. (Unterrichtspraktische Beispiele bieten die entsprechenden mit *** markierten Zeitschriften.) – In den folgenden Kapiteln wird in der Regel nicht gesondert auf die grundlegende Literatur verwiesen; hier finden sich vielmehr Hinweise auf leicht greifbare Titel, die der Einführung und einem ersten Überblick dienen. Eine eigenständige Recherche und Literaturauswertung ist unverzichtbar.*

*Barricelli, Michele/Lücke, Martin (Hg.): Handbuch Praxis des Geschichtsunterrichts, 2 Bde., 2. Aufl., Schwalbach (Ts.) 2017 [= Barricelli/Lücke, Handbuch] (*aktueller Sammelband zu verschiedenen, vornehmlich theoretischen Aspekten des historischen Lernens in der Schule*)

Berger, Jutta/Schmidtmann, Christian: Referendariat Geschichte. Kompaktwissen für Berufseinstieg und Examensvorbereitung, Berlin 2014 (*Basisinformationen für die zweite Ausbildungsphase.*)

Bergmann, Klaus u.a. (Hg.): Handbuch der Geschichtsdidaktik, 5. Aufl., Seelze-Velber 1997 [= Bergmann, Handbuch] (*klassisches Handbuch, das nicht mehr neu aufgelegt wurde*)

Bongertmann, Ulrich u.a.: Leitfaden Referendariat im Fach Geschichte, Schwalbach (Ts.) 2017 (*Einführung mit dem Schwerpunkt auf der zweiten Phase der Lehrerausbildung*)

Brauch, Nicola: Geschichtsdidaktik, Berlin/Boston 2015 (*Einführungswerk mit starker Betonung der Kompetenzorientierung*)

Gautschi, Peter: Geschichte lehren, 5. Aufl., Aargau 2012 [= Gautschi, Geschichte] (*praxisorientierte Einführung in Fragen des Geschichtsunterrichts*)

Gies, Horst: Geschichtsunterricht. Ein Handbuch zur Unterrichtsplanung, Köln u. a. 2004 [= Gies, Geschichtsunterricht] (*systematische Zusammenstellung vielfältiger Fragen, die den Geschichtsunterricht betreffen*)

Günther-Arndt, Hilke/Handro, Saskia (Hg.): Geschichts-Methodik. Handbuch für die Sekundarstufe I und II, 5. Aufl., Berlin 2018

*Günther-Arndt, Hilke/Zülsdorf-Kersting, Meik (Hg.): Geschichtsdidaktik. Praxishandbuch für die Sekundarstufe I und II, 7. Aufl. Berlin 2018 [= Günther-Arndt, Geschichtsdidaktik] (*anregender Sammelband mit Darstellungen zu gängigen Themen der geschichtsdidaktischen Diskussion*)

Mayer, Ulrich u. a. (Hg.): Handbuch Methoden im Geschichtsunterricht, Schwalbach (Ts.) 2004 [= Mayer, Handbuch Methoden] (*breit angelegter Überblick mit vielen Beispielen und Materialien, der mitunter Überschneidungen mit Pandel/ Schneider, Handbuch Medien aufweist*)

*Mayer, Ulrich u. a. (Hg.): Wörterbuch Geschichtsdidaktik, Schwalbach (Ts.) 2006 [= Mayer, Wörterbuch] (*übersichtliches Nachschlagewerk mit knappen Informationen zu wichtigen Begriffen*)

*Pandel, Hans-Jürgen: Geschichtsdidaktik. Eine Theorie für die Praxis, Schwalbach/ Ts. 2013 [= Pandel, Geschichtsdidaktik] (*neueste, überaus lesenswerte Gesamtdarstellung*)

Pandel, Hans-Jürgen/Schneider, Gerhard (Hg.): Handbuch Medien im Geschichtsunterricht, Schwalbach (Ts.) 1999 [= Pandel/Schneider, Handbuch Medien] (*breit angelegter Überblick mit vielen Beispielen und Materialien, der mitunter Überschneidungen mit Mayer, Handbuch Methoden aufweist*)

Rohlfes, Joachim: Geschichte und ihre Didaktik, 3. Aufl., Göttingen 2005 [= Rohlfes, Geschichte] (*lange Zeit einzige und maßgebliche Gesamtdarstellung*)

*Sauer, Michael: Geschichte unterrichten. Eine Einführung in die Didaktik und Methodik, 12. Aufl., Seelze-Velber 2015 [= Sauer, Geschichte] (*praxisbezogener Überblick*)

*Schreiber, Waltraud (Hg.): Erste Begegnungen mit Geschichte. Grundlagen historischen Lernens, 2 Bde., 2. Aufl., Neuried 2004 [= Schreiber, Begegnungen] (*im ersten Band ein Überblick über verschiedene Fragen der Geschichtsdidaktik, im zweiten Band eine Sammlung von Unterrichtsideen vor allem für die Grundschule*)

Unterrichtspraxis. Methoden – Medien – Anleitungen. Praxis Geschichte extra, Braunschweig 2015 (*Zusammenstellung von einschlägigen Beiträgen aus der gleichnamigen Zeitschrift*)

Geschichtsdidaktische Zeitschriften

**Geschichte in Wissenschaft und Unterricht, 1950ff. [= GWU] (*maßgebliche wissenschaftliche Zeitschrift, die geschichtswissenschaftliche und geschichtsdidaktische Themen behandelt*)

Geschichtsdidaktik, 1976-1987 [= Gd] (*Gegengründung zur GWU mit deutlich anderer Ausrichtung und einigen inzwischen klassischen Abhandlungen*)

**Zeitschrift für Geschichtsdidaktik, 2002ff. [= ZfGD] (*maßgebliche geschichtsdidaktische Fachzeitschrift*)

**Zeitschrift für Didaktik der Gesellschaftswissenschaften, 2010ff. [=zdg] (*wechselnde Themenschwerpunkte mit regelmäßigen geschichtsdidaktischen Beiträgen*)

Geschichte für heute, 2008ff. [=Gfh] (*Zeitschrift des Geschichtslehrerverbands mit Fachartikeln, Rezensionen und Verbandsnachrichten; Zusammenschluss der einzelnen, im Folgenden aufgeführten Publikationen verschiedener Landesverbände*)
Geschichte – Erziehung – Politik. Magazin für historische und politische Bildung, 1990-1998
Geschichte, Politik und ihre Didaktik, 1973-2008
Informationen für den Geschichts- und Gemeinschaftskundelehrer, 1967-1975, 1978-2008

Journal of Educational Media, Memory, and Society, 2009ff. [= JEMMS] (*Zeitschrift des Georg-Eckert-Instituts mit Abhandlungen zur internationalen Schulbuchforschung; Nachfolger der folgenden Zeitschrift*)
Internationale Schulbuchforschung. Zs. d. Georg-Eckert-Instituts, 1979-2009 [= ISF]

***Praxis Geschichte, 1987 ff. [= PGS] (*geschichtsdidaktische Zeitschrift mit Unterrichtsvorschlägen zu einzelnen Themen*)

***Geschichte lernen, 1988ff. [= Gl] (*geschichtsdidaktische Zeitschrift mit Unterrichtsvorschlägen zu einzelnen Themen*)

***Geschichte betrifft uns, 1983 ff. (*Unterrichtsmaterialien zu einzelnen Themen*)

**http://public-history-weekly.oldenbourg-verlag.de/ (*deutsch-/englischsprachiger Blog zu vielfältigen Fragen der Geschichtsdidaktik*)

https://beta.historicum.net/didaktik/ (*nützliches geschichtswissenschaftliches Portal mit Bibliografie zur Geschichtsdidaktik*)

https://www.historicum.net/kgd/ (*Homepage der Konferenz für Geschichtsdidaktik, des deutschen geschichtsdidaktischen Fachverbandes)*

http://ishd.co *(Homepage der International Society For History Didactics, des internationalen geschichtsdidaktischen Fachverbandes)*

http://www.geschichtslehrerverband.de/ *(Homepage des Verbandes der Geschichtslehrer Deutschlands)*

Die Adressen der Internetseiten wurden am 1.12.2018 überprüft.

Geschichte und Didaktik

Der Begriff „Geschichtsdidaktik“ ist vieldeutig. Einerseits wird er in der Alltagssprache undifferenziert mit verschiedenen Aspekten des historischen Lernens verbunden, seien es grundsätzliche Überlegungen zum Ziel des Geschichtsunterrichts, sei es die methodisch geschickte Aufbereitung des „Stoffes“. Andererseits wurde im Expertendiskurs zu verschiedenen Zeiten Verschiedenes mit dem Begriff verbunden, denn die zugehörige wissenschaftliche Disziplin hat ihre eigene, relativ kurze Geschichte – und das, was heute als „Didaktik der Geschichte“ bezeichnet wird, wurde nicht immer so genannt und auch nicht immer wissenschaftlich betrieben. Im Folgenden sollen zunächst die beiden Wortteile „Geschichte“ und „Didaktik“ getrennt reflektiert werden.

Geschichte

Der Begriff „Geschichte“

Eine Geschichte ist eine Erzählung. Sie ist zunächst etwas Alltägliches: Sie handelt von Erlebnissen in Schule und Beruf, von zwischenmenschlichen Begebenheiten, von mitteilenswerten Neuigkeiten. Über Vergangenes wurde schon immer berichtet. Doch die Gesamtheit dieser einzelnen Geschichten bildet zusammen nicht die Geschichte. Es gibt vielmehr einige Besonderheiten, die das wissenschaftliche Fach Geschichte kennzeichnen.

Eine erste Annäherung an das, was die wissenschaftliche Disziplin Geschichte ausmacht, ist möglich über die **Geschichte des Begriffs „Geschichte“** selbst. Abgeleitet vom Verb „geschehen“, bezeichnet „Geschichte“ zweierlei:

- zum einen die **res gestae**, die ausgeführten Taten, etwas, was in der Vergangenheit geschehen ist, also einen **historischen Sachverhalt**;
- zum anderen den Bericht, die **Erzählung** davon, die **historia rerum gestarum**.

Allerdings hat der Begriff um 1800 einen **umfassenden Bedeutungswandel** erfahren. In dem Grundlagenwerk *Geschichtliche Grundbegriffe. Historisches Lexikon zur politisch-sozialen Sprache in Deutschland* führt der Historiker Reinhart Koselleck (1923-2006) dazu aus:

> „Dass ‚Geschichte' ein geschichtlicher Grundbegriff sei, scheint sich aus dem Wort von selbst zu ergeben. Der Ausdruck hat aber seine eigene Geschichte, die ihn erst gegen Ende des 18. Jahrhunderts zu einem politischen und sozialen Leitbegriff aufrücken ließ. Vergangenheit und Zukunft zugleich erfassend, wurde ‚die Geschichte' zu einem regulativen Begriff für alle gemachte und noch zu machende Erfahrung. Der Ausdruck reicht seitdem weit über den Bereich bloßer Erzählung oder historischer Wissenschaft hinaus. [...] Dass das gesamte politisch-soziale Beziehungsgeflecht auf dieser Erde in allen seinen zeitlichen Erstreckungen als ‚Geschichte' begriffen wird, ist dagegen neu. Wo früher Recht oder Strafe, Gewalt, Macht, Vorsehung oder Zufall, Gott oder das Schicksal beschworen werden mochten, konnte man sich seit dem Ende des 18. Jahrhunderts auf die Geschichte berufen. Neue Bedeutungen sind hinzugekommen, die sprachlich früher auf einen Begriff zu bringen noch nicht möglich war: die Geschichte als Prozess, als Fortschritt, als Entwicklung oder als Notwendigkeit. ‚Geschichte' wird zu einem umfassenden Bewegungsbegriff. Demgegenüber öffnet sich der andere neue Bedeutungsraum: ‚Geschichte' als Handlungsfeld und Tat, als Freiheit. Geschichte wird planbar, produzierbar, machbar. Aus ‚Geschichte' wird auch ein Aktionsbegriff. Beide Varianten, die objektive und die subjektive Seite, die sich logisch einander ausschließen, verleihen dem Begriff eine Zweideutigkeit, die ihm seitdem innewohnt. Seine Verwendung als Schlagwort, seine Anfälligkeit für Ideologie und Ideologiekritik sind daraus ableitbar. [...] Die Zeit wird mehrschichtig, nicht mehr nur als naturgegeben erfahren, sondern als Vollzugsweise und Ergebnis menschlichen Handelns, menschlicher Kultur und vor allem menschlicher Technik. Erst seitdem Beschleunigung und Verzögerung Erfahrungsdifferenzen ausmessen, die so oder so auszugleichen ein Leitmotiv politisch-sozialen Handelns wird, und erst seitdem sich damit die Erwartung einer planbaren Zukunft verbindet, gibt es den Begriff der Geschichte. ‚Geschichte' greift als Legitimationsbegriff weit über seine wissenschaftliche Verwendung hinaus. Er hat die neuzeitlichen Erfahrungen und Hoffnungen in einem Wort gebündelt, das seitdem Streit- und Schlagwort unserer politisch-sozialen Sprache werden konnte" (Koselleck, Geschichte, 593-595).

An diesen Überlegungen ist bemerkenswert:

- „Geschichte" im heutigen Verständnis ist ein Ergebnis grundlegender Veränderungen in der Zeit um 1800.
- „Geschichte" bezieht sich gleichermaßen auf das alltägliche Erzählen, auf die historische Wissenschaft und auf eine bestimmte Form der Weltwahrnehmung überhaupt.
- „Geschichte" beschreibt demnach umfassend alle Veränderungen auf der Erde („Bewegungsbegriff"), die durch bewusstes Handeln („Aktionsbegriff") beein-

flusst werden können. An die Stelle der Einzelgeschichten tritt als zusammenfassende Bezeichnung der Kollektivsingular „Geschichte".
- Diese Bedeutungsveränderungen bewirken, dass Geschichte nicht auf die Wissenschaft beschränkt bleibt, sondern eine politische Dimension („Legitimationsbegriff") gewinnt.

Alle drei Aspekte – Geschichte als Erzählung, Geschichte als Wissenschaft und Geschichte als Argument, ja als politische „Waffe" – sind fachdidaktisch relevant:
- **Narrativität** als grundlegendes Darstellungsprinzip historischer Sachverhalte knüpft zwar an das Erzählen in der Alltagswelt an, benennt aber die Logik geschichtswissenschaftlicher Darstellung und spielt daher im Hinblick auf die Vermittlung historischer Sachverhalte eine grundlegende Rolle.
- Die vielfältige Präsenz von Geschichte in der Öffentlichkeit ist der Ausgangspunkt von Überlegungen zum **Geschichtsbewusstsein in der Gesellschaft**.
- Die **Geschichtswissenschaft** ist ein zentraler Orientierungspunkt für alle Formen des historischen Lernens. Deren Grundlagen sollen im Folgenden kurz skizziert werden.

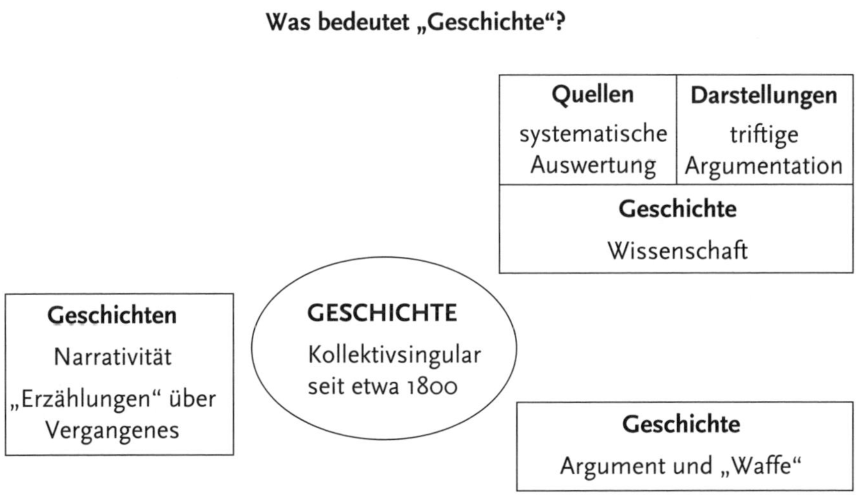

Abb. 2: Der Begriff „Geschichte"

Geschichte als wissenschaftliche Disziplin: Quellen und Darstellungen

Die Etablierung von Geschichte als wissenschaftliche Disziplin fällt ins 19. Jahrhundert. In diesem Zusammenhang wurden auch die erkenntnistheoretischen Grundlagen des Faches, also die Möglichkeiten und Grenzen der wissenschaftlichen Geschichtsschreibung, reflektiert. Maßgeblich waren dabei u. a. die Überlegungen des Historikers Johann Gustav Droysen (1808-1884):

> „Alle empirische Forschung regelt sich nach den Gegebenheiten, auf die sie gerichtet ist. Und sie kann sich nur auf solche richten, die ihr nur zu sinnlicher Wahrnehmbarkeit gegenwärtig sind. Das Gegebene für die historische Forschung sind nicht die Vergangenheiten, denn diese sind vergangen, sondern das von ihnen im Jetzt und Hier noch Unvergangene, mögen es Erinnerungen von dem, was war und geschah, oder Überreste des Gewesenen und Geschehenen sein" (Droysen, Grundzüge, 90).

Diese Feststellung benennt ein Grundproblem der Geschichtswissenschaft bei ihrem Bestreben, ein zuverlässiges Bild der Vergangenheit zu zeichnen. Die Vergangenheit ist unwiderruflich vergangen und kann nur noch aufgrund der überlieferten Relikte („sinnliche Wahrnehmbarkeit") erschlossen werden. Insofern kann Geschichtsschreibung kein detailgenaues, farbenprächtiges Gemälde davon bieten, **wie es gewesen ist**, sondern lediglich einige mehr oder weniger genaue Skizzen entwerfen, die eine Ahnung davon vermitteln, **wie es gewesen sein könnte**. Da „Erinnerungen von dem, was war und geschah", meist nicht weit zurückreichen und oft hochgradig unzuverlässig sind, stützt sich die historische Forschung auf „Überreste des Gewesenen und Geschehenen", die so genannten **Quellen**.

Darunter fallen nach einer weitverbreiteten Definition ganz allgemein „alle Texte, Gegenstände oder Tatsachen, aus denen Kenntnis der Vergangenheit gewonnen werden kann" (Paul Kirn). Kritisiert wurde daran, dass Geschichte als Menschheits-Geschichte und nicht als Natur-Geschichte zu verstehen sei und dass nachträgliche Darstellungen nicht als Quellen zu bezeichnen sind. Der Geschichtsdidaktiker Hans-Jürgen Pandel (*1940) definiert daher:

> „Quellen sind Objektivationen und Materialisierungen vergangenen menschlichen Handelns und Leidens. Sie sind in der Vergangenheit entstanden und liegen einer ihr nachfolgenden Gegenwart vor" (Pandel, Quelleninterpretation, 11).

Entscheidend ist, dass sie möglichst „ereignis-nah" („in der Vergangenheit entstanden") sind. Allerdings wären auch Baumringe, die ohne „menschliches Handeln" entstanden sind, aber über vergangene Klimaverhältnisse Auskunft geben können, für die Umweltgeschichte durchaus als historische Quellen zu bezeichnen.

Grundsätzlich lassen sich verschiedene **Quellengattungen** unterscheiden. Die wissenschaftliche Geschichtsschreibung hat sich in ihrer modernen Form im 19. Jahrhundert aus den Philologien, insbesondere aus der Altphilologie, die sich mit den antiken Autoren beschäftigt, herausgebildet. Dies erklärt, warum schriftliche Quellen zunächst und für lange Zeit das bevorzugte Feld geschichtswissenschaftlichen Arbeitens darstellten. Erst nach und nach setzte die Beschäftigung etwa mit

Bildern ein, während die Sachquellen eine Domäne der Archäologie als eigenständiger Disziplin wurden. Heute lassen sich folgende Quellenarten unterscheiden:

- **mündliche Quellen**: Diese Erzählungen reichen zeitlich nicht weit zurück und verlieren, wenn sie über Generationen weitergegeben werden, an Glaubwürdigkeit („Flüsterpost"-Effekt). Die so genannte *Oral History* als wissenschaftliche Methode der Zeitzeugenbefragung versucht diese Unzuverlässigkeit auszugleichen. Werden die mündlichen Äußerungen verschriftlicht, werden sie zu schriftlichen Quellen.
- **akustische Quellen**: Solche Tonaufnahmen von Liedern oder Aufzeichnungen von Geräuschen stellen eine Besonderheit dar. Auch wenn diese durch die so genannte *Sound History* vermehrt erforscht werden, werden sie in gängigen Einführungen oft nicht eigens erwähnt.
- **schriftliche Quellen**: Hierzu zählt alles, was aufgeschrieben wurde – von Inschriften bis zu Privatbriefen, von zusammenhängenden Darstellungen über Aufstellungen (Tabellen, Statistiken) bis hin zu Notizen.
- **bildliche Quellen**: Jede entsprechende Überlieferung – von der Höhlenzeichnung bis zur Fotografie, von der Skizze bis zum Monumentalgemälde – zählt zu dieser Gattung. Oft werden auch Filme als „bewegte Bilder" dazu gerechnet, wenngleich es überlegenswert wäre, diese als eigene Gattung zu definieren.
- **gegenständliche Quellen**: Jede dingliche Überlieferung, die als dreidimensionaler Gegenstand im Wortsinn greifbar ist, ist dieser Quellenart zuzuordnen. Sofern schriftliche bzw. bildliche Quellen in ihrer Materialität untersucht werden, gelten sie als gegenständliche Quellen.

Diese Unterscheidung ist nicht immer trennscharf. So kann eine Münze im Hinblick auf ihre materiale Beschaffenheit (Gewicht, Größe usw.) als gegenständliche, im Hinblick auf die Beschriftung als schriftliche, im Hinblick auf die Abbildungen als bildliche Quelle betrachtet werden.

Um daraus Informationen gewinnen zu können, hat die Geschichtswissenschaft ein Verfahren der **Quelleninterpretation** entwickelt. Quellen müssen zuerst gesucht und gefunden, dann ausgewertet, mit anderen Zeugnissen verglichen und schließlich zusammenfassend gedeutet werden. Dies ist das Geschäft der Geschichtswissenschaft. Sie folgt dabei bestimmten Regeln, um zu belastbaren Ergebnissen zu kommen. Diese sind allerdings nicht allgemeingültig, sondern müssen im Einzelfall immer wieder neu überprüft werden: Zu einem Sachverhalt müssen möglichst alle Quellen gesucht und ausgewertet werden. Die Quellen müssen kritisch geprüft werden, da sie falsche Informationen oder einseitige Deutungen enthalten können. Der Wert der einzelnen Quellen kann zunächst nach bestimmten Kriterien bewertet werden. Im Lauf der Forschungsarbeit ergibt sich dann u. U. ein anderes Bild. Wichtige Überlegungen können dabei z. B. sein:

- **Ereignisnähe**: Das Zeugnis, das dem zu untersuchenden Sachverhalt zeitlich näher ist, ist auch glaubwürdiger.

- **Glaubwürdigkeit**: Die genaue Untersuchung der Herkunft, des Urhebers, der Überlieferung selbst kann Fälschungen entlarven.
- **Primat der Überrestquellen**: Ein **Überrest** ist eine absichtslos hinterlassene Quelle, **Tradition** eine absichtsvoll überlieferte. So kann ein Politiker in seiner Autobiografie, einer Traditionsquelle, z. B. leugnen, dass er von einem bestimmten Vorgang Kenntnis hatte. Interne Dokumente mit seiner Unterschrift, also Überrestquellen, können das Gegenteil belegen. Grundsätzlich gilt daher: Überrestquellen sind, da sie absichtslos überliefert wurden, verlässlicher. Dabei gibt es natürlich Grenzfälle und Mischformen. Entscheidend für die Unterscheidung ist die jeweilige Fragestellung des Historikers. Richtet sich das Interesse des Forschers im vorliegenden Beispiel auf die öffentliche Selbstdarstellung von Politikern, so sind Autobiografien (neben Reden, Fernsehauftritten, Wahlplakaten usw.) nun als „Überreste" anzusehen.
- **Dichte der Überlieferung**: Je mehr Quellen für eine bestimmte Version sprechen, desto plausibler erscheint diese.

Alle Behauptungen müssen durch Quellen belegt werden. Umgekehrt besteht ein „Vetorecht der Quellen" (Reinhart Koselleck), d. h., dass eine Aussage, die den Quellen widerspricht, nicht zulässig ist.

Darstellungen sind das Ergebnis wissenschaftlichen Arbeitens. In ihnen werden die Ergebnisse der Forschung niedergelegt. Sie müssen bestimmte Kriterien erfüllen, z. B.:

- Es muss eine sinnvolle und in sich **stimmige Fragestellung** vorliegen.
- Die **Quellenauswertung** sollte möglichst umfassend und systematisch sein.
- Die **bisherigen Forschungsergebnisse**, also die schon existierenden wissenschaftlichen Abhandlungen, müssen möglichst vollständig ausgewertet werden.
- Der Erkenntnisprozess muss **intersubjektiv nachprüfbar**, d. h. transparent und nachvollziehbar sein. Dazu dienen u. a. das Literaturverzeichnis sowie die Anmerkungen.
- Die Darstellung muss **argumentativ triftig bzw. plausibel** sein: Dabei lassen sich mit dem Geschichtstheoretiker Jörn Rüsen (*1938) vier Aspekte unterscheiden: Die **empirische Plausibilität** bezieht sich darauf, dass die Interpretation den Sachverhalt adäquat erfasst („Erfahrungsbezug"), die **theoretische Plausibilität** darauf, dass sie ihn schlüssig erklärt („Erklärungskraft"), die **normative Plausibilität** auf die zugrunde liegenden Normen und Werte („Standpunktreflexion") und die narrative Plausibilität auf die Befriedigung von Orientierungsbedürfnissen („Lebensdienlichkeit") (Rüsen, Historik, 58-62).

Quellen als geschichtswissenschaftlich relevante Überlieferung eröffnen und begrenzen bestimmte **Erkenntnismöglichkeiten (Epistemologie)**, die auch für die Geschichtsschreibung maßgeblich sind (Pandel, Historisches Erzählen, 75ff.):

- **Retrospektivität**: Alle Sachverhalte werden rückblickend betrachtet und erschlossen. So sind einerseits die Folgen bekannt, was aber andererseits den Blick aus der damaligen Perspektive verstellt.
- **Temporalität**: Die Betrachtung der Vergangenheit ist nur möglich durch einen ständigen Wechsel zwischen verschiedenen Zeitebenen: So sind bei der Analyse eines Sachverhalts Quellen zu betrachten, die aus verschiedenen Zeiten stammen; die Vorgeschichte ist ebenso miteinzubeziehen wie die Nachgeschichte; und nicht zuletzt wird die Vergangenheit aus der heutigen Perspektive betrachtet.
- **Partialität**: Grundsätzlich ist festzuhalten, dass sich nicht alles, was das vergangene Leben ausgemacht hat, auch in Zeugnissen niedergeschlagen hat, nicht alles, was sich überhaupt niedergeschlagen hat, aufbewahrt wurde, und nicht alles, was aufbewahrt wurde, sich auch erhalten hat. Es ist immer nur ein Bruchteil dessen, was in einer Zeit an Quellen entstanden ist, erhalten geblieben. Dies bedeutet, dass das Bild der Vergangenheit daher für den späteren Betrachter immer unvollständig bleiben muss. Aber auch jede Geschichtsschreibung ist zeitlich und räumlich begrenzt.
- **Perspektivität**: Jede Quelle enthält eine bestimmte Sichtweise auf einen Sachverhalt. Sie ist immer – auch beim größten Bemühen um Objektivität – von einer bestimmten Betrachtungsweise, ja von Parteilichkeit geprägt. Insofern bedarf es stets einer kritischen Betrachtung der Quelle. Aber auch wissenschaftliche Darstellungen wählen allein durch ihre Fragestellung eine bestimmte Perspektive und fällen Urteile nach bestimmten Kriterien.
- **Selektivität**: Eine vollständige Wiedergabe vergangener Wirklichkeit ist schlicht unmöglich, so dass immer eine Auswahl erfolgt. Diese ist zum Teil schon durch die Überlieferung vorgegeben. Bei der Erforschung kristallisieren sich dann aber bestimmte Schwerpunkte heraus.
- **Konstruktivität**: In Quellen wird über etwas berichtet. Es besteht also zwischen dem „Etwas", dem Sachverhalt (res gestae), und dem „Berichten", der Erzählung (historia rerum gestarum), ein kategorialer Unterschied, der sich jedoch in der konkreten Quelle verschleift. Bereits im mündlichen Bericht eines Geschehens verändert sich dieses: Manches wird weggelassen, manches besonders hervorgehoben, Unverständliches nachträglich erklärt oder zu erklären versucht. Die Aufgabe der Geschichtswissenschaft ist es, den Sachverhalt aus der bruchstückhaften und perspektivischen Überlieferung möglichst objektiv zu rekonstruieren – wohlwissend, dass Objektivität nur eine regulative Idee, also ein anzustrebendes Ziel darstellt. Die retrospektive quellengestützte Darstellung gibt nicht die Vergangenheit selbst wieder, sondern zeichnet aufgrund bestimmter Vorannahmen und mit Hilfe bestimmter Deutungen ein Bild der Vergangenheit, konstruiert gleichsam Geschichte.

Das Geschäft der Geschichtswissenschaft lässt sich also zusammenfassend als **Rekonstruktion** bezeichnen und mit Hilfe der Mosaik-Metapher veranschaulichen. Es finden sich viele Mosaiksteinchen, will sagen: Quellen, von denen be-

Abb. 3: Klio, Ausschnitt aus dem Vergil-Mosaik des Bardo-Nationalmuseums in Tunis, 3. Jahrhundert n. Chr.

kannt ist, dass sie, richtig zusammengesetzt, ein Bild ergeben. Im Zuge der Forschungsarbeit werden Teile des Bildes sichtbar, für andere Bereiche gibt es momentan keine Steine. Nach bestem Wissen und Gewissen sowie mit aller Vorsicht werden die fehlenden Teile gedanklich ergänzt. Da der Historiker nicht umhin kommt, bei der Rekonstruktion auch mit begründeten Vermutungen zu arbeiten, also zum Beispiel Motive zu erschließen, wenn es keine expliziten Aussagen dazu gibt, wird seine Tätigkeit auch als Konstruktion, ja als Fiktion beschrieben. Der amerikanische Historiker und Literaturwissenschaftler Hayden White (1928-2018) hat etwa Geschichtsdarstellungen untersucht und dabei bestimmte Erzählmuster gefunden. Sein Buch trägt daher den Titel *Auch Klio dichtet oder Die Fiktion des Faktischen*, d. h. die Grenzen der Geschichtsschreibung, deren Muse Klio ist, zur fiktionalen Literatur sind mitunter fließend. Hinzu kommt, dass der Historiker seine Fragestellungen aus seiner gegenwärtigen Lebenswelt gewinnt. Somit verändern sich die Ansätze und die Schwerpunkte der Forschung. Bestimmte Sachverhalte erscheinen immer wieder in neuem Licht. Allerdings sind die Ergebnisse trotz aller Veränderung nicht beliebig und subjektiv.

Didaktik

Begrifflichkeiten

Der zweite Wortbestandteil von Geschichts-Didaktik verweist ins Feld des Lehrens und Lernens. Allerdings wird auch dieser Begriff nicht einheitlich gebraucht. Daher ist es nötig, zunächst einige begriffliche Vorklärungen zu treffen, bevor das grundsätzliche Anliegen der erziehungswissenschaftlich betriebenen Didaktik skizziert wird.

Der Ursprung des Wortes „Didaktik" liegt im Griechischen: *didáskein* bedeutet lehren, unterrichten, der *didáskalos* war der Lehrer, das *didaskaleíon* der Raum zum Lehren, will sagen: die Schule, *dídaxis* das Gelehrte bzw. Gelernte und *didaktiké téchne* die Lehrtechnik bzw. Lehrkunst. Daran wird der enge Bezug der Didaktik zur Lehre und zur Wissensvermittlung deutlich. Die griechischen Begriffe wurden als Fremdwörter ins Lateinische übernommen und dann wieder in der Frühen Neuzeit aufgegriffen. Epoche machend war die *Didactica magna* (1628/38), die *Große Didaktik* des Philosophen, Theologen und Pädagogen Johann Amos Comenius (1592-1670). Er übersetzt Didaktik auf dem

Titelblatt so: „die vollständige Kunst, alle Menschen alles zu lehren“. Bemerkenswert ist dabei,

- dass es einer Technik („Kunst“) bedarf, um Wissen zu vermitteln, dass also die Wissensaneignung kein naturwüchsiger Prozess ist,
- dass jeder Gegenstand („alles“) so aufbereitet werden kann, dass er lernbar wird, und
- dass jeder („alle Menschen“) grundsätzlich Zugang zu diesem Wissen hat.

Insofern können Lehr- und Lernprozesse eigens untersucht, bewusst initiiert und gezielt gefördert werden. Daraus hat sich nach und nach, zuerst aus den Erfordernissen der (schulischen) Praxis, dann mit wissenschaftlichem Anspruch die Didaktik als Disziplin herausgebildet. Eine knappe Definition lautet:

„Die Didaktik ist die Theorie und Praxis des Lernens und Lehrens“ (Jank/Meyer, Modelle, 14).

Diese kann laut den Erziehungswissenschaftlern Werner Jank (*1954) und Hilbert Meyer (*1941) in neun Fragen aufgegliedert werden, nämlich (1) wer (2) was (3) von wem (4) wann (5) mit wem (6) wo (7) wie (8) womit und (9) wozu lernen soll (Jank/Meyer, Modelle, 16). Dies bedeutet, dass die Didaktik beansprucht, den Lehr- und Lernprozess umfassend zu erforschen – von den Begründungen und Zielen (wozu?) über die soziale Konstellation (wer? von wem? mit wem?) bis hin zu den Methoden (wie?) und den Medien (womit?). Damit ist sie einerseits Teildisziplin der Erziehungswissenschaften und steht andererseits mit einer Reihe von Partnerwissenschaften in enger Beziehung, sei es die Lern- und Entwicklungspsychologie oder sei es die Geistes- und Kulturgeschichte (Übersicht bei Jank/Meyer, Modelle, 29).

Wichtig ist die Unterscheidung zwischen **Allgemeindidaktik**, Spezialdidaktik und Fachdidaktik. „Die *Allgemeine Didaktik* – im Unterschied zur Fachdidaktik oder zu Spezialdidaktiken – zielt auf eine Totalerfassung aller bei Lehr- und Lern-Prozessen wirksamen Faktoren ab. Sie fragt nach deren grundsätzlichen, wesenhaften, überall vorfindlichen Elementen, Aspekten, Problemen und Relationen und ist dabei nicht auf die Schule begrenzt“ (Wiater, Unterrichten, S. 10; Herv. i. Orig.). Der Anspruch besteht also darin, die Lehr- und Lernprozesse grundlegend und allgemein zu erforschen. Diese Allgemeindidaktik lässt sich wiederum untergliedern in **Spezialdidaktiken**, wie z. B. Stufendidaktiken, die bestimmte Jahrgangsstufen, Schulformdidaktiken, die sich bestimmten Schularten, oder Bereichsdidaktiken, die sich überfachlichen Erziehungsfeldern wie der Umwelterziehung widmen.

Allerdings wird immer etwas Bestimmtes gelernt – z. B. Geschichte. Darum kümmert sich die **Fachdidaktik:** „Die Fachdidaktik erforscht und analysiert die spezifischen Unterrichts- und Lernmöglichkeiten in den einzelnen Fächern bzw. Fächergruppen der Schule und befasst sich mit allen Fragen der Vermittlung der Fachwissenschaften in den Schulfächern“ (Wiater, Unterrichten, S. 12). Allerdings kann und darf der Gegenstandsbereich der Geschichtsdidaktik, wie sich zeigen wird, nicht auf schulische Lernprozesse verengt werden. Das Verhältnis zwischen Allgemeiner Didaktik und Fachdidaktik ist dabei alles andere als spannungsfrei. Sieht jene das fachspezifische Lernen lediglich als Sonderfall allgemeiner Lehr-Lern-Prozesse an – (Was ist das Gemeinsame von Lernprozessen etwa in Mathematik und in Geschichte?) –, behauptet diese die Unverwechselbarkeit der fachspezifischen Lehr-Lern-Prozesse – (Worin besteht das Spezifische des historischen Lernens?) –, die nur bedingt verallgemeinert werden könnten. Die immer wieder vorgetragene Aussage, dass die Fachdidaktiken, da ja immer etwas, also an Inhalten, gelehrt und gelernt werde, unverzichtbar seien, verdeckt den Grundkonflikt, in welchem Verhältnis Allgemeine Didaktik und Fachdidaktiken zueinander stehen. Dabei sind verschiedene Bezüge denkbar:

- Fachdidaktiken sind **fachspezifische Ausprägungen der Allgemeinen Didaktik**. Demnach besteht die Aufgabe darin, die Erkenntnisse der allgemeinen Didaktik, die für alle Lehr-Lern-Prozesse gelten, fachspezifisch zu konkretisieren.
- Fachdidaktiken sind **eigenständige erziehungswissenschaftliche Disziplinen**. Zwar gibt es Gemeinsamkeiten in den Lehr-Lern-Prozessen, die von der Allgemeinen Didaktik beschrieben werden. Da jedoch die Lerngegenstände eine Eigenlogik besitzen, gibt es auch grundlegende Unterschiede. Das historische Lernen verläuft demnach grundlegend anders als das Lernen einer Fremdsprache.
- Fachdidaktiken sind **eigenständige fachwissenschaftliche Disziplinen**, die sich theoretisch und praktisch mit der Vermittlung und Rezeption des eigenen Gegenstandsbereichs beschäftigen und dabei Anleihen bei der Allgemeinen Didaktik machen.

Didaktische Modelle

Im Zuge der Entwicklung der Disziplin haben sich verschiedene didaktische Modelle herausgebildet, also erziehungswissenschaftliche Theorien über didaktisches Handeln in Lehr-Lern-Prozessen. Wichtige Modelle sind z. B.:

- **Bildungstheoretische Didaktik**: Bildungstheorien sehen die Begegnung von Lernenden mit bestimmten Bildungsgütern als zentral an. Daher ist es Aufgabe der Didaktik, diese bildenden Gegenstände zu identifizieren, ihr Lernpotential zu bestimmen und für Lehr-Lern-Prozesse aufzubereiten. Materiale Bildungstheorien postulieren einen bestimmten Kanon an Bildungsgütern (z. B. Goethes „Faust“, Französische Revolution), formale Bildungstheorien konzentrieren sich auf Fähigkeiten und Fertigkeiten der Schüler (Dramenanalyse, Quellenanalyse). Kategoriale Bildungstheorien verbinden beides und bestimmen das Lernpotential bestimmter Gegenstände in der didaktischen Analyse. So gewinnt die Französische Revolution als weltgeschichtliche Umwälzung, die zur Entstehung der modernen Welt, in der die Kinder und Jugendlichen leben, als Unterrichtsgegenstand didaktische Dignität. Bildung entsteht demnach durch „Begegnung der jungen Menschen mit Kultur“ (Terhart, Didaktik, 135).

- **Lerntheoretische bzw. lehrtheoretische Didaktik**: Hier ist die Perspektive der Lehrkraft entscheidend, die den Unterricht durch eine kritische Abwägung von Zielen, Inhalten, Methoden und Medien gestaltet. Die Inhaltsauswahl ist nachrangig.
- **Kritisch-kommunikative Didaktik**: Im Unterschied zu den beiden eben genannten Modellen steht hier die soziale Interaktion im Mittelpunkt, aus der heraus Lehr-Lern-Prozesse analysiert, verstanden und geplant werden. Es geht nicht um einen vorgegebenen Lehr-Plan, der mehr oder weniger geschickt und effektiv abgearbeitet werden muss, sondern dieser entsteht im Unterrichtsgeschehen selbst.
- **Konstruktivistische Didaktik:** Grundgedanke ist, dass das beim Lernen erworbene Wissen vom Einzelnen nicht einfach übernommen, sondern neu zusammengesetzt wird – und zwar als Re-Konstruktion, indem Neues individuell nachvollzogen wird, oder als Konstruktion, indem Neues kreativ angeeignet wird, oder als De-Konstruktion, indem Altes kritisch reflektiert wird.
- **Neurodidaktik**: Diese Richtung knüpft an die neueren Erkenntnisse der Hirnphysiologie an und versucht daraus Folgerungen für Lehr-Lern-Prozesse zu ziehen. Forderungen sind etwa: Schaffung einer angstfreien Atmosphäre; Verdeutlichung der Bedeutung; Berücksichtigung verschiedener Sinneskanäle; Integration vorhandener Wissensbestände; Reflexion des eigenen Lernprozesses; subjektive Nachvollziehbarkeit usw.

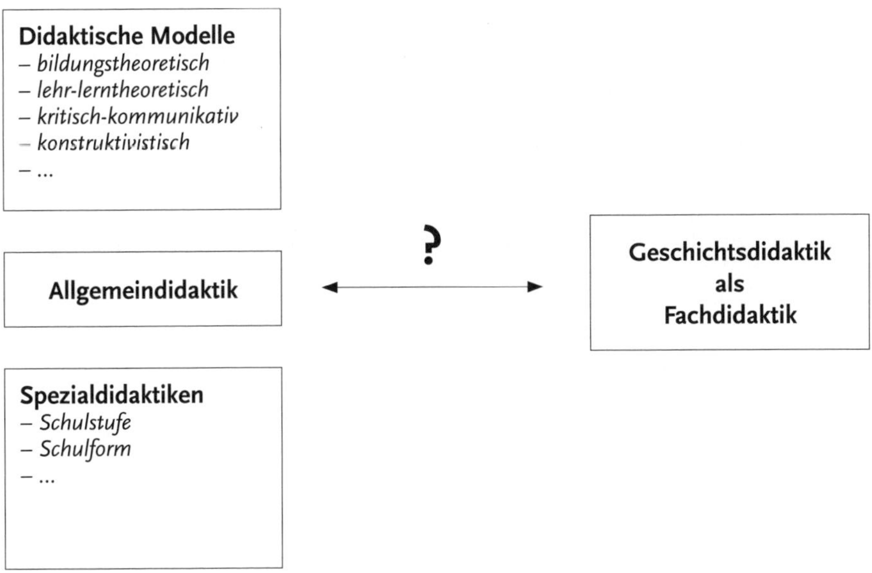

Abb. 4: Allgemeindidaktik und Fachdidaktik

Gemeinsam ist allen diesen Modellen, dass sie die grundlegenden Elemente von Unterricht auf je spezifische Weise in Beziehung setzen. Diese Grundelemente sind:

- **Lehrer und Schüler** als Beteiligte des Lernprozesses
- **Unterricht** als sachbezogene Dimension des Lernprozesses
- **Erziehung** als personenbezogene Dimension des Lernprozesses
- **Lehren und Lernen** als konkrete Vermittlungs- und Aneignungsvorgänge während eines Lernprozesses
- **Ziele, Inhalte, Methoden und Medien** als Grundelemente des Lernprozesses.

Allgemeine Didaktik und Geschichtsdidaktik

Das Verhältnis von Allgemeiner Didaktik und Geschichtsdidaktik theoretisch zu klären, hat bisher noch zu keinem Konsens geführt. Wissenschaftsorganisatorisch spiegelt sich dies darin wider, dass die Geschichtsdidaktik in den Hochschulen entweder den Geschichtswissenschaften zugeordnet ist oder den Erziehungswissenschaften. In der Schulpraxis stellt sich das Problem weniger dramatisch dar. So unterrichten Lehrerinnen und Lehrer in bestimmten Schularten nach dem Klassenlehrerprinzip grundsätzlich alle Fächer, berücksichtigen dabei allgemeindidaktische Prinzipien und verfolgen darüber hinaus bestimmte pädagogische Anliegen. Auch in den anderen Schularten erfolgt die Lehrerausbildung in (mindestens) zwei Fächern. Inwieweit dabei eine klar abgrenzbare fachdidaktische Ausrichtung erfolgt und inwieweit sich diese dann in der alltäglichen Unterrichtspraxis hält, wäre eigens zu untersuchen. Schließlich ließen sich konkrete Lehr-Lern-Prozesse auf ihre fachspezifischen und auf ihre allgemeindidaktischen, will sagen: fächerübergreifenden bzw. fachunspezifischen, Anteile untersuchen. Hier wäre etwa zu fragen, ob bzw. inwieweit die Unterrichtsmethodik fachspezifisch ausgeprägt ist. Es kann abschließend als Definition festgehalten werden,: **Didaktik der Geschichte ist die Theorie und Praxis des historischen Lehrens und Lernens.** Eine alternative Bestimmung lautet: **Geschichtsdidaktik ist die Wissenschaft vom Geschichtsbewusstsein.** Dies wird im nächsten Kapitel erörtert.

Probleme und Perspektiven

(1) Wählen Sie drei Beispiele für Quellen aus (z. B. Zeitungsbericht, Münzfund, Kirchenfresko) und überprüfen Sie, worüber diese Auskunft bzw. nicht Auskunft geben könnten.

(2) Wählen Sie ein Thema für eine geschichtswissenschaftliche Arbeit, formulieren Sie dazu eine Fragestellung und stellen Sie eine Liste möglicher Quellenarten zusammen.

(3) Zeigen Sie an einem Beispiel, wie sich die herrschende Deutung der Geschichtswissenschaft verändert hat.
(4) Ein Schüler behauptet, die Erkenntnisse der Geschichtswissenschaft seien unzuverlässig. Welche Argumente könnte er anführen? Wie würden Sie antworten?
(5) Untersuchen Sie, wie die geschichtsdidaktischen Abteilungen in verschiedenen Hochschulen organisiert sind.
(6) Diskutieren Sie anhand konkreter Beispiele, welche fachlichen und welche überfachlichen Anteile bei einem Lehr-Lern-Prozess vorliegen können.
(7) Nehmen Sie Stellung zu der folgenden These:
„*Fachdidaktiken sind im Kern erziehungswissenschaftliche Disziplinen*. Die zu Rate gezogenen Fachwissenschaftler können insbesondere bei der Klärung der Was-Frage Hilfestellungen geben. Bei der Beantwortung der übrigen acht W-Fragen fehlt ihnen die Fachkompetenz. Äußern sie sich doch, so tun sie dies nicht als Physiker, Theologen oder Germanisten, sondern als Hobby Didaktiker" (Jank/Meyer, Modelle, 33; Herv. i. Orig.).

Literaturhinweise

Geschichte

Droysen, Johann Gustav: Grundriss der Historik, in: Hardtwig, Wolfgang (Hg.): Über das Studium der Geschichte, München 1990, S. 83-117 (*zentraler Text der Geschichtstheorie*)

Freytag, Nils/Piereth, Wolfgang: Kursbuch Geschichte. Tipps und Regeln für wissenschaftliches Arbeiten, 5. Aufl., Paderborn u. a. 2011 (*praxisorientierte und hilfreiche Einführung ins wissenschaftliche Arbeiten mit sehr gutem Überblick über die einschlägige Literatur*)

Jordan, Stefan: Theorien und Methoden der Geschichtswissenschaft, 3. Aufl., Paderborn 2016 (*kompakter Überblick*)

Koselleck, Reinhart: Geschichte, Historie, in: Brunner, Otto/Conze, Werner/Koselleck, Reinhart (Hg.): Geschichtliche Grundbegriffe. Historisches Lexikon zur politisch-sozialen Sprache in Deutschland, Bd. 2, Stuttgart 1975, S. 593-717 (*grundlegend für die Begriffsgeschichte*)

Maurer, Michael (Hg.): Aufriss der Historischen Wissenschaften in sieben Bänden, Stuttgart 2001-2005 (*umfassendes Werk zur Geschichtswissenschaft in ihren verschiedenen Ausprägungen*)

Pandel, Hans-Jürgen: Quelleninterpretation. Die schriftliche Quelle im Geschichtsunterricht. Schwalbach (Ts.) 2000 (*zentrales Werk mit weiterführender Literatur*)

Pandel, Hans-Jürgen: Historisches Erzählen. Narrativität im Geschichtsunterricht, Schwalbach (Ts.) 2010 (*gut lesbare Einführung zum Thema „Narrativität" und zu Erkenntnismöglichkeiten und Grenzen der Geschichtswissenschaft*)

Pandel, Hans-Jürgen: Geschichtstheorie. Eine Historik für Schülerinnen und Schüler – aber auch für ihre Lehrer, Schwalbach (Ts.) 2017 (*lesenswerte Einführung in für das historische Lernen relevante geschichtstheoretische Fragen*)

Rüsen, Jörn: Historische Vernunft. Grundzüge einer Historik I: Die Grundlagen der Geschichtswissenschaft, Göttingen 1983; Rekonstruktion der Vergangenheit. Grundzüge einer Historik II: Die Prinzipien der historischen Forschung, Göttingen 1986; Lebendige Geschichte. Grundzüge einer Historik III: Formen und Funktionen des historischen Wissens, Göttingen 1989 (*dreibändige Theorie der Geschichte, die in der Geschichtsdidaktik breit rezipiert wurde*)

Didaktik

Blankertz, Herwig: Theorien und Modelle der Didaktik, 14. Aufl., München 2000 (*Klassiker!*)

Comenius, Johann Amos: Große Didaktik [tschech. 1628, lat. 1638], übs. u. hg. v. Andreas Flitner, 7. Aufl., Stuttgart 1992 (*die erste Didaktik!*)

Jank, Werner/Meyer, Hilbert: Didaktische Modelle, 11. Aufl., Berlin 2014 (*anschauliche Einführung*)

Porsch, Raphaela (Hg.): Einführung in die Allgemeine Didaktik. Ein Lehr- und Arbeitsbuch für Lehramtsstudierende, Münster/New York 2016 (*Übersicht mit vielen Einzelbeiträgen*)

Terhart, Ewald: Lehr-Lern-Methoden. Eine Einführung in Probleme der Organisation von Lehren und Lernen, 4. Aufl., München 2005 (*nicht nur auf Unterrichtsmethoden bezogene Einführung*)

Terhart, Ewald: Didaktik. Eine Einführung, Stuttgart 2012 (*gut lesbarer Überblick*)

Tulodziecki, Gerhard u.a.: Gestaltung von Unterricht. Eine Einführung in die Didaktik, 3. Aufl. Bad Heilbrunn 2017 (*kompakter Überblick*)

Wiater, Werner: Unterrichten und Lehren in der Schule. Eine Einführung in die Didaktik, 3. Aufl. Donauwörth 2015 (*sehr gut strukturierter Aufriss*)

Allgemeine Didaktik und Geschichtsdidaktik

Mütter, Bernd: Geschichtsdidaktik und Allgemeindidaktik, in: GWU 48 (1997), S. 599-610 (*anregende Erörterung*)

Geschichtsbewusstsein und Geschichtskultur

Die Didaktik der Geschichte hat weniger den Begriff des historischen Lehrens und Lernens in den Mittelpunkt gestellt, sondern den des Geschichtsbewusstseins; er kann als zentrale Kategorie der geschichtswissenschaftlichen Teildisziplin gelten. Bei der Betrachtung des Begriffs ergeben sich vielfältige Bezüge, wobei sich im Folgenden der Blick auf die Diskussion in der westdeutschen Geschichtsdidaktik seit den 1970er-Jahren richtet. Im Mittelpunkt stehen die Überlegungen von Karl-Ernst Jeismann, Hans-Jürgen Pandel und Jörn Rüsen.

Die Position Karl-Ernst Jeismanns

Seit den 1970er-Jahren stieg der Begriff des Geschichtsbewusstseins zur Leitkategorie der Geschichtsdidaktik auf. Die genaue, für den akademischen Sprachgebrauch geeignete Definition des diffusen Alltagsbegriffs geht auf den Historiker Karl-Ernst Jeismann (1925-2012) zurück. Dieser bestimmte den Gegenstandsbereich der geschichtswissenschaftlichen Teildisziplin Didaktik der Geschichte so:

„‚Didaktik der Geschichte' hat es zu tun mit dem Geschichtsbewusstsein in der Gesellschaft sowohl in seiner Zuständlichkeit, den vorhandenen Inhalten und Denkfiguren, wie in seinem Wandel, dem ständigen Um- und Aufbau historischer Vorstellungen, der stets sich erneuernden und verändernden Rekonstruktion des Wissens von der Vergangenheit. Sie interessiert sich für dieses Geschichtsbewusstsein auf allen Ebenen und in allen Gruppen der Gesellschaft sowohl um seiner selbst willen wie unter der Frage, welche Bedeutung dieses Geschichtsbewusstsein für das Selbstverständnis der Gegenwart gewinnt; sie sucht Wege, dieses Geschichtsbewusstsein auf eine Weise zu bilden oder zu beeinflussen, die zugleich dem Anspruch auf adäquate und der Forderung nach Richtigkeit entsprechende Vergangenheitserkenntnis wie auf Vernunft des Selbstverständnisses der Gegenwart entspricht. Dabei ist der Begriff ‚Geschichtsbewusstsein' hier in einem sehr allgemeinen Sinne als das Insgesamt der unterschiedlichen Vorstellungen von und Einstellungen zur Vergangenheit genommen" (Jeismann, Didaktik, 12f.).

Dadurch, dass Jeismann alle in einer Gesellschaft vorfindlichen Vorstellungen zur Vergangenheit unter dem Begriff Geschichtsbewusstsein subsumiert, weitet er zum einen das **Forschungsfeld** weit über den Bereich des Geschichtsunterrichts aus. Alles, was sich innerhalb eines sozialen Zusammenhangs auf die Vergangenheit bezieht, kann demnach als Geschichtsbewusstsein gelten.

Geschichtsbewusstsein hat zum zweiten eine **kollektive**, eine gruppen- bzw. schichtspezifische und eine **individuelle** Dimension. Die jeweiligen Vorstellungen können übereinstimmen, aber auch – mehr oder weniger – voneinander abweichen. So gilt das Mittelalter in der Bundesrepublik eher als „finster" und „primitiv" – als Epoche, die durch schlechte Lebensqualität, Aberglauben und Gewalt gekennzeichnet ist. Einzelne Gruppen wie Geschichtsprofessoren oder Veranstalter von Mittelaltermärkten können deutlich andere Vorstellungen haben, wobei sich jeder Einzelne zudem eine spezifische Vorstellung zurechtlegt.

Diese Vorstellungen können sich zum dritten auf manifestes **Wissen** („Inhalte") beziehen, aber auch auf spezifischen **Deutungen** („Denkfiguren") beruhen. So kann die Vorstellung vom Mittelalter mit bestimmten Ereignissen („Kreuzzug") bzw. Personen (Karl der Große) assoziiert werden, aber es können damit auch verschiedene Interpretationen verknüpft werden: „Wie gut, dass es uns heute besser geht...".

Gerade diese Deutungen erfolgen zum vierten im **Horizont der Gegenwart**, gehen also von der aktuellen Lebenswelt aus und beziehen sich auf diese zurück. Geschichtliche Vorstellungen sind für das Selbstverständnis einer Gesellschaft bedeutsam. So galt im 19. Jahrhundert das Hochmittelalter als Zeit kaiserlicher Machtentfaltung und übte im Rahmen nationaler Bestrebungen große Faszination aus. Heute spielt diese Vorstellung keine Rolle mehr; eher stößt das ganz andersartige, mithin exotische Alltagsleben, wie es etwa auf Mittelaltermärkten präsentiert wird, auf Interesse.

Der Begriff Geschichtsbewusstsein beinhaltet zum fünften eine **deskriptive** und eine **normative** Dimension. Jede Vorstellung von Vergangenheit, sei sie noch so abwegig und krude, kann wissenschaftlich untersucht und beschrieben werden (deskriptiv). So lässt sich durch die Auswertung von Befragungen oder durch die Analyse aktueller Filme das aktuelle Mittelalterbild erschließen. Ziel ist aber ein fachlich korrektes („Richtigkeit") und sozial förderliches („Vernunft des Selbstverständnisses der Gegenwart") Geschichtsbewusstsein (normativ). Das durch die wissenschaftliche Forschung verbürgte Mittelalterbild ist also zu vermitteln und abwägend in Beziehung zu den in einer Gesellschaft gültigen Werten zu setzen.

Geschichtsbewusstsein ist schließlich **dynamisch**; es verändert sich ständig auf vielfältige Weise. Persönliche Erfahrungen, wissenschaftliche Erkenntnisse, Ausstellungen, mediale Vermittlungen – all dies hat Einfluss auf die individuellen und kollektiven Vorstellungen von der Vergangenheit.

Ausgehend von dieser Umschreibung bestimmt Jeismann den „komplexen Aufgabenkreis" der Geschichtsdidaktik (Jeismann, Didaktik, 13f.):

- So lässt sich die „**Morphologie**", also die aktuelle Gestalt des Geschichtsbewusstseins untersuchen, wobei jede Vorstellung der Vergangenheit – nicht nur eine richtige und reflektierte – Aufmerksamkeit verdient.
- Dann ist die „**Genese**" des Geschichtsbewusstseins von Interesse, also wie Vorstellungen von der Vergangenheit entstehen und sich verändern. Dies be-

trifft zum einen das Individuum, das entwicklungspsychologisch die Fähigkeit, sich gedanklich auf die Vergangenheit zu beziehen, erst herausbilden muss, bevor es dann sein individuelles Geschichtsbild formt. Zum anderen sind diese individuellen Vorstellungen auf vielfältige Weise mit sich wandelnden kollektiven Vorstellungen verknüpft.
- Im Hinblick auf die „**Funktion**" ist die Wirkmächtigkeit der jeweiligen Vorstellungen von Bedeutung: Können etwa historisch gespeiste Feindbilder zur Konfliktverschärfung beitragen?
- Hinzu kommt nach Jeismann die „**Pragmatik**". Damit ist der Anspruch benannt, auf das in der Gesellschaft existierende Geschichtsbewusstsein bewusst einzuwirken, um fachlich richtige Vorstellungen zu vermitteln. Dies beschränkt sich ausdrücklich nicht auf den Geschichtsunterricht in der Schule, sondern bezieht sich auf jede Form der Geschichtsvermittlung und des historischen Lernens, sei es im Museum oder sei es durch Film und Fernsehen.

Anschließend an diese Grundüberlegungen hat Karl-Ernst Jeismann den gelingenden historischen Lernprozess genauer zu bestimmen versucht: Er geht dabei von einem Dreischritt aus: Analyse – Sachurteil – Wertung (Jeismann, Geschichtsbewusstsein, 204ff.):
- **Analyse**: Hier geht es darum, sich in vielfältiger Hinsicht einen Überblick über einen historischen Sachverhalt zu verschaffen. So kann im Hinblick auf das Ende der Weimarer Republik nach Ursachen, Verlauf und Folgen, nach Akteuren, Motivlagen und Betroffenen, nach zentralen Ereignissen, bestimmenden Strukturen und entscheidenden Entwicklungen gefragt werden. Dabei kristallisieren sich verschiedene Faktoren heraus, die zum Ende der Weimarer Republik führten.
- **Sachurteil**: Auf der Basis der Analyse kann nun eine Gewichtung der so gefundenen Einzelaspekte im Hinblick auf ihre Bedeutung für das Scheitern der Weimarer Republik erfolgen: Welche Rolle spielten die Auswirkungen der Weltwirtschaftskrise, welche die Vorgaben der Weimarer Reichsverfassung, welche die politischen Aktionen Hitlers und der NSDAP?
- **Wertung**: Die so gewonnen Erkenntnisse werden nun auf die Gegenwart bezogen, nicht ohne die Prämissen des Urteils zu reflektieren. Eine Fragestellung kann etwa sein: Welche Lehren lassen sich aus dem Scheitern Weimars ziehen?

Jede dieser Dimensionen des Geschichtsbewusstseins unterteilt Jeismann noch einmal im Hinblick auf verschiedene Lernbereiche. So sind in allen Dimensionen spezifische „Kenntnisse", „Fertigkeiten" und „Fähigkeiten" sowie „Erkenntnisse und Denkformen" nötig, so dass sich eine Matrix mit neun Feldern ergibt (Jeismann, Geschichtsbewusstsein, 213 – vereinfacht).

	Analyse	Sachurteil	Wertung
Kenntnisse, Wissen	Faktenwissen, Strukturwissen, Begriffswissen	Deutungskategorien	Normative Begriffe, Wertsysteme der politisch-sozialen Ordnung
Fertigkeiten, Fähigkeiten	Auswertung von Informationsmaterial, Erschließung von Quellentexten	Anwendung logischer Denk- und Urteilsverfahren	Unterscheidung von Wertsystemen nach den Grundprämissen
Erkenntnisse, Denkformen	Gliedern von Zeiträumen, Erkennen von politischen, sozialen, wirtschaftlichen, kulturellen Zusammenhängen und Strukturen	Beurteilung von Zuständen, Entscheidungen, Verläufen	Erkennen der Prämissen in Wertungen und Stellungnahmen zu historischen Erscheinungen

Abb. 5: Matrix des Geschichtsbewusstseins nach Jeismann

Diese Matrix beschreibt nicht nur die Tätigkeit eines elaborierten Geschichtsbewusstseins, sondern kann und soll als Planungshilfe für historische Lernprozesse in der Schule dienen:

> „Will der Unterricht das im Geschichtsbewusstsein in der Regel ungeschiedene Miteinander dieser drei Dimensionen aufschließen und bewusst machen, muss jede Unterrichtssequenz ihr Thema so behandeln, dass am konkreten Gegenstand Denkleistungen und Erkenntnisvorgänge aus allen drei Dimensionen gefordert und eingeübt werden. Konkrete Lernziele des Unterrichts müssen also so gesetzt werden, dass sie im Laufe einer abgeschlossenen Unterrichtseinheit diese drei Dimensionen abdecken und ihr Ineinander bewusst machen" (Jeismann, Geschichtsbewusstsein, 209).

Jeismann hat mit diesen Überlegungen nicht nur die Geschichtsdidaktik als geschichtswissenschaftliche Teildisziplin begründet und ihr Forschungsfeld deutlich ausgeweitet, sondern mit dem Begriff Geschichtsbewusstsein das historische Lernen neu bestimmt: Es geht weniger um die Aneignung von Wissen allein als vielmehr um die Auseinandersetzung mit Geschichte, also um grundlegende mentale Operationen. Die Unterscheidung von Analyse, Sachurteil und Wertung ist eine hilfreiche Kategorisierung des historischen Lernprozesses, wie sie auch mit verschiedenen Anforderungsbereichen Eingang in den Geschichtsunterricht gefunden hat. Gleichwohl wurde eingewandt, dass der Begriff des Geschichtsbewusstseins trotz dieser näheren Bestimmungen zu umfassend sei und diffus bleibe.

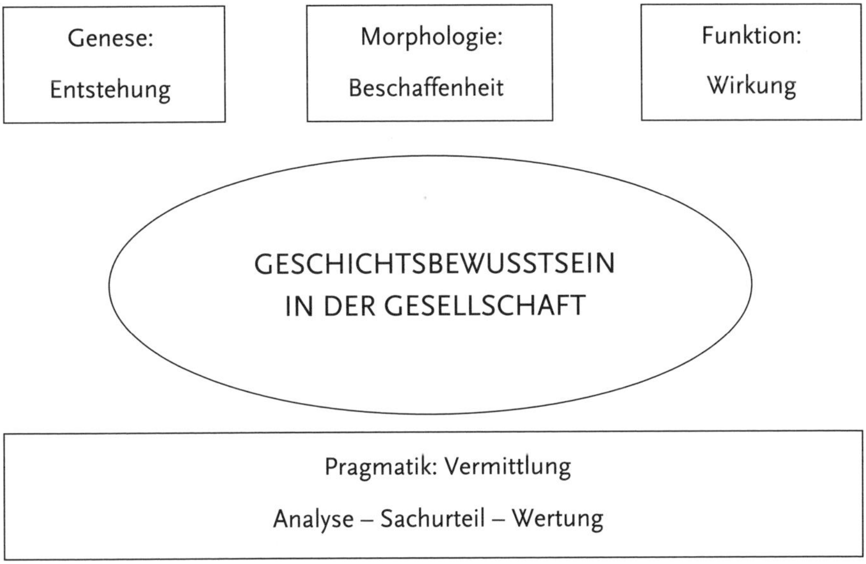

Abb. 6: Aspekte des Geschichtsbewusstseins nach Jeismann

Die Position Hans-Jürgen Pandels

In einem frühen Aufsatz hat der Geschichtsdidaktiker Hans-Jürgen Pandel (*1940) einen Vorschlag formuliert, den er immer wieder aufgegriffen und leicht variiert hat, wie der komplexe Begriff Geschichtsbewusstsein genauer bestimmt werden kann.

„Auf das einzelne Individuum bezogen ist Geschichtsbewusstsein eine individuelle mentale Struktur, die durch ein System aufeinander verweisender Kategorien gebildet wird. Dieses kognitive Bezugssystem wird im Prozess des Sprachlernens erworben. Die durch (direkte wie durch kommunikative) Erfahrung geformte mentale Struktur ist für die Art und Weise verantwortlich, wie eine Geschichte erzählt, welche Perspektive gewählt, wie das Verhältnis von oben nach unten, von arm und reich gesehen und ob Verhältnisse als statisch oder veränderbar gesehen werden. Geschichtsbewusstsein als mentale Struktur besteht aus sieben aufeinander verweisenden Doppelkategorien. In dem Maße, in dem das Kind diese grundlegenden Kategorien ausdifferenziert, erwirbt es jenes kognitive Bezugssystem, ohne die es weder Geschichte verstehen noch Geschichte erzählen könnte“ (Pandel, Dimensionen, 58).

	Begriff	Doppelkategorie	Beispiel
Emotionalität	Geschichtlichkeit		
	Temporalbewusstsein	gestern–heute	Früher war das Verhältnis zwischen Eltern und Kindern anders.
	Wirklichkeitsbewusstsein	real–fiktiv	Asterix ist keine reale historische Figur.
	Wandelbewusstsein (Historizitätsbewusstsein)	statisch–veränderlich	Das Gefühl für Geschwindigkeit hat sich mit der Eisenbahn und mit dem Auto geändert.
	Gesellschaftlichkeit		
	Identitätsbewusstsein	wir–ihr	Wir sprechen deutsch; andere Menschen sprechen andere Sprachen.
	Politisches Bewusstsein	oben–unten	Bauern mussten sich im Mittelalter ihrem Grundherren unterordnen und ihm gehorchen.
	Ökonomisch-soziales Bewusstsein	arm–reich	In der Industrialisierung hatten Industriearbeiter schlechte Arbeits- und Lebensbedingungen, während viele Unternehmer in großem Wohlstand lebten.
	Moralisches Bewusstsein	richtig–falsch	Hitler das Amt des Reichskanzlers zu übertragen, war fatal.

Abb. 7: Dimensionen des Geschichtsbewusstseins nach Pandel (Pandel, Dimensionen, 58-73, Pandel, Geschichtsdidaktik, 137-150)

Geschichtsbewusstsein begegnet hier in seiner **individuellen Ausprägung**. Dessen Gesellschaftlichkeit spiegelt sich in der mentalen Struktur des Einzelnen. Diese bildet sich im Zuge von Entwicklung und Sozialisation heraus, ist also **entwicklungspsychologisch** zu betrachten, wobei ein enger Zusammenhang mit der sprachlichen Entwicklung vermutet wird. Um dies empirisch erforschen zu können, muss Geschichtsbewusstsein als „mentale Struktur" **operationalisiert**, d. h. in beobachtbare Kompetenten aufgegliedert werden. Diese einzelnen Elemente sind ausdrücklich idealtypisch formuliert, verbinden sich jedoch tatsächlich auf vielfältige Weise. Geschichtsbewusstsein besteht demnach aus **sieben Doppelkategorien**, die den Kern der einzelnen Dimensionen beschreiben. Diese müssen erworben sein, um von einem ausgebildeten Geschichtsbewusstsein sprechen zu können. Pandel unterscheidet zwei Gruppen, eine grundlegende, die sich auf „Geschichtlichkeit", und eine darauf aufbauende, die sich auf „Gesellschaftlichkeit" bezieht. Neuerdings hat Pandel diese Zusammenstellung noch um die Kategorie der Emotionalität erweitert: „Geschichtsbewusstsein besitzt eine Besonderheit, die es von anderen kognitiven Systemen unterscheidet. Es ist in hohem Maße *emotional geprägt*" (Pandel, Geschichtsdidaktik, 148; Herv. i. Orig.).

Diese Unterscheidung hat den großen Vorteil, das umfassende und mitunter diffus anmutende Konzept „Geschichtsbewusstsein" zu konkretisieren. Allerdings beziehen sich auch die einzelnen Dimensionen immer noch auf komplexe Vorgänge. Ein ausgebildetes Geschichtsbewusstsein erweist sich als außerordentlich differenzierte mentale Struktur. Emotionalität als neue Dimension liegt quer zum ursprünglichen Konzept, zumal es nicht mit Doppelkategorien beschrieben wird.

Die Position Jörn Rüsens

Einen anderen Weg, Geschichtsbewusstsein zu bestimmen, wählt der Geschichtstheoretiker Jörn Rüsen (*1938), indem er nach der Funktion für das Individuum in seiner Lebenswelt fragt. Seiner Meinung nach liegt ihm „eine spezifische, der Zeiterfahrung gewidmete Sinnbildungsleistung zu Grunde", die sich in vier „ineinander übergehende Aktivitäten auseinanderlegen" (Übersicht: Rüsen, Historik, 35):

> „Die historische Sinngenerierung wird zunächst durch die *Erfahrung* einer zeitlichen Veränderung in Gang gesetzt. Sie stellt die Lebensordnung der menschlichen Subjekte in Frage und bedarf daher in einem zweiten Schritt einer *Deutung*. Diese Deutung geht dann in einem dritten Schritt in die kulturelle *Orientierung* des menschlichen Daseins, in seine Lebensordnung, ein. Im Rahmen dieser Orientierung kann dann die Irritation, die die Erfahrung störender zeitlicher Veränderungen hervorbringt, bewältigt werden. Aus der gedeuteten Zeiterfahrung können im gleichen Orientierungsrahmen *Motivationen* für menschliches Handeln erwachsen. Sinn ist der innere Zusammenhang dieser vier Aktivitäten; er schließt sie als grundlegender Gesichtspunkt der menschlichen Welt- und Selbstdeutung zu einer Einheit zusammen, und in dieser Einheit besteht die Leistung der Kultur im menschlichen Leben." (Rüsen, Historik, 36; Herv. i. Orig.)

Rüsen geht davon aus, dass Menschen nur dann ihr Leben sinnvoll gestalten können, wenn sie sich mit dem zeitlichen Wandel auseinandersetzen und diesen für sich erklärbar machen. Sie müssen sich mit der **Erfahrung von Kontingenz**, das heißt von zufälligen, auf den ersten Blick „sinn-losen" Ereignissen auseinandersetzen. In einer früheren Fassung seiner Historik hat Rüsen dafür den oft zitierten Begriff „Sinnbildung über Zeiterfahrung" verwendet. Die erwähnten

„Aktivitäten" des Bewusstseins gehören mithin zur **Grundausstattung des Menschen**, der gezwungen ist, sich mit kleinen und großen, individuellen und kollektiven Ereignissen in der Vergangenheit zu beschäftigen.

So gewinnen historische Lernprozesse eine existentielle Bedeutung: Geschichtsunterricht trägt zur Lebensbewältigung bei. Der Mensch orientiert sich dabei von seiner **Gegenwart** aus in zwei Richtungen: einerseits in die **Vergangenheit**, indem er seine Erlebnisse verarbeitet, andererseits in die **Zukunft**, indem er daraus Folgerungen für künftige Situationen zieht. Er deutet nicht nur einzelne Situationen, sondern entwickelt daraus bestimmte **Deutungsmuster**, die immer wieder auf neue Situationen angewendet werden. Darauf beruht letztlich auch die Geschichtsschreibung, die in der deutenden Vergegenwärtigung von Vergangenheit besteht. Der historischen Sinnbildung liegt eine „narrative Logik" zugrunde, die die einzelnen deutungsbedürftigen Ereignisse in einen zeitlichen Zusammenhang bringt. „Diese zeitliche Reihung geschieht in der Form des Erzählens einer Geschichte" (Rüsen, Historik, 44). Dieses **historische Erzählen** unterscheidet sich vom Erzählen im Alltag nicht zuletzt dadurch, dass es sich „auf reale Geschehnisse in der Vergangenheit bezieht" (Rüsen, Historik, 48).

Ausgehend von diesen grundlegenden Überlegungen leitet Rüsen den fachwissenschaftlichen Umgang mit Vergangenheit ab. Dazu schlägt er eine „disziplinäre Matrix" der **Geschichtswissenschaft** vor (Rüsen, Historik, 66-78; Übersicht: 68). Ausgehend von den „Orientierungsbedürfnissen" in der Gegenwart erfolgt eine Auseinandersetzung mit der Vergangenheit, die in ihrer fachwissenschaftlichen Variante dadurch gekennzeichnet ist, dass ausgehend von einer Fragestellung, mithin von „Konzepten" nach bestimmten methodisch abgesicherten Verfahren („Methoden") belastbare Erkenntnisse gewonnen werden, die auf geeignet Weise publiziert werden („Formen"), was dann wieder in die Lebenspraxis („Orientierungsfunktionen") zurückwirkt.

In der elaborierten Form der Geschichtsschreibung lassen sich dann vier idealtypische Formen des historischen Erzählens identifizieren (Rüsen, Historik, 209-215; Übersicht: 215):

- Die **traditionale Sinnbildung** dient der Bekräftigung des Bestehenden: Hier werden „Ursprünge von Weltordnungen und Lebensformen" weit in die Vergangenheit verlegt und ihre ungebrochen Gültigkeit für die Gegenwart behauptet. Zum Beispiel: Die Herrscherfamilie herrscht deshalb zu Recht, weil ihre Vorfahren schon geherrscht haben. Das heißt: „Zeit wird als Sinn verewigt".
- Die **exemplarische Sinnbildung** behauptet die „überzeitliche Geltung von Handlungsregeln" und dient der Gewinnung von ethischen Maximen. Zum Beispiel: Die Geschichte Napoleons zeigt: Hochmut kommt vor dem Fall. Das heißt: „Zeit wird als Sinn verräumlicht".
- Die **genetische Sinnbildung** ist diejenige, die den historischen Wandel selbst thematisiert und diesen durch das Zusammenspiel verschiedener Faktoren zu erklären versucht. Zum Beispiel: Die Ausbildung der Demokratie war ein lang andauernder Prozess mit vielen Rückschlägen, der sich nur durch das Zusam-

menspiel verschiedener Entwicklungen erklären lässt. Das heißt: „Zeit wird als Sinn verzeitlicht".

- Die **kritische Sinnbildung** stellt sich bewusst gegen geläufige Deutungen und stellt diese in Frage. Zum Beispiel: „Das Gottesgnadentum kann Herrschaft nicht rechtfertigen; nur die Zustimmung des Volkes kann dies." Das heißt: „Zeit wird als Sinn beurteilbar".

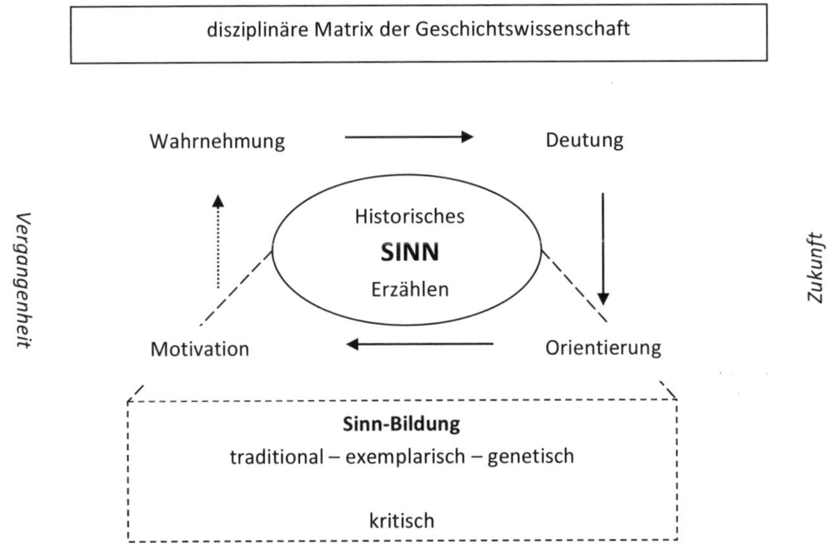

Abb. 8: Historische Sinnbildung nach Rüsen (vgl. Rüsen, Historik, 35, 68)

Im Hinblick auf den **Geschichtsunterricht** bedeutet dies, dass historisches Lernen auf den grundlegenden Operationen des Geschichts-Bewusstseins beruht, mithin der Wahrnehmung und Deutung sowie der Orientierung und Motivation. Nicht Wissensaneignung, sondern Sinn-Bildung ist demnach der Kern des schulischen Unterrichtsfaches Geschichte. Dementsprechend lässt sich das Ziel historischen Lernens als narrative Kompetenz beschreiben. Die Formen der Sinnbildung schließlich beinhalten eine „Entwicklungstheorie historischer Kompetenz", da Rüsen diese Idealtypen als „Entwicklungsniveaus des Geschichtsbewusstseins" versteht (Rüsen, Historik, 259). Die kritische Sinnbildung, also die Infragestellung gängiger Deutungsmuster wirkt dabei als Motor beim Aufstieg von der traditionalen über die exemplarische bis hin zur genetischen Sinnbildung.

Damit bietet Rüsen ein elaboriertes Modell, das insbesondere den lebensweltlichen Bezug von Geschichte verdeutlicht und Geschichtsbewusstsein philosophisch verankert. Historisches Lernen i. w. S. erscheint so als wesentlicher Aspekt der menschlichen Existenz und dient der persönlichen Orientierung. So lässt sich einerseits die Notwendigkeit von Geschichtsunterricht legitimieren; andererseits lässt sich einwenden, dass der Anspruch auf lebenspraktischer Orientierung überspannt ist. Auf der Grundlage dieser Überlegungen hat sich Rüsen zusehends mit dem Begriff „Geschichtskultur" beschäftigt.

Geschichtskultur

In Anknüpfung an die Auseinandersetzung mit dem Geschichtsbewusstsein in der Gesellschaft hat sich die Geschichtsdidaktik verstärkt dem Begriff „Geschichtskultur" gewidmet, der auf die Präsenz von Geschichte in der Öffentlichkeit abzielt. Angesichts dessen, dass einerseits die gleichermaßen individuellen wie kollektiven Vorstellungen zur Vergangenheit schwer fassbar sind und dass andererseits Geschichte auf vielfältige Weise in der Lebenswelt greifbar ist, konzentrierte sich das Interesse auf den öffentlich wahrnehmbaren Umgang mit der Vergangenheit, wie er etwa in Denkmälern, historischen Romanen oder Museen begegnet. Die Präsentation von Geschichte in diesen Institutionen der Geschichtsvermittlung war auch der Ausgangspunkt von Rüsens Überlegungen, die er in der folgenden Definition zusammenfasst:

> „*Geschichtskultur ist der Inbegriff der Sinnbildungsleistungen des menschlichen Geschichtsbewusstseins.* Sie umfasst die kulturellen Praktiken der Orientierung des menschlichen Lebens und Handelns in der Zeit. Geschichtskultur verortet die Menschen in den zeitlichen Veränderungen, unter denen sie leiden und in denen sie handeln müssen und die wiederum durch das menschliche Handeln und Leiden selber (mit-)bestimmt und vollzogen werden. Ihre Orientierungsleistung besteht darin, die Erfahrungen mit der menschlichen Vergangenheit so zu deuten, dass mit ihnen die gegenwärtigen Lebensverhältnisse verstanden und dabei Zukunftsperspektiven erfahrungsgestützt entwickelt werden können." (Rüsen, Historik, 221; Herv. i. Orig.)

An dieser Definition wird deutlich,

- dass Geschichtsbewusstsein und Geschichtskultur in einem engen Verhältnis zueinander stehen, was die genaue Abgrenzung des Begriffes erschwert,
- dass Geschichtskultur der umfassendere ist, wobei zu überprüfen wäre, ob das Geschichtsbewusstsein etwa in Jeismanns Überlegungen tatsächlich nur kognitiv gedacht ist,
- dass Geschichtskultur in enger Beziehung zur Lebenspraxis („kulturelle Praktiken") steht und jede Form des öffentlichen und privaten Umgangs mit der Vergangenheit meint,
- dass Geschichtskultur dementsprechend ein deskriptiver Begriff ist, der auf alle einschlägigen Phänomene anwendbar ist und nicht zwischen „richtig" oder „falsch" unterscheidet,

- dass Geschichtskultur für Selbstverständigungsprozesse einer Gemeinschaft von elementarer Bedeutung ist,
- dass historisches Lernen (in der Schule) nur im Rahmen der umfassenden Geschichtskultur angemessen verstanden werden kann.

Um die Vielfalt der Formen der Geschichtskultur zu ordnen, hat Rüsen zunächst vorgeschlagen, drei Bereiche zu unterscheiden:
- **kognitiv:** Hier ist die rationale Auseinandersetzung angesprochen, wie sie vornehmlich in der Geschichtswissenschaft stattfindet (Denken – Wahrheit).
- **ästhetisch:** Hier geht es um alle Formen der künstlerischen Auseinandersetzung, wie sie in Denkmälern, Museen, Filmen, bildender Kunst oder Literatur begegnen (Fühlen – „Schönheit").
- **politisch:** Hier sind alle Formen zu nennen, die sich auf den Bereich von Macht und Herrschaft i. w. S. wie Gedenktage, historische Argumente im politischen Streit oder die politischen Intentionen des staatlichen Geschichtsunterrichts beziehen (Wollen – Legitimität).

Hinzu kommen in der aktuellen Fassung seiner Historik (Rüsen, Historik, 234-241):
- **moralisch:** Hier kommt es auf die Beurteilung historischer Sachverhalte im Hinblick auf ethische Normen und Werte an (Werten – Gut und Böse).
- **religiös:** Hier richtet sich der Blick über das menschliche Leben hinaus auf transzendente Orientierungspunkte (Glauben - Erlösung).

Selbstverständlich sind dies Idealtypen, die sich tatsächlich auf vielfältige Weise überlagern. So überkreuzen sich in einem öffentlichen Denkmal zumeist politische, ästhetische und kognitive Intentionen.

Im Anschluss an die Überlegungen von Jörn Rüsen hat der Geschichtsdidaktiker Bernd Schönemann (*1954) versucht, Geschichtsbewusstsein und Geschichtskultur klarer voneinander abzugrenzen: Er vertritt die These, dass beide Kategorien widerspruchsfrei unter dem „Dach der Zentralkategorie ‚Geschichtsbewusstsein in der Gesellschaft' angesiedelt werden" könnten und sich dann als „zwei Seiten einer Medaille begreifen" ließen, nämlich „auf der einen Seite Geschichtsbewusstsein als *individuelles* Konstrukt, das sich in Internalisierungs- und Sozialisierungsprozessen aufbaut, auf der anderen Seite Geschichtskultur als *kollektives* Konstrukt, das auf dem entgegengesetzten Weg der Externalisierung entsteht und uns in Objektivationen mit dem Anspruch der Akzeptanz gegenübertritt" (Schönemann, Geschichtsdidaktik, 44; Herv. i. Orig.). Schönemann betont dabei verschiedene Dimensionen, die gleichsam quer zur Klassifizierung Rüsens liegen:
- **Institutionen**: Geschichtskultur ist gebunden an bestimmte Instanzen, die die Vermittlung und Rezeption von Geschichte organisieren und steuern. Hierzu zählen Museen ebenso wie Bildungsstätten.

- **Professionen**: Damit ist das breite Feld der Berufe umschrieben, die mit Geschichtsvermittlung befasst sind – von Museumspädagogen bis zu Journalisten.
- **Medien**: Geschichtsvermittlung und Geschichtsrezeption verlaufen auf vielfältigen Wegen: in Spielfilmen ebenso wie in Zeitungen, in Sachbüchern ebenso wie in Denkmälern.
- **Adressaten**: Damit sind all diejenigen gemeint, die die Geschichtskultur rezipieren und sich damit auseinandersetzen: das Publikum oder besser im Plural: die Publika, die sich für die jeweilige Form interessieren.

Der Begriff der Geschichtskultur ist nicht weniger umfassend als der des Geschichtsbewusstseins, besitzt jedoch den Vorzug, dass er sich auf beobachtbare Erscheinungen bezieht. Gleichwohl sind individuelle und kollektive Vorstellungen nicht nur miteinander verquickt, sondern auch mit den sichtbaren Erzeugnissen der Geschichtskultur. Daher sind Abgrenzungen schwierig, zumal wenn für Ober- und Unterbegriff, wie bei Schönemann, derselbe Terminus gewählt wird. Andererseits umschreiben sowohl Geschichtsbewusstsein wie Geschichtskultur als Sammelbegriffe vielfältige Erscheinungsformen des gesellschaftlichen Umgangs mit der Vergangenheit.

Alternative Begriffe

Für die Phänomene, die mit „Geschichtskultur" bezeichnet werden, werden mitunter auch andere Begriffe verwendet, die nicht immer klar bestimmt sind und sich auch nicht trennscharf abgrenzen lassen.

- **Public History:** Der aus den USA kommende Begriff fokussiert auf die Rolle von Geschichte in der Öffentlichkeit und wird mitunter synonym mit „Geschichtskultur" verwendet. Allerdings wird in diesem Begriff stärker die praktische Tätigkeit hervorgehoben: „Public History wird sowohl als jede Form der öffentlichen Geschichtsdarstellung verstanden, die sich an eine breite, nicht geschichtswissenschaftliche Öffentlichkeit richtet , als auch eine Teildisziplin der Geschichtswissenschaft, die sich der Erforschung von Geschichtspräsentationen widmet." (Lücke/Zündorf, Einführung, S. 23). In dieser Definition kommt der Doppelcharakter von öffentlicher „Geschichtsarbeit" und wissenschaftlicher Erforschung der so entstandenen Produkte zum Ausdruck.
- **Kulturelles Gedächtnis**: Der französische Soziologe und Philosoph Maurice Halbwachs (1877-1945) gilt als Begründer sozialer Gedächtnistheorien, die betonen, dass die dem Einzelnen verfügbaren Erinnerungen nicht nur Ausdruck individueller Lernprozesse, sondern auch Ergebnisse sozialer Verständigungsprozesse sind. Demnach verfügt nicht nur eine Einzelperson, sondern auch eine soziale Gruppe oder sogar eine Gesellschaft über ein „Gedächtnis". Der Ägyptologe Jan Assmann (*1938) ist bei seinen Forschungen darauf gestoßen, dass die öffentliche Pflege von Erinnerungen für die altägyptische Kultur von großer

Bedeutung war und hat seine Erkenntnisse im Folgenden – unter maßgeblicher Beteiligung seiner Frau, der Anglistin Aleida Assmann (*1947) – zu einer allgemeinen Theorie erweitert. Er unterscheidet das **kommunikative Gedächtnis**, das sich durch den lebendigen Austausch von historisch relevanten Erfahrungen konstituiert und so lange wirksam ist, wie diese Erzählungen unmittelbar weitergegeben werden können. Dann – nach zwei bis drei Generationen – bricht diese Tradition ab oder sie wird, sofern sie gesellschaftlich als relevant erachtet wird, in dauerhafte Formen überführt: Gedenk- und Jahrestage sowie Denkmäler sind Beispiele dafür. Dies bezeichnet Assmann als **kulturelles Gedächtnis**. Während Geschichtskultur alle Formen des öffentlichen Umgangs mit Vergangenheit in der Gegenwart umgreift, bezieht sich das kulturelle Gedächtnis mehr darauf, wie bestimmte Sachverhalte weitertradiert werden.

- **Erinnerungskultur**: Dieser Begriff knüpft an das an, was als kulturelles Gedächtnis bezeichnet wird. Betroffene erinnern sich gemeinsam an bestimmte Ereignisse und pflegen diese Erinnerungen öffentlich. Das Gedenken an den Holocaust ist in der Bundesrepublik dafür ein prominentes Beispiel. Es handelt sich dabei um einen Teilaspekt von Geschichtskultur.
- **Geschichtspolitik**: Damit wird der bewusste, politisch motivierte Einsatz von Geschichte im politischen Meinungskampf bezeichnet. Anleihen in der Vergangenheit sollen die eigenen Ziele legitimieren und die des Gegners de-legitimieren. Der Historiker Edgar Wolfrum (*1960) hat dafür einen sprechenden Ausdruck geprägt: „Geschichte als Waffe". Auch hier wird ein bestimmter Bereich der Geschichtskultur bezeichnet.

Auf der Basis dieser grundlegenden Überlegungen widmet sich die Geschichtsdidaktik verschiedenen Gegenständen, die weit über das schulische Geschichtslernen hinausgehen. Dabei wird im Unterschied zur gesellschaftlichen Ausprägung des Geschichtsbewusstseins sowohl theoretisch wie empirisch zusehends das historisch denkende Individuum in den Blick genommen. Die Zweijahrestagungen der Konferenz für Geschichtsdidaktik und die Nachwuchstagungen geben ein anschauliches Bild der einzelnen Forschungsrichtungen und aktuellen Arbeitsschwerpunkte (https://www.historicum.net/kgd/).

Folgerungen für das historische Lernen in der Schule

Die Beschäftigung mit Geschichtsbewusstsein und Geschichtskultur ist, egal welcher Konzeption man folgt, für den Geschichtsunterricht in mehrfacher Weise relevant. Historisches Lernen in der Schule findet nicht im luftleeren Raum statt, sondern beruht auf vielfältigen Voraussetzungen und Bedingungen, die im außerschulischen Bereich, mithin im Geschichtsbewusstsein und in der Geschichtskultur aufzusuchen sind. So kommen Schülerinnen und Schüler bereits mit bestimmten Bildern von der Vergangenheit in den Geschichtsunterricht. Dies ist einerseits förderlich, da an dieses Vorwissen angeknüpft werden kann, andererseits aber hinderlich, wenn ihre Vorstellungen nicht triftig sind. So wird das Phänomen der Hexenverbrennung fälschlicherweise mit dem Mittelalter verbunden, wie diese Epoche überhaupt als „finster" wahrgenommen wird. Dass es damals nicht nur rohe Gewalt gab, sondern auch differenzierte Formen der Konfliktregelung, ist mitunter schwer zu vermitteln. Daher muss man sich stets bewusst sein: Historisches Lernen in der Schule ist nicht konkurrenzlos, sondern immer nur eine Form der Geschichtsvermittlung unter vielen und meist nicht diejenige, die am meisten Eindruck macht. Ein Spielfilm mit historischem Inhalt prägt das Bild der Vergangenheit vermutlich nachhaltiger als zwei Unterrichtsstunden. Im Unterschied zu anderen Fächern hat der Geschichtsunterricht kein Vermittlungsmonopol.

Dies vorausgesetzt, ergeben sich folgende Optionen: Man nimmt achselzuckend zur Kenntnis oder beklagt kulturpessimistisch, dass dies so ist, und konzentriert sich im Geschichtsunterricht auf die Vermittlung der vorgesehenen Inhalte, betreibt mithin eine **fachliche Abschottung**. Oder man versucht, den eigenen Unterricht so zu planen, dass bestimmte durch das gesellschaftliche Geschichtsbewusstsein geprägte Bilder der Vergangenheit, wie das des finsteren Mittelalters, in Frage gestellt werden. Eine solche **Integration der Geschichtskultur** erscheint unverzichtbar, wobei die Formen und Wege eigens zu diskutieren wären. Oder man thematisiert explizit den öffentlichen Umgang mit der Vergangenheit, macht mithin Geschichtskultur selbst zum Unterrichtsgegenstand. Der Film mit historischem Inhalt, nicht der dargestellte historische Sachverhalt, ist dann Thema im Unterricht. Diese **geschichtskulturelle Ausrichtung** erscheint angesichts dessen, dass die meisten Kinder und Jugendlichen nicht Historiker werden, aber auf vielfältige Weise nach ihrer Schulzeit mit Geschichte in Berührung kommen werden, plausibel. Entsprechend lässt sich Teilhabe an der Geschichtskultur als zentrales Ziel des historischen Lernens formulieren: Die Schülerinnen und Schüler sollen lernen, mit den verschiedenen Formen der gesellschaftlichen Auseinandersetzung mit der Vergangenheit angemessen umzugehen, sei es ein Blockbuster, der in der Vergangenheit spielt, oder sei es ein Jahrestag wie der Ausbruch des Ersten Weltkriegs. Allerdings bedeutet dies eine Verengung von Geschichte auf diejenigen Elemente, die auch öffentlich präsent sind. Zudem kann dies nur erfolgreich sein, wenn der in der Geschichtskultur auftretende Sachverhalt, also der Kriegsbeginn, als solcher analysiert wird, da sonst die Besonderheit des gesellschaftlichen Umgangs – Was wird betont? Was wird verschwiegen? – nicht bestimmt werden kann. Dies erfordert, dass die Kinder und Jugendlichen sich mental auf zwei Zeitebenen bewegen und diese zueinander in Beziehung setzen, was ebenso reizvoll wie schwierig ist.

Sofern Geschichtsbewusstsein normativ als möglichst elaborierter, differenzierter und reflektierter Umgang mit der Vergangenheit bestimmt wird, lassen sich daraus **Zielvorgaben für das historische Lernen** entwickeln. Dies wird z. B. in der aktuellen Diskussion über zu erwerbende Kompetenzen versucht. Es bleibt dann allerdings die Frage, wie dies in der Unterrichtspraxis konkret umgesetzt werden kann und welche Verfahren erfolgversprechend sind.

Probleme und Perspektiven

(1) Gegen Jeismanns Konzept wurde eingewandt, es handle sich um eine „Leerformel“. Erörtern Sie diesen Vorwurf.
(2) Ist Jeismanns Vorschlag, das historische Lernen als Abfolge von Analyse, Sachurteil und Wertung zu verstehen, schlüssig? Setzen sie sich mit dieser Frage an einem konkreten Beispiel auseinander.
(3) Gegen Pandels Dimensionierung wurde eingewandt, es müsse die Dimension Geschlecht hinzugefügt werden. Stimmen Sie dieser Kritik zu?
(4) Überlegen Sie, auf welche Weise die Ausbildung der einzelnen Dimensionen Pandels gefördert werden kann.
(5) Gegen Rüsen lässt sich einwenden, dass die Beschäftigung mit Vergangenheit zu sehr auf die lebenspraktische Bewältigung eingeengt wird. Erörtern Sie, ob dieser Einwand berechtigt ist.
(6) Erörtern Sie anhand konkreter Beispiele, wie sich der Geschichtsunterricht ändern müsste, wenn man als Ziel historischen Lernens die Teilhabe des Einzelnen an der Geschichtskultur bestimmt.

Literaturhinweise

Überblick

Pandel, Geschichtsdidaktik, S. 123-160

Schönemann, Bernd: Geschichtsbewusstsein – Theorie, in: Barricelli/Lücke, Handbuch, Bd. 1, S. 98-111

Jeismann

Jeismann, Karl-Ernst: Didaktik der Geschichte. Die Wissenschaft von Zustand, Funktion und Veränderung geschichtlicher Vorstellungen im Selbstverständnis der Gegenwart, in: Kosthorst, Erich (Hg.): Geschichtswissenschaft. Didaktik – Forschung – Theorie, Göttingen 1977, S. 9-33 (*Schlüsseltext, gleichsam die Gründungsurkunde der wissenschaftlichen Disziplin Geschichtsdidaktik*)

Jeismann, Karl-Ernst: „Geschichtsbewußtsein". Überlegungen zu einer zentralen Kategorie eines neuen Ansatzes der Geschichtsdidaktik, in: Süssmuth, Hans (Hg.): Geschichtsdidaktische Positionen, Paderborn u. a. 1980, S. 179-222 (*wesentliche Fortschreibung der ursprünglichen Überlegungen*)

Jeismann, Karl-Ernst: Geschichte und Bildung. Beiträge zur Geschichtsdidaktik und zur historischen Bildungsforschung, hg. u. eingel. v. Wolfgang Jacobmeyer u. Bernd Schönemann, Paderborn u. a. 2000 (*Sammlung von zentralen Aufsätzen*)

Pandel

Pandel, Hans-Jürgen: Dimensionen und Struktur des Geschichtsbewusstseins, in: Geschichtsdidaktik 12 (1987), S. 130-142 (*ursprüngliche Fassung des Konzepts*)
Pandel, Hans-Jürgen: Geschichtsdidaktik, S. 137ff. (*aktuelle Fassung der Position*)
Pandel, Hans-Jürgen: Geschichtstheorie. Eine Historik für Schülerinnen und Schüler – aber auch für ihre Lehrer, Schwalbach (Ts.) 2017 (*lesenswerte Einführung in für das historische Lernen relevante geschichtstheoretische Fragen*)

Rüsen

Rüsen, Jörn: Historische Vernunft. Grundzüge einer Historik I: Die Grundlagen der Geschichtswissenschaft, Göttingen 1983; Rekonstruktion der Vergangenheit. Grundzüge einer Historik II: Die Prinzipien der historischen Forschung, Göttingen 1986; Lebendige Geschichte. Grundzüge einer Historik III: Formen und Funktionen de historischen Wissens, Göttingen 1989 (*breit angelegte Geschichtstheorie*)
Rüsen, Jörn: Historik. Theorie der Geschichtswissenschaft, Köln u.a. 2013 (*aktuelle Fassung seiner Geschichtstheorie*)

Geschichtskultur

Rüsen, Jörn: Was ist Geschichtskultur? Überlegungen zu einer neuen Art, über Geschichte nachzudenken, in: Füßmann, Klaus/Rüsen, Jörn (Hg.): Historische Faszination. Geschichtskultur heute, Köln u.a. 1994, S. 3-26 (*grundlegender Text*)
Schönemann, Bernd: Geschichtsdidaktik und Geschichtskultur, in: Bernd Mütter u.a. (Hg.): Geschichtskultur. Theorie – Empirie – Pragmatik, Weinheim 2000, S. 26-58 (*bedenkenswerte Begriffserklärung*)
ZfGD-Themenheft „Geschichtskultur", 2017 (*mit vielfältigen Einzelbeiträgen zu einzelnen Aspekten*)

Alternative Begriffe

Assmann, Aleida: Gedächtnis, Erinnerung, in: Bergmann, Handbuch, S. 33-38 (*knappe Einführung*)
Lücke, Martin/Zündorf, Irmgard: Einführung in die Public History, Göttingen 2018 (*gelungene Erschließung des Gegenstandsbereichs*)
Wolfrum, Edgar: Geschichte als Waffe. Vom Kaiserreich bis zur Wiedervereinigung, Göttingen 2001 (*anregender historischer Überblick*)

Aktuelle Tendenzen

Hasberg, Wofgang/Thünemann, Holger (Hg.): Geschichtsdidaktik in der Diskussion. Grundlagen und Perspektiven, Frankfurt/M. 2016 (*guter Überblick über aktuelle Forschungstendenzen*)
https://www.historicum.net/kgd/ (*Homepage der Konferenz für Geschichtsdidaktik mit Hinweise auf einschlägige Tagungen und Publikationen*)

Historisches Lernen

Was geschieht beim Einzelnen in der Begegnung mit Geschichte? Diese Frage ist ebenso interessant wie schwierig zu beantworten. Ausgehend von einer Begriffsklärung werden verschiedene psychologische und pädagogische Aspekte beleuchtet und im Hinblick auf das historische Lernen reflektiert.

Lernen

Der Begriff des historischen Lernens steht in Beziehung zu einer Reihe weiterer pädagogischer und psychologischer Begriffe:

- **Lernen:** „Man kann nicht nicht lernen." Dieser Satz verweist darauf, dass der Mensch im Zuge der Auseinandersetzung mit seiner Umwelt sich stets verändert und – bewusst oder unbewusst – Folgerungen zieht, die sich in bestimmten veränderten Verhaltensweisen niederschlagen können. Der Begriff „Lernen" benennt daher in einem allgemeinen Sinn alle „*Änderungen* [...] menschlicher Verhaltensdispositionen, die durch die Verarbeitung von Erfahrungen erklärt werden können" (Gudjons, Grundwissen, 220, Herv. i. Orig.), kurz: Lernen ist Erfahrungsbildung. Wenn sich dies auf die Auseinandersetzung mit der Vergangenheit bezieht, lässt sich von historischem Lernen sprechen.
- **Lehren:** Während Lernen ohne Lehren möglich ist, zielt Lehren immer darauf ab, Lernprozesse zu initiieren und zu steuern. Dabei soll stets ein bestimmtes Ziel erreicht werden, das sich spontan aus der Situation ergibt – einem Kind wird gezeigt, wie im Zug eine Tür geöffnet wird – oder das langfristig und systematisch angestrebt wird – wie das Erlernen eines Lehrberufs. Dabei lassen sich der Absichtsbegriff des Lehrens, der an der Zielsetzung des Prozesses, und der Erfolgsbegriff des Lehrens, der am Ergebnis des Prozesses orientiert ist, voneinander unterscheiden.
- **Unterricht:** Die schulisch institutionalisierte Form solcher Lehr-Lern-Prozesse heißt Unterricht. Die näheren Kennzeichen, insbesondere des Geschichtsunterrichts, werden im nächsten Kapitel erläutert.
- **Erziehung:** Weit über abgrenzbare Lehr-Lern-Prozesse hinausgehend, ist als Erziehung die umfassende Beeinflussung einer Person mit einer bestimmten Absicht zu verstehen. Dabei übernimmt der Erziehende phasenweise die Entscheidungsgewalt und schränkt die Autonomie des zu Erziehenden ein.
- **Entwicklung:** Grundiert werden diese Prozesse von teils biologisch vorgegebenen, teils sozial induzierten Vorgängen, die aus dem Neugeborenen eine eigene Person werden lassen. Während Entwicklung den umfassenden Prozess

beschreibt, zielt der Terminus Reifung auf die biologisch vorgegebenen Veränderungen ab.

- **Sozialisation:** Im Unterschied dazu wird Sozialisation als Eingliederung in die Gesellschaft beschrieben, wobei entgegen der früher vorherrschenden Anpassungsvorstellung nun die Wechselseitigkeit betont wird. Der Einzelne setzt sich mit den Normen der Gesellschaft auseinander, adaptiert sie und interpretiert sie zugleich.

An dieser ersten Begriffsklärung wird deutlich, dass historisches Lernen, insbesondere innerhalb der Schule, nur einen relativ kleinen Ausschnitt allgemeiner Lernprozesse darstellt und eingebettet ist in umfassende persönliche Entwicklungen. Historisches Lernen ist zwar durch die (lebens-)geschichtliche Selbstvergewisserung, die Rüsen als „Sinnbildung über Zeiterfahrung" beschreibt, für den Menschen konstitutiv, aber nicht unmittelbar „lebens-notwendig".

Die Lernpsychologie erklärt Lernvorgänge mit Hilfe verschiedener Lerntheorien, die einerseits die Entwicklung der psychologischen Forschung und die jeweils zugrunde liegenden Menschenbilder widerspiegeln und andererseits verschiedene Lernprozesse beschreiben. Grundsätzlich kann dabei unterschieden werden, ob dem Subjekt eine passive oder eine aktive Rolle zugeschrieben wird. Die frühen behavioristischen Theorien interessierten sich nur für den Zusammenhang zwischen feststellbaren Umweltreizen (*stimulus*) und dadurch ausgelöstes beobachtbares Verhalten (*response*). Das Individuum galt in dieser Sequenz als *black box*, dessen Innenleben erst nach und nach das Interesse der Forschung fand.

- **Klassisches Konditionieren**: In einem klassischen Experiment gelang es dem russischen Mediziner Iwan Petrowitsch Pawlow (1849-1936), den Speichelfluss eines Hundes dadurch hervorzurufen, dass er zusammen mit der Präsentation von Nahrung einen Klingelton ertönen ließ, so dass schließlich der akustische Reiz genügte, um die physiologische Reaktion hervorzurufen. Dieses klassische Konditionieren beruht mithin auf der Assoziation von Reizen. – Im Hinblick auf das historische Lernen, das ja einen reflektierten Umgang mit Geschichte anstrebt, ist diese Form nicht ausreichend, wenngleich sie durchaus unbeabsichtigt vorkommen kann.
- **Operantes Konditionieren**: Hier wird erwünschtes Verhalten verstärkt und nicht-erwünschtes Verhalten nicht verstärkt bzw. „bestraft". In einer Vielzahl von Experimenten gelang es insbesondere dem amerikanischen Psychologen Burrhus Frederic Skinner (1904-1990) bestimmte Verhaltensweisen an- bzw. abzutrainieren. Die dadurch bewirkte nachhaltige Verhaltensänderung bleibt jedoch auf eng begrenzte Handlungsabfolgen beschränkt. Die beiden geschilderten Formen lassen sich unter dem Oberbegriff Reiz-Reaktions-Lernen zusammenfassen. Hier lösen bestimmte Reize bestimmte Reaktionen aus. – Auch diese Form ist für das historische Lernen nicht ausreichend, wenngleich es im Unterricht durchaus von Bedeutung ist.

- **Beobachtungslernen**: Gegenüber dem aufwändigen Reiz-Reaktions-Lernen, das erst langfristig bei konsequentem Training Erfolg zeitigt, konnte der kanadische Psychologe Albert Bandura (*1925) mit seinen Mitarbeitern zeigen, dass Kinder beobachtetes Verhalten spontan nachahmen – umso mehr, wenn das Vorbild dafür belohnt wird. Diese sozial-kognitiven Lerntheorien gehen davon aus, dass Lernen durch Beobachtung eine eigene Lernform darstellt. Allerdings wird der Einzelne nur als passiv Aufnehmender und nicht als aktiv Verarbeitender gesehen. – Auch wenn diese Form durchaus für den Unterricht von Bedeutung ist, wenn etwa das Verhalten der Lehrkraft oder von Mitschülern imitiert wird, ist es für das historische Lernen allenfalls von untergeordneter Bedeutung. Historische Sinnbildungsprozesse laufen intern, also meist im Individuum ab und schlagen sich nicht unbedingt in bestimmten beobachtbaren Handlungen nieder.
- **Konstruktivistische Lerntheorien**: In den Untersuchungen von Bandura war bereits angelegt, dass Lernen nicht nur als Reaktion auf äußere Reize denkbar ist, sondern ganz allgemein auf der Verarbeitung von Informationen beruht. Dies lenkt den Blick auf die psychische Strukturen des Einzelnen, die dieser im Zuge der Entwicklung erwirbt und mit denen er die Umwelt interpretiert, neue Erfahrungen verarbeitet und reflektiert, mithin eine aktive Rolle spielt. – Wenn Sinnbildungsprozesse als Kern des historischen Lernens gelten, kommt es bei der Auseinandersetzung mit Geschichte wesentlich auf solche Lernformen an. Allerdings stellt sich die grundsätzliche Frage, ob es sich dabei um allgemeine Lernvorgänge handelt, die sich auf die Vergangenheit beziehen – wie sie sich auch auf andere Gegenstände beziehen können –, oder ob es sich um Prozesse handelt, die nur – und ausschließlich – für das historische Lernen gelten.

Lernen und Gedächtnis

Wenn Lernen im weitesten Sinne als Erfahrungsbildung verstanden wird, ist es auch wesentlich, dass die gemachten Erfahrungen dauerhaft verankert werden, um sie in entsprechenden Situationen wieder reaktivieren zu können. Die Gehirnforschung hat dabei manch ältere Vorstellung vom Gedächtnis relativiert. Wesentliche Merkmale des Gedächtnisses sind:

- Das Gedächtnis beruht auf **neuronalen Netzen**, die sich aus komplexen Verbindungen von Nervenzellen zusammensetzen.
- Das Gedächtnis versieht die Informationen mit **Bedeutungen**.
- Das Gedächtnis speichert auch die **emotionalen Begleitumstände** der Aneignung der Informationen.
- Das Gedächtnis organisiert Informationen **immer wieder neu**.
- Das Gedächtnis funktioniert als selbstreferentielles System nach seinen **eigenen Regeln**.

- Das Gedächtnis besteht aus verschiedenen „Teilen", die verschiedene Aufgaben erledigen: Während das **Sensorische Register** die wahrgenommenen Reize filtert und das **Kurzzeitgedächtnis** die Informationen prüft, speichert erst das **Langzeitgedächtnis** die bearbeiteten Informationen dauerhaft. Dabei erbringt das Gedächtnis verschiedene Leistungen: Das **Rekognitionsgedächtnis** ermöglicht z. B. die Wiedererkennung von Gegenständen und Personen; das **Arbeitsgedächtnis** verarbeitet neue Informationen; das **deklarative Gedächtnis** beinhaltet das bewusst abrufbare Wissen; das **prozedurale Gedächtnis** speichert gelernte Verfahrensweisen.

Für das Gelingen von Lernprozessen ist dabei weniger die Anhäufung von Wissen entscheidend als vielmehr der Aufbau von bedeutungstragenden und flexiblen **kognitiven Strukturen**, mit denen Informationen erfasst und verarbeitet werden können. Solche durch Erfahrung gebildete Schemata können einerseits die schnelle und effiziente Integration neuer Reize ermöglichen (**Assimilation**), müssen andererseits aber immer wieder neuen Anforderungen angepasst werden (**Akkomodation**). Da Geschichte aufgrund des Individualitätsprinzips, also der grundsätzlichen Einzigartigkeit von Ereignissen, Strukturen und Prozessen, keine systematische Sachlogik aufweist, stellt der Aufbau geeigneter Strukturen eine besondere Herausforderung dar. Im Rahmen der Kanon-Diskussion („was man über Geschichte wissen muss") wird diese Frage hauptsächlich inhaltlich auf der Ebene des deklarativen Wissens, im Rahmen der Kompetenzdiskussion („was man in Geschichte können muss") vornehmlich methodisch auf der Ebene des prozeduralen Gedächtnisses beantwortet.

Solche **Schemata**, die die kognitiven Strukturen bilden, können verschiedene Formen aufweisen, die auch für das historische Lernen relevant sind (Anwendung auf historisches Lernen mit abweichender Begrifflichkeit bei Günther-Arndt, Geschichtsdidaktik, 43-46):

Begriffe sind geistige Repräsentationen von Gegenständen, Geschehnissen oder auch gedanklichen Vorstellungen. Sie unterscheiden sich von gängigen sprachlichen Ausdrücken durch ihren Abstraktionsgrad und ihre systematische Ordnung. Ihnen liegen die Operationen Eigenschaftsanalyse, Ordnen, Klassifizieren und Abstrahieren zugrunde. Dabei können Begriffe durch eine Anzahl von Merkmalen oder durch die Beschreibung eines Prototyps bestimmt werden. – Die Besonderheit **historischer Begriffe** besteht darin, dass sie nicht systematisch abgeleitet und in ein stringentes Benennungssystem eingefügt sind, sondern zumeist aus anderen Kontexten adaptiert sind: aus der Alltagssprache („Wirtschaftswunder", „Wiederbewaffnung"), aus anderen Disziplinen („Konjunktur", „charismatische Herrschaft") oder aus den Quellen („Prinzipat", „persönliches Regiment"). Insofern lassen sie sich oft weder durch bestimmte Merkmale noch durch einen Prototyp eindeutig beschreiben, zumal die Begrifflichkeit selbst einem historischen Wandel unterliegt und in verschiedenen Kontexten Unterschiedliches bedeuten kann: Die attische Demokratie meint etwas anderes als die der BRD. Als Prototypen taugen beide nicht, um alle historischen Formen von Demokratie zu erfassen; auch die Zusammenstellung von Merkmalen trifft nur teilweise auf die jeweilige Form zu. Die über ein Grundverständnis (Demokratie = Volksherrschaft) hinaus gehenden Bedeutungsvarianten sind daher nur bedingt lernbar. Daher ist es umso notwendiger die Anwendbarkeit von Begriffen als kognitive Werkzeuge zu schulen und zu reflektieren.

Demgegenüber sind **Propositionen** Verbindungen zwischen Begriffen und treffen so Aussagen über Zusammenhänge. Da sie Bedeutungen generieren, sind sie für historisches Lernen zentral. So stellt die Proposition „Die Hungersnot führte zu Aufständen des Volkes" einen Zusammenhang zwischen einem Ereignis, der Vorgeschichte (bzw. den Ursachen) und den Akteuren her. **Bildhafte Vorstellungen** können dieselbe Leistung erbringen, indem sie solche Zusammenhänge visuell darstellen.

Scripts wiederum sind geistige Repräsentationen idealtypischer Handlungsabläufe. Diese betreffen nicht nur alltägliche Verrichtungen, wie z. B. das Einkaufen, sondern auch historische Vorgänge wie Krisen oder Revolutionen.

Netzwerke vereinigen die verschiedenen Gedächtniseinheiten und ermöglichen so einerseits deren flexible Verfügbarkeit, um bestimmte Sachverhalte zu erklären und einzuordnen, und andererseits den ständigen Aus- und Umbau, um neue Informationen zu integrieren und neue Herausforderungen zu bewältigen. Auf diese Weise stehen dem Einzelnen **mentale Modelle** zur Welterklärung zur Verfügung. Entscheidend ist dabei, ob sie unabhängig von ihrer Angemessenheit für den Einzelnen genügend Erklärungskraft besitzen. Daher besteht die Gefahr, dass alltagstaugliche Deutungsmuster auf historische Sachverhalte angewandt werden. Dies birgt die Gefahr der Simplifizierung. So können bestimmte alltägliche Verhaltensweisen wie etwa schnippische Antworten durch Motive wie Neid oder Eifersucht für den Einzelnen ausreichend verstanden werden. Wenn dies auf historische Vorgänge, wie z. B. die Flottenpolitik um 1900 und die Motive Wilhelms II., angewendet wird, stellt dies eine nicht akzeptable vereinfachende Erklärung dar. Das spezifische politische Agieren der imperialistischen Mächte, die zugrunde liegende Struktur der internationalen Politik und die vielfältigen politischen, wirtschaftlichen, gesellschaftlichen und kulturellen Interessen müssen erst erarbeitet werden, um sie auf die Flottenpolitik anwenden zu können. In diesem Zusammenhang spielt die Umorganisation solcher Modelle eine große Rolle. Ein solcher **Conceptual Change** ist für die Naturwissenschaften von großer Bedeutung, da bestimmte neuartige Erklärungsmuster erschlossen werden müssen und Alltagstheorien eindeutig falsifiziert werden können. In Geschichte ist dies ungleich schwieriger, da unreflektierte Erklärungsversuche mitunter sehr weit tragen und ihr Ungenügen oft nur für den Experten offensichtlich ist.

Metakognition meint die Reflexion über die eigenen geistigen Aktivitäten und ist für einen gelingenden Lernprozess von entscheidender Bedeutung. Gerade für das historische Lernen, das im Wesentlichen als Sinnbildungsleistung zu verstehen ist, ist die Evaluation des Lernprozesses durch die Lernenden zentral.

Um die **Spezifik historischen Lernens** zu bestimmen, müssten fachspezifische Schemata (Begriffe, Scripts und mentale Modelle) identifiziert werden, die sich in wesentlichen Teilen von anderen fachspezifischen Vorgaben unterscheiden. Geschichtsbewusstsein wäre dann als Zusammenspiel solcher Gedächtniseinheiten in einem entsprechenden Netzwerk zu verstehen, das es ermöglicht, sich mit der Vergangenheit auseinanderzusetzen. Soll dies auf eine sachgerechte Weise geschehen, müsste bestimmt werden, was diese mentale Struktur im Einzelnen kennzeichnet, damit ein methodisch versierter und kritisch reflektierter Umgang mit der Vergangenheit und den darauf basierenden Geschichts-Bildern möglich wird. Daraus müssten dann normativ Ziele des historischen Lernens, inhaltlich spezifische historische Wissensformen, methodisch bestimmte Verfahrensweisen und medial ein Kanon an lernrelevanten Typen von Materialien abgeleitet werden. Denn entscheidend ist letztlich, dass das Gelernte auch angewendet wird.

Transfer und Problemlösen

Damit so genanntes träges Wissen, das zwar vorhanden, aber nicht genutzt wird, vermieden wird, muss dieses immer wieder angewendet werden. Eine solche Übertragung von angeeignetem Wissen auf neue Situationen heißt **Transfer**. Die Besonderheit des historischen Lernens besteht nun darin, dass die zu verhandelnden Probleme, da sie aus der Vergangenheit stammen, auf den ersten Blick oft alltagsfern sind, zudem wenig klar definiert und selten eindeutig lösbar. Dies erschwert deren Bearbeitung und erfordert eine gründliche Vorbereitung und anregende Ausgestaltung von geeigneten Lernsituationen. Forschungen zum Vergleich von Problemlösungsstrategien von Experten und Novizen deuten darauf hin, dass u. a. umfangreiche Kenntnisse, klare Wissensstrukturen, vielfältige Schemata, intensive Beschäftigung mit der Problemlage und eine ausgeprägte Metakognition sich förderlich auswirken (Psychologie, 31ff.). Im Hinblick auf das historische Lernen sieht Gerhard Schneider (*1943) vier Formen: methodisch, inhaltlich, begrifflich und geschichtskulturell (Schneider, Transfer, 12-21). Zudem legt dies einen Verzicht auf einen vergleichsweise oberflächlichen Überblick über viele Themen zugunsten einer intensiven Beschäftigung mit wenigen Themen nahe.

Motivation

Wesentlich für gelingendes Lernen ist die Bereitschaft des Einzelnen, sich ausdauernd und zielstrebig mit einem Gegenstand zu beschäftigen. Wovon dies abhängt und wie dies gefördert werden kann, ist Thema der Motivationspsychologie. Die entsprechenden Theorien nennen als entscheidende Motive die angestrebte Triebefüllung, das Bemühen um Selbstverwirklichung, das Bedürfnis nach Ordnung und Überschaubarkeit, die Abwägung von Erfolgsaussichten und den Wunsch nach

Selbsterklärung. Die Kausalattribuierung, d. h. Ursachenzuschreibung, analysiert das eigene Verhalten und führt es auf Gründe zurück – den schulischen Misserfolg auf fehlende Begabung, mangelnden Einsatz, zu hohe Anforderungen usw. –, was sich auf die eigene Motivation auswirkt. Grundsätzlich kann unterschieden werden, ob jemand etwas aus eigenem Antrieb tut (**intrinsische Motivation**) oder nur auf Veranlassung durch andere (**extrinsische Motivation**). Neugier wäre ein Beispiel für intrinsische Motivation. Da Schule als Pflichtveranstaltung nicht zwangsläufig die persönlichen Interessen der Kinder und Jugendlichen anspricht, stellt sich immer wieder neu die Frage der Motivation. Sie ist im Hinblick auf das historische Lernen nicht grundsätzlich gegeben; interessante Themen und ansprechende Materialien können sie aber fördern.

Reifung, Entwicklung und Sozialisation

Historisches Lernen kann auch unter dem Gesichtspunkt betrachtet werden, wie sich der Einzelne im Verlauf seines Lebens verändert. Dabei können verschiedene Lebensphasen unterschieden und aus verschiedenen Perspektiven betrachtet werden: Biologische **Reifung** bezeichnet die genetisch vorgegebenen vornehmlich körperlichen, aber auch geistigen und seelischen Veränderungen. Klassisches Beispiel ist dafür die Pubertät. **Entwicklung** meint demgegenüber die ganzheitliche Veränderung des Menschen, wobei den äußeren Einflüssen eine nicht unerhebliche Rolle zukommt. Unter Heranziehung verschiedener Kriterien wird in westeuropäischen Gesellschaften die entwicklungspsychologische Entwicklung oft wie folgt gegliedert:

- Säuglingsalter (0-1)
- Kindheit (1-12) mit weiteren Unterteilungen in frühe (1-6), mittlere (6-10) und späte (10-12) Kindheit
- Jugendalter (12-18)
- Erwachsenenalter (ab 18)
- Alter (ab ca. 60).

Einzelne Theorien versuchen diese Prozesse näher zu beschreiben und in ihrer Logik zu interpretieren. Dabei spielten mitunter einzelne Entwicklungsbereiche eine wichtige Rolle. Drei Beispiele: Für die geistige Entwicklung waren die Forschungen des Schweizer Psychologen Jean Piaget (1896-1980) lange Zeit bestimmend, für die moralische Entwicklung die des amerikanischen Psychologen Lawrence Kohlberg (1927-1987), für die Identitätsentwicklung die des deutsch-amerikanischen Psychologen Erik H. Erikson (1902-1994). Für das historische Lernen ist dabei von Bedeutung, dass die Entwicklungspsychologie davon ausgeht, dass der Einzelne je nach Entwicklungsalter die Welt unterschiedlich wahrnimmt und deutet, mithin sich bestimmte Fähigkeiten erst nach und nach herausbilden. Lernarrangements müssen also darauf Rücksicht nehmen, um erfolgreich sein zu können.

- Nach **Piaget** kommen z. B. Kinder erst im Alter von etwa zwölf Jahren in die Phase der formalen Operationen, die es ermöglicht, unabhängig von konkret fassbaren Gegenständen Hypothesen zu formulieren und abstrakte Lösungen zu erörtern. Gerade für ein Fach wie Geschichte, bei dem die Vergangenheit meist nur als rekonstruiertes Geschichts-Bild gegenwärtig ist, ist zu erörtern, ob bestimmte Sachverhalte grundsätzlich erst ab einem bestimmten Entwicklungsalter erschließbar sind.
- Nach **Kohlberg** ist erst auf einer hohen Stufe eine postkonventionelle Urteilsbildung möglich, die sich von vorgegebenen Normen löst und verschiedene Wertmaßstäbe gegeneinander abwägen bzw. sich an allgemeingültigen ethischen Maximen orientieren kann. Dies hieße für das historische Lernen möglicherweise, dass eine adäquate Auseinandersetzung mit Alterität, also mit (zeitlich) fremden Kulturen und deren Normen, erst relativ spät möglich würde.
- Nach **Erikson** hält jede Phase bestimmte Entwicklungsaufgaben bereit. So fallen in die Schulzeit zentrale Anforderungen wie die Auseinandersetzung mit den Veränderungen der Pubertät, das Akzeptieren der eigenen Geschlechtsrolle, die Ablösung vom Elternhaus und die Ausbildung einer eigenen Identität. Vor diesem Hintergrund wäre für das historische Lernen zu überlegen, ob und inwieweit die Lerngegenstände auf diese entwicklungspsychologischen Gegebenheiten Bezug nehmen sollen. Jugendwelten in verschiedenen Epochen wäre dann z. B. ein denkbares Thema.

Sozialisation benennt den Prozess des Hineinwachsens in die Gesellschaft. Die einzelnen Theorien betrachten die Entwicklung des Einzelnen also von der gesellschaftlichen Seite, wobei den verschiedenen Instanzen wie Familie, Schule oder Freundeskreis eine große Bedeutung zugesprochen wird, und akzentuieren dabei verschiedene Aspekte. Um gesellschaftlich vorgegebene Rollen spielen zu können, muss der Einzelne über bestimmte Qualifikationen verfügen. Er muss zunächst die gesellschaftlichen Erwartungen wahrnehmen und erfüllen („Rollenübernahme", „*role-taking*"), dann die mitunter divergierenden Anforderungen aushalten und austarieren („Ambiguitätstoleranz", „kontrollierte Selbstdarstellung") und schließlich sich selbst verwirklichen („autonomes Rollenspiel", „*role-making*"). Dabei ist zu bedenken, dass sich die Kinder und Jugendlichen erst allmählich mit den von verschiedenen Sozialisationsinstanzen aufgestellten Konventionen bewusst auseinandersetzen. Da aber für das Verständnis historischer Sachverhalte solche gesellschaftlichen Prozesse zentral sind, ist zu berücksichtigen, dass diese den Schülerinnen und Schülern aus eigener Erfahrung lange nicht geläufig sind. Inhaltlich wäre zu erörtern, inwieweit der historische Wandel von Sozialisationsinstanzen im Geschichtsunterricht sinnvoll zu thematisieren ist.

Probleme und Perspektiven

(1) Erläutern Sie an Beispielen aus dem Geschichtsunterricht die einzelnen Formen des Lernens.
(2) Diskutieren Sie anhand eines selbstgewählten Beispiels, über welche Schemata Kinder und Jugendliche verfügen müssen, um sich im Rahmen des historischen Lernens angemessen mit einem Thema auseinandersetzen zu können.
(3) Erörtern Sie, ob es Themen gibt, die aus pädagogischen bzw. psychologischen Gründen für das historische Lernen von Kindern und Jugendlichen nicht geeignet sind.
(4) Entwickeln Sie Ideen, wie Sie ein bestimmtes Thema aus dem Geschichtsunterricht für 5-Jährige, 10-Jährige und für 15-Jährige aufbereiten würden.
(5) Stellen Sie Möglichkeiten zusammen, wie die intrinsische Motivation im Geschichtsunterricht angesprochen werden kann.

Literaturhinweise

Flammer, August: Entwicklungstheorien. Psychologische Theorien der menschlichen Entwicklung, 4. Aufl., Bern 2009 (*Überblick über die verschiedenen Ansätze in der Psychologie*)

Gies, Geschichtsunterricht, S. 15ff. (*komprimierter Überblick über „Voraussetzungen und Bedingungen des Geschichtsunterrichts“*)

Gudjons, Herbert/Traub, Silke: Pädagogisches Grundwissen. Überblick – Kompendium – Studienbuch, 12. Aufl., Bad Heilbrunn 2016 (*weitverbreitetes pädagogisches Lehrbuch*)

Günther-Arndt, Hilke: Historisches Lernen und Wissenserwerb, in: Günther-Arndt, Geschichtsdidaktik, S. 24-49 (*anregender Versuch, die Erkenntnisse der Pädagogik und Psychologie geschichtsdidaktisch anzuwenden*)

Hasselhorn, Marcus/Gold, Andreas: Pädagogische Psychologie. Erfolgreiches Lehren und Lernen, 4. Aufl., Stuttgart 2017 (*umfassendes Lehrbuch*)

Imhof, Margarete: Psychologie für Lehramtsstudierende, 4. Aufl., Wiesbaden 2016 (*knappe und übersichtliche Einführung*)

Kunter, Mareike/Trautwein, Ulrich: Psychologie des Unterrichts, Paderborn 2013

Mietzel, Gerd: Pädagogische Psychologie des Lernens und Lehrens, 9. Aufl., Göttingen 2017 (*weit verbreitetes psychologische Lehrbuch*)

Schneider, Gerhard: Transfer. Ein Versuch über das Anwenden und Behalten von Geschichtswissen, Schwalbach (Ts.) 2009 (*kurze Einführung mit vielen Praxisbeispielen*)

Schneider, Wolfgang / Lindenberger, Ulman (Hg.): Entwicklungspsychologie, 7. Aufl., Weinheim / Basel 2012 (*Standardwerk*)

Seidel, Tina/Krapp, Andreas (Hg.): Pädagogische Psychologie, 6. Aufl., Weinheim/Basel 2014 (*Standardwerk*)

Geschichtsunterricht: Historisches Lernen in der Schule

Historisches Lernen ist ein Prozess, der sich in vielfältigen Zusammenhängen vollzieht: beim Gang durch eine Altstadt, beim Betrachten einer Fernsehdokumentation, beim Besuch eines Museums. Einen Sonderfall stellt der Geschichtsunterricht dar. In diesem Kapitel werden zunächst die Besonderheiten des Geschichtsunterrichts gegenüber anderen Formen historischen Lernens bestimmt, um dann dessen Merkmale zu erörtern.

Unterricht in Geschichte

Geschichtsunterricht ist eine besondere Form von Unterricht, Unterricht eine besondere Form organisierten Lernens:

> „Die Bezeichnung ‚Unterricht' wird vielmehr für solche Situationen reserviert, in denen (1) mit *pädagogischer Absicht* und (2) in *planmäßiger Weise* sowie (3) innerhalb eines bestimmten *institutionellen Rahmens* und (4) in *Form von Berufstätigkeit* eine Erweiterung des Wissens- und Fähigkeitsstandes einer Personengruppe angestrebt wird" (Terhart, Didaktik, 103f.).

Die vier Merkmale – Absicht, Plan, Institution, Professionalität – beschreiben die äußeren Rahmenbedingungen, die überzeitlich für verschiedene Formen von Unterricht gelten. Es muss eine Lehrperson geben, die diese Rolle zugewiesen bekommt bzw. beansprucht. Die verbeamtete und vom Staat besoldete Lehrkraft ist dabei nur ein historischer Sonderfall. Auch die Intention und das planmäßige Vorgehen können zu verschiedenen Zeiten ganz verschieden definiert werden und sind auch gegenwärtig nicht einheitlich bestimmt. In einer Pflegeausbildung gestaltet sich der Unterricht ganz anders als in der Grundschule, auch wenn die formalen Merkmale zutreffen. Geschichtsunterricht ist zunächst eine Spielart von Unterricht überhaupt. Allerdings ist er eine besondere Form des auch außerschulisch stattfindenden historischen Lernens und insofern deutlich von anderen Formen schulischen Lernens unterschieden: Er bezieht sich auf die Vergangenheit und steht damit im Kontext des Geschichtsbewusstseins in der Gesellschaft. Als schulische Veranstaltung weist historisches Lernen einige Besonderheiten auf:

- Es ist **kontinuierlich**: Gegenüber einem einzelnen Museumsbesuch sind in den Stundentafeln regelmäßige Geschichtsstunden (oft zwei pro Woche) vorgesehen.
- Es ist **wissenschaftsorientiert**: Geschichtsunterricht orientiert sich an der Geschichtswissenschaft. Lange Zeit reduzierte sich das Selbstverständnis des Fa-

ches sogar darauf, im Sinne einer Abbilddidaktik das wissenschaftlich Erforschte vereinfacht an die Schüler weiterzuvermitteln.

- Es ist **gesellschaftlich und politisch legitimiert**: Im Unterschied zu einer provokativen Ausstellung und einem aufrüttelnden Film sind die Ziele und Inhalte des Geschichtsunterricht vom Konsens oder zumindest der Mehrheitsmeinung der Öffentlichkeit abhängig.
- Es ist **zielorientiert**: Aufgrund der politischen Legitimation soll der Geschichtsunterricht zu bestimmten Ergebnissen führen, die aber im Unterschied zu anderen Fächern weniger klar definiert sind und kontrovers diskutiert werden.
- Es ist **intergenerationell**: Lehrkräfte einer älteren Generation geben Wissen an Mitglieder einer jüngeren Generation weiter, machen diese im Sinne einer Traditionsvermittlung mit dem in der Gesellschaft präsenten Geschichtsbewusstsein vertraut.
- Es ist **professionalisiert**: Geschichte wird in den weiterführenden Schulen in der Regel von akademisch ausgebildeten Historikern unterrichtet oder zumindest von Lehrkräften, die über ein abgeschlossenes Hochschulstudium verfügen und mit dem wissenschaftlichen Arbeiten vertraut sind. Die staatlich reglementierte Lehrerbildung gewährleistet durch die zweite Phase, das Referendariat in der Schule, zudem hohe Standards bei der Planung, Durchführung und Auswertung von Unterricht.
- Es ist **standardisiert**: Bei aller Gestaltungsfreiheit der einzelnen Lehrkraft sorgen – nicht zuletzt im Sinne des Gleichheitspostulats – allgemeine Vorgaben wie Lehrpläne dafür, dass alle Schüler grundsätzlich das Gleiche lernen.
- Es ist **strukturiert:** Die Schüler sollen keine punktuellen Erfahrungen machen und zufällige Wissensbestände akkumulieren, sondern einen in sich konsistenten Lehrgang absolvieren.
- Es ist auf **Nachhaltigkeit** angelegt: Durch kontinuierliche Kontrollen soll der Lernfortschritt nachgewiesen werden und so gewährleistet werden, dass das Gelernte auch noch im Erwachsenenalter von Bedeutung ist.

Geschichtsunterricht und Unterrichtsfach Geschichte

Geschichtsunterricht ist die konkrete, tagtäglich stattfindende Interaktion zwischen bestimmten Lehrkräften und bestimmten Lerngruppen: „Unterricht in Geschichte besteht im diskursiven Durchsprechen des Wissens über Vergangenheit und sucht Orientierung für Gegenwart und Zukunft der Kommunikationsteilnehmer" (Pandel, Geschichtsdidaktik, 109). Er wird bestimmt durch das Zusammenspiel von Zielen, Inhalten, Methoden und Medien. Davon zu unterscheiden ist das **Unterrichtsfach Geschichte**, d. h. der normativ gesetzte Rahmen historischen Lernens in der Schule. Hierzu zählen rechtliche Vorgaben wie z. B. die Lehrpläne. Das Unterrichtsfach Geschichte ist eingebunden in eine **Unterrichtsorganisation**, die für alle Fächer einer Schulart gilt und die z. B. die

Dauer einer Stunde allgemein festlegt. Alle Schulen fügen sich zu einem **Schulsystem** zusammen, in dem z. B. Eingangsvoraussetzungen und erreichbare Abschlüsse festgelegt sind. Da das Schulsystem nicht autonom ist, sind die **Rahmenbedingungen** zu bedenken, sei es die **staatliche Ordnung** mit der Schulverwaltung, sei es die **wirtschaftliche Ordnung**, die für die Finanzierung wesentlich ist, die **gesellschaftliche Ordnung**, die bestimmte Erwartungen an Schule richtet, und die **kulturelle Ordnung**, die z. B. die Lerninhalte prägt. Das Geschichtsbewusstsein in der Gesellschaft schlägt sich in den Vorgaben für den Geschichtsunterricht nieder. Die Unterscheidung dieser verschiedenen Ebenen ist insofern zentral, als sie die vielfältigen Bezüge des Geschichtsunterrichts bewusst macht, insbesondere dass Geschichte als Fach in die Unterrichtsorganisation der Schule eingebunden ist, die aus bürokratischen Gründen für alle Fächer gleich ist.

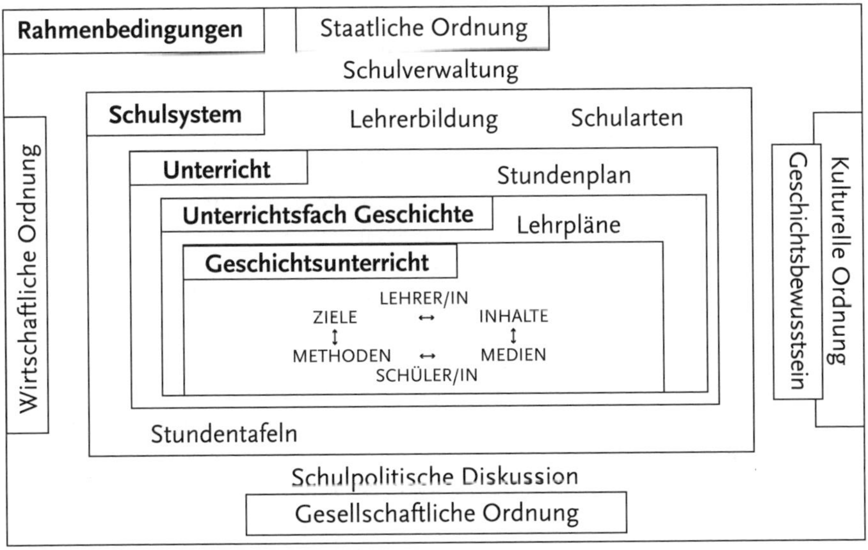

Abb. 9: Bezüge des historischen Lernens in der Schule

Zur Geschichte des Unterrichtsfachs Geschichte

Die Erforschung der Geschichte des Geschichtsunterrichts stößt schnell an Grenzen, denn es ist angesichts der unzureichenden und problematischen Quellenlage außerordentlich schwierig, die vergangene **Unterrichtswirklichkeit**, also das, was in den Klassenzimmern tatsächlich stattfand, zu rekonstruieren. Die Aufzeichnungen des Lehrers, die Hefte der Schüler, schriftliche Prüfungsarbeiten, Unterrichtsmaterialien – all dies ist oft unwiderruflich verloren und die Erinnerung der Beteiligten reichen nicht allzu weit zurück und sind anfällig für falsche

Wahrnehmungen und Fehlurteile. Das, was gut dokumentiert ist, wie z. B. politische Absichtserklärungen, Vorgaben der Schulverwaltung und öffentliche Meinungsäußerungen, spiegelt aber nur das wider, was insbesondere staatlicherseits erwünscht war. Es sind **normative Vorgaben**, deren Einlösung im Unterrichtsalltag nicht gewährleistet war. So kann, ohne den Geschichtsunterricht selbst rekonstruieren zu können, zumal dieser in jeder Klasse wegen der daran Beteiligten auf andere Weise verlief, der Rahmen des Unterrichtsfaches Geschichte nachgezeichnet werden: Es können etwa Lehrpläne analysiert und Schulbücher untersucht werden; es können die Anforderungen der Lehrerbildung nachvollzogen und die Positionen in öffentlichen Debatten, die den Geschichtsunterricht betrafen, herausgearbeitet werden.

Überraschenderweise ist die Geschichte des Unterrichtsfaches Geschichte ein wissenschaftlich schlecht bestelltes Feld. In der Geschichtsdidaktik wurde das Thema nach einigen wegweisenden Untersuchungen in den 1980er-Jahren nur in einzelnen Studien wieder aufgegriffen. Die bildungsgeschichtliche Forschung historischer oder pädagogischer Provenienz konzentriert sich auf allgemeine Fragestellungen und widmet sich weniger einzelnen Unterrichtsfächern. Gleichwohl lassen sich einige Grundlinien der Entwicklung skizzieren. Dass Geschichte Inhalt von Lehr-Lern-Prozessen war, lässt sich bis in früheste menschliche Kulturen zurückverfolgen, wo die junge Generation über die Vergangenheit unterrichtet wurde. Für das moderne Unterrichtsfach ist jedoch das 19. Jahrhundert die entscheidende Phase. „Der Staat wird Schulstaat" (Thomas Nipperdey) – und die Schule wird Staatsschule. Im Zuge des umfassenden Prozesses des Ausbaus des Bildungswesens unter staatlicher Ägide bilden sich bis heute nachwirkende Formen der Schulorganisation, des Fächerkanons und der Unterrichtsorganisation heraus. Das Schulsystem wird nicht zuletzt wegen des Bevölkerungsanstiegs massiv **ausgebaut**, so dass die schon früh dekretierte Schulpflicht flächendeckend umgesetzt werden kann und die gesamte Bevölkerung alphabetisiert wird. Dabei setzt sich die **staatliche Schulaufsicht** allgemein durch; alternative Bildungsträger wie die Kirchen werden marginalisiert bzw. staatlich kontrolliert. Damit einher geht eine Säkularisierung der Bildung. Religion wird zu einem Fach neben anderen. Im Zuge des Ausbaus erhält das Schulwesen eine **innere systematische Struktur** mit verschiedenen Schularten, definierten Bildungsgängen und festgelegten Leistungsnachweisen. Daher müssen die Lehrkräfte zusehends eine qualifizierte Ausbildung nachweisen (**Professionalisierung**), wobei der Weg bis zur akademischen Lehrerbildung an Universitäten und vergleichbaren Institutionen lang ist. Die einzelnen Schulfächer orientieren sich zusehends an den universitären **Bezugswissenschaften**. Da die Geschichtswissenschaft im 19. Jahrhundert zur gesellschaftlichen Leitwissenschaft aufsteigt, erlangt auch das Unterrichtsfach große Wertschätzung. Umgekehrt werden die Vorgaben der Geschichtswissenschaft für das schulische Fach prägend. Geschichte hat in diesem Fächerkanon einen festen, wenngleich variablen Platz. War die elementare Bildung schon länger auch für Mädchen zugänglich, beginnt nun der Aufstieg des **Mädchenschulwesens** bis hin zur völligen

Gleichberechtigung, wobei dieser Weg lang und hindernisreich ist. Schließlich wird Schule zu einer **öffentlichen Angelegenheit**. Verschiedene Interessenverbände artikulieren ihre Interessen und schulische Fragen werden Gegenstand öffentlicher Debatten. So versuchte z. B. Kaiser Wilhelm II. (1859-1941) in einer *Allerhöchsten Ordre* vom 1. 5. 1889 den Geschichtsunterricht zu beeinflussen: Er wollte einen stärkere Berücksichtigung der zeitgenössischen Geschichte, einen modernen Fächerkanon und eine Würdigung der politischen Leistung der Hohenzollern. Dies führte zu einer heftigen öffentlichen Diskussion und zu einer Selbstbehauptung der akademischen und der schulischen Historiker.

Abb. 10: Auf dem Weg in den Schulstaat

Diese allgemeinen bildungsgeschichtlichen Entwicklungen prägten auch den Geschichtsunterricht und das Unterrichtsfach Geschichte. Bemerkenswert ist dabei, dass, ausgehend vom Gymnasium, sich das Modell des **wissenschaftsorientierten** historischen Lernens nach und nach in allen Bildungseinrichtungen, gleichsam von oben nach unten, ausgebreitet und allgemein durchgesetzt hat. Alternative Konzepte wie das einer christlichen Besinnung, in dem Geschichte als Spiegel der Heilsgeschichte erscheint und zur religiösen Einkehr mahnt, oder das einer ethisch-moralischen Instruktion, bei dem Geschichte im Sinne des alten Topos *historia magistra vitae* als Lehrmeisterin für Alltagsprobleme auftritt, verblassten zusehends. Allerdings ist auch festzustellen, dass Geschichte aufgrund seiner ausgeprägten gesellschaftlichen Bezüge stets anfällig für politische Funktionalisierung, ja Instrumentalisierung war. **Politische Bildung** war immer, auch wenn es mitunter dafür ein eigenes Schulfach gab, ein Auftrag, der mit dem historischen Lernen kombiniert wurde: Der Geschichtsunterricht sollte zur Loyalität gegenüber dem aktuell existierenden politischen System beitragen. Die tiefgreifenden Umbrüche in der deutschen Geschichte des 20. Jahrhunderts von der Monarchie des Kaiserreichs über die Weimarer Demokratie und die NS-Diktatur zur Demokratie der Bundesrepublik mit dem ostdeutschen Sonderweg der SED-Diktatur bewirkten entsprechende Transformationen des Unterrichtsfaches Geschichte.

Dieser Blick auf die Geschichte des Unterrichtsfachs erklärt zum Teil die **aktuelle Lage** und schärft grundsätzlich den Blick für die Zusammenhänge, in die der Geschichtsunterricht heute eingebunden ist. Eine Besonderheit des deutschen Bildungssystems ist dabei seine föderale Struktur. Aufgrund der **Kulturhoheit der Länder** wird das Schulwesen nicht zentral geregelt, wobei die letzte Föderalismusreform deren Eigenständigkeit eher noch gestärkt hat. Wenn also von der Situation des Geschichtsunterrichts in der Bundesrepublik Deutschland die Rede ist, müsste genauer von der Situation in den einzelnen Bundesländern die Rede sein. Allerdings gibt es auch gemeinsame Tendenzen, die dadurch bedingt sind, dass die **Ständige Konferenz der Kultusminister der Länder in der Bundesrepublik Deutschland (KMK)** eine vereinheitlichende Wirkung ausübt. 1948 noch vor der Entstehung der Bundesrepublik gegründet, behandelt sie laut Geschäftsordnung „Angelegenheiten der Bildungspolitik, der Hochschul- und Forschungspolitik sowie der Kulturpolitik von überregionaler Bedeutung mit dem Ziel einer gemeinsamen Meinungs- und Willensbildung und der Vertretung gemeinsamer Anliegen" (https://www.kmk.org/kmk/aufgaben.html). Die KMK nimmt also die Rolle eines Koordinationsorgans wahr, ohne die Eigenständigkeit der Länder einzuschränken. Im Hinblick auf den Geschichtsunterricht haben insbesondere die Einheitlichen Prüfungsanforderungen für die Abiturprüfung im Fach Geschichte (EPA) normierende Wirkung, da hier das Profil des Faches formuliert wird, das auch auf die anderen Schulformen ausstrahlt. Darüber hinaus hat die KMK immer wieder Beschlüsse zum historischen Lernen und zur politischen Bildung gefasst, die sich auf den Geschichtsunterricht ausgewirkt haben. So wurde z. B., nachdem an Weihnachten 1959 die neu eröffnete Kölner Synagoge mit antisemitischen Parolen beschmiert wurde, beschlossen, der Behandlung des Nationalsozialismus breiteren Raum im Unterricht einzuräumen, was in den Folgejahren von den einzelnen Ländern auch umgesetzt wurde.

Neben diesen allerdings milden Vereinheitlichungstendenzen der KMK führen auch die **Traditionen des Unterrichtsfaches**, die seit dem 19. Jahrhundert eine länderübergreifende Wirkung entfaltet haben, dazu, dass das Unterrichtsfach Geschichte in den Ländern der Bundesrepublik Deutschland Gemeinsamkeiten aufweist. Dabei ist zu bedenken, dass das Schulsystem selbst in den Ländern voneinander abweicht. (Übersichten: https://www.kmk.org/dokumentation-statistik/informationen-zum-deutschen-bildungssystem.html. Die Lehrpläne der einzelnen Bundesländer sind über eine Linkliste der KMK zugänglich: https://www.kmk.org/dokumentation-statistik/rechtsvorschriften-lehrplaene/lehrplan-datenbank.html).

- Im **Elementarbereich**, der Grundschule, gibt es kein eigenständiges Unterrichtsfach Geschichte; historische Themen werden im Rahmen des Sachunterrichts behandelt.
- Im **Sekundarbereich I** gibt es an einer Reihe von Schulformen, insbesondere Haupt- und Mittelschulen, **Integrationsfächer**, bei denen die traditionellen Fächeraufteilung aufgehoben wurde, mit historischen Anteilen bzw. **Kombinationsfächer**, bei denen die Fächeraufteilung beibehalten wurde, mit Geschichte als Teilfach.
- In den anderen Schulformen der Sekundarstufe I gibt es einen **eigenständigen Geschichtsunterricht**, zumeist im Umfang von zwei Wochenstunden, allerdings nicht über alle Jahrgangsstufen hinweg.
- Inhaltlich folgen die Lehrpläne im Wesentlichen dem Prinzip des chronologischen Überblicks, indem die geschichtliche Entwicklung von den Anfängen der Menschheit bis zur Gegenwart nachvollzogen wird.
- In der **Sekundarstufe II** bzw. der Oberstufe des Gymnasiums war traditionell ein zweiter chronologischer Durchgang vorgesehen, der sich zusehends auflöst und verschiedenen meist thematischen Strukturierungskonzepten Platz macht.

Im Hinblick auf die **Ausbildung der Lehrkräfte** ist festzuhalten, dass lediglich in den Schularten, in denen ein eigenständiger Geschichtsunterricht stattfindet, auch fachwissenschaftlich ausgebildete Lehrkräfte unterrichten, während im Grund- und Hauptschulbereich das Fach meist fachfremd gelehrt wird.

Merkmale des Geschichtsunterrichts

In einem ersten Zugang lässt sich Geschichtsunterricht aus der Perspektive der allgemeinen Didaktik pauschal als Unterricht beschreiben, wobei die fachspezifischen Merkmale noch keine Rolle spielen. Die innere Struktur des Unterrichts kann angesichts der Vielfalt der konkreten Unterrichtsformen demnach nur durch allgemeine Kategorien beschrieben werden. Ein bis heute besonders einflussreiches Modell haben die Erziehungswissenschaftler Paul Heimann (1901-1967), Gunter Otto (1927-1999) und Wolfgang Schulz (1929-1993) in den 1960-er Jahren vorgeschlagen. In Abgrenzung zur bildungstheoretischen Didaktik versuchten sie als Vertreter der lern- bzw. lehrtheoretischen Didaktik das Unterrichtsgeschehen ohne inhaltliche Festlegungen etwa auf eine bestimmte Bildungskonzeption formal zu beschreiben. Die einzelnen Elemente können je nach Unterrichtssituation unterschiedlich „gefüllt“ sein. Dieses – nach dem Wirkungsort der Urheber benannte – Berliner Modell trifft folgende Unterscheidungen: Die **Bedingungsfelder unterrichtlichen Handelns** beschreiben den Rahmen des Unterrichts. Dazu zählen die **anthropologisch-psychologischen Voraussetzungen**, die die Schülerinnen und Schüler in den Unterricht mitbringen (ihr Entwicklungsstand, ihre Vorkenntnisse usw.) sowie die **sozial-kulturellen Voraussetzungen**, die pauschal die Zusammenhänge beschreiben, in denen Unterricht stattfindet (Bildungsvorstellungen, Schulorganisation usw.). Bedeutsamer für den konkreten Unterricht sind die **Entscheidungsfelder unterrichtlichen Handelns**, in denen die Lehrkraft insbesondere bei der Unterrichtsplanung Festlegungen treffen muss, und zwar im Hinblick auf:

- **Intentionen**: Welche Ziele sollen erreicht werden?
- **Inhalte**: Was soll thematisiert werden?
- **Methoden**: Wie soll der Lernprozess vonstattengehen?
- **Medien**: Welche Hilfsmittel im weitesten Sinn werden dazu herangezogen?

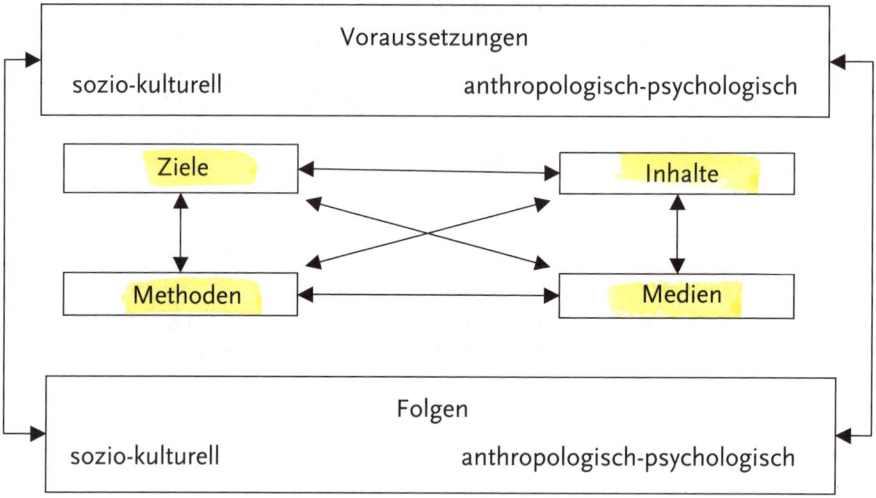

Abb. 11: Bedingungs- und Entscheidungsfelder von Unterricht nach Heimann/Otto/Schulz

Besondere Merkmale dieses Modells sind:

- Alle Faktoren stehen in **Interdependenz** zueinander: Die Entscheidung für ein bestimmtes Ziel, z. B. Erschließung von Textquellen, hat Auswirkungen auf die anderen Dimensionen: Als Medium etwa muss dann tatsächlich eine Textquelle zur Verfügung stehen und methodisch muss der Lerngruppe die Möglichkeit gegeben werden, bestimmte Analyseschritte selbst anzuwenden.
- Alle Faktoren stehen in einem **dynamischen Verhältnis** zueinander: Veränderungen an einer Stelle bewirken Veränderungen an einer anderen. Haben die Schülerinnen und Schüler das Verfahren der Analyse von Textquellen gelernt, bringen sie für die nächste Unterrichtseinheit neue Voraussetzungen mit, was sich auf die Entscheidungsfelder auswirkt.
- Alle Faktoren sind **situationsabhängig**: Je nach unterrichtlichem Arrangement gruppieren sich die einzelnen Dimensionen neu. Die Intention, die Analyse

von Textquellen zu vermitteln, kann im Hinblick auf die Lerngruppe, die Inhalte usw. ganz unterschiedlich realisiert werden.

Das Modell bietet ein übersichtliches Raster, das nicht nur bei der Planung („Entscheidungsfelder") Hilfestellungen gibt, sondern auch gut geeignet ist, um Unterricht zu beschreiben und das komplexe Unterrichtsgeschehen systematisch zu strukturieren. Daher wird es für die folgende Darstellung zugrunde gelegt, um Ziele, Inhalte, Methoden und Medien des historischen Lernens in der Schule zu erörtern. Das Unterrichtsfach Geschichte legitimiert sich dadurch, dass in ihm etwas gelernt wird, was nur in ihm gelernt werden kann. Es müssen also Ziele, Inhalte, Methoden und Medien identifizierbar sein, die den Kern des Faches ausmachen, unverzichtbare Bedeutung für die Entwicklung der Schülerinnen und Schüler einerseits und die Gesellschaft andererseits besitzen und die nicht in anderen Fächern oder auf anderem Weg ebenso vermittelbar wären.

Geschichtsdidaktische Unterrichtsprinzipien und Unterrichtskonzepte

In einem zweiten Zugang kann die Spezifik des Geschichtsunterrichts dadurch bestimmt werden, dass bestimmte Unterrichtskonzepte bzw. -prinzipien für das historische Lernen in der Schule identifiziert werden.

> „Unterrichtskonzepte sind Gesamtorientierungen didaktisch-methodischen Handelns, in denen ein begründeter Zusammenhang von Ziel-, Inhalts- und Methodenentscheidungen hergestellt wird. Sie definieren grundlegende Prinzipien der Unterrichtsarbeit, sie formulieren Leitbilder des Rollenverhaltens von Lehrern und Schülern und sie geben Empfehlungen für die organisatorisch-institutionelle Gestaltung des Unterrichts" (Jank/Meyer, Modelle, 305).

Wichtig sind bei dieser Definition:

- Es handelt sich nicht um theoretisch ausgefeilte Modelle, sondern um **praxisorientierte Leitlinien**. Sie sind als „Didaktik zum Anfassen" aus der kritischen Reflexion von Unterricht entstanden. Als Unterrichtskonzepte gelten: Offener Unterricht, Projektunterricht, Freiarbeit, Handlungsorientierter Unterricht, Programmierte Unterweisung usw. (Übersicht: Jank/Meyer, Modelle, 308).
- Zu konstatieren ist stets eine gewisse **begriffliche Unschärfe**, die der Entstehung von Unterrichtskonzepten, die selbst auch als Unterrichtsansätze, Methodenkonzepte o. Ä. bezeichnet werden, aus der kritischen Reflexion von Unterricht geschuldet sind.
- Gleichwohl gehen sie über die einzelne Unterrichtsstunde hinaus und bringen langfristige und theoretisch mehr oder weniger fundierte **didaktisch-methodische Grundorientierungen** zum Ausdruck.

- Unterrichtskonzepte lassen sich durch **einzelne Unterrichtsprinzipien** näher bestimmen, wobei diese wiederum in verschiedenen Unterrichtskonzepten begegnen. Eine klare Abgrenzung zwischen Unterrichtskonzepten und Unterrichtsprinzipien ist dabei nicht immer möglich. Als Unterrichtsprinzipien gelten z. B. Selbsttätigkeit, Erfahrungsbezug, Wissenschaftsorientierung usw.

In der Geschichtsdidaktik wurden im Lauf der Zeit eine Reihe solcher für den Geschichtsunterricht relevanter Unterrichtskonzepte und Unterrichtsprinzipien vorgeschlagen, wobei sie jeweils auf die aktuelle Situation reagierten. Zugespitzt lässt sich für die 1970er-Jahre eine „Wende zum Konstruktcharakter der Geschichte", für die 1980er-Jahre eine „Wende zu Schüleraktivitäten" und für die 2000er-Jahre eine Wende zu „Problemlösungsfähigkeiten" (sprich: Kompetenzen) konstatieren. Dementsprechend hatten Prinzipien wie Multiperspektivität, Handlungsorientierung und Kompetenzorientierung Konjunktur (Pandel, Geschichtsdidaktik, 332, Tab. 14).

Dabei werden unterschiedliche Begriffe wie „fachdidaktische Prinzipien", „Unterrichtsprinzipien", „methodische Prinzipien" oder „unterrichtsmethodische Strukturierungskonzepte" verwendet. Dies wird auch an den jeweiligen Erläuterungen deutlich, die zwar vornehmlich auf die methodische Gestaltung abzielen, aber auch Ziele und Inhalte in unterschiedlicher Weise akzentuieren.

> „Mit Unterrichtsprinzipien sind Leitlinien und Grundsätze gemeint, die dem Unterricht dauerhaft zugrunde liegen sollten" (Sauer, Geschichte, 76).
>
> „Neben den thematischen Strukturierungskonzepten, die sich auf die Auswahl und Anordnung der historischen Inhalte beziehen, und den historischen Erkenntnisverfahren gibt es unterrichtsmethodische ‚Zugriffe'". (Günther-Arndt, Didaktik, S. 177).
>
> „Die didaktisch-methodischen Prinzipien beziehen sich auf die Art und Weise, wie Themen und Inhalte dargestellt und erarbeitet werden. Historische Themen sollen als offene, gegenwartsrelevante Sachverhalte dargestellt bzw. von den Schülern selbst erarbeitet werden" (Pandel, Geschichtsdidaktik, 331f.).

Mitunter wird der Terminus „fachdidaktische Prinzipien" auch als Sammelbezeichnung für verschiedene Aspekte „innerunterrichtlichen Geschehen[s]" verwendet (Barricelli/Lücke, Handbuch, Bd. 1, 15), wobei manche in diesem Zusammenhang thematisierte Fragen – wie etwa „Kompetenzen", „Narrativität" und „historische Urteilsbildung" – nicht als Unterrichtskonzepte anzusprechen sind. Die folgende Übersicht zeigt exemplarisch verschiedene Vorschläge, wie fachdidaktische Unterrichtskonzepte bzw. -prinzipien gefasst werden können.

Autoren	**Sauer** Sauer, Geschichte, 76ff.	**Mayer/Pandel/Schneider** Mayer, Handbuch Methoden, 15ff.	**Günther-Arndt** Günther-Arndt, Geschichtsdidaktik, 171ff.	**Barricelli/Lücke** Barricelli/Lücke, Handbuch, Bd. 1, 207ff.	**Pandel** Pandel, Geschichtsdidaktik, 331ff.
Benennung	***Unterrichtsprinzipien***	***Prinzipien***	***Unterrichtsmethodische Strukturierungskonzepte / *Historische Erkenntnisverfahren***	***Fachdidaktische Prinzipien***	***Methodische Prinzipien***
Prinzipien	Multiperspektivität und Kontroversität	Multiperspektivität	*Multiperspektivisches Verfahren	Multiperspektivität, Kontroversität, Pluralität	Multiperspektivität (Kontroversität, Pluralität)
	Handlungsorientierung	Handlungsorientierung	Handlungsorientierung		Handlungsorientierung
		Problemorientierung	Problemorientierung		Problemorientierung
	Gegenwartsbezug	Gegenwarts- und Zukunftsbezug		Lebenswelt- und Gegenwartsbezug	Gegenwartsorientierung
		Wissenschaftsorientierung	*Historische Methode		Wissenschaftsorientierung
		Forschend-entdeckendes Lernen			Forschendes/entdeckendes Lernen
	Personalisierung und Personifizierung			Personalisierung/ Personifizierung	
	Alteritätserfahrung, Fremdverstehen, Interkulturelles Lernen				
					Erfahrungsorientierung
					Projektorientierung
					Methodenorientierung
		Alters- und Schulstufendifferenzierung			
				[Historische Kompetenzen und Kompetenzmodelle]	
				[Narrativität]	
				[Historische Urteilsbildung]	
				[Guter Geschichtsunterricht – Prinzipien]	
			*Historischer Vergleich		

Abb. 12: Vergleich geschichtsdidaktischer Unterrichtsprinzipien

Die Übersicht zeigt, dass die einzelnen Vorschläge sich einerseits deutlich voneinander unterscheiden, andererseits eine gemeinsame Schnittmenge aufweisen. Als wichtig für den Geschichtsunterricht können demnach gelten:

- **Gegenwartsorientierung**: Da jede historische Frage von der jeweiligen Gegenwart ausgeht, ist dieses Prinzip konstitutiv. So ist im Unterricht stets der Bezug historischer Sachverhalte zur heutigen Situation zu thematisieren, da dadurch der Blickwinkel auf die Vergangenheit vorgegeben ist und nur eine Reflexion dieser Perspektive eine belastbare historische Erkenntnis ermöglicht.
- **Lebenswelt- und Erfahrungsorientierung**: Im Unterschied zur Gegenwartsorientierung spielt hier die Erfahrungs- und Lebenswelt der Kinder und Jugendlichen eine entscheidende Rolle. Im Unterricht kommt es darauf an, entsprechende Anknüpfungspunkte zu suchen. So kann im Zusammenhang der Industrialisierung auf die Verwendung von Plastik bei der Herstellung von Alltagsgegenständen Bezug genommen werden.
- **Problemorientierung**: Da gerade die Fragen aus der Gegenwart an die Vergangenheit Auslöser und Grundlage historischen Lernens sind, liegt dem Unterricht ein zu klärendes Problem zugrunde. Uwe Uffelmann hat dafür ein Verfahren mit den Schritten Problemfindung – Problemlösung – Reflexion vorgeschlagen.
- **Methoden- und Wissenschaftsorientierung**: Um die Fragestellung bzw. das Problem zu klären, müssen Informationen gesucht, ausgewertet und interpretiert werden. Dies geschieht nach bestimmten, am wissenschaftlichen Arbeiten orientierten Regeln. Die Schüler lernen also Verfahrensweisen, um die begegnenden Probleme möglichst selbstständig lösen zu können. In diesem Zusammenhang ist es sinnvoll, dass sich die Schülerinnen und Schüler der so genannten **epistemologischen Prinzipien** bewusst werden, die die historische Erkenntnisgewinnung kennzeichnen: **Retroperspektivität** benennt die Tatsche, das ein Sachverhalt aus späterer Perspektive betrachtet wird; **Konstruktivität** verweist darauf, dass die Erkenntnisse auf deutender Interpretation, auf Rekonstruktion, ja Konstruktion beruhen. **Partialität** erinnert daran, dass die Quellen der Erkenntnis nur bruchstückhaft überliefert sind.
- **Multiperspektivität, Kontroversität, Pluralität**: Diese Unterscheidung, die auf den Geschichtsdidaktiker Klaus Bergmann (1938-2002) zurückgeht, reflektiert die Erfahrung, dass man immer wieder mit verschiedenen Wahrnehmungen und Deutungen historischer Sachverhalte konfrontiert ist. So gibt es auf der Ebene der Quellen voneinander abweichende Berichte über ein Ereignis. Dies bezeichnet der Begriff **Multiperspektivität**. Die Reichsgründung 1871 wurde von den Zeitgenossen verschieden wahrgenommen. Die Reaktionen reichten von Begeisterung im nationalen Bürgertum bis hin zu unverhohlener Skepsis in der sozialdemokratischen Arbeiterschaft. Aber auch auf der Ebene der (wissenschaftlichen) Darstellungen zeigen sich immer wieder strittige Beurteilungen, was mit dem Begriff **Kontroversität** bezeichnet wird. Die Historikerkont-

roversen über die Schuld am Ausbruch des Ersten Weltkriegs sind dafür ein Beispiel. **Pluralität** schließlich meint die Vielfalt der Ansichten und Urteile, die im Zuge des historischen Lernens etwa bei Schülerinnen und Schülern entstehen. Allerdings wäre zu überlegen, ob es sich dabei nicht auch um Kontroversität auf einem – im Vergleich zur wissenschaftlichen Historiographie – weniger professionellen Niveau handelt. Grundsätzlich ist zu bedenken, dass nicht zu jedem Sachverhalt multiperspektivische Quellen und kontroverse Deutungen vorliegen.

Scheinen diese Prinzipien konstitutiv – oder zumindest wünschenswert – für jeden historischen Lernprozess zu sein, bezeichnen die anderen Prinzipien bzw. Konzepte bestimmte didaktisch-methodische Präferenzen.

- **Projektorientierung** ist ein bestimmtes von der Reformpädagogik entwickeltes Verfahren, das im Unterricht verwendet werden kann. Es sieht idealtypisch vor, dass die Schülerinnen und Schüler selbsttätig ein aus der Alltagswelt stammendes Problem lösen und dies dokumentieren. Dieses Verfahren ist nicht fachspezifisch; es ist vielmehr fächerübergreifend angelegt. Ein Beispiel für historisches Lernen: Schüler entdecken im Schulhaus eine alte Inschrift, erforschen diese, stellen sie wieder her und kommentieren sie.
- **Handlungsorientierung** ist ein mitunter diffus gebrauchter Sammelbegriff für schüleraktivierende Verfahren. Als Merkmale werden u. a. genannt: Berücksichtigung der Interessen der Beteiligten, problemhaltige Situationen, Kooperation, Bezug zur Lebenswelt, Lernen mit allen Sinnen, eigenständige Arbeitsphasen, Selbstverantwortung der Lernenden, praktisches Tun, Erstellung eines Produkts (vgl. Mayer, Geschichtsunterricht). Die Nähe zur Projektorientierung ist offensichtlich, wobei die Begrifflichkeit weniger präzis ist.
- **Personalisierung/Personifizierung**: Ausgehend vom berühmten Spruch des Historikers Heinrich von Treitschke (1834-1896) „Männer machen Geschichte" wurden in der Geschichtswissenschaft, aber auch im Geschichtsunterricht historische Prozesse auf das Wirken mächtiger Einzelpersonen zurückgeführt. Diese **Personalisierung** wurde kritisiert und darf als überwunden gelten. Gleichwohl wird Geschichte von Menschen gemacht, so dass die biografische Perspektive, die nach der Rolle des Einzelnen fragt, wissenschaftlich ihre Berechtigung besitzt und im Unterricht, da sich den Kindern und Jugendlichen ein persönlicher, mitunter identifikatorischer Zugang eröffnet, große Lernchancen bietet. Mit **Personifizierung** ist hingegen gemeint, dass ein historischer Vorgang am Beispiel einer einzelnen Person verdeutlicht wird, wobei auch eine idealtypische Zuspitzung auf eine fiktive Figur erlaubt ist, die exemplarisch für eine soziale Gruppe steht – etwa ein vom Sozialistengesetz betroffener sozialdemokratischer Arbeiter. Ein solcher personaler Zugang, sei er biografisch, sei er personifizierend, ist einer unter mehreren (Bergmann, Handbuch, 298ff.).
- **Alteritätserfahrung, Fremdverstehen, Interkulturelles Lernen**: Diese drei durchaus unterschiedlich gemeinten Begriffe treffen sich darin, dass sich bei

der Beschäftigung mit einem historischen Sachverhalt eine eigene, fremde Welt eröffnet, die sich – mehr oder weniger – deutlich von der eigenen abhebt. Diese Erfahrung von Andersartigkeit (Alterität) führt im Idealfall zum Fremdverstehen und ist damit ein wesentliches Element des interkulturellen Lernens. Dieses kann also auch so bewerkstelligt werden, dass die Schülerinnen und Schüler nicht nur einer zeitgleich existierenden fremden Kultur begegnen, sondern deren Andersartigkeit aus deren Geschichte erschließen und erklären können. Die eigene Kultur kann dabei in der Vergangenheit (etwa zurzeit des Mittelalters) ebenso als andersartig und fremd erscheinen. Als Unterrichtsprinzip müsste der Lernprozess darauf ausgerichtet sein, solche Erfahrungen systematisch und bewusst herbeizuführen. Insofern sind sie nur bedingt Unterrichtsprinzipien, sondern beschreiben eher Ziele des historischen Lernens.

Die Abbildung 13 skizziert noch einmal den aktuellen Diskussionsstand. Es ist fraglich, ob die Spezifik des Geschichtsunterrichts so hinreichend bestimmt werden kann. Es erscheint vielversprechender, ausgehend von den Zielen, Inhalten, Methoden und Medien die Besonderheiten des historischen Lernens in der Schule zu beschreiben.

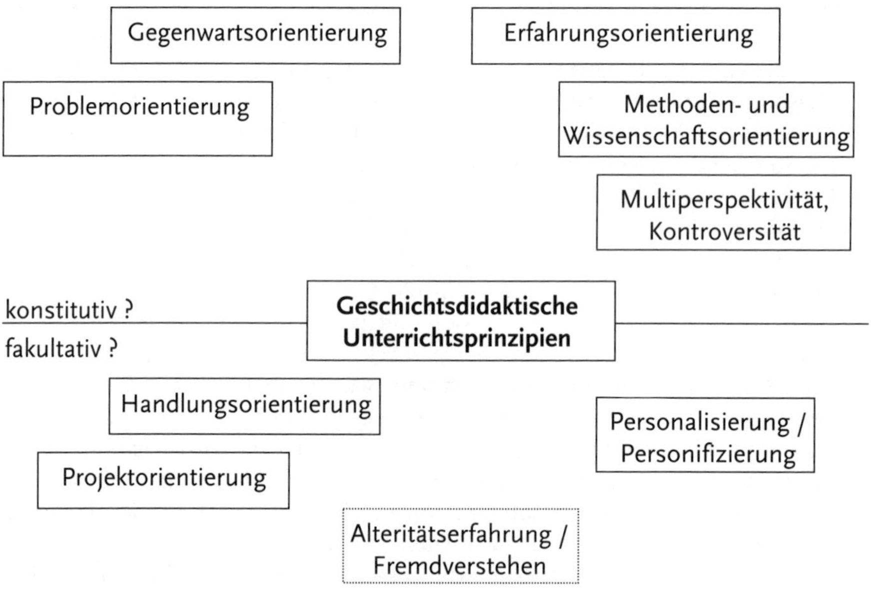

Abb. 13: Geschichtsdidaktische Unterrichtsprinzipien – Diskussionsstand

Aktuelle Herausforderungen für den Geschichtsunterricht

Historisches Lernen in der Schule vollzieht sich, wie gezeigt, in komplexen Zusammenhängen, die weit über den Unterricht und das Schulsystem hinausgehen. Auch wenn die in der öffentlichen Debatte angesprochenen Themen nicht unmittelbar den Geschichtsunterricht betreffen, ist der Geschichtsunterricht davon betroffen und hat auf diese Herausforderungen zu reagieren. Da allerdings die geschichtsdidaktische Diskussion im Fluss ist, müssen einige Andeutungen genügen.

Seit den mit den Schlagworten „Bildungskatastrophe" und „Bildungsreform" geführten Auseinandersetzungen der ausgehenden 1960er- und beginnenden 1970er-Jahre ist in Deutschland nicht mehr so viel über Bildung diskutiert worden wie seit dem so genannten **PISA-Schock**. Dieser hat deutlich gemacht, dass die Bundesrepublik gerade in den Bereichen der Lesekompetenz und der mathematisch-naturwissenschaftlichen Kompetenzen im internationalen Vergleich nur einen mittleren Platz einnimmt, dass ein erheblicher Teil der Schüler weder angemessene Schulabschlüsse erreicht noch über zentrale alltagsrelevante Basiskompetenzen verfügt und dass das Schulsystem in hohem Maße soziale Ungleichheit reproduziert, wovon vor allem Kinder aus bildungsfernen Schichten, aus armen Familien und mit Migrationshintergrund betroffen sind. Gerade die Defizite in der Lesekompetenz haben den Blick auf die Bedeutung von Sprache für das schulische Lernen und die Notwendigkeit eines **sprachsensiblen Unterrichts** gelenkt. Dies ist für das Unterrichtsfach Geschichte von großer Bedeutung. Die durch die PISA-Ergebnisse ausgelöste Diskussion über **Kompetenzen** und Kompetenzvermittlung ist hier auf fruchtbaren Boden gefallen und hat eine beachtliche Vielfalt an entsprechenden Modellen hervorgebracht. Diese werden im Kontext der Ziele des historischen Lernens näher betrachtet.

Zudem wird immer wieder betont, dass die **Bedingungen des Aufwachsens** sich deutlich geändert haben. Kinder und Jugendliche sind mit neuen Herausforderungen konfrontiert. Genannt wird in diesem Zusammenhang zum Beispiel die Globalisierung, die, sei es durch Reisen, Auslandsaufenthalte oder weltumspannende Kommunikation, eine Ausweitung des Erfahrungsraums bewirkt, oder die Mediennutzung, die seit der flächendeckenden Verbreitung von digitalen Medien neue Dimensionen und Formen angenommen hat. Jugendliche reagieren auf gesellschaftliche Entwicklungen und bilden eigene Lebenswelten aus. Einen Vorschlag, diese zu systematisieren, bildet das Sinus-Lebensweltmodell, das im Hinblick auf Bildungsstand und normative Grundorientierung sieben Milieus (Prekäre, Materialistische Hedonisten, Konservativ-Bürgerliche, Adaptiv-Pragmatische, Sozialökologische, experimentalistische Hedonisten und Expeditive) unterscheidet (http://www.sinus-akademie.de/service/downloads/jugend.html). Dies verweist auf die grundsätzliche Herausforderung, mit Verschiedenartigkeit (**Diversität**) im Geschichtsunterricht umzugehen.

Dabei wird immer wieder auf die aus der US-amerikanischen Diskussion entlehnten sozialen Kategorien *class*, *race* und *gender* verwiesen. Die soziale Benachteiligung (*class*) wurde seit den 1960er-Jahren unter dem Begriff „**Chancengleichheit**" zum Teil erbittert diskutiert und hat durch die PISA-Studie wieder an Bedeutung gewonnen. Auch wurde damals schon über die Benachteiligung von Mädchen (*gender*) geklagt: Das katholische Arbeitermädchen vom Lande vereinte idealtypisch alle Bildungsbenachteiligungen in sich. Auch wenn zwischenzeitlich der Mädchenanteil an höheren Schulabschlüssen den der Jungen übersteigt, bleibt die Auseinandersetzung mit diesem Thema eine geschichtsdidaktische Herausforderung. Ausgehend von der öffentlichen Diskussion über die Gleichberechtigung von Frauen seit den 1960er-Jahren wurde in der Wissenschaft verstärkt die Geschichte der Frauen erforscht, um der bislang dominierenden männlichen Sichtweise entgegenzutreten bzw. um sie zu ergänzen. So wurden neue Themen erschlossen bzw. neue Sichtweisen entdeckt, die auch Eingang in den Geschichtsunterricht fanden bzw. finden sollten. Aus der Frauengeschichte entwickelte sich die **Geschlechtergeschichte**, die sich besonders für das Verhältnis der Geschlechter zueinander interessierte. Bedeutsam war dabei die aus dem Englischen übernommene Unterscheidung von *sex* und *gender*, von biologischem und sozialem Geschlecht. Die Geschichtsdidaktikerin Brigitte Dehne (*1943) hat darauf hingewiesen, dass der Geschichtsdidaktik hier noch viel zu tun bleibt: So wäre etwa zu untersuchen, wie das Genderbewusstsein das Geschichtsbewusstsein prägt und Einfluss auf die Geschichtskultur hat, wie Frauen und Männer in historischen Darstellungen auftreten und ob das historische Lernen geschlechtsspezifisch ausgeprägt ist (Dehne, Genderforschung).

Die ethnische Herkunft (*race*) wurde demgegenüber erst später ein bildungspolitisches Thema. Gerade die schlechten Bildungschancen von Migranten verweisen auf ein tiefgreifendes Problem, mit dem sich die Schule und der Geschichtsunterricht auseinanderzusetzen hat. So hat es lange gedauert, bis akzeptiert wurde, dass die Bundesrepublik ein Einwanderungsland ist und inzwischen – regional unterschiedlich – eine **multiethnische und multikulturelle Gesellschaft** aufweist. Im Hinblick auf den Geschichtsunterricht bedeutet dies, dass das Geschichtsbewusstsein der Schülerinnen und Schüler in einer Klasse ganz verschieden ausgeprägt sein kann. Die Geschichtsdidaktikerin Bettina Alavi (*1958) hat früh darauf hingewiesen und die Forderung nach einem **interkulturellen Geschichtslernen** aufgestellt: „*Interkulturell* bedeutet in diesem Zusammenhang die Begegnung von Kulturen und deren Austausch – trotz verschiedener kultureller Bezugssysteme. *Interkulturelles Lernen* beinhaltet somit Beziehungen zwischen eigenen und fremden kulturellen Prägungen, wobei nicht unbedingt ein vollständiges Verstehen fremder Denkweisen und Werte, Bedeutungs- und Handlungsmuster angestrebt wird, sondern der Grad des Unverständnisses gesenkt werden soll" (Alavi, Geschichtslernen, 125; Herv. i. Orig.). Dies bedeutet nicht nur eine Neuausrichtung bei der Zielsetzung des historischen Lernens, sondern hat auch Konsequenzen insbesondere für die Inhaltsauswahl. So gewinnen Themen, die fremde Kulturen, Migration und Kulturbegegnung behandeln, an Bedeutung. Auch bilinguales Geschichtslernen kann in diesem Zusammenhang betrachtet werden.

Eine aktuelle Herausforderung stellt die **Inklusion** dar. Offizielles Ziel ist es, dass auch Kinder mit Einschränkungen Regelschulen besuchen, wobei dies ein Prozess ist, der noch am Anfang steht. Deshalb beginnt auch die Geschichtsdidaktik erst, sich mit diesem Thema im Rahmen verschiedener Tagungen auseinanderzusetzen. Dabei stellen sich die grundlegenden Fragen, ob bzw. inwieweit die durchaus anspruchsvollen Ziele historischen Lernens eingelöst werden können.

Diese knappen Hinweise zeigen, dass die Schule im Allgemeinen und der Geschichtsunterricht im Besonderen vor einer Reihe von Herausforderungen steht, die die verschiedenen Schularten und auch die einzelnen Schulen in unterschiedlicher Weise betreffen. Individualisierung und Differenzierung der Lernprozesse sind dabei wichtige Antworten. Auch wenn von einem zweistündigen Unterrichtsfach allein nicht die Kompensation sozialer Defizite und die Lösung gesellschaftlicher Probleme zu erwarten ist, ist das historische Lernen aus pädagogischen Gründen gleichwohl gefordert, dazu beizutragen, die festgestellten Defizite zu beheben, und im Eigeninteresse angehalten, die Lernvoraussetzungen der Kinder und Jugendlichen zu bedenken, um gelingendes historisches Lernen zu ermöglichen.

Probleme und Perspektiven

(1) Erörtern Sie, inwieweit Ihre eigenen Schulerfahrungen unzuverlässig sind. Überlegen Sie, wie Sie überprüfen können, ob sie verallgemeinerbar sind.
(2) Vergleichen Sie, wie eine bestimmte Schulart in verschiedenen Bundesländern organisiert ist. Untersuchen Sie dabei die Stellung des Faches Geschichte.
(3) Zeigen Sie anhand eines Beispiels, wie sich das Gefüge von Zielen, Inhalten, Methoden und Medien verschiebt, wenn Sie an einer Stelle Veränderungen vornehmen.
(4) Erläutern Sie die einzelnen geschichtsdidaktischen Unterrichtsprinzipien anhand eines konkreten Beispiels.
(5) Erstellen Sie eine begründete Rangfolge geschichtsdidaktischer Unterrichtsprinzipien.
(6) Zeigen Sie an einem konkreten Beispiel, welche Konsequenzen die Forderung nach interkulturellem Lernen für die konkrete Unterrichtsgestaltung hat.
(7) Erörtern Sie, ob der Geschichtsunterricht im Hinblick auf Ziele, Inhalte, Methoden und Medien geschlechtsspezifisch ausgerichtet ist.

Literaturhinweise

Geschichtsunterricht

Baumgärtner, Ulrich: Transformationen des Unterrichtsfaches Geschichte. Staatliche Geschichtspolitik und Geschichtsunterricht im Bayern im 20. Jahrhundert, Idstein 2007 (*Beispiel einer Untersuchung zur Geschichte des Geschichtsunterrichts*)

GWU-Themenhefte zur Geschichtslehrerausbildung, H.11-12/2014, H. 3-4/2016 (*Beiträge zu den beiden Ausbildungsphasen in verschiedenen Bundesländern*)

GWU-Themenheft „Geschichtsunterricht in anderen Ländern", H. 3-4/2017 (*Beiträge zu Dänemark, Frankreich, Schweiz, Tschechien, Kanada*)

Heimann, Paul u.a.: Unterricht. Analyse und Planung, 10. Aufl., Hannover 1979 (zuerst 1965) (*Klassiker*)

Jank, Werner/Meyer, Hilbert: Didaktische Modelle, 11. Aufl., Berlin 2014 (*anschauliche Einführung*)

Mayer, Ulrich: Handlungsorientierter Geschichtsunterricht, in: Demantowsky, Marko/Schönemann, Bernd (Hg.): Neue geschichtsdidaktische Positionen, Bochum 2002, S. 27-38 *(gute Zusammenfassung)*

Pandel, Geschichtsdidaktik, S. 107-122 (*guter Problemaufriss*)

Reeken, Dietmar von: Historisches Lernen im Sachunterricht. Eine Einführung mit Tipps für den Unterricht, 6. Aufl., Baltmannsweiler 2017 (*grundlegende Überlegungen für die besondere Situation in der Grundschule*)

Sandkühler, Thomas u.a. (Hg.): Geschichtsunterricht im 21. Jahrhundert. Eine geschichtsdidaktische Standortbestimmung, Göttingen 2018 (*Tagungsband mit breitem Themenspektrum*)

Schulgeschichte

Herrlitz, Hans-Georg u.a. Deutsche Schulgeschichte von 1800 bis zur Gegenwart. Eine Einführung, 5. Aufl., Weinheim/München 2009 *(weit verbreiteter Abriss)*

Konrad, Franz-Michael: Geschichte der Schule. Von der Antike bis zur Gegenwart, 2. Aufl., München 2012 (*einführender Überblick*)

Interkulturelles Lernen

Alavi, Bettina: Interkulturelles Geschichtslernen, in: ZfGD 1 (2002), S. 123-137 (*einführender Abriss vor dem Hintergrund ihrer Untersuchung* Geschichtsunterricht in der multiethnischen Gesellschaft *von 1998*)

Gender

Bennewitz, Nadja/Burckhardt, Hannes (Hg.): Gender in Geschichtsdidaktik und Geschichtsunterricht. Neue Beiträge zu Theorie und Praxis, Berlin 2016 (*aktueller Sammelband mit vielfältigen und teilweise sehr spezialisierten Beiträgen*)

Dehne, Brigitte: Gender im Geschichtsunterricht. Das Ende des Zyklopen?, Schwalbach (Ts.) 2007 (*fundierte Überblicksdarstellung*)

Kuhn, Bärbel/Windus, Astrid (Hg.): Geschlechterkonstruktionen. Gender im Geschichtsunterricht, St. Ingbert 2017 (*Beiträge zu einzelnen Aspekten mit Materialien*)
ZfGD-Themenheft „Gender und Geschichtsdidaktik", 2004 (*beleuchtet verschiedene Aspekte des Themas*)

Inklusion

Alavi, Bettina/Lücke, Martin (Hg.): Geschichtsunterricht ohne Verlierer? Inklusion als Herausforderung für die Geschichtsdidaktik, Schwalbach (Ts.) 2016 (*Beiträge der Sektion des Historikertags 2014*)
Barsch, Sebastian/Hasberg, Wolfgang (Hg.): Inklusiv – Exklusiv. Historisches Lernen für alle, Schwalbach (Ts.) 2014 (*aktuelle Erkundung eines neuen Themas*)
Kühberger, Christoph/Schneider, Robert (Hg.): Inklusion im Geschichtsunterricht. Zur Bedeutung geschichtsdidaktischer Fragen im Kontext inklusiven Unterrichts, Bad Heilbrunn 2016 (*aktueller Tagungsband*)
Müller, Sandra: Inklusion in der Geschichtsdidaktik. Ein Literaturbericht, in: zdg 1/2017, S. 159-182
Völkel, Bärbel: Inklusive Geschichtsdidaktik. Vom inneren Zeitbewusstsein zur dialogischen Geschichte, Schwalbach (Ts.) 2017 (*theoretische Betonung der körperlichen Zugänge zur Geschichte*)

Sprachsensibler Unterricht

Handro, Saskia: „Sprachsensibler Geschichtsunterricht". Systematisierende Überlegungen zu einer überfälligen Debatte, in: Hasberg, Wofgang/Thünemann, Holger (Hg.): Geschichtsdidaktik in der Diskussion. Grundlagen und Perspektiven, Frankfurt/M. 2016, S. 265-296 (*instruktiver Überblick*)

Ziele historischen Lernens

Eine Besonderheit des Unterrichtsfachs Geschichte und damit auch der geschichtsdidaktischen Reflexion ist, dass die Zielbestimmung immer wieder kontrovers diskutiert wurde. Heute konzentriert sich die Auseinandersetzung auf den Kompetenzbegriff, der das Ziel historischen Lernens beschreiben soll. Es gibt hier nicht nur verschiedene konkurrierende Modelle, sondern es stellt sich auch die Frage, wie diese unterrichtpraktisch realisiert werden können.

Von geschichtsdidaktischen Positionen zu Kompetenzmodellen

Die Geschichtsdidaktik entwickelte sich zuerst jenseits der Universität als unterrichtsbegleitende öffentliche Diskussion von theoretischen und praktischen Fragen des historischen Lernens. Der Kreis der Beteiligten an dieser Diskussion war groß: Lehrkräfte, Verbandsvertreter, Professoren, Kultusbeamte, Politiker, Journalisten, um nur einige zu nennen. Entsprechend reichte das Forum weit über die akademische Öffentlichkeit hinaus: Verbandszeitschriften, ministerielle Publikationen, aber auch die Tagespresse waren der Ort, wo geschichtsdidaktische Fragen verhandelt wurden. Erst mit der Etablierung der Geschichtsdidaktik als eigener – meist geschichtswissenschaftlicher – Disziplin an den Universitäten in den 1970er-Jahren bildete sich ein eigenständiger wissenschaftlicher Diskurs heraus, der verschiedene geschichtsdidaktische Schulen hervorbrachte. Der Geschichtsdidaktiker Joachim Rohlfes (*1929) unterscheidet (Rohlfes, Didaktik, 177ff.; ausführlicher: Schreiber, Positionen):

- **Lern- und unterrichtsbezogene Ansätze**: Diese reflektierten den real existierenden Geschichtsunterricht (Hans Ebeling, Heinz Dieter Schmid, Wolfgang Hug).
- **Schüler-, erziehungs- und bildungsorientierte Ansätze**: Diese erkundeten vor allem das pädagogische Potential des historischen Lernens im Hinblick auf die Entwicklung der Kinder und Jugendlichen (Kurt Fina, Peter Schulz-Hageleit).
- **Fach- und wissenschaftsgeleitete Ansätze**: Diese orientierten sich an der Fachwissenschaft und erörterten die Umsetzbarkeit im Geschichtsunterricht (Karl-Ernst Jeismann, Hans Süssmuth).
- **Gegenwarts- und gesellschaftsbezogene Ansätze**: Diese betonten den Aspekt der Kommunikation und hoben insbesondere auf die Relevanz von Geschichte für die heutige Lebenswelt ab (Annette Kuhn, Horst W. Jung/Gerda v. Staehr).

Eine neuerliche Bestandaufnahme zu Jahrtausendbeginn hat gezeigt, dass diese Positionierungen inzwischen überholt sind und einer Konzentration auf bestimmte geschichtsdidaktische Themen Platz gemacht hat: Narrativität, Empirie, Handlungsorientierung oder Multikulturalismus treten nun in den Vordergrund (vgl. Demantowsky/Schönemann, Positionen).

Ein gewisser Konsens zwischen den einzelnen geschichtsdidaktischen Positionen ließ sich darin erkennen, dass die Aneignung eines wie auch immer strukturierten deklarativen Wissens – gleichsam eines Kanons historischer Kenntnisse – als nicht ausreichend oder gar problematisch angesehen wurde. Vielmehr sollten die Schülerinnen und Schüler dazu befähigt werden, „historisch zu denken". Dafür bürgerte sich der Begriff des **Geschichtsbewusstseins** ein, das, um es von vermeintlich unzureichenden Schwundformen abzugrenzen, als „reflektiert" bezeichnet wurde. Wie bereits oben ausgeführt, entwickelte Karl-Ernst Jeismann eine differenzierte Matrix, die auf der Unterscheidung der Operationen Analyse – Sachurteil – Wertung beruht, während Hans-Jürgen Pandel sieben Dimensionen identifizierte, die er durch entsprechende Doppelkategorien beschrieb.

Parallel dazu kam es in den 1960er- und 1970er-Jahren zu einer grundlegenden Diskussion über die Notwendigkeit und die Ziele einer **Bildungsreform**. Es wurde grundsätzlich nach der Legitimation von Lerninhalten gefragt. Diese konnten nur dann gerechtfertigt werden, wenn sie zur Qualifizierung der Schüler beitrugen. Die Vermittlung solcher Fähigkeiten und Fertigkeiten, denen bestimmte Inhalte zuzuordnen waren, wurde damit zum Kern schulischen Lernens. Einer der damals maßgeblichen Bildungsreformer, Saul B. Robinsohn (1916-1972), definierte: „Bildung als Vorgang, in subjektiver Bedeutung, ist Ausstattung zum Verhalten in der Welt" (Robinsohn, Bildungsreform, 132). Diese Qualifikationen wurden als **Lernziele** beschrieben, die zum einen bestimmten Lernzielbereichen zugeordnet und gemäß der Intensität der Behandlung bzw. Einübung gestuft wurden.

Lernzielbereiche		
Kognitiv	Instrumentell, psychosozial	Affektiv
Kenntnisse Einsichten	Fähigkeiten Fertigkeiten	Haltungen Einstellungen

Lernzielstufung
Reproduktion
Reorganisation
Transfer
Problemlösung

Abb. 14: Beispiel einer Lernzieltaxonomie

Mit Hilfe solcher **Lernzieltaxonomien** lassen sich dann, so die Überlegung, die einzelnen Lernleistungen so genau beschreiben (operationalisieren), dass ihre Erreichung zielgenau geplant und exakt überprüft werden kann. Das Curriculum, das auf dieser Grundlage entwickelt wurde und den Anspruch erhob, den Lernprozess umfassend und systematisch zu organisieren, löste den bis dahin üblichen Stofflehrplan ab, der die zu behandelnden Inhalte aufgelistet hatte.

Auf diesen Überlegungen beruhen auch die **Einheitlichen Prüfungsanforderungen für die Abiturprüfung (EPA) Geschichte**. Die 1989 beschlossenen und zuletzt 2005 aktualisierten Bestimmungen beschreiben die Leistungsanforderungen der gymnasialen Abschlussprüfung. Sie haben nicht nur normierende Wirkung auf den gymnasialen Bildungsgang, sondern beeinflussen auch die curricularen Vorgaben der anderen Schularten. Dabei werden drei Anforderungsbereiche definiert:

- „Der Anforderungsbereich I (AFB I) umfasst das Wiedergeben von Sachverhalten aus einem abgegrenzten Gebiet und im gelernten Zusammenhang unter rein reproduktivem Benutzen eingeübter Arbeitstechniken (Reproduktion).
- Der Anforderungsbereich II (AFB II) umfasst das selbstständige Erklären, Bearbeiten und Ordnen bekannter Inhalte und das angemessene Anwenden gelernter Inhalte und Methoden auf andere Sachverhalte (Reorganisation und Transfer).
- Der Anforderungsbereich III (AFB III) umfasst den reflexiven Umgang mit neuen Problemstellungen, den eingesetzten Methoden und gewonnenen Erkenntnissen, um zu eigenständigen Begründungen, Folgerungen, Deutungen und Wertungen zu gelangen (Reflexion und Problemlösung)." (http://www.kmk.org/fileadmin/veroeffentlichungen_beschluesse/1989/1989_12_01-EPA-Geschichte.pdf, 6).

Diesem weithin angewandten Konzept liegt noch kein explizites Kompetenzmodell zugrunde. Allerdings knüpft die aktuelle Diskussion über **Kompetenzen** auch an die damalige Lernzieldiskussion an. Auslöser war die seit 2002 von der OECD (Organisation for Economic Cooperation and Development) international durchgeführte PISA-Studie, die die mathematischen, naturwissenschaftlichen und Lesekompetenzen von Kindern und Jugendlichen systematisch überprüfte (http://www.oecd.org/berlin/themen/pisa-internationaleschulleistungsstudiederoecd.htm). Der so genannte PISA-Schock, also das Entsetzen der Öffentlichkeit darüber, dass Deutschland nur im schlechten Mittelfeld landete, führte zu intensiven Bemühungen, die Leistungen zu verbessern, weshalb das der Studie zugrunde liegende Konzept als Grundlage für entsprechende Maßnahmen herangezogen wurde. Die maßgebliche Definition geht auf den deutschen Psychologen Franz E. Weinert (1930-2001) zurück. Demnach sind Kompetenzen „die bei Individuen verfügbaren oder durch sie erlernbaren kognitiven Fähigkeiten und Fertigkeiten, um bestimmte Probleme zu lösen, sowie die damit verbundenen motivationalen, volitionalen und sozialen Bereitschaften und Fähigkeiten, um die Problemlösungen in variablen Situationen erfolgreich und verantwortungsvoll nutzen zu können" (Weinert, Leistungsmessung, 27f.).

Dabei ist Folgendes bedeutsam:

- Kompetenzen sind **Problemlösefähigkeiten**. Sie setzen den Einzelnen in die Lage, bestimmte Herausforderungen, die ihm begegnen, zu bewältigen. Wenn ein Schüler einen Text nicht versteht, hat er ein Kommunikationsproblem, das er lösen kann, wenn er das verwendete Vokabular kennt, die grammatische Konstruktion versteht usw. Solche unmittelbaren lebenspraktischen Probleme stellen sich beim historischen Lernen in der Regel nicht.
- Kompetenzen sind **domänenspezifisch**. Jedes Wissensgebiet erfordert bestimmte Problemlösefähigkeiten: Fremdsprachen andere als Naturwissenschaften und diese wiederum andere als Geschichte.
- Kompetenzen müssen sich **situativ** bewähren. Sie befähigen den Einzelnen in unterschiedlichen Situationen flexibel und angemessen zu reagieren. Angesichts dessen, dass in Geschichte in der Regel keine unmittelbar zu lösenden lebenspraktischen Probleme vorkommen, stellt dies für das historische Lernen eine besondere Herausforderung dar.
- Kompetenzen sind zwar wesentlich **kognitiv** bestimmt, aber **konstitutiv für die Persönlichkeit** des Einzelnen. Sie vereinigen nach Weinert Fähigkeit, Wissen, Verstehen, Können, Handeln, Erfahrung und Motivation.
- Kompetenzen zeigen sich in der Bewältigung von konkreten Situationen, mithin **Aufgaben**. So wurde die Lesekompetenz in der PISA-Studie durch einen Test erfasst, bei dem die Jugendlichen bestimmte Aufgaben lösen mussten, die zudem nach bestimmten Niveaus gestuft waren.
- Kompetenzen sind **schülerorientiert**. Noch sehr viel mehr als Lernziele werden die auszubildenden Fähigkeiten des Einzelnen in den Blick genommen. Demgegenüber treten die fachlichen Aspekte noch mehr zurück.

Auf der Grundlage dieser Überlegungen lassen sich verschiedene allgemeine, fächerübergreifende Kompetenzmodelle entwickeln, etwa eine Aufteilung in Sach-, Sozial-, Selbst- und Handlungskompetenz. Zu bedenken ist aber, dass es sich dann um ein allgemeines Konzept handelt, das erst fachspezifisch adaptiert werden muss.

Die Geschichtsdidaktik hat sich in den letzten Jahren bemüht, ein fachspezifisches Kompetenzmodell zu entwickeln, wobei jedoch kein Konsens erzielt wurde; vielmehr liegt eine Vielzahl von konkurrierenden Konzepten vor. Hinzu kommt, dass die Bildungsverwaltungen der einzelnen Länder als Grundlage für neue Lehrpläne eigene Entwürfe vorgelegt haben, die, da sie für alle Fächer gelten sollen, eher fachunspezifisch angelegt sind, aber im Hinblick auf den Geschichtsunterricht konkretisiert werden. Die oben erwähnten Einheitlichen Prüfungsanforderungen für die Abiturprüfung (EPA) in Geschichte der Kultusministerkonferenz (KMK) wiederum legen kein explizites Kompetenzmodell zugrunde.

Kurzer Überblick über ausgewählte Kompetenzmodelle

Angesichts dieser unübersichtlichen und im Fluss befindlichen Situation werden im Folgenden exemplarisch vier Modelle anhand der grafischen Veranschaulichung der jeweiligen Autoren vorgestellt. In diesem Rahmen kann allerdings nur ein grober Überblick gegeben werden. Für eine intensive Auseinandersetzung empfiehlt sich das Studium der Ursprungstexte. Diese Auswahl reflektiert die Präsenz der jeweiligen Modelle in der geschichtsdidaktischen Diskussion, stellt aber kein Werturteil über deren Qualität dar. Vielmehr lässt sich an ihnen die theoretische Auseinandersetzung aufgrund der unterschiedlichen Ansätze beispielhaft studieren, ohne die Bedeutung anderer Vorschläge geringschätzen zu wollen. Gemeinsam ist allen Modellen, dass sie von den geschichtsdidaktischen Grundannahmen von Karl-Ernst Jeismann und Jörn Rüsen ausgehen, also das Geschichtsbewusstsein als mentale Struktur, das den Umgang mit Vergangenheit und Geschichte bestimmt, in den Mittelpunkt stellen. Daher spielen inhaltliche Fragen, also an welchen Gegenständen historisch gelernt werden kann, oft eine nachrangige Rolle. Als übergreifendes Ziel wird immer wieder Narrative Kompetenz genannt.

Das Kompetenz-Modell der Forschergruppe „FUER Geschichtsbewusstsein"

Die Forschergruppe „FUER Geschichtsbewusstsein" (FUER: Förderung und Entwicklung eines reflektierten und (selbst-)reflexiven Geschichtsbewusstseins) geht von vier Kompetenzen aus, die in einen Zyklus historischen Lernens eingeschrieben sind. Ausgangspunkt ist dabei die historische Frage, die sich aus einem konkreten Anlass ergibt („Zeitliches Orientierungs-/Handlungsproblem") und die letztlich im Zuge zweier zentraler Operationen beantwortet wird. Im Zuge der **Rekonstruktion** wird unter Einsatz historischer Sach- und Methodenkompetenzen das zur Klärung nötige Wissen gesammelt und erschlossen; es werden mithin neue Kenntnisse erworben. Im Zuge der **Dekonstruktion** werden fertige Erzählungen, also schon existierende Darstellungen von historischen Sachverhalten, kritisch analysiert. Dabei spielen die an Jeismann angelehnten Dimensionen Wissen, Sachurteil und Wertung eine zentrale Rolle.

Entscheidend ist der Lebensweltbezug des Lernprozesses, der zur bewussten Orientierung des Individuums beitragen soll. Historisches Lernen dient insofern der Identitätsbildung. Dieser Kreislauf historischer Erkenntnisgewinnung orientiert sich an der disziplinären Matrix von Jörn Rüsen: Ausgehend von der eigenen Lebenswelt erfolgt die Auseinandersetzung mit der Vergangenheit, deren Ergebnis dann zurückwirkt auf die individuelle Lebenssituation.

Die umfassende Historische Kompetenz besteht aus vier Teilkompetenzen: die Historische Fragekompetenz, die dazu befähigt, Fragen an die Geschichte zu stellen. Dabei wäre zu klären, ob sich eine historische Frage nur dadurch auszeichnet, dass sie sich auf einen historischen Sachverhalt richtet, oder ob sie eine be-

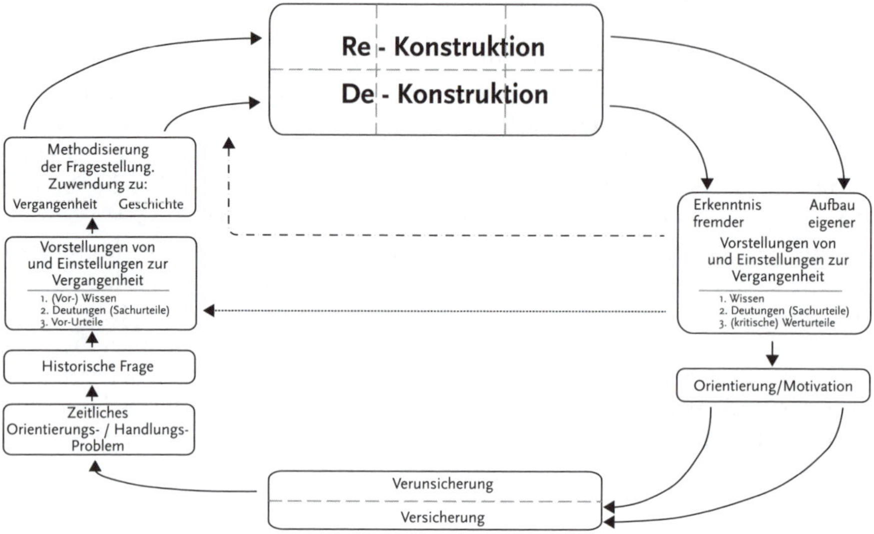

Abb. 15: Kompetenzmodell der Gruppe „FUER Geschichtsbewusstsein" I (http://www1.ku-eichstaett.de/GGF/Didaktik/Projekt/grundlagen.html)

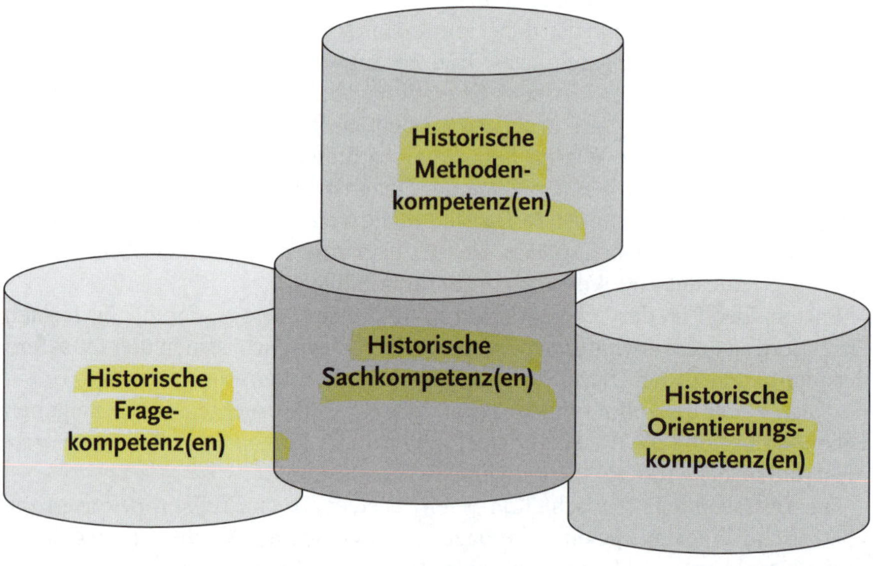

Abb. 16: Kompetenzmodell der Gruppe „FUER Geschichtsbewusstsein" II (http://www1.ku-eichstaett.de/GGF/Didaktik/Projekt/grundlagen.html)

sondere Qualität aufweist. Die historische Sachkompetenz beinhaltet das zur Beantwortung der Frage nötige Wissen, während die Historische Methodenkompetenz die dazu notwendigen Verfahren umfasst. Die Historische Orientierungskompetenz ermöglicht es dem Individuum, aus der Beschäftigung mit und der Beantwortung von historischen Fragen Schlussfolgerungen für die eigene Lebenspraxis zu ziehen.

Es handelt sich dabei um ein **Strukturmodell**, da die übergreifende Kompetenz in Teilkompetenzen aufgeteilt wird und deren Beziehungen zueinander analysiert werden. Implizit ist darin auch ein idealtypischer Erkenntnisprozess enthalten.

Das Kompetenzmodell von Peter Gautschi

Im Unterschied dazu spielt bei den Überlegungen von Peter Gautschi (*1959) der **Prozess** des historischen Lernens eine wichtigere Rolle. Zwar unterscheidet auch er verschiedene Teilkompetenzen, widmet sich aber sehr viel mehr der Logik und dem Ablauf des historischen Lernprozesses. Dieser beginnt mit der Wahrnehmung von Zeitdifferenz: Der Einzelne stößt auf etwas Vergangenes (ein altes Haus, ein altes Foto usw.), das sein Interesse erweckt. Erst dann, wenn sein Interesse nicht zwischenzeitlich erlahmt ist, widmet er sich diesem Sachverhalt und macht sich mit Hilfe von Quellen und Darstellungen kundig, taucht gleichsam in das „Universum des Historischen“ ein. Er kommt dabei zu einem Sachurteil, das ihn den ursprünglich unverständlichen Sachverhalt verstehen lässt. Dadurch, dass

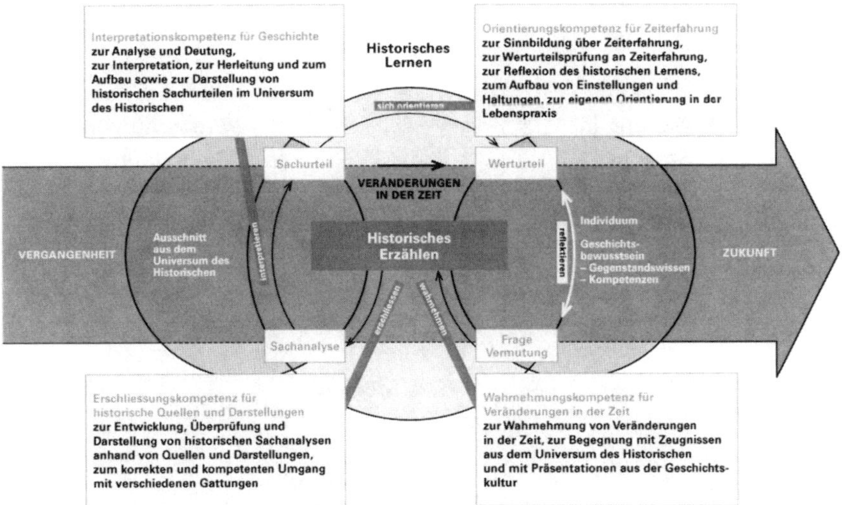

Abb. 17: Kompetenzmodell von Peter Gautschi (Gautschi, Geschichtsunterricht, 51)

er diesen in Beziehung zu seiner Lebenspraxis setzt, hilft dieser ihm bei der eigenen Orientierung. Die Operationen „wahrnehmen", „erschließen", „interpretieren" und „sich orientieren" umschreiben dabei die jeweiligen Kompetenzen, die sich in der Generalkompetenz des historischen Erzählens vereinigen. Sie besteht darin, historische Sachverhalte differenziert darstellen zu können. Im Unterschied zum ersten Modell steht hier der Prozess des historischen Lernens viel stärker im Mittelpunkt, auch wenn Gautschi verschiedene Teilkompetenzen postuliert und auch wenn der idealtypisch beschriebene Erkenntnisweg nicht als unmittelbare Anweisung für die Unterrichtsplanung missverstanden werden darf.

Das Kompetenzmodell von Hans-Jürgen Pandel

Hans-Jürgen Pandel (*1940) schlägt einen anderen Weg ein. Er konzentriert sich auf vier Teilkompetenzen, die deutlich anders strukturiert sind. Da die wenigsten Schüler Historiker werden, aber immer wieder mit den Erzeugnissen der Geschichtskultur konfrontiert werden (Museen, Denkmäler, Filme, Gedenktage, öffentliche Debatten usw.), ist für ihn die Fähigkeit des Einzelnen, damit adäquat

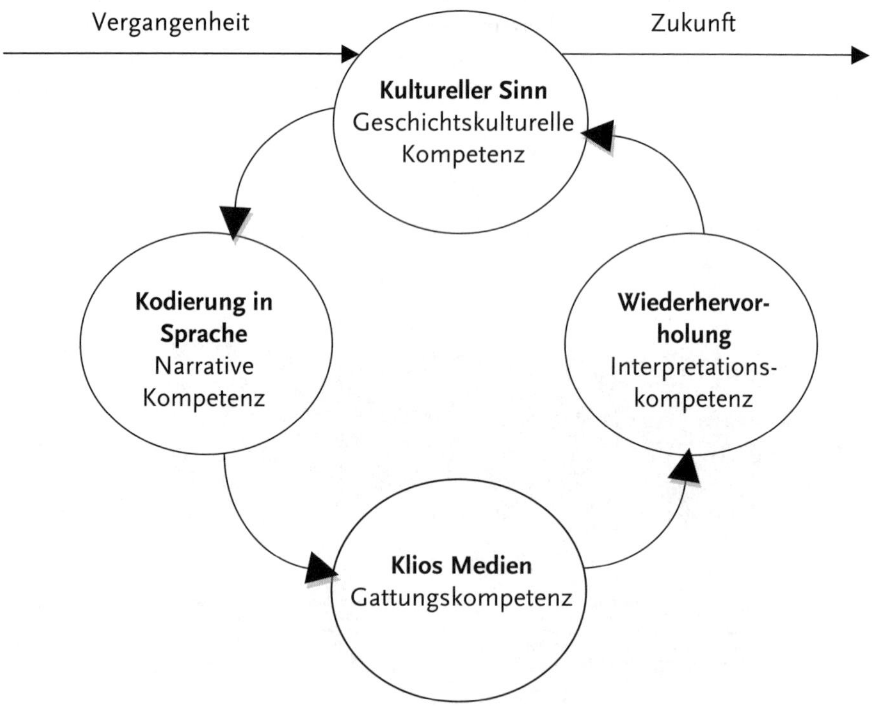

Abb. 18: Kompetenzmodell von Hans-Jürgen Pandel (Pandel, Geschichtsunterricht, S. 45)

umgehen zu können, zentral. Diese Geschichtskulturelle Kompetenz ermöglicht es nicht nur am gesellschaftlichen Diskurs über Geschichte teilzunehmen, sondern auch aus dem Zeitverlauf Vergangenheit – Gegenwart – Zukunft gedanklich herauszutreten und sich über das, was einem als „Geschichte" begegnet, Rechenschaft abzulegen. Dazu ist Gattungskompetenz notwendig, d. h., dass die Medien, in denen Geschichte begegnet, sei es eine Rede, sei es ein Film, sei es ein Sachbuch, als solche erkannt werden müssen. Nur dann können die entsprechenden Umgangsweisen mit Geschichte richtig eingeschätzt werden; nur wenn ich weiß, dass Spielfilme ein hohes Maß an Fiktionalität aufweisen, kann ich die Triftigkeit der Darstellung richtig einschätzen. Die Interpretationskompetenz bezeichnet die Fähigkeit, Medien sinnerschließend analysieren zu können. Dadurch werden sie wieder hervorgeholt, d. h. deutend vergegenwärtigt. Neu sind in diesem Modell einerseits der Blick auf die Gattungen der historischen Überlieferung und andererseits der gesellschaftliche Bezug auf die Geschichtskultur, während der individuellen Orientierung eine geringere Bedeutung zugemessen wird.

Die narrative Kompetenz besteht dann in der Fähigkeit, historische Sachverhalte sinnvoll und zusammenhängend darstellen zu können.

Das Kompetenzmodell des Geschichtslehrerverbands

Einen noch anderen Ansatzpunkt wählte eine Arbeitsgruppe des Verbands der Geschichtslehrer Deutschlands. Einerseits beruft er sich auf ein eigenes Kompetenzmodell, das von einer übergreifenden Historischen Kompetenz ausgeht, die in fünf zentralen mentalen Operationen konkretisiert wird – von der Fähigkeit, „geschichtliche Sachverhalte darstellen", bis hin zur Leistung, „an öffentlichen Diskursen über Geschichte teilnehmen" zu können. Die drei daraus entwickelten Teilkompetenzen liegen zum Teil quer zu den bislang vorgestellten Modellen und organisieren die auch von anderen Theoretikern postulierten Lernleistungen unter anderen Bezeichnungen neu. Zudem werden sie in zwei Anforderungsstufen – Grundniveau und Erweitertes Niveau – unterschieden.

Andererseits bildet das Modell nur die Grundlage für eine umfangreiche Beschreibung von Bildungsstandards. Hier werden den einzelnen Kompetenzen „verbindliche [!] Inhalte" zugeordnet, die durch „Exempla und Addita" konkretisiert und mit „Methoden und Medien" kombiniert werden. Dadurch entsteht ein idealtypischer Lehrplan, der nach wie vor dem Modell des chronologischen Überblicks folgt, jedoch kompetenz-theoretisch grundiert ist. Deshalb wurde auch eingewandt, dass es sich gar nicht um ein eigenes Kompetenz-Modell handle, sondern dieses nur zur Rechtfertigung diene, um die bisherigen traditionellen Themen des Geschichtsunterrichts neu zu legitimieren.

Da die Diskussion im Fluss ist und die Kompetenzorientierung erst nach und nach in Lehrpläne Eingang gefunden hat, erscheint ein Fazit schwierig. Gleichwohl lassen sich einige Ansatzpunkte der Kritik festhalten:

Kompetenzmodell für die Bildungsstandards Geschichte der Sekundarstufe I (Gymnasium)

Historische Kompetenz – Geschichtsbewusstsein und narrative Kompetenz – entwickeln

- geschichtliche Sachverhalte darstellen und Zusammenhänge deuten
- Vergangenheit und Gegenwart als historisch geprägte und erklärbare Wirklichkeit verstehen
- sich für die Gegenwart und Zukunft durch die Reflexion von Geschichte orientieren
- mit historischen Narrativen in vielfältiger Form bewusst und kritisch umgehen
- an öffentlichen Diskursen über Geschichte teilnehmen

Deutungs- und Reflexionskompetenz

Historische Sachverhalte sowie geschichtskulturelle Bezüge deuten und beurteilen

Standards
den Fachinhalten zugeordnet
vom Grund- zum Erweiterten Anforderungsniveau

- Veränderungen in der Geschichte wahrnehmen, rekonstruieren und darstellen
- Mit historischen Dimensionen/ Kategorien/ Fachbegriffen (in der Darstellung) umgehen
- Historische Sach- und Werturteile fällen
- Mit Perspektivität in Quellen und Darstellungen sowie in Bezugnahmen auf Geschichte kritisch umgehen
- Historische Sachverhalte/Probleme sowie eigene Darstellungen/Deutungen adäquat formulieren
- Den Konstruktcharakter von Geschichte aufzeigen sowie Rekonstruktion/Dekonstruktion im Umgang mit Geschichte unterscheiden
- Gegenwarts- und Zukunftsbezüge herstellen und eigene Orientierungen entwickeln

Sachkompetenz

Historische Sachverhalte und geschichtskulturelle Bezüge kennen sowie in Zeit und Raum einordnen

Fachinhalte des Kerncurriculums Geschichte
in grobchronologischer Ordnung

- Historische Ereignisse und Ideen, Prozesse und Strukturen in verschiedenen Zeiten und zu unterschiedlichen Themen beschreiben bzw. erzählen
- Diese räumlich einordnen
- Themenbezogene Personen und Daten kennen
- Historische Einschnitte, Phasen und Epochen mit charakteristischen Ereignissen und Personen, Prozessen oder Strukturen zeitlich einordnen
- Ereignisse, Ideen und Personen, Prozesse und Strukturen, Phasen und Epochen zueinander und zur Gegenwart (Nachwirken, Geschichtskultur) in Beziehung setzen

Methoden-Medien-Kompetenz

Arbeitsverfahren und Medien zum Gewinn historischer Kenntnisse, Deutungen und Urteile nutzen

Standards
progressiv vom Grund- zum Erweiterten Anforderungsniveau

- Historische Fragestellungen und Vermutungen/Hypothesen entwickeln
- Unterschiedliche Verfahren historischer Untersuchung anwenden
- Verschiedene Gattungen historischer Darstellungen und Quellen und anderer Medien mit historischen Bezügen nach ihrem Aussagewert unterscheiden und damit adäquat umgehen
- Perspektivenwechsel im Umgang mit Geschichte vornehmen
- Selbstständig fachliche Arbeitsprozesse organisieren und Arbeitsergebnisse adäquat präsentieren

VGD Bildungsstandards Geschichte / 4

Abb. 19: Kompetenzmodell des Verbandes der Geschichtslehrer Deutschlands (VGD) http://cms.geschichtslehrerverband.de/typo/fileadmin/images/Bildungsstandards/Druckfassung/Standards_Druckformat__10.5.2011_.pdf

- Die theoretische Abstraktheit der Modelle ist mitunter erheblich und erschwert eine Übertragung in die Unterrichtspraxis. Wie lassen sich Kompetenzerwartungen nicht nur allgemein, sondern bezogen auf einzelne Unterrichtsstunden, ja einzelne Phasen formulieren?
- Die Modelle sind hoch normativ; sie beschreiben anspruchsvolle Soll-Zustände, die eher von professionellen Historikern als von mitunter nur bedingt geschichtsinteressierten Jugendlichen zu erfüllen sind.
- Die Kompetenzen lassen sich in Teilkompetenzen aufgliedern, was aber nur zum Teil geleistet wird. Wie hängen die Teilkompetenzen im Einzelnen zusammen?
- Im Hinblick auf die Unterrichtspraxis sind die Kompetenzen zu konkretisieren, wobei das Verhältnis zwischen den früher gesetzten Lernzielen und den heute formulierten Kompetenzerwartungen zu klären ist: „Alter Wein in neuen Schläuchen“ oder „Paradigmawechsel“? (Conrad, Wein)
- Ungeklärt ist die empirische Triftigkeit der Modelle. Sind tatsächlich die postulierten Teilkompetenzen im historischen Lernprozess wirksam und lassen sie sich als solche identifizieren? Erst nach einer empirischen Erhärtung ist Aufschluss über die Kriterien zu erwarten, die Aufschluss darüber geben, dass ein Schüler über eine bestimmte Kompetenz verfügt.
- Zu untersuchen wäre in entwicklungspsychologischer Perspektive auch, wie Kompetenzen im Einzelnen erworben werden, um gezielt auf ihre Förderung einwirken zu können.
- Ähnlich wie bei den PISA-Untersuchungen müssten Aufgabenformate entwickelt werden, die es erlauben – ähnlich wie bei der Lesekompetenz – historische Kompetenzen zu erfassen. Daraus ließe sich dann ableiten, welche Aufgaben geeignet sind, um Kompetenzen zu fördern.
- Ein eigenes Problem stellt die Graduierung von Kompetenzen dar. Die anspruchsvollen Soll-Zustände müssten in entsprechende Niveaustufen untergliedert werden.
- Ungeklärt ist auch, welche allgemeinen, fächerübergreifenden Kompetenzen für historisches Lernen ausschlaggebend sind. So wäre zu untersuchen, ob u. U. eine gute allgemeine Lesekompetenz für die historische Interpretations- oder Methodenkompetenz entscheidend ist.
- Da nicht die Aneignung von Wissen, sondern die Ausbildung von Fertigkeiten in den Mittelpunkt rückt, wird befürchtet, dass im Geschichtsunterricht die Erschließung fachlicher Themen in den Hintergrund tritt, das Fach mithin inhaltlich entkernt wird.
- Schließlich ist das Auswahlproblem zu klären: Welche Bedeutung haben die einzelnen historischen Sachverhalte für die Ausbildung von Kompetenzen? Gibt es bestimmte Themen, an denen Kompetenzen besonders gut (oder schlecht) geschult werden können?

Probleme und Perspektiven

(1) Arbeiten Sie den Unterschied zwischen Kompetenzen und Lernzielen heraus. Erörtern Sie dabei, worin die Neuartigkeit der Kompetenz-Diskussion besteht.
(2) Erörtern Sie grundsätzlich, ob auf den Kompetenzbegriff verzichtet werden könnte.
(3) Wählen Sie eine Teilkompetenz eines Modells aus und untersuchen Sie, an welcher Stelle diese in anderen Modellen vorkommt.
(4) Erörtern Sie im Hinblick auf das Modell der FUER-Gruppe folgende Fragen:
   a) Welche besonderen Merkmale hat eine historische Frage? Ist Neugier schon ein Ausdruck von historischer Fragekompetenz?
   b) Gibt es eine eigene Sachkompetenz und welche Inhalte hat sie?
(5) Erörtern Sie im Hinblick auf das Modell von Gautschi folgende Fragen:
   a) Ist die Wahrnehmung eine eigene Kompetenz oder nur Ausdruck spontanen Interesses bzw. ein Teilaspekt der Erschließungskompetenz?
   b) Wie lassen sich die Erschließungs- und die Deutungskompetenz voneinander abgrenzen?
(6) Erörtern Sie im Hinblick auf das Modell von Pandel folgende Fragen:
   a) Wie lassen sich geschichtskulturelle Kompetenz und Interpretationskompetenz voneinander unterscheiden, da ja auch die Produkte der Geschichtskultur interpretiert werden müssen?
   b) Wie lassen sich Gattungskompetenz und Interpretationskompetenz voneinander abgrenzen? Kann eine Interpretation nur dann gelingen, wenn die Gattung reflektiert wird?
(7) Erörtern Sie anhand von konkreten Beispielen, ob es bestimmte historische Sachverhalte gibt, die sich besonders gut bzw. besonders schlecht zur Ausbildung von Kompetenzen eignen?
(8) Untersuchen Sie, wodurch die historische Methodenkompetenz genau definiert ist. Wo enden fachunspezifische Arbeitstechniken und wo beginnen fachspezifische Methoden?

Literaturhinweise

Conrad, Franziska: „Alter Wein in neuen Schläuchen“ oder „Paradigmawechsel“? Von der Lernzielorientierung zu Kompetenzen und Standards, in: GWU 63 (2012), S. 302-323 (*Überlegungen zur Formulierung von Kompetenzerwartungen*)

Demantowsky, Marko/Schönemann, Bernd (Hg.): Neue geschichtsdidaktische Positionen, Bochum 2002 (*Sammelband mit interessanten Aspekten der (damals) aktuellen Diskussion*)

Robinsohn, Saul B.: Bildungsreform als Revision des Curriculum, in: Robinsohn, Saul B.: Erziehung als Wissenschaft, hg. v. Frank Braun, Detlef Glowka u. Helga Thomas, Stuttgart 1973, S. 110-181 (*Klassiker der Bildungsreform der 1970er-Jahre*)

Sandkühler, Thomas (Hrsg.): Historisches Lernen denken. Gespräche mit Geschichtsdidaktikern der Jahrgänge 1928-1947. Mit einer Dokumentation zum Historikertag 1976, Göttingen 2014 (*aufschlussreiche Sammlung von Interviews, die die Entwicklung der Geschichtsdidaktik aus persönlicher Perspektive veranschaulichen*)

Schreiber, Waltraud: Neuere geschichtsdidaktische Positionen und ihr Lebensweltbegriff. Versuch einer Präzisierung im Anschluß an die Phänomenologie Edmund Husserls, Bochum 1995 (*im ersten Teil eine detaillierte Darstellung der Positionen einzelner Geschichsdidaktiker*)

Weinert, Franz E.: Leistungsmessungen in Schulen, Weinheim u.a. 2001 (*enthält die oft zitierte Kompetenz-Definition*)

Kompetenzmodelle

Barricelli, Michele u.a.: Historische Kompetenzen und Kompetenzmodelle, in: Barricelli/Lücke, Handbuch, Bd. 1, S. 207-235 (*vorzüglicher Überblick über verschiedene Modelle*)

Handro, Saskia/Schönemann, Bernd (Hrsg.): Aus der Geschichte lernen? Weiße Flecken der Kompetenzdebatte. Berlin 2016 (*Sammelband mit bedenkenswerten Beiträgen*)

FUER Geschichtsbewusstsein

Schreiber, Waltraud: Ein Kompetenz-Strukturmodell historischen Denkens, in: Zeitschrift für Pädagogik. Bd. 54 (2008), S. 198-212 (*kompakte Zusammenfassung des Modells der Forschergruppe FUER Geschichtsbewusstsein"; online verfügbar unter: http://edoc.ku-eichstaett.de/2359/2/Edoc1.pdf*)

Körber, Andreas u. a. (Hg.): Kompetenzen historischen Denkens: ein Strukturmodell als Beitrag zur Kompetenzorientierung in der Geschichtsdidaktik, Neuried 2007 (*umfangreiche Entfaltung des Modells der Forschergruppe „FUER Geschichtsbewusstsein"*)

http://www1.ku-eichstaett.de/GGF/Didaktik/Projekt/FUER.html (*Homepage des Projekts „FUER Geschichtsbewusstsein"*)

Peter Gautschi

Gautschi, Peter: Guter Geschichtsunterricht. Grundlagen, Erkenntnisse, Hinweise, Schwalbach (Ts.) 2009, S. 38-53 (*kompakte Darstellung des Modells von Peter Gautschi mit anschließendem Vergleich mit alternativen Kompetenzmodellen*)

Hans-Jürgen Pandel

Pandel, Hans-Jürgen: Geschichtsunterricht nach Pisa. Kompetenzen, Bildungsstandards und Kerncurricula, Schwalbach (Ts.) 2005, 24-52 (*kompakte Darstellung des Kompetenzmodells Pandels*)

Verband der Geschichtslehrer Deutschlands (VGD)

http://cms.geschichtslehrerverband.de/typo/fileadmin/images/Bildungsstandards/Druckfassung/Standards_Druckformat__10.5.2011_.pdf (*Vorschlag des Berufsverbundes*)

Inhalte historischen Lernens

Geschichte galt und gilt oft als Lernfach, was bedeutet, dass es auf das Auswendiglernen von Fakten ankomme. Angesichts der übergeordneten Zielsetzungen, die insbesondere im Rahmen der Kompetenz-Diskussion erneut an Bedeutung gewonnen haben, tritt dieser Aspekt in den Hintergrund. Gleichwohl ist Lernen nur an und mit bestimmten Gegenständen möglich. Was also sind die Inhalte des Geschichtsunterrichts?

Historisches Wissen

Was Wissen ist, ist schwer zu bestimmen. Auf den ersten Blick sind damit abrufbare Kenntnisse zu bestimmten Sachverhalten gemeint. Der unerschöpfliche Fundus an Informationen, die in der Welt existieren, vergessen werden und neu entstehen, lässt es als unmöglich erscheinen, einen Überblick zu erhalten. Noch im 18. Jahrhundert versuchten die französischen Autoren Jean-Baptiste le Rond, genannt D'Alembert, (1717-1783) und Denis Diderot (1713-1784) in ihrer *Encyclopédie ou Dictionnaire raisonné des sciences, des arts et des métiers (Enzyklopädie oder ein durchdachtes Wörterbuch der Wissenschaften, Künste und Handwerke)* das damals verfügbare Wissen zusammenzufassen. Diesen Anspruch verfolgen die Konversationslexika und aktuell Onlineangebote wie Wikipedia nach wie vor. Populäre Quizformate bedienen sich aus diesem Fundus, indem sie willkürlich Fragen auswählen. Der Anspruch, in diesem Sinne enzyklopädisch gebildet zu sein, ist im Zeitalter fortschreitender Spezialisierung obsolet geworden, auch wenn immer wieder Kataloge vermeintlich unverzichtbaren Wissens zusammengestellt werden.

Eine pauschale Verdammung erscheint jedoch auch nicht hilfreich. Vielmehr muss beim historischen Lernen die Relevanz der jeweiligen Kenntnisse erörtert werden. Die Frage „Wann wurde Hitler geboren?“ kann grundsätzlich als irrelevant abgelehnt werden, da es vermeintlich totes Wissen ist, das Jahr 1889 oder gar das Datum 20. April parat zu haben. Gleichwohl ist eine grobe chronologische Einordnung unverzichtbar. Für einen biografischen Zugang ist die genaue Verortung notwendig und durchaus ergiebig. Es lässt sich daraus folgern, dass Hitler bei Beginn des ersten Weltkriegs 25 Jahre und am Ende 29 Jahre alt war. Wenn man weitere Informationen zu seinem Lebensweg hat, ergibt sich aus seiner Biografie, die natürlich weit über die Lebensdaten hinausreicht, ein Element für die Erklärung des Nationalsozialismus. Die Breite und Tiefe des Wissens hängt mithin von der Fragestellung und der Intensität der Bearbeitung ab. Das Interesse an der Rolle Hitlers im Nationalsozialismus erfordert mehr biografisches Wissen als das Interesse am Verlauf des Zweiten Weltkriegs. Bei einem kurzen Überblick über den Nationalsozialismus wird weniger Wissen zur Sprache kommen als bei einer intensiven mehrwöchigen Beschäftigung. Doch ist Wissen mehr als die herkömmliche Vorstellung von Daten und Fakten, von chronologisch geordneten Ereignissen, Jahreszahlen, Begriffen und Namen.

Um näher zu klären, was Wissen überhaupt ist, wird immer wieder auf einen Vorschlag der amerikanischen Psychologen David Krathwohl (*1921) und John Robert Anderson (*1947) verwiesen:

- **Faktenwissen**: Hier handelt sich um isolierte Einzelinformationen, die einer Kontextualisierung bedürfen. In Geschichte kann dies ein bestimmtes Ereignis sein, z. B.: 23. Mai 1949 – Inkrafttreten des Grundgesetzes
- **Konzeptionelles Wissen**: Hier werden die einzelnen Elemente miteinander verknüpft, klassifiziert und kategorisiert. Die isolierte Information „23. 5. 1949 – Inkrafttreten des Grundgesetzes" wird mit anderen Elementen verbunden (Merkmale einer Verfassung – Parlamentarischer Rat als verfassungsgebende Versammlung – Besatzungsherrschaft als historischer Hintergrund usw.), was eine zusammenhängende Darstellung des Sachverhalts ermöglicht: Nach langen Beratungen einigte sich der Parlamentarische Rat als verfassungsgebende Versammlung auf das noch heute gültige Grundgesetz...
- **Prozedurales Wissen**: Hiermit sind fachspezifische Verfahrensweisen gemeint. So gilt es, bei der Textquellenanalyse ein bestimmtes Frageraster bzw. Vorgehen zu berücksichtigen: Wer ist der Urheber der Quelle? Ist die Aussage glaubwürdig? usw.
- **Metakognitives Wissen**: Hier wird der Lern- und Erkenntnisprozess selbst reflektiert. In Geschichte ist stets zu überprüfen, ob die gewonnenen Aussagen hinreichend triftig sind, wo noch Wissenslücken bestehen usw.

Dies zeigt, dass Wissen eine Vielzahl von verschiedenen Formen umfasst, die auf unterschiedlichen kognitiven Prozessen beruhen und unterschiedliche Inhalte betreffen. Darauf aufbauend, gibt es in der Geschichtsdidaktik verschiedene Vorschläge. Entscheidend bei all diesen Überlegungen ist, dass es kein Wissen für sich gibt. Erst bei der Auseinandersetzung mit Geschichte werden im Zuge der Sinnbildung Informationen bedeutsam, mithin zu historischem Wissen.

Der österreichische Geschichtsdidaktiker Christoph Kühberger (*1975) schlägt vor, das historische Wissen nach drei Basiskonzepten zu strukturieren (Kühberger, Wissen, 46ff.):

- **historische Basiskonzepte**, die die Dimension Zeit erfassen (Zeitpunkte, Zeitverläufe, Zeiteinteilungen),
- **epistemische Basiskonzepte**, die die Dimension historische Erkenntnismöglichkeiten erfassen (Perspektive, Belegbarkeit, Auswahl, Bauplan), und
- **gesellschaftliche Basiskonzepte**, die die Dimension menschliches Zusammenleben erfassen (Struktur, Vielfalt, Lebens-/Naturraum, Verteilung, Kommunikation, Handlungsspielräume, Arbeit, Macht, Normen, Bedürfnisse).

Diese Konzepte sind mentale Kategorien, mit denen die Informationen, die sich auf die Vergangenheit, mithin auf Geschichte beziehen, strukturiert werden können.

Die deutsche Geschichtsdidaktikerin Hilke Günther-Arndt (*1945) präsentiert einen anderen Vorschlag (Überblick: Günther-Arndt, Geschichts-Didaktik, 39-43). Bedeutsam sind bei ihr drei große Bereiche:

- Das „Wissen zur Geschichte (**domänenspezifische Wissen**)" bildet den Kern historischen Wissens. Es gliedert sich auf in die Kenntnisse von Inhalten (deklarativ) und von Verfahren (prozedural). Jene bestehen aus verfügbaren Wissenselementen (schematisch), während der episodische Teil mit persönlichen Erfahrungen verknüpft ist; diese umfassten für die Erkenntnis von Geschichte wichtige Arbeitstechniken, Kategorien und Denkoperationen.
- Demgegenüber ist das **strategische Wissen** vornehmlich fachunspezifisch und beinhaltet Gedächtnisstrategien, allgemeine Problemlösestrategien usw.
- Das **metakognitive Wissen** schließlich gewährleistet, dass der Lernprozess selbst reflektiert und ggf. verbessert werden kann.

Die Geschichtsdidaktiker Markus Bernhardt (*1959), Peter Gautschi (*1959) und Ulrich Mayer (*1941) unterscheiden geschichtswissenschaftliches, familiales und populäres Wissen, das sich aus dem „Universum der Historischen" speist und Kenntnisse („archiviertes Wissen") sowie Interpretationen und Deutungen („Narrative") bereitstellt. Während die Wissensbestände als allgemein zugängliches Material erscheinen, fungieren die persönlichen Fähigkeiten als Werkzeuge, um damit umzugehen. Diese bestehen aus Deutungsmustern („Konzepte") und sind zu fassen in Begriffe, Kompetenzen (strategisches Wissen) und Überzeugungen (metakognitives Wissen).

In der Auseinandersetzung des Individuums mit dem überlieferten Wissen manifestiert sich dann Historisches Denken (Übersicht in: Kühberger, Wissen, 106)

Die Zusammenschau zeigt, dass Historisches Wissen als umfassende und hochkomplexe kognitive Struktur zu begreifen ist, die weit über memorierbare Kenntnisse hinausgeht, wobei die einzelnen Elemente von den einzelnen Autoren nicht einheitlich strukturiert und mit teils divergierenden Begriffen bezeichnet werden. Dadurch, dass historisches Wissen von der Geschichtsdidaktik als kognitive Struktur untersucht und beschrieben wird, treten die darin aufbewahrten – bzw. aufzubewahrenden – Inhalte eher in den Hintergrund. Angesichts dessen, dass im Unterricht aber ganz konkrete historische Sachverhalte verhandelt werden, bleiben diese Versuche eine konkrete Antwort auf das notwendige oder wünschenswerte Wissen schuldig.

Die folgende Übersicht fasst noch einmal wichtige Aspekte grafisch zusammen:

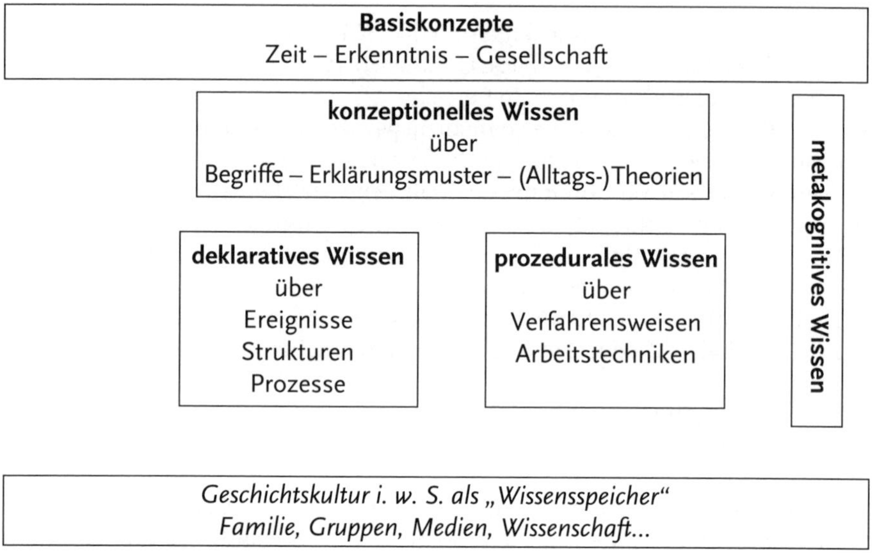

Abb. 20: Aspekte von historischem Wissen

Verfahren der Inhaltsbestimmung

Im Hinblick auf den Geschichtsunterricht stellt sich allerdings die Frage, was unterrichtet und was gelernt wird. Ausgehend von den Überlegungen zur Struktur historischen Wissens ergeben sich vielgestaltige Inhalte des historischen Lernens: Es geht dann im Geschichtsunterricht nicht mehr nur um das deklarative Wissen in einfacher Form (Wann war der Zweite Weltkrieg?) oder elaborierter Form (Wie kam es zum Scheitern der Weimarer Republik?), sondern auch um prozedurales Wissen (Wie gehe ich bei der Analyse einer Karikatur vor?) und konzeptionelles Wissen (Welche historische Bedeutung kommt der Industrialisierung zu?), das auf Basiskonzepten (Wie lässt sich Geschichte gliedern?) beruht. Das jeweilige Vorgehen lässt sich selbst wieder reflektieren (Wie verlässlich sind unsere Erkenntnisse?). Doch werden diese Wissensformen – auch wenn die eben zitierten exemplarischen Fragen als Unterrichtsthemen taugen – nicht isoliert, sondern integrativ thematisiert: Aus der Analyse einer ganz bestimmten Karikatur wird das prozedurale Wissen entwickelt, das dann in einer anderen Situation angewendet wird. Da Unterricht immer Fachunterricht ist, stehen im Unterrichtsfach Geschichte, auch dann wenn es um Methodenlernen, mithin um prozedurales Wissen geht, historische Sachverhalte im Mittelpunkt. Die Inhaltsbestimmung bzw. Themengewinnung nimmt daher im Rahmen der Unterrichtsvorbereitung einen zentralen Platz ein. Diese kann nach verschiedenen Prinzipien erfolgen, die im Folgenden stichpunktartig charakterisiert werden. Sie spiegeln das jeweilige Verständnis von Geschichte, wie es im Unterricht begegnet, wider, sind also mehr Ausdruck des allgemeinen Selbstverständnisses des Faches und weniger konkrete Anleitungen für die Gewinnung von Stundenthemen.

- **Enzyklopädie**: umfassender, ja vollständiger Überblick über die Geschichte („Weltgeschichte"). Dieser bis ins 18. Jahrhundert erhobene Anspruch hat sich als nicht durchführbar erwiesen, auch wenn er in reduzierter Form immer noch anzutreffen ist.
- **Abbild**: Vermittlung der Ergebnisse der Wissenschaft auf kindgerechte Weise („Überblick über die Geschichte"). Eine solche Vorstellung nimmt den Gang der Forschung als einziges Kriterium, ohne nach dem Bildungswert zu fragen.
- **Fachlogik**: Einblick in die Arbeitsweise historischer Forschung („Struktur des Faches"). Da das methodische Vorgehen im Mittelpunkt steht, sind die Inhalte, streng genommen, beliebig.
- **Auswahl**: gezielte Auswahl bestimmter Sachverhalte (z. B. „Nationalgeschichte"). Auch wenn einzelne Aspekte herausgegriffen und andere ignoriert werden, müssten hier eindeutige Auswahlkriterien formuliert und legitimiert werden.
- **Strukturierung**: Konzentration auf als wesentlich erachtete Zusammenhänge (z. B. „Herrschaftsgeschichte"). Auch hier liegt der Fokus auf den fachwissenschaftlichen Vorgaben.
- **Entwicklungspsychologie**: Orientierung am Entwicklungsstand der Kinder und Jugendlichen („Altersangemessenheit"). Im Gegensatz zu den vornehmlich fachlich motivierten Prinzipien wird hier gefragt, ob es für den Lernprozess besser oder schlechter geeignete Inhalte gibt. Vor dem Hintergrund der älteren Entwicklungspsychologie, die noch von reifebedingten Phasen ausging und diesen bestimmte Fähigkeitsniveaus und Interessenlagen zuordnete, wurde etwa von der deutschen Psychologin Waltraut Küppers (*1915) zwischen diffusen, d. h. abstrakten und komplexen, sowie affinen, d. h. anschaulichen und konkreten, mithin kindgerechten, Stoffen unterschieden. Auch wenn dies entwicklungspsychologisch nicht mehr haltbar und in einer solch krassen Gegenüberstellung auch wenig hilfreich ist, lenkt es jedoch den Blick darauf, dass bestimmte Themen für Kinder und Jugendliche leichter, andere schwerer verständlich sein können. Es stellt sich also die Frage nach dem Verhältnis von historischem Lernen und Entwicklungsalter, mithin nach einer sinnvollen Lernprogression. Dabei sind auch die **Lerninteressen und Lernbedürfnisse** der Kinder und Jugendlichen zu bedenken. Zwar können diese den Lernprozess selbst nicht strukturieren, doch sind sie für die erfolgreiche Auswahl geeigneter Themen unverzichtbar.

- **Konstruktion**: Entwicklung eigenständiger Themen im Kontext verschiedener Kriterien („Lernpotential"). Dabei sind verschiedene Zugriffe denkbar. Ein bekannter Vorschlag des deutschen Erziehungswissenschaftlers Wolfgang Klafki (*1927) erschließt im Zuge der Didaktischen Analyse die exemplarische Bedeutung, die Gegenwartsbedeutung, die Zukunftsbedeutung, die Struktur des Inhalts sowie die Zugänglichkeit des Themas. Im Hintergrund stehen dabei „epochaltypische Schlüsselprobleme" (Krieg und Frieden, Interkulturalität, Umwelt, Bevölkerungswachstum, Soziale Ungleichheit, Technikfolgen, Zwischenmenschliches Zusammenleben), an denen der Fachunterricht auszurichten ist, wobei die Gefahr besteht, dass Geschichte zum Steinbruch für die inhaltliche Auffüllung von anderweitig begründeten Lernprozessen wird.

Inzwischen herrscht in der Geschichtsdidaktik ein weitgehender Konsens, dass Themen Ergebnisse eines Konstruktionsprozesses sind. Entscheidend ist demnach, dass in einem fachdidaktischen Reflexionsprozess die verschiedenen für das historische Lernen relevanten Aspekte berücksichtigt werden, um das Lernpotential für die Schülerinnen und Schüler auszuloten. Dabei wird der Sachverhalt fachlich erschlossen, didaktisch analysiert, unter verschiedenen Kriterien (Lehrplan, Verfassung usw.) reflektiert und – ganz zentral – auf die Interessen sowie Bildungsbedürfnisse der Kinder und Jugendlichen bezogen. Das Ergebnis dieser Überlegungen, die Schnittmenge gleichsam, stellt das **Lernpotential** dar.

So betonen auch Markus Bernhardt, Peter Gautschi und Ulrich Mayer, dass das Thema am Schnittpunkt von (kollektiver) Geschichtskultur und (individuellem) Geschichtsbewusstsein steht. Es entsteht für sie in fachlicher Hinsicht durch die Abgleichung von „geschichtswissenschaftlichen Dimensionen (Sinnbildungsbereichen)", pädagogischen „Schlüsselproblemen" im Sinne Wolfgang Klafkis und „Basisnarrativen", d. h. den grundlegenden Deutungsmustern des „kollektiven Gedächtnisses". Der Einzelne tritt mit seinem „Wissen", seinen „Kompetenzen" und seinen „Überzeugungen" an das Thema heran und nutzt das entsprechende Angebot. Diese Verortung betont zu Recht die Stellung des Themas als Verbindung zwischen dem „Universum des Historischen" und dem „lernenden Individuum" (Bernhardt, Lernen, 11).

So lässt sich, um es an einem Beispiel zu illustrieren, die Entstehung von Städten im Mittelalter als wesentliche Entwicklung der Epoche bestimmen, die bis heute relevant ist und den Schülern in ihrer Lebenswelt begegnet. Der Blick in die Vergangenheit kann ihnen helfen, diese besser zu verstehen (Straßennamen, alte Gebäude, Straßenführung usw.). Aus diesen knapp angedeuteten Überlegungen lässt sich als Stundenthema z. B. entwickeln: „Welche Spuren aus dem Mittelalter gibt es in unserer Stadt?" Ein solcher Zugang bietet ein ungleich größeres Lernpotential als „Die Stadt im Mittelalter". Er hat aber auch für die Gestaltung des Unterrichts unmittelbare Folgen im Hinblick auf die Ziele (Erschließung einer Stadtlandschaft, kein Wissensüberblick), Inhalte (konkretes Beispiel, kein

Idealtyp), die Methoden (eigene Recherche, Erkundung) und die Medien (lokale Materialien).

In diesem Zusammenhang spielen auch die **Grundformen der Geschichtsschreibung** eine wichtige Rolle, die jedoch für das historische Lernen adaptiert werden müssen. Grundsätzlich sind zunächst drei Kategorien zu unterscheiden, die Geschichte strukturieren:

- **Ereignis**: Hier geht es um *res gestae*, also um räumlich eingrenzbare und zeitlich relativ genau bestimmbare menschliche Handlungsabläufe mit distinktem Anfang und Ende, etwa um Kriege, aber auch einzelne Schlachten, um Revolutionen, aber auch einzelne Aktionen. Was ein Ereignis ist, ist Ergebnis geschichtswissenschaftlicher Deutung und nicht vorgegeben.
- **Struktur**: Jedes Ereignis spielt sich in einem bestimmten Rahmen ab, der zwar durchaus veränderbar, aber relativ fix ist und so die Handlungsmöglichkeiten vorbestimmt.
- **Prozess**: Mit dieser Kategorie lässt sich der historische Wandel erfassen, der durch ein einzelnes Ereignis ausgelöst oder beschleunigt wird, der sich aber erst allmählich aus dem Zusammenspiel verschiedener Faktoren ergibt.

Daran knüpfen die in der Literatur genannten besonderen Zugänge für historisches Lernen an, die oft **thematische Strukturierungskonzepte** genannt werden und sich an in der Wissenschaft gängigen Zugriffen orientieren.

- Die **Falldarstellung** konzentriert sich auf bestimmte Ereignisse, z. B. Hexenverfolgung in Nördlingen 1589-91.
- Die **Epochensequenz** folgt der traditionellen chronologischen Entwicklung, z. B.: Die Weimarer Republik. Sie vereint Ereignisse, Strukturen und Prozesse.
- Der **Längsschnitt** widmet sich der diachronen Erschließung eines bestimmten Aspekts, z. B.: Die Geschichte der Kindheit. Hier kommt es vor allem auf epochenübergreifende Prozesse, aber auch auf Strukturen an.
- Der **Querschnitt** konzentriert sich auf die synchrone Darstellung verschiedener Bereiche, z. B.: Die Welt um 1500. Das Augenmerk liegt hier vornehmlich auf der jeweiligen Struktur.
- Der **Vergleich** setzt zwei disparate Sachverhalte in Beziehung, um Gemeinsamkeiten und Unterschiede zu bestimmen: Die Revolution 1848/49 und die Revolution 1918/19 im Vergleich. Je nach Fragestellung stehen Ereignisse, Strukturen oder Prozesse im Mittelpunkt.
- Die **Biografie** untersucht den Lebensweg, besonders die historische Rolle einzelner Personen, z. B.: Das Leben Caesars bzw. Caesars Rolle beim Untergang der römischen Republik. Vor allem (persönliche) Ereignisse, aber auch Struktur und Prozess sind hier zu berücksichtigen.

Zusammenfassend lässt sich festhalten, dass die Themen für den Geschichtsunterricht aus dem Bereich der Geschichte bzw. der Geschichtskultur entnommen werden und – unter Heranziehung von pädagogisch-psychologischen Überlegungen – mit Hilfe von Strukturierungskonzepten für den Unterricht so aufbereitet („konstruiert") werden, dass den Kindern und Jugendlichen interessante und lernrelevante Zugänge eröffnet werden. Nur das Zusammenspiel solcher Überlegungen gewährleistet eine erfolgreiche Themengewinnung.

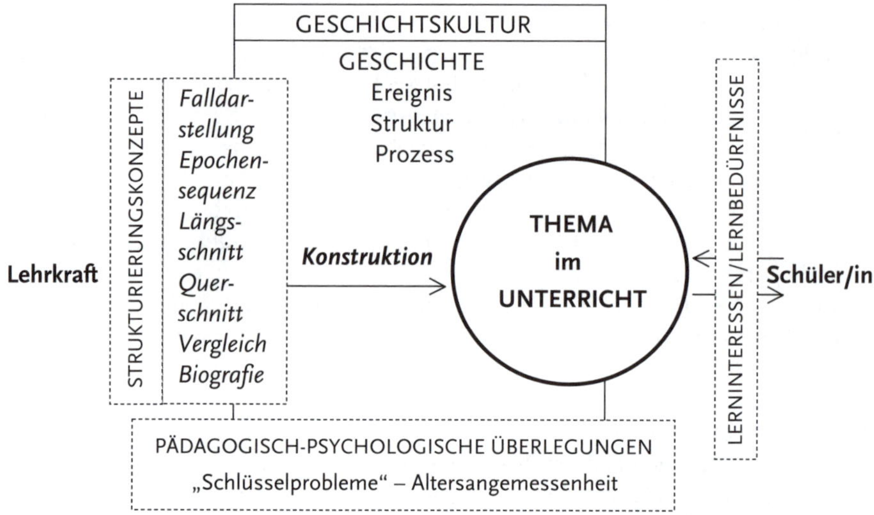

Abb. 21: Verfahren der Themengewinnung

Lehrpläne für Geschichte

Für die Inhalte des Geschichtsunterrichts sind im staatlichen Schulwesen die Lehrpläne entscheidend, die, bevor die Lehrkraft eine Unterrichtseinheit plant, als verbindliche Vorgaben den Rahmen für das historische Lernen in der Schule abstecken. Zwar liegt jedem organisierten Lernprozess ein – expliziter oder impliziter – Lehrplan zugrunde; aber mit der Einrichtung von eigenen Bildungsinstitutionen als einem vom Alltagsleben abgesonderten Bereich des Lernens wurden Lehrpläne erforderlich. In ihnen sollte festgelegt werden, was in der Schule zu lernen ist. Dies geschah lange durch mündliche Absprachen oder die Festlegung gleichsam kanonischer Texte, später durch explizite schriftliche Festlegungen. Vor diesem Hintergrund lässt sich definieren:

> Ein Lehrplan ist eine vom jeweiligen (a) Bildungsträger verantwortete und auf (b) gesellschaftlichen Konsens ausgerichtete (c) systematische Zusammenstellung von (d) Elementen (Lernziele, Lerninhalte usw.), die einen (e) Sollzustand beschreiben, der in einem (f) langfristigen Lernprozess erreicht werden soll und der (g) zu kontrollieren ist.

(a) Dass der Staat gegenüber den anderen Bildungsmächten einen Vorrang beansprucht, ist eine historisch junge Entwicklung, bestimmten doch Bildungsträger verschiedenster Art über Jahrtausende die jeweiligen Lernprozesse. Erst im 19. Jahrhundert übernahm der Staat in Europa weithin das Bildungswesen beziehungsweise stellte es unter seine Aufsicht. Lehrpläne wurden so zu staatlichen Vorgaben, die einerseits der Logik der Bürokratie folgen und andererseits die Lernprozesse immer differenzierter regulieren.

(b) Da Lernprozesse nicht zuletzt darauf abzielen, Wissen und Fertigkeiten an die nächste Generation weiterzugeben, bedarf das, was gelernt und wie es vermittelt werden soll, der Zustimmung der jeweiligen sozialen Gruppe, ja der Gesellschaft insgesamt. Gleichwohl dürfte die Lehrplankritik genauso alt sein wie Lehrpläne selbst.

(c) Lehrpläne beanspruchen eine innere Konsistenz, damit sie für die Lehrenden sowie für die Lernenden grundsätzlich nachvollziehbar sind und sich in der Praxis bewähren. Sie legen einen „Lehr-Gang", eine Abfolge von Lernschritten, fest.

(d) Angesichts dessen, dass Lernen ein hochkomplexer Prozess ist, konzentrieren sich Lehrpläne entweder von vornherein auf bestimmte Elemente, wie etwa das zu vermittelnde Wissen, oder erheben den Anspruch einer umfassenden Regulierung.

(e) Lehrpläne zielen stets auf umfassende Bildungsprozesse ab, soll doch ein Ist-Zustand in einen Soll-Zustand überführt werden.

(f) Lehrpläne beschränken sich nicht darauf, einzelne isolierte Lernvorgänge aufzulisten, wie sie uns im Alltag zufällig begegnen, sondern erheben den Anspruch, einen langfristig angelegten Lernprozess zu beschreiben, der oft nicht einmal am Ende der Schulzeit vollständig abgeschlossen ist.

(g) Wenn Lehrpläne einen bestimmten Sollzustand definieren, setzen sie damit zugleich voraus, dass dessen Erreichung auch überprüft werden muss. Dies kann Teil des Lehrplans selbst sein oder in andere Kontexte ausgelagert werden.

Lehrpläne dienen also zum einen der **gesellschaftlichen Legitimation** schulischen Lernens, indem sie das zu Lernende verbindlich festlegen und die Lehrkräfte bei der Unterrichtsdurchführung auf die praktische Umsetzung der Vorgaben verpflichten, erfüllen somit eine „politische", eine „programmatische" und eine „praktische" Funktion. Bei der Erstellung eines Lehrplans wird nicht nur ein bestimmter Fächerkanon festgelegt, sondern auch innerhalb eines Unterrichtsgebiets aus den denkbaren Themen eine Auswahl getroffen, die nach bestimmten Prinzipien strukturiert und gereiht wird, so dass ein idealtypischer Lehrgang entsteht. Lehrpläne für Geschichte wollen daher ein bestimmtes **Geschichtsbild** vermitteln. Dies zeigt sich in der Setzung der Ziele, der Auswahl und der Anordnung der Inhalte, dem thematischen Zuschnitt sowie der erwünschten methodischen Umsetzung. So kann im Unterrichtsfach Geschichte aus der umfassenden Weltgeschichte die historische Entwicklung Deutschlands ausgewählt und im Hinblick auf die Veränderung von Macht und Herrschaft betrachtet werden, wobei die Schülerinnen und Schüler von den Anfängen bis zur Gegenwart chronologisch fortschreiten. Das potenziell verfügbare Wissen wird so durch Auswahl, Ordnung und Reihung in Schulwissen verwandelt

Dabei ist zum zweiten zu bedenken, dass Lehrpläne im Kontext des staatlichen Schulwesens nur ein Element der schulischen Ordnung sind: Schulgesetze, Schulordnungen, Lehrerdienstordnungen, Lehrerbildungsordnungen usw. regeln den staatlich organisierten Lernprozess im Allgemeinen; in diesen Rahmen haben sich die fachspezifischen Regelungen einzufügen und nur in diesem Rahmen sind sie letztlich nachvollziehbar. Diese schulische Ordnung folgt der **Logik der Bürokratie**, die das Unterrichtsgeschehen zwar regelt, aber nicht dessen Eigen-Sinn folgt.

Zum dritten können Lehrpläne angesichts des Komplexitätsgrades eines modernen Schulsystems nur **begrenzte Wirksamkeit** entfalten, da die Subsysteme, um das Gesamtsystem funktionsfähig zu erhalten, relativ autonom agieren können müssen. So haben die Lehrkräfte die **Lizenz zur eigenverantwortlichen Gestaltung des Unterrichts**; diese kann je nach Regelungsdichte des Lehrplans größer oder kleiner sein. Daher ist von einer grundsätzlichen Unterscheidung zwischen normativen Bestimmungen für das **Unterrichtsfach Geschichte** und dem tatsächlichen **Geschichtsunterricht** auszugehen. Die Unterrichtswirklichkeit hängt von einer Vielzahl von Einflussfaktoren ab, die das konkrete Geschehen in der jeweiligen Lerngruppe ganz verschieden gestalten. Bereits innerhalb einer Schule kann der Fachunterricht in Klassen der gleichen Jahrgangsstufe trotz eines allgemein verbindlichen Lehrplans ganz unterschiedlich ausfallen.

Schließlich können Lehrpläne in fachwissenschaftlicher und in fachdidaktischer Hinsicht auch als **bildungsgeschichtliche Quellen** gelesen werden, die über das Lernen in vergangenen Zeiten Aufschluss geben. Diese enthalten das an die nächste Generation zu vermittelnde gesellschaftlich anerkannte Wissen, das einerseits als erhaltenswert erachtet wird und andererseits die Bewältigung kommender Aufgaben ermöglichen soll, verbinden mithin Tradition und Zukunft in einem Bildungsideal.

Lehrplanelemente und Lehrplantypen

Um Lehrpläne zu analysieren, sei es als bildungsgeschichtliche Quellen, sei es als unterrichtsrelevante Vorgaben, ist es hilfreich, sich über die verschiedenen Elemente Klarheit zu verschaffen. Im Anschluss und in Erweiterung der Vorschläge des deutschen Geschichtsdidaktikers Bernd Schönemann (*1954) lassen sich folgende Dimensionen unterscheiden (Schönemann, Lehrpläne):

- **Werte und Normen**: Welche grundsätzlichen Ideen liegen dem Lehrplan zugrunde? Für das Unterrichtsfach Geschichte begegnen verschiedene Vorstellungen, wie etwa das Konzept einer christlichen Besinnung, in der Geschichte als Spiegel der Heilsgeschichte erscheint und zur religiösen Einkehr mahnt, oder das Konzept eines im weiteren Sinn wissenschaftsorientierten historischen

Lernens, das sich mehr an den Ergebnissen und Methoden der Forschung orientiert, oder das Konzept eines politisch bildenden Geschichtsunterrichts.

- **Lernziele**: Welche konkreten Vorgaben werden aus der Sicht der Lernenden formuliert? Auch hier sind für Geschichte verschiedene Schwerpunktsetzungen feststellbar, wie etwa die Aneignung eines (memorierbaren) Überblickswissens oder die Ausbildung von methodischen Fertigkeiten oder die Ausbildung eines reflektierten Geschichtsbewusstseins als mentale Struktur. Die Übergänge zwischen Werten und Normen sowie Lernzielen sind mitunter fließend.
- **Inhalte**: Welche historischen Sachverhalte werden für den Lernprozess ausgewählt? Hier dominiert in vielen Lehrplänen das Prinzip der chronologischen Anordnung, wobei durchaus verschiedene Zugriffe wie Längsschnitt oder Querschnitt berücksichtigt werden.
- **Lehrmethoden** (besser: *Lehr-Lern-Methoden*, da so der Gesamtprozess der Aneignung zum Ausdruck kommt): Welche Lernwege werden angeregt oder vorgeschrieben? Wenngleich in vielen Lehrplänen dieser Aspekt eine eher untergeordnete Rolle spielt, gibt es doch aufschlussreiche Hinweise auf die Bedeutung des Lehrervortrags, die Verwendung des Schulbuchs und die Rolle der Schülerinnen und Schüler im Unterricht. In aktuellen Vorgaben gewinnen solche Fragen zusehends an Bedeutung.
- **Medien**: In Erweiterung des Vorschlags von Schönemann ist die Berücksichtigung dieser Dimension zu erwägen: Welche Unterrichtsmittel im weitesten Sinn werden für den Lernprozess vorgeschlagen? Im Zuge der größeren Bedeutung des Methodenlernens und der Verfügbarkeit technischer Hilfsmittel finden sich auch in Lehrplänen entsprechende Hinweise, sei es im Hinblick auf die Analyse von Quellen, sei es im Hinblick auf den Umgang mit dem Internet.
- **Kontrollen**: Wie werden die Lernergebnisse evaluiert? Oft sind diese Bestimmungen nicht Bestandteil des Lehrplans, sondern in die allgemeinen Schulordnungen ausgelagert. Sie müssen gleichwohl berücksichtigt werden, da das Profil des Unterrichtsfaches Geschichte wesentlich dadurch bestimmt wird, ob zentrale Prüfungen vorgesehen sind, umfangreichere schriftliche Arbeiten gefordert werden oder mündliche Prüfungsformate dominieren.
- **Gesamtarchitektur**: Welchen Aufbau hat der Lehrplan insgesamt? Welche der eben vorgestellten Elemente in einem Lehrplan begegnen und wie ihre jeweilige Gewichtung ist, entscheidet darüber, um welchen Lehrplantyp es sich handelt.

Im historischen Verlauf bildeten sich folgende Typen von Lehrplänen heraus:

- **Richtlinien**: Zunächst beschränkten sich die Anweisungen auf allgemeine Ausführungen zum Ziel des Faches, was in aktuellen Vorgaben mitunter als Fachprofil begegnet. Solche Lehrpläne hatten eine geringe Regelungsdichte und legten die Lizenz für die unterrichtenden Lehrkräfte, den Unterricht eigenständig zu gestalten, weit aus.
- **Stofflehrpläne**: Vom äußeren Erscheinungsbild her den Inhaltsverzeichnissen von Handbüchern gleichend, listeten sie die zu behandelnden Inhalte syste-

matisch auf, ohne meist nähere Ausführungen zu anderen Elementen des Unterrichts zu machen. Allerdings waren solche Stoffkataloge oft mit Richtlinien kombiniert. Die Regelungsdichte dieser Lehrpläne war moderat.

- **Curriculare Lehrpläne**: Ein grundsätzlicher Wandel erfolgte in den späten 1960er-Jahren. Im Zuge der Bildungsreform wurde nach der Eignung der traditionell vermittelten Inhalte gefragt. Nur im Hinblick auf eine rational zu begründende Zielperspektive konnten bestimmte Themen als Lerngegenstände legitimiert werden. Damit war der Anspruch verbunden, den Lernprozess umfassend zu regulieren – von den Zielen über die Inhalte und die Methoden bis hin zu den Lernzielkontrollen. Diese mitunter technokratisch anmutenden Bemühungen lenkten aber den Blick auf die Bildungsbedürfnisse der Schüler, die Gegenwartsrelevanz der Unterrichtsinhalte und auf die Nachhaltigkeit des Lernens. Die Regelungsdichte war hoch.
- **Post-curriculare Lehrpläne**: In Abkehr von der curricularen (Über-)Regulierung reduzierte sich der Umfang der Folgelehrpläne deutlich und eine stärkere Betonung der Inhalte war zu konstatieren. Gleichwohl offenbart eine genaue Lektüre der Vorgaben das Nachwirken der Lernzieldiskussion. In Fachprofilen, in einführenden Bemerkungen oder in der Ausformulierung der Unterrichtsinhalte sind unschwer die normativen Setzungen der curricularen Vorgängerlehrpläne zu erkennen. Die Reglungsdichte ist reduziert.
- **Bildungsstandards**: Dominierte in vielen Lehrplänen die so genannte *Input*-Orientierung, das heißt, dass festgelegt wurde, was wie wozu und womit unterrichtet werden sollte, lenkte die so genannte *Output*-Orientierung den Blick auf die Lernergebnisse. Entscheidend ist nun, was der Lernprozess bei den Kindern und Jugendlichen bewirkt. Angesichts der ernüchternden Ergebnisse der Pisa-Studie wurde deutlich, dass das im Unterricht Angestrebte nicht immer die erwünschten Erfolge nach sich zieht. Zudem verschob sich im Zuge der Diskussion um die in der Schule zu vermittelnden Kompetenzen der Schwerpunkt weg von den Unterrichtsinhalten hin zu den domänenspezifischen Problemlösefähigkeiten. Statt von Lernzielen ist nun von Kompetenzerwartungen die Rede. Diese sind meist vergleichsweise umfassend formuliert und müssen im Hinblick auf den konkreten Unterricht operationalisiert werden. Somit wird, streng genommen, in Bildungsstandards nicht der vorgesehene „Lehr-Gang", sondern nur der Soll-Zustand beschrieben. Es bleibt dabei, streng genommen, offen, wie dies erreicht wird. Die Regelungsdichte ist gering.

Geschichtslehrpläne in historischer Entwicklung

War Geschichte im niederen Schulwesen, also den Elementarschulen, lange Zeit kein eigenes Unterrichtsfach, sondern Teil der so genannten Realienfächer und ist sie auch heute oft in einen Fächerverbund integriert, beanspruchte es in weiterführenden Schulen stets Eigenständigkeit und hatte einen höheren Stellenwert.

Normbildend war dabei im 19. Jahrhundert das humanistisch ausgerichtete Gymnasium, in dem sich ein typischer Geschichtslehrgang herausbildete, der in einem zweimaligen Durchgang die geschichtliche Entwicklung von den Anfängen bis zur Gegenwart – allerdings mit einem Schwerpunkt auf der Antike – nachvollzog und den grundsätzlichen Anspruch erhob, einen weltgeschichtlichen Überblick zu vermitteln, wobei der eurozentrische, ja nationalgeschichtliche Fokus nicht zu übersehen ist. Die anderen weiterführenden Schulen beließen es oft bei einem einmaligen Durchgang, der auch für die anderen Schularten grundsätzlich verbindlich blieb. Mit dem Aufkommen konkurrierender Gymnasien, wie etwa lateinloser Oberrealschulen, verschob sich der thematische Schwerpunkt zusehends auf die Neueste Geschichte seit der Französischen Revolution.

Unverkennbar ist dabei der hohe Stellenwert deklarativen Wissens, das den Kern der Stofflehrpläne bildet, aber auch für andere Lehrplantypen große Bedeutung hatte. Gleichwohl fanden auch schon früh, allerdings oft in den Präambeln „versteckt", Postulate eines wissenschaftsorientierten Lernens Eingang in die Lehrpläne – zunächst in den Gymnasien, dann sukzessive auch in anderen Schularten. Schließlich blieb das historische Lernen immer anfällig für geschichtspolitische Instrumentalisierung. Auf der einen Seite wirkte das Ziel, den Kindern und Jugendlichen ein bestimmtes, politisch erwünschtes Geschichtsbild zu vermitteln, immer auf die Lehrplanentscheidungen ein. Auf der anderen Seite wurde historisches Lernen mit politischer Bildung in Verbindung gebracht, ja identifiziert, so dass die Forderung nach einer loyalen staatsbürgerlichen Gesinnung für das Unterrichtsfach Geschichte prägend wurde.

Im Zuge der Kompetenz-Diskussion verändert sich auch der Charakter der Lehrpläne hin zu Bildungsstandards. Dabei werden manchmal die gängigen Vorgaben – nur kompetenz-theoretisch unterlegt – fortgeschrieben, manchmal aber auch, insbesondere auf der gymnasialen Oberstufe, neue Strukturierungsprinzipien angewandt. Die aktuellen Lehrpläne sind über die Schulverwaltungen der einzelnen Bundesländer zugänglich (Zusammenstellung unter: https://www.kmk.org/dokumentation-statistik/rechtsvorschriften-lehrplaene/lehrplan-datenbank.html). Die Kultusministerkonferenz (KMK) unterhält auch ein eigenes Lehrplanportal (https://www.kmk.org/dokumentation-statistik/rechtsvorschriften-lehrplaene/uebersicht-lehrplaene.html).

Die Kritik an Lehrplänen ist vermutlich so alt wie die Lehrpläne selbst. Sie kann von der unterrichtspraktisch motivierten Klage einer Lehrkraft über die parteipolitische Kontroverse bis hin zur wissenschaftlichen Auseinandersetzung reichen. Aus geschichtsdidaktischer Sicht wird immer wieder das chronologische Vorgehen kritisiert (Beispiele: Schneider, Inhalte; Völkel, Einladung). Die dabei vorgetragenen, durchaus bedenkenswerten Argumente bleiben jedoch abstrakt, da es seit langer Zeit keinen geschichtsdidaktisch begründeten Vorschlag für einen Geschichtslehrplan als Alternative zu den gültigen Konzepten gibt. Die wichtigsten Aspekte der Lehrplanentwicklung lassen sich noch einmal so visualisieren:

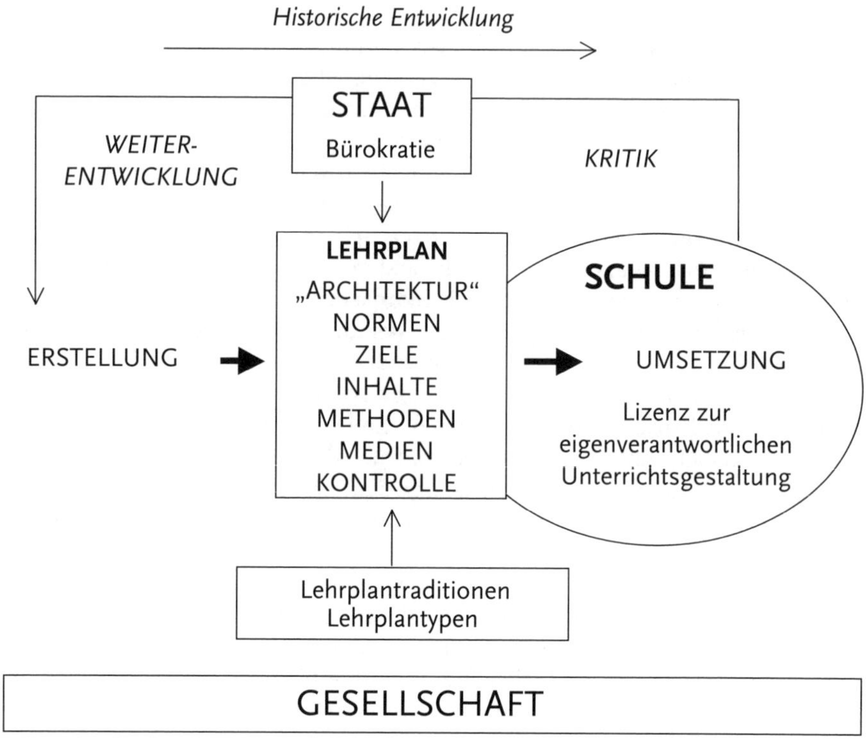

Abb. 22: Aspekte der Lehrplanentwicklung

Probleme und Perspektiven

(1) Erarbeiten Sie eine Zusammenstellung, die aus Ihrer Sicht das für Geschichte zentrale Wissen enthält. Berücksichtigen Sie dabei verschiedene Wissensformen.

(2) Wählen Sie einen relativ weiten Stoffbereich (z. B. Weimarer Republik). Entwickeln Sie gemäß den verschiedenen Strukturierungskonzepten verschiedene Themen.

(3) Suchen Sie die Geschichtslehrpläne Ihres Bundeslands für eine bestimmte Schulart (Linkliste: https://www.kmk.org/dokumentation-statistik/rechtsvorschriften-lehrplaene/uebersicht-lehrplaene.html).
   a) Ordnen Sie den Lehrplan einem bestimmten Lehrplantyp zu.
   b) Analysieren Sie, nach welchem Prinzip der Themengewinnung er strukturiert ist.
   c) Charakterisieren Sie ihn gemäß der Kriterien der Lehrplananalyse.
   d) Wählen Sie einen Lernbereich des Lehrplans aus und analysieren Sie diesen detailliert mit Hilfe der Kriterien der Lehrplananalyse.

(4) Setzen Sie sich mit der Kritik am chronologischen Aufbau der Lehrpläne auseinander. Stellen Sie Vor- und Nachteile gegenüber.
(5) Erörtern Sie die Berechtigung der Lehrplankritik von Völkel und/oder Schneider.

Literaturhinweise

Baumgärtner, Ulrich: Lehrplan, in: Praxis Geschichte (*Grundlage der vorliegenden Ausführungen*)
Bernhardt, Markus u.a.: Historisches Lernen angesichts neuer Kerncurricula. Von Bildungsstandards und Inhaltsfelder zur Themenbestimmung und Unterrichtsplanung im Geschichtsunterricht, Wiesbaden 2011 (*praxisnahe Einführung ins Thema*)
Günther-Arndt, Hilke: Historisches Lernen und Wissenserwerb, in: Günther-Arndt, Geschichts-Didaktik, S. 24-49 (*sehr guter einführender Überblick*)
GWU-Themenheft „Curriculumentwicklung" 11-12/2017 (*informiert über aktuelle Lehrpläne in der Bundesrepublik*)
Handro, Saskia/Schönemann, Bernd (Hg.): Geschichtsdidaktische Lehrplanforschung. Methoden – Analysen – Perspektiven, Münster 2004 (*Sammelband mit vielfältigen Untersuchungen zum Thema*)
Kühberger, Christoph (Hg.): Historisches Wissen. Geschichtsdidaktische Erkundung zu Art, Tiefe und Umfang für das historische lernen, Schwalbach (Ts.) 2012 (*Sammelband mit interessanten Aufsätzen zum Thema*)
Schneider, Gerhard: Neue Inhalte für ein altes Unterrichtsfach. Überlegungen zu einem alternativen Curriculum Geschichte in der Sekundarstufe I, in: Demantowsky, Marko/Schönemann, Bernd (Hg.): Neue geschichtsdidaktische Positionen, Bochum 2002, S. 119-142 (*Beispiel einer Lehrplankritik*)
Schönemann, Bernd: Lehrpläne, Richtlinien, Bildungsstandards, in: Günther-Arndt, Geschichts-Didaktik, S. 50-66 (*sehr gute Einführung ins Thema*)
Völkel, Bärbel: Immer mehr desselben? – Einladung zu einer kritischen Auseinandersetzung mit dem chronologischen Geschichtsunterricht, in: GWU 62 (2011), S. 353-362 (*Beispiel einer Lehrplankritik*)

Methoden historischen Lernens

Methoden sind, nach der griechischen Etymologie des Wortes (*methodos*: ‚Nachgehen', ‚Verfolgen'), Lernwege. Geht es bei den Zielen um das Warum bzw. das Wozu und den Inhalten um das Was, antwortet die Methodik auf die Frage: Wie sollen Lernprozesse ablaufen und gesteuert werden? Im Hinblick auf das historische Lernen stellt sich dabei das Problem, dass einerseits fachunspezifische Unterrichtsmethoden auch im Fach Geschichte angewandt werden und andererseits keine konsistente Methodik des Geschichtsunterrichts existiert.

Die Vieldeutigkeit des Begriffs „Methode"

Im Rahmen des Modells von Heimann/Otto/Schulz ist die Methodik eine zentrale Dimension von Unterricht. Allerdings ist der Begriff selbst vieldeutig. Methode kann bedeuten:

- **„Spontan-Methode"**: Ohne viel nachzudenken, verfügt jeder Einzelne auf spezifische Weise über Verfahren, sich die Welt anzueignen. So erkunden Babys und Kleinkinder die Welt, indem sie alle Gegenstände in den Mund stecken. Auch liegt der Unterscheidung von bestimmten Lerntypen (visuell, akustisch usw.) die Annahme zugrunde, dass es individuell bevorzugte Wege der Weltwahrnehmung gibt.
- **Arbeitsmethode**: Damit sind fachunspezifische Verfahren gemeint, die als allgemeine Techniken für jeden Lernprozess relevant sind, wie z. B. die Klärung eines Begriffs mit Hilfe eines Lexikons oder die Erstellung eines Arbeitspapiers.
- **Forschungsmethode**: Dieser Begriff bezeichnet den Weg der wissenschaftlichen Erkenntnis, also wie neues Wissen erzeugt wird. Dazu muss die Methode transparent und intersubjektiv nachvollziehbar sein. Für die Physik ist etwa das Experiment eine konstituierende Methode, für Geschichte die Quellenanalyse, die bestimmten Regeln folgt und so zu belastbaren Erkenntnissen führt.
- **Fachspezifische Methode**: Dabei handelt es sich um Adaptionen von Forschungsmethoden für den schulischen Fachunterricht. So ist die Quellenanalyse für den geschichtswissenschaftlichen Forschungsprozess zentral und damit auch für den Geschichtsunterricht. Allerdings wird es in der Schule in der Regel nicht darum gehen, neue Sachverhalte zu erforschen, sondern den Forschungsprozess nachzuvollziehen. Dadurch kommt den Medien eine große Bedeutung zu, richtet sich doch das Verfahren nach dem zugrunde liegenden Material: Ein Text wird anders analysiert als ein Film.

- **Unterrichtsmethode**: Hier sind Verfahren angesprochen, die im (schulischen) Lernprozess zur Anwendung kommen und zunächst fachunspezifisch anwendbar sind. So kann Gruppenarbeit potentiell in allen Fächern stattfinden: „Unterrichtsmethoden sind die Formen und Verfahren, in und mit denen sich Lehrer und Schüler die sie umgebende natürliche und gesellschaftliche Wirklichkeit unter institutionellen Rahmenbedingungen aneignen“ (Meyer, Unterrichtsmethoden I, 45).

Allerdings bedarf dieser Begriff wiederum der näheren Bestimmung. Eine einflussreiche und hilfreiche Systematisierung stammt von dem deutschen Pädagogen Hilbert Meyer (*1941), der davon ausgeht, dass sich der Unterrichtsprozess als Abfolge von Handlungssituationen beschreiben lässt. Dabei lassen sich drei Dimensionen methodischen Handelns unterscheiden (differenzierte Übersichten: Meyer, Unterrichtsmethoden I, 234ff.).

Die **Sozialformen** beschreiben den sozialen Rahmen des Lernprozesses. Dabei sind aus logischen Gründen vier Formen denkbar: Einzelarbeit – Partnerarbeit – Gruppenarbeit – Plenumsarbeit/Klassenunterricht. Der Lernprozess folgt einem bestimmten Ablauf, d. h., er muss in Gang gesetzt, aufrechterhalten und beendet werden; er lässt sich in bestimmte Phasen gliedern. Diese **Unterrichtsschritte** bestimmen den Unterricht. Nachdem zum Teil hochdifferenzierte Artikulationsschemata entwickelt wurden, die zu einer formalistischen Erstarrung des Lernens geführt haben, bietet sich die ebenso offene wie flexible Einteilung in Einstieg – Erarbeitung – Ergebnissicherung an. Im Verlauf und in der jeweiligen sozialen Rahmung des Lernprozesses werden bestimmte unterrichtstypische Tätigkeiten ausgeführt, sei es von der Lehrkraft, sei es von den Schülerinnen und Schülern. Solche **Handlungsmuster** sind z. B.: Referat, Experiment, Demonstration, Unterrichtsgespräch usw. Durch die Verfestigung dieser Handlungssituationen entstehen methodische Großformen, wie z. B. Lehrgang, Kurs oder Workshop.

Sozialformen	Handlungsmuster	Unterrichtsschritte
Einzelarbeit Partnerarbeit Gruppenarbeit Plenumsarbeit/ Klassenunterricht	Referat Unterrichtsgespräch Quellenarbeit usw.	Einstieg Erarbeitung Ergebnissicherung

Diese Methoden können im Unterricht von der Lehrkraft exemplarisch demonstriert, von den Schülerinnen und Schülern angewandt und eingeübt sowie gemeinsam reflektiert werden. Dabei werden die Forschungsmethoden weniger eingeübt als reflektiert, während die fachspezifischen Methoden, die gleichsam den Kern des Faches bilden, intensiv eingeübt und immer wieder kritisch reflektiert werden müssen. Demgegenüber bedürfen die Arbeitstechniken weniger der Reflexion, da sie zusehends routinisiert ausgeführt werden sollen.

Methodenreflexion	⇐	„Spontan-Methoden"		*Methodeneinübung*
	(⇐)	Arbeitsmethoden (Arbeitstechniken)	⇒	
	⇐	Forschungsmethoden (der Geschichtswissenschaft)	(⇒)	
	⇐	**Fachspezifische Methoden (im Geschichtsunterricht)**	⇒	
	⇐	Unterrichtsmethoden	⇒	

Methodik des Geschichtsunterrichts

Versteht man die Geschichtsdidaktik in einem weiten Sinn als Wissenschaft vom Geschichtsbewusstsein, also als Theorie und Praxis des historischen Lernens, so sind die Lernwege in verschiedenen Kontexten von Interesse – sei es in der Schule, im Museum oder beim Kinobesuch. Jeder Kontext der Geschichtsvermittlung erfordert mithin eine eigene lernortspezifische bzw. medienspezifische Methodik. Traditionell ist aufgrund der Organisation der Lehrerausbildung und aufgrund der Geschichte der Geschichtsdidaktik das historische Lernen in der Schule von besonderem Interesse. Lange bestand die Geschichtsdidaktik aus der begleitenden Reflexion des Unterrichtprozesses, ohne dass es zu einer universitären Verankerung gekommen wäre. Vor der Neuorientierung seit den 1970er-Jahren bestand sie daher im Wesentlichen aus Geschichtsmethodik, also aus unterrichtsbezogenen grundsätzlichen Reflexionen und unterrichtspraktisch orientierten Handreichungen für den Geschichtsunterricht. Diese lange und durchaus fruchtbare Tradition führte zu eigenständigen Darstellungen einer Methodik des Geschichtsunterrichts, z. B. Hans Ebeling: *Zur Didaktik und Methodik eines kind-, sach-, und zeitgemäßen Geschichtsunterrichts* (1965), Kurt Fina: *Geschichtsmethodik* (1973) oder Hans Glöckel: *Geschichtsunterricht* (1973). Allerdings gerieten diese Bemühungen in der Geschichtsdidaktik in den Hintergrund und erleben erst neuerdings im Zuge der Kompetenzdebatte eine verhaltene Renaissance. Für den Geschichtsunterricht stellt sich die Situation insofern schwierig dar, als er zum einen sich am Vorgehen der Geschichtswissenschaft als Bezugswissenschaft orientiert und zum anderen fachunspezifische Unterrichtsmethoden verwendet. Dabei stellt sich die Frage, ob das historische Lernen ein allgemeines Lernen ist, das sich auf spezifische – also historische – Gegenstände bezieht, oder ob es eine spezifische Form des Lernens ist, das eine eigene Methodik erfordert.

Bernd Schönemanns Bestandsaufnahme

Der Geschichtsdidaktiker Bernd Schönemann (*1954) hat ausgehend von der Situation, dass keine aktuelle Geschichtsmethodik existiert, nach den Gründen gefragt. Dabei kam er zu dem Ergebnis, dass die „wissenschaftspropädeutische Ausrichtung", das „Verhältnis zur *Allgemeindidaktik*" und die „*Veränderung des Lernbegriffes*" von der Geschichtsdidaktik noch nicht hinreichend reflektiert worden seien (Schönemann, Methodik, 115-117; Herv. i. Orig.). Demnach müsse systematisch überlegt werden, wie das seit den 1970er-Jahren propagierte Ziel der Wissenschaftsorientierung praktisch umgesetzt werden könne. Erst dann ließe sich das Verhältnis zwischen Fachdidaktik und Allgemeindidaktik, genauer zwischen allgemeinen und fachspezifischen Unterrichtsmethoden genau bestimmen. Das mit dem Begriff „Konstruktivismus" bezeichnete veränderte Verständnis des Lernens, dass vorgegebenes Wissen nicht einfach übernommen, sondern individuell nach eigenen Regeln angeeignet wird, müsste all diesen Überlegungen zugrunde liegen. Fehlformen des Methodenverständnisses sind nach Schönemann: Der **methodische Opportunismus** orientiert sich an den Gegebenheiten und rechtfertigt alle Entscheidungen mit Sachzwängen, z. B.: „Offene Unterrichtformen sind in einem 45-Minuten-Takt nicht realisierbar." Der **methodische Traditionalismus** beruht auf der Trennung zwischen Didaktik und Methodik und spricht der Lehrkraft die Lizenz zur freien Entscheidung über die Methodik zu, nach dem Motto: „Der Lehrer weiß am besten, welche Methode passt." Das **dogmatische Methodenverständnis** sieht die Lernwege als instrumentell für die Zielerreichung an: „Entscheidend ist, dass die Kinder und Jugendlichen die richtige Einstellung bekommen." Das **animative Methodenverständnis** setzt auf die Selbstorganisation der Schülerinnen und Schüler: „Wenn die Kinder und Jugendlichen die richtigen Anregungen bekommen, lernen sie selbst das Richtige." Abschließend formuliert Schönemann als Postulate an eine künftige Methodik (Schönemann, Methodik, 121ff.):

- „Wir brauchen eine Methodik, die der Wucht der Voraussetzungen und Interdependenzen standhält." Das heißt, dass der historische Lernprozess in seiner Vielfalt reflektiert wird, von den Lernvoraussetzungen der Schülerinnen und Schüler bis zu den Wirkungen, von den Zielen über die Inhalte bis hin zu den Medien sowie den Wechselwirkungen mit den Medien.
- Der Methodik muss mehr Gewicht gegeben werden: „Für die pragmatische Geschichtsdidaktik bedeutet dies, dass sie ein neues Richtziel formuliert – das der Methodenkompetenz." Demnach tritt die Aneignung von fachspezifischen Verfahren neben – oder sogar vor – die inhaltliche Wissensvermittlung.
- Die Methodik muss, da im Sinne des Konstruktivismus der Einzelne seinen inneren Lernprozess selbst organisiert, zwischen den verwendeten Methoden und deren Wirkung unterscheiden. Dazu ist es sinnvoll, die vorliegenden empirischen Untersuchungen auszuwerten.

Günther-Arndts Methodensystem für den Geschichtsunterricht

Nachdem die „alten" Geschichtsmethodiken als nicht mehr zeitgemäß erachtet wurden und nachdem die Anforderungen an eine fachspezifische Methodik, etwa von Bernd Schönemann, neu formuliert wurden, entwarf die Geschichtsdidaktikerin Hilke Günther-Arndt (*1945) „Umrisse einer Geschichtsmethodik" als Rahmen für den einschlägigen Sammelband. Ausgangspunkt ist ein „Methodensystem für den Geschichtsunterricht" (Übersicht: Günther-Arndt/Handro, Geschichts-Methodik, 21). Die Basis stellt das bereits geschilderte Strukturmodell methodischen Handelns von Hilbert Meyer dar: Sozialformen, Unterrichtsschritte, Handlungsmuster. Diese interpretiert Günther-Arndt nun fachspezifisch als „Lehr-Lernformen in Kompetenzfeldern" und unterscheidet vier Formen: historisches Wissen finden – historische Medien interpretieren – historisches Wissen kommunizieren – historisches Wissen darstellen und präsentieren, wobei die letzten beiden deutliche Überschneidungen aufweisen. Der Kern des historischen Lernens in der Schule besteht für sie dann im Zusammenspiel von „historischen Erkenntnisverfahren", die die fachwissenschaftliche Matrix beschreiben (historische Methode, historisches Verstehen und Erklären), von „thematischen Strukturierungskonzepten", die die Lerngegenstände konstituieren (Längsschnitt, Querschnitt usw.), und „unterrichtsmethodischen Strukturierungen", wobei sie idealtypisch zwischen „problemorientiert" (bezogen auf die Inhalte) und „handlungsorientiert" (bezogen auf die Lernmethoden) unterscheidet. Im Unterricht selbst sind dann situativ gewählte „Inszenierungstechniken" (Zeigen, Vormachen, Beschreiben usw.) sowie feste „Unterrichtstechniken" (Struktur-Lege-Technik, Lernspiele usw.) beobachtbar. Auch hier sind Überschneidungen feststellbar. Diesen Elementen konkreten Unterrichts sind übergreifende „Lehr-Lernkonzepte" übergeordnet. Gemeint sind damit Unterrichtskonzepte, die, wie beschrieben, als „Gesamtorientierungen methodischen Handelns" zu verstehen sind. Für den Geschichtsunterricht identifiziert Günther-Arndt nun vier solcher „Lehr-Lernkonzepte" (Günther-Arndt/Handro, Geschichts-Methodik, 84, mit anschließender ausführlicher Erläuterung):

- „Erarbeitender Geschichtsunterricht" ist überwiegend als Klassenunterricht organisiert, in dem die Lehrkraft den gesamten Unterrichtsprozess steuert.
- „Aufgabenzentrierter Geschichtsunterricht" ist stärker individualisiert. Hier erarbeiten sich die Schülerinnen und Schüler ihre Erkenntnisse mit Hilfe von Arbeits-Aufträgen.
- „Projektförmiger Unterricht" ist kooperatives, selbst organisiertes Lernen; die Steuerung durch die Lehrperson tritt bei diesem Typus in den Hintergrund.
- „Erkundender Geschichtsunterricht" weist als „Hauptmerkmale" zum einen „das zwingend notwendige Hinausgehen aus der Schule" und zum anderen „originale Quellen als Medien historischen Lernens" auf.

Insgesamt legt Günther-Arndt damit in der Tat die Umrisse einer Geschichtsmethodik fest, in der verschiedene fachspezifisch bedeutsame und unterrichtsrelevante Aspekte vereinigt werden.

Konkreter ist die Auflistung von Vadim Oswalt (*1957), der „Problemtyp", „Ereignistyp", „Strukturtyp", „Prozesstyp", „Kontexttyp", „Profilierungstyp" und „Methodentyp" unterscheidet (Oswalt, Planung, 23-46).

Von Methoden zu Lernarrangements

Allerdings ist zu fragen, ob solche übergreifenden idealtypisch konzipierten Konzepte den konkreten Unterrichtsverlauf tatsächlich entscheidend prägen oder ob nicht Elemente aus verschiedenen Konzepten mehr oder weniger gleichberechtigt in Unterrichtseinheiten, ja in Unterrichtsstunden nebeneinander stehen können: So kann ein kurzer Lehrervortrag in eine Arbeitsphase mit arbeitsteilig zu erledigenden Aufgaben einführen. Insofern scheint es überlegenswert, ausgehend von den Spezifika des historischen Lernens einzelne variabel einsetzbare Typen von Lernarrangements zu identifizieren, die für einzelne Unterrichtsphasen, ganze Unterrichtsstunden oder gar Unterrichtseinheiten prägend sind.

- **Thematische Einführung**: Hier geht es um die Heranführung an einen neuen Lerngegenstand, meist um die Vorgabe bzw. Entwicklung einer Fragestellung oder die Formulierung einer Hypothese.
- **Wissenserwerb**: Hier werden neue Erkenntnisse zu Ereignissen (Ausbruch des Ersten Weltkriegs), Strukturen (Verfassung des Kaiserreichs) und Prozessen (Industrialisierung) gewonnen. Dies kann auf vielfältige Weise geschehen: als Schülerreferat, als Lehrervortrag, als Quellenanalyse.
- **Methodeneinführung**: Wie komme ich zu belastbaren Ergebnissen? lautet die zentrale Frage. Die Klärung von Begriffen wie Quelle oder Darstellung gehört ebenso dazu wie das Bewusstsein der Bruchstückhaftigkeit der Überlieferung oder die geschichtstheoretische Reflexion der Belastbarkeit der gewonnenen Erkenntnisse.
- **Medienanalyse**: Ein zentrales Medium wird beispielhaft analysiert, etwa eine Karikatur zu Napoleon oder ein Zeitungsartikel zu einem historischen Jubiläum. Auch hier erfolgt ein Wissenserwerb; der Fokus liegt jedoch auf dem auf andere vergleichbare Medien übertragbaren Prozess der Analyse.
- **Quellenkunde**: Eine zentrale Gattung, z. B. eine mittelalterliche Urkunde, wird vorgestellt.
- **Übung**: Bestimmte bereits eingeführte Arbeitsschritte werden mit dem Ziel der Festigung wiederholt.
- **Zusammenfassung**: Nach einem längeren Lernprozess werden die zentralen Ergebnisse fixiert. Dies kann die Aufzählung der Faktoren sein, die zum Untergang der Weimarer Republik geführt haben.

- **Wiederholung**: Das bereits Gelernte wird mit dem Ziel der Nachhaltigkeit rekapituliert.
- **Reflexion der Arbeitsergebnisse:** Dies ist eng verknüpft mit der Zusammenfassung, da komplexe Zusammenhänge nicht nur als Tatsachen festgestellt werden können, sondern auch reflektiert werden müssen. Die Diskussion von Sach- und Werturteilen spielt hier eine wichtige Rolle, aber auch die Thematisierung des Gegenwartsbezugs.
- **Planung und Reflexion des Arbeitsprozesses:** Hier steht die vorausschauende bzw. rückblickende Vergewisserung über das gewählte Vorgehen im Mittelpunkt: Wo können wir Informationen finden? War die ausgewertete Ressource ergiebig?

Der real stattfindende Unterricht ist hochkomplex und besteht angesichts der Vielzahl der Beteiligten aus einer Vielzahl von subjektiv wahrgenommenen Einzelsituationen. Auch wenn etwa die gesamte Lerngruppe einem Schülerreferat zuhört, handelt es sich zwar um ein von außen wahrnehmbares identisches Verhalten, dessen innere Seite jedoch erheblich voneinander abweichen kann. Insofern können solche Lernarrangements nur Angebote sein, die von den Schülerinnen und Schülern individuell genutzt werden: Je besser das Angebot ist, desto höher ist die Chance einer sinnvollen Nutzung.

Gilt die Methodenkompetenz als eigenständiges Anliegen des Geschichtsunterrichts, dann wird die Methodeneinübung und Methodenreflexion selbst zum Ziel historischen Lernens. Gegenüber Inhalten verhalten sich Methoden nicht eindeutig, da sie auf verschiedene Weise vermittelt bzw. angeeignet werden können. Bedeutsamer ist, dass Methoden oft an Medien gebunden sind, da sie bestimmte Erschließungsverfahren erfordern. Insofern hängt das gewählte Lehr-Lern-Verfahren in hohem Maße von den verwendeten Materialien ab. Daher kann eine Methodik des Geschichtsunterrichts am wenigsten von den Medien absehen. So werden in den folgenden Kapiteln, in denen es um die Medien des historischen Lernens geht, immer wieder methodische Fragen begegnen.

Probleme und Perspektiven

(1) Diskutieren Sie, ob historisches Lernen nur die fachspezifische Ausprägung allgemeinen Lernens ist oder ob es sich um eine spezifische Form des Lernens handelt.
(2) Erörtern Sie die kritische Bestandsaufnahme von Bernd Schönemann.
(3) Erläutern Sie die Lehr-Lern-Konzepte Günther-Arndts anhand von Beispielen.

Literaturhinweise

Günther-Arndt, Hilke: Umrisse einer Geschichtsmethodik, in: Günther-Arndt/ Handro, Geschichts-Methodik, S. 9-23 (*aktuell die relevante Geschichtsmethodik aus geschichtsdidaktischer Sicht; die „Umrisse" werden im Buch dann von verschiedenen Autoren näher entfaltet*)

Mattes, Wolfgang: Methoden für den Unterricht. Kompakte Übersichten für Lehrende und Lernende, Paderborn 2011 (*informative Zusammenstellung gängiger Methoden*)

Meyer, Hilbert: Unterrichtsmethoden, 2 Bde., Bd. 1, 15. Aufl., Berlin 2013, Bd. 2, 14. Aufl., Berlin 2011 (*breiter Überblick über Fragen der Unterrichtsmethodik allgemein*)

Oswalt, Vadim: Planung von Unterrichtseinheiten. Wie man Geschichte (an)ordnen kann, Schwalbach (Ts.) 2016 (*knapper Aufriss*)

Peters, Jelko: Methodenlexikon für den Geschichtsunterricht. 128 Anregungen und Vorschläge zur Gestaltung des historischen Lernens und Entwicklung von Lernaufgaben, St. Ingbert 2016 (*umfangreiche Zusammenstellung fachspezifischer Methoden*)

Peterßen, Wilhelm H.: Kleines Methoden-Lexikon, 2. Aufl., München 2001 (*Überblick über die gängigen Unterrichtsmethoden*)

Schönemann, Bernd: Warum gibt es (noch) keine „Methodik des Geschichtsunterrichts"?, in: Pandel, Hans-Jürgen/Schneider, Gerhard: Wie weiter? Zur Zukunft des Geschichtsunterrichts, Schwalbach (Ts.) 2001, S. 113-124 (*anregende Bestandsaufnahme*)

Terhart, Ewald: Lehr-Lern-Methoden. Eine Einführung in Probleme der methodischen Organisation von Lehren und Lernen, 4. Aufl., München 2005 (*anregender, problemorientierter Überblick*)

Medien historischen Lernens

Mit dem ebenso umfassenden wie vieldeutigen Begriff „Medien" ist ein weites Feld bezeichnet, das für die Vermittlungsprozesse im Unterricht zentral ist. Ohne Medien gibt es keine Kommunikation. Im Folgenden sollen der Begriff selbst reflektiert und mögliche Einteilungen erörtert werden, bevor dann in den nachfolgenden Kapiteln die einzelnen Medien vorgestellt werden.

Was heißt „Medium"?

Kaum ein Begriff ist so vieldeutig wie der des Mediums bzw. der Medien. Eine gängige Definition lautet:

> „Ein Medium ist ein institutionalisiertes System um einen organisierten Kommunikationskanal von spezifischem Leistungsvermögen mit gesellschaftlicher Dominanz. [...] Medien sind komplexe, etablierte Vermittlungseinrichtungen, die Kommunikation organisieren und regulieren, sie nach unterschiedlichen Gesetzmäßigkeiten und konkreten Sinnvorgaben beeinflussen und permanenter Veränderung unterliegen, also entstehen, sich verändern und auch wieder verschwinden" (Faulstich, Mediengeschichte, 8).

Zentral ist dabei Folgendes:

- **Kommunikation.** Ein Medium stellt den Kontakt zwischen Kommunikationspartnern her („Vermittlungseinrichtungen"), technisch gesprochen zwischen Sender und Empfänger. So ist ein Feuer für sich noch kein Medium, kann jedoch in bestimmten Situationen, wenn etwa am Limes zwischen den Wachtposten auf diese Weise „Alarm geschlagen" wurde, dazu werden.
- **Technik.** Jede Übermittlung erfordert einen Übertragungsweg (Kommunikationskanal), seien es die Schallwellen bei der mündlichen Kommunikation, seien es die Elektronen im Glasfaserkabel.
- **Botschaft.** Neben den technischen Grundlagen ist jedes Medium an eine inhaltliche Mitteilung gebunden („Kommunikation organisieren und regulieren"). Diese kann wie beim Alarmfeuer eindeutig und unverwechselbar sein, während andere Medien eine Vielzahl verschiedenartiger Arten von Botschaften zulassen.
- **Prozess.** Medien stellen nicht nur Kommunikation her, sondern strukturieren diese: „Das Medium ist die Botschaft" lautet ein berühmter Satz des kanadischen Medientheoretikers Marshall McLuhan (1911-1980), der damit zum Ausdruck bringt, dass es nicht die Botschaft an sich gibt, sondern dass sie sich je nach medialem Kontext ändert.

- **Regelmäßigkeit.** Ein Medium kann nur dann zur Informationsübermittlung genutzt werden, wenn es etabliert und verbreitet ist („institutionalisiertes System“). Es muss vielen zur Verfügung stehen und es müssen sich Regeln bei der Benutzung herausgebildet haben.
- **Gesellschaftlichkeit.** Das Medium muss nicht nur eingeführt, sondern auf ganz spezifische Weise in die soziale Ordnung eingefügt sein („gesellschaftliche Dominanz“). Auch wenn es nur von Teilen einer Gesellschaft genutzt wird, entwickeln sich doch ganz bestimmte soziale Praktiken im Zusammenhang mit einem Medium. Die Einführung des Fernsehens hatte etwa Einfluss auf das Familienleben.
- **Wandel.** Ein Blick in die Geschichte zeigt, dass immer wieder neue Medien wie etwa die Schrift oder das Telefon entstanden sind („permanente Veränderung“), so dass sich sowohl eine eigene Mediengeschichte als auch eine Geschichte einzelner Medien schreiben lässt.

Angesichts des Aufkommens digitaler Medien gerät dieser Medienbegriff an seine Grenzen. So finden sich hybride Formen, die verschiedene bislang getrennte Medien vereinen; und es verschieben sich die getrennten Rollen von Sender und Empfänger hin zu einem Zusammenwirken aufeinander bezogener Beteiligter.

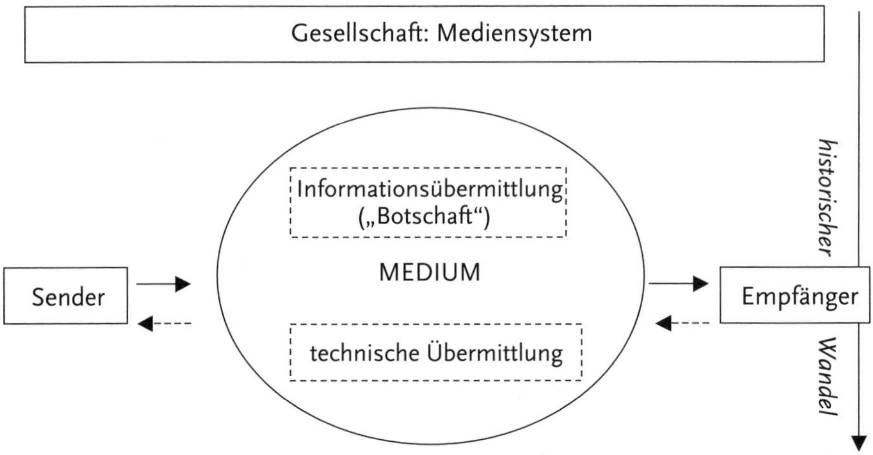

Abb. 23: Medium und Kommunikation

Medienarten im Geschichtsunterricht

Eine erste wichtige Unterscheidung betrifft die Abgrenzung von Quellen und Medien, da im Unterricht eine Vielzahl von Medien eingesetzt wird, die nicht alle Quellen sind:

> „Medium und Quelle sind in der Didaktik der Geschichte Begriffe von koexistensiver Bedeutung. Oft werden sie – fälschlicherweise – synonym verwendet. Medium ist der breitere Begriff, der alles enthält, was primäre oder sekundäre Aussagen über Geschichte beinhaltet. Der Kulturteil der örtlichen Tageszeitung ist ebenso ein Medium des Lernens wie das Schulbuch. Beide Medien sind deswegen noch keine Quellen. [...] Quellen sind dagegen solche Medien, die in der Vergangenheit entstanden sind und uns heute vorliegen. Ihr Kennzeichen ist eine signifikante zeitliche Differenz zwischen ihrer Entstehungszeit und der gegenwärtigen Nutzung. Jede Quelle ist ein Medium historischen Lernens, aber nicht jedes Medium ist darum schon eine Quelle" (Pandel/Schneider, Handbuch Medien, 7f.).

Eine weitergehende Differenzierung schlägt der Geschichtsdidaktiker Horst Gies (*1938) vor:

> „Medien sind Informationsträger und Kommunikationsmittel, ohne die Lehr- und Lernprozesse nicht durchgeführt werden können. Personale Medien, ohne die Verständigung und Kommunikation nicht möglich wären, sind Sprache, Stimme, Mimik und Gestik. Objekthafte Medien, die Erkenntnis-, Denk- oder Kommunikationsprozesse auslösen, sind alle materiellen und nichtmateriellen ‚Gegenstände', mit denen ein Sinneskontakt hergestellt werden kann: ein Faustkeil, den man anfassen kann; Bilder, die man sehen kann; eine Rede, die man hören kann. [...] Medien können Inhalte zum Zwecke der unterrichtlichen Vermittlung vergegenwärtigen. Dann sind sie Unterrichtsmittel [...]. Als Unterrichtsmittel verwendet, sind sie immer zielgerichtet ausgewählt, didaktisch aufbereitet und zweckentsprechend eingesetzt" (Gies, Medien, 98f.).

Gies unterscheidet also personale und objekthafte Medien, wobei es einmal um direkte Unterrichtskommunikation und einmal um die Beschäftigung mit einem in Medien präsenten Sachverhalt geht. Letztere nennt Gies, sofern sie im Unterricht eingesetzt werden, Unterrichtsmittel; hier unterscheidet er Lehrmittel, die die Lehrkraft einsetzt, und Lehrsysteme, die die Anwesenheit der Lehrkraft tendenziell überflüssig machen, sowie Lernmaterialien, mit denen die Schülerinnen und Schülern arbeiten.

Diese Unterscheidung erscheint aber nicht trennscharf, sind doch viele Lehrmittel, wie z. B. eine Wandkarte, zugleich Lernmaterialien, wenn die Schülerinnen und Schüler darauf etwas zeigen. Auch kann ein Schülerreferat, wenngleich personales Medium, zum objekthaften werden, wenn dessen Inhalt verhandelt wird. Insofern erscheint es sinnvoller, von einem weiten Medienbegriff auszugehen, verschiedene Medienarten zu unterscheiden und zu charakterisieren. Das Lernpotential zeigt sich dann im konkreten Lernarrangement.

Bei der Einteilung der Medien gibt es eine Reihe von Vorschlägen, von denen einige beispielhaft herausgegriffen werden. Michael Sauer (*1955) unterscheidet im Anschluss an die Geschichtswissenschaft grundsätzlich Quellen von Darstellungen, während Hans-Jürgen Pandel Medien auf „geschichtsdidaktische Präsentationsformen" eingrenzt. Damit schließt er für den Unterricht wichtige Medien wie Unterrichtsgespräch oder Tafeldarstellung aus. Jene gliedert er zum einen nach den Authentizitätsgraden und zum anderen nach der Materialität des Mediums, der Sinnesmodalität. Im Hinblick auf die Authentizitätsgrade spricht er von

- referierter Geschichte, wie sie in Quellen vorkommt (Authentizität),
- forschender Geschichte, wie sie in wissenschaftlichen Darstellungen (Empirie), aber auch in Zeitungsartikeln (Aktualität) zu finden ist, und
- imaginierter Geschichte, wie sie in fiktiven Werken (Imagination) auftritt.

Im Hinblick auf die Sinnesmodalität unterscheidet er folgende Gattungen:

- sprachlich, mit den Untergruppen schriftlich und akustisch,
- visuell, mit den Untergruppen bildlich und filmisch,
- sachlich und
- simulativ.

Daraus ergibt sich eine Matrix mit 23 Gattungen (Übersicht: Pandel, Geschichtsdidaktik, 280). In Erweiterung dieser Übersicht lassen sich weitere für das historische Lernen relevante Medien berücksichtigen. Zu der für das Fach konstitutiven Unterscheidung von Quellen und Darstellungen treten die Unterrichtsmedien hinzu, die für den Unterricht, aber nur für ihn, eine große Rolle spielen. Da Medien nur dann Medien sind, wenn sie in einen Kommunikationsprozess eingebunden sind, bietet es sich an, sie nach der wahrnehmbaren Beschaffenheit, wie sie für die Kommunikation relevant wird, einzuteilen. Von den fünf Sinnen spielen dabei im Rahmen des Lernprozesses Sehen (Schrift und Bild) und Hören (Musik, Geräusche, gesprochene und gesungene Sprache) gegenüber dem Fühlen, Schmecken und Riechen eine bedeutendere Rolle. Auch wenn es eine Vielzahl von Überschneidungen gibt, ist die folgende Differenzierung, die sich an der dominierenden Sinnesqualität orientiert, hilfreich:

- **Mündlichkeit/Hörbarkeit** (Oralität, Akustizität)
- **Schriftlichkeit** (Literalität)
- **Bildlichkeit** (Visualität)
- **Gegenständlichkeit** (Objekthaftigkeit)
- **Körperlichkeit** (Sensualität, Aktivität)
- **Digitalität/Virtualität.**

So wird Gegenständlichkeit z. B. sinnlich, insbesondere visuell und taktil, erfahren und müsste daher der Körperlichkeit zugeordnet werden, doch bietet sich eine gesonderte Betrachtung aufgrund der traditionellen Unterscheidung der Quellengattungen in der Geschichtswissenschaft an. Insofern beansprucht diese Unterscheidung keine stringente Systematik, die allenfalls dann, aber auch nicht durchgängig, möglich wäre, wenn ausschließlich auf die jeweilige Sinnesqualität zurückgegriffen würde. Die Orientierung an der geschichtswissenschaftlichen Einteilung von Quellen und Darstellung sowie der Unterscheidung klassischer Quellengattungen zum einen, die Berücksichtigung der für den Lernprozess relevanten Sinnesmodalitäten zum zweiten und die Einbeziehung spezifischer Unterrichtsmedien zum dritten ergeben diese heuristische Einteilung. Hinzu kommt als neuartiges Medium, das verschiedene bisherige Medien neu verbindet, die **Virtualität**. Auf diese Weise kann der dominante Kommunikationskanal der Quelle bzw. Darstellung einerseits und des Lernarrangements (Unterrichtsmedium) andererseits bestimmt werden.

		Mündlichkeit/ Hörbarkeit ***Oralität/ Akustizität***	**Schriftlichkeit** ***Literalität***	**Bildlichkeit** ***Visualität***	**Gegenständlichkeit** ***Objekthaftigkeit***	**Körperlichkeit** ***Aktivität, Sensualität***
Quellen		Lieder Zeitzeugenberichte	Textquellen aller Art	Bildquellen aller Art	Sachquellen	[Zeremonien]
Darstellungen	**dokumentarisch/ authentisch**	Vorträge	Sachbuch	Infografik	Modell	Reenactment
	imaginativ	Oper	Historienroman	Historienmalerei	Plastik	Historiendrama
Unterrichtsmedien		Lehrervortrag Unterrichtsgespräch	Arbeitsblatt	Tafeldarstellung	Modell	Szenisches Spiel
			Digitalität/ Virtualität			

Abb. 24: Medien im Geschichtsunterricht

Doch stellt sich die Frage, was mit der Vielzahl von Medien im Unterricht geschehen soll. Zum einen sind diese Medien für den Lernprozess grundlegend. An und mit ihnen soll historisch gelernt werden. Dies kann auf verschiedene Weise geschehen. Grundsätzlich sind die folgenden Verfahren auf alle Medien anwendbar, nicht nur für Quellen und Darstellungen, sondern auch auf die speziell für den Unterricht gedachten Medien:

- **Klärung eines historischen Sachverhalts**: Das klassische, an der Geschichtswissenschaft orientierte Verfahren ist die Quellenanalyse, auf deren Grundlage eine historische Frage beantwortet wird. Es kann sich aber auch um eine wissenschaftliche Darstellung, einen Lehrervortrag oder ein Schülerreferat handeln. Der Fokus liegt also auf dem Ergebnis des Arbeitsprozesses; das Medium ist Mittel zum Zweck und tritt in seiner Eigenart zurück.
- **Kennenlernen einer Mediengattung**: Hier kommt es vornehmlich nicht auf den Erwerb neuer inhaltlicher Kenntnisse über historische Sachverhalte an, sondern vielmehr darauf, dass die Schülerinnen und Schüler einen bestimmten Typ von Medium, z. B. Karikaturen, kennenlernen. Nicht das einzelne Medium, sondern die Merkmale der Gattung stehen im Mittelpunkt. Dazu gehört auch die

- **Auswertung eines Mediums**: Der Ausgangspunkt ist hier nicht die auf einen Sachverhalt bezogene Frage, sondern das ausgewählte Medium selbst, das unter Berücksichtigung der Gattungsbesonderheiten untersucht wird, wobei deutlich wird, dass verschiedene Fragestellungen relevant sein können. Dazu gehört insbesondere die Einübung eines methodisch geleiteten Vorgehens.
- **Reflexion eines Mediums/einer Mediengattung**: Mit dem Kennenlernen einer Mediengattung bzw. der Auswertung eines konkreten Mediums kann die Überprüfung des Aussagewerts kombiniert werden: Wie verlässlich sind die Informationen? Wie repräsentativ ist die Sichtweise?
- **Überblick über die Geschichte der Medien und die Mediengeschichte**: Nicht nur, dass es Zeitungen gibt, sondern auch, wie sie entstanden sind und welche Wandlungen die Gattung erfahren hat, kann im Unterricht thematisiert werden. Betrachtet man die zu einem bestimmten Zeitpunkt zur Verfügung stehenden Medien im Zusammenhang, wird das epochale Mediensystem deutlich. Da solche Fragen in anderen Fächern nur ansatzweise thematisiert werden, sind die Geschichte einzelner Medien und die Mediengeschichte ein genuiner Gegenstand historischen Lernens.

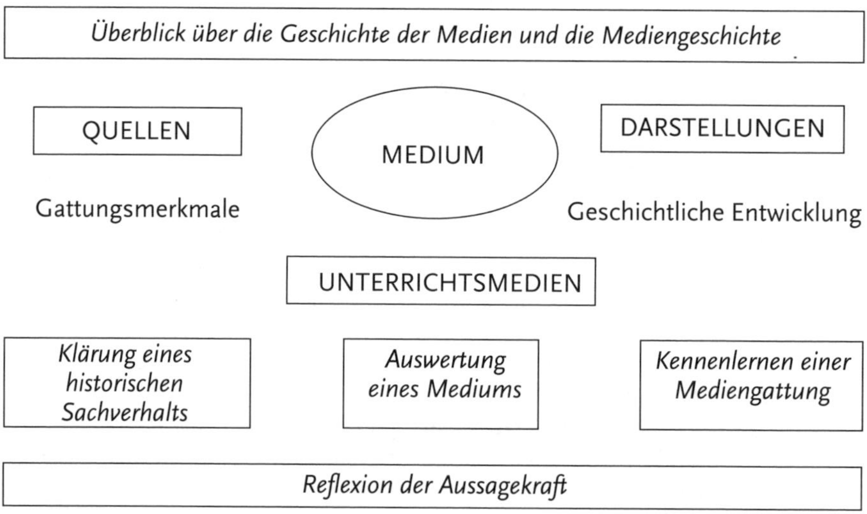

Abb. 25: Medien im Geschichtsunterricht

Probleme und Perspektiven

(1) Sammeln Sie verschiedene Definitionen des Begriffes „Medien" und vergleichen Sie diese miteinander.

(2) Stellen Sie einschlägige Begriffe wie Unterrichtsmittel, Lehrmittel, Lernmittel, Unterrichtsmaterialien, Unterrichtsmedien usw. zusammen und versuchen Sie diese zu definieren bzw. voneinander abzugrenzen.
(3) Ordnen Sie im Unterricht verwendete Medien in die obige Übersicht ein und überprüfen Sie dabei die Triftigkeit.
(4) Stellen Sie anhand konkreter Beispiele dar, wie die Verfahren umgesetzt werden können.

Literaturhinweise

Faulstich, Werner: Mediengeschichte von den Anfängen bis 1700, Göttingen 2006; Mediengeschichte von 1700 bis ins 2. Jahrtausend, Göttingen 2006 (*kompakter Überblick*)

Gies, Horst: Medien – Quellen – Unterrichtsmittel. Eine geschichtsdidaktische Begriffsklärung, in: ders.: Geschichte – Geschichtslehrer – Geschichtsunterricht. Studien zum historischen Lernen in der Schule, Weinheim 1998, S. 97-108 (*problemorientierter Aufriss*)

Günther-Arndt, Hilke: Ein neuer geschichtsdidaktischer Medienbegriff angesichts des digitalen Wandels?, in: Pallaske, Christoph (Hg.): Medien machen Geschichte. Neue Anforderungen an den geschichtsdidaktischen Medienbegriff im digitalen Wandel. Berlin 2015, S. 17-36 (*konzise Zusammenfassung der geschichtsdidaktischen Mediendiskussion*)

Pallaske, Christoph: Sprachverwirrung. Was ist ein geschichtsdidaktisches Medium?, in: Public History Weekly 2 (2014) 25 [DOI: dx.doi.org/10.1515/phw-2014-2311] – http://public-history-weekly.oldenbourg-verlag.de/2-2014-25/sprachverwirrung-ist-ein-geschichtsdidaktisches-medium/ (*anregende Überlegungen – mit anschließender Diskussion*)

Pallaske, Christoph (Hg.): Medien machen Geschichte. Überlegungen zu Medienbegriffen des Geschichtslernens. Neue Anforderungen an den geschichtsdidaktischen Medienbegriff im digitalen Wandel, Berlin 2015 (*differenzierte Reflexionen des Begriffs „Medium" in verschiedenen Kontexten*)

Schwabe, Astrid: Ein Blick über den disziplinären Tellerrand. Über die Potenziale eines kommunikationswissenschaftlichen Medienverständnisses für die geschichtsdidaktische Mediendiskussion im digitalen Wandel, in: Pallaske, Christoph (Hg.): Medien machen Geschichte. Neue Anforderungen an den geschichtsdidaktischen Medienbegriff im digitalen Wandel. Berlin 2015, S. 37-51 (*instruktive Überlegungen*)

Medien historischen Lernens: Mündlichkeit und Hörbarkeit

Im Rahmen der Medien des historischen Lernens kommt der Mündlichkeit eine besondere Rolle zu, da sie als Unterrichtskommunikation die Basis des Geschichtsunterrichts darstellt. Eine besondere Spielart ist dabei der bilinguale Unterricht. Aber auch die mündliche Überlieferung und der Sonderfall der *Oral History* stellen Quellengattungen eigener Art dar, die in ihrer Spezifik erfasst werden müssen. Hinzu kommen Geräusche, Klänge und Töne, die akustisch wahrgenommen werden.

Mündliche Überlieferung und *Oral History*

Die mündliche Weitergabe von Erinnerungen ist ein **Alltagsphänomen**, mit dem die Kinder schon früh in Kontakt kommen: Die Vergegenwärtigung wichtiger Ereignisse wie Kindergeburtstage oder die Einschulung, die Erzählungen der Eltern und Großeltern aus ihrer Vergangenheit sind wichtige Bestandteile des Familienlebens. Diese persönlichen Erlebnisse werden mitunter fotografisch dokumentiert, seltener schriftlich fixiert, verblassen mit der Zeit und verschwinden oft mit den Trägern der Erinnerungen. In der Bezeichnung des **kommunikativen Gedächtnisses** werden diese Vorgänge begrifflich gebündelt und vom kulturellen Gedächtnis abgegrenzt, das die Erinnerung an bestimmte Ereignisse dauerhaft institutionalisiert, indem Inschriften verfasst, Denkmäler errichtet und Gedenkveranstaltungen durchgeführt werden. Im Lauf der Zeit entscheidet sich, ob die Erinnerung erhalten bleibt, mithin das kommunikative in das kulturelle Gedächtnis übergeht. Geschieht dies nicht, verblassen die Erinnerungen von Generation zu Generation und verschwinden schließlich ganz. 30 bis 40 Jahre sind somit der entscheidende Zeitraum für diese Prozesse.

Gleichwohl spielt das Verhältnis von **Mündlichkeit und Schriftlichkeit** eine nicht unerhebliche Rolle, sind doch bestimmte heute schriftlich vorliegende Quellen mündlich entstanden und erst nachträglich verschriftlicht worden. Die gilt für die Bibel ebenso wie für den großen Bereich einschlägiger Dichtungen von Homers Epen bis hin zu später gesammelten Sagen und Märchen. Dies zeigt: Mündlichkeit war für viele Epochen und in vielen Bereichen geschichtlichen Lebens das zentrale Medium. Somit ist die mündliche Überlieferung heute nur noch dann greifbar, wenn sie schriftlich fixiert wurde. Allerdings ermöglicht es eine kritische Analyse, die Bedeutung von Mündlichkeit in vergangenen Zeiten zu rekonstruieren. So finden sich etwa in Flugschriften der Reformationszeit immer wieder Hinweise auf spezifische Kommunikationsformen. Wenn die Rede davon ist, dass man zum „Lesen hören“ gehe, zeigt dies, dass vieles verbreitet wurde, indem des Lesens

Kundige aus einschlägigen Schriften vorlasen; und die spezifische Form des Dialogs lässt darauf schließen, dass der alltägliche Meinungsaustausch in solchen Druckwerken bewusst imitiert wurde. Dies bietet unterrichtsmethodisch interessante Ansätze, da solche Texte rekontextualisiert, also in ihren ursprünglichen mündlichen Kommunikationszusammenhang zurückversetzt werden können.

Die mündliche Überlieferung speist sich aus vielfältigen Quellen: aus der Weitergabe unmittelbaren Erlebens, aus der zeitgenössischen Wahrnehmung, aus der Weitergabe von vergangenen Erzählungen, aus der Wiedergabe von eigenen und fremden Deutungen u.v.m. Daher ist es hilfreich und sinnvoll, verschiedene **Formen von Zeugenschaft** zu unterscheiden. Die Anglistin und Kulturwissenschaftlerin Aleida Assmann (*1947) unterscheidet vier Formen von Zeugenschaft: Der **Glaubenszeuge**, der für seine religiösen Überzeugungen im Extremfall mit seinem Leben eintritt. Der **juristische Zeuge**, der als Augenzeuge ein Ereignis miterlebt hat und vor Gericht dessen Hergang bezeugt. Der **moralische Zeuge**, der ethische Herausforderungen mit Würde bestanden, mithin richtig gehandelt hat. Der **Zeitzeuge**, der – besonders im Hinblick auf die Geschichte des Nationalsozialismus – Augenzeugenschaft und moralische Zeugenschaft verbindet (Assmann, Grundtypen). Für historisches Lernen ist der erste – der Glaubenszeuge – zwar als Phänomen für die Geschichte der Frömmigkeit, aber nicht als mündliche Quelle von Interesse. Darauf aufbauend lässt sich im Hinblick auf das historische Lernen unterscheiden (Henke-Bockschatz, Oral History, 17ff.):

- Der **Tat- oder Augenzeuge** hat ein bestimmtes Ereignis unmittelbar erlebt und kann aus erster Hand davon berichten. Wenn dies im Rahmen eines Ermittlungs- bzw. Gerichtsverfahrens geschieht, wird er zum **juristischen Zeugen**. Er trägt mit seiner Aussage zur Aufklärung von Verbrechen und ggf. zur Verurteilung bei. Die mündliche Aussage wird dabei protokolliert und ist in den entsprechenden Akten schriftlich verfügbar. Die polizeiliche Erfahrung lehrt allerdings, dass die Aussagen nicht immer verlässlich sind und deutlich voneinander abweichen können.
- Der **Zeitgenosse** hat ein bestimmtes Ereignis zeitgleich, aber nur medial vermittelt – etwa durch die aktuelle Berichterstattung oder aus Erzählungen – erlebt. Er kann aber über die damaligen Lebensumstände, über die „Stimmung der Zeit“ anhand persönlicher Erlebnisse Auskunft geben, wobei zu fragen ist, inwieweit seine individuellen Wahrnehmungen allgemeingültig sind. Mitunter werden die Begriffe Zeitgenosse und Zeitzeuge synonym verwendet.
- Der **Zeitzeuge** im engeren Sinne ist laut Assmann Augenzeuge und moralischer Zeuge zugleich, da er einerseits ein bestimmtes Geschehen durch sein persönliches Erlebnis beglaubigt, andererseits aber als Opfer von seiner Unschuld, seinem richtigen Verhalten, ja seinem Heroismus Zeugnis ablegt. Diese spezifische Ausprägung hat sich im Zuge der Auseinandersetzung mit der nationalsozialistischen Vergangenheit entwickelt, als insbesondere Überlebende der Konzentrationslager befragt wurden, damit ihre persönlichen Aussagen einen Beitrag zur politischen Bildung von Jugendlichen bzw. medial vermittelt zur Aufklärung der Öffentlichkeit leisten. Inzwischen sind Aussagen von Zeitzeugen ein integraler Bestandteil von zeithistorischen TV-Dokumentationen.

Diese Unterscheidung ist für die Einschätzung des Quellenwerts der jeweiligen Aussagen großer Bedeutung. So kann der Augenzeuge zunächst mehr Glaubwürdigkeit beanspruchen als der Zeitgenosse.

Der systematischen Erschließung von mündlichen Quellen widmet sich die ***Oral History***, die sich, ausgehend von den USA, als wissenschaftliche Methode im 20. Jahrhundert etablierte.

„Mit Oral History – wörtlich übersetzt: mündlicher Geschichte – ist ein Vorgehen innerhalb der Geschichtswissenschaft bezeichnet, bei dem Erinnerungsinterviews mit ‚Zeitzeugen' als historische Quelle dienen. Der Begriff bezieht sich einerseits auf die Produktion dieser Quelle selbst, also das Interview, zum anderen ihre Aufbereitung und Archivierung[,] und schließlich die Auswertung dieser Quellen für historische Fragestellungen" (Wierling, Oral History, 81).

Der Begriff *Oral History* ist inzwischen geläufig und wird gegenüber den entsprechenden Übersetzungen wie „mündliche Geschichte", „mündlich erfragte Geschichte", „Zeitzeugenbefragung" usw. bevorzugt, zumal er den Vorteil hat, den Gesamtprozess sowie vielfältige Formen der Erfassung solcher mündlichen Aussagen zusammenzufassen. Denn nicht immer sind die zur Verfügung stehenden Daten systematisch erhoben; es ist auch möglich, in anderen Zusammenhängen entstandene Aussagen – etwa spontan angefertigte Tonaufzeichnungen – zu analysieren. Die *Oral History* als wissenschaftliche Methode hat ihre Wurzeln zum einen in der Befragung von politischen Entscheidungsträgern, um den schriftlich oft nicht oder nur unvollständig dokumentierten Entscheidungsprozess sowie die damit verbundenen persönlichen Motive zu erschließen. Zum anderen richtet sich das Interesse auf schriftlose Kulturen bzw. soziale Gruppen, die ihre Erfahrungen nicht schriftlich dokumentieren, also geschichtlich stumme Gruppen, denen so eine Stimme gegeben werden soll. *Oral History* ist in dieser Perspektive eng verbunden mit dem Anspruch, eine „Geschichte von unten" zu schreiben.

Idealtypisch vollzieht sich ein **wissenschaftliches Forschungsprojekt** in folgenden Schritten:

a) Festlegung des Untersuchungsgegenstands und Formulierung der Fragestellung
b) Planung der Befragung: Erstellung eines Fragenkatalogs bzw. eines Interviewleitfadens und Recherche der zu Befragenden
c) Durchführung der Befragung und Aufzeichnung des Gesprächs
d) Erstellung eines Gedächtnisprotokolls, Transkription des Gesprächs und Indexierung des Inhalts
e) Auswertung und Interpretation.

Zu a): Geeignet sind nur Themen aus der Zeitgeschichte, über die noch lebende Personen Auskunft geben können. Setzt man voraus, dass erst von älteren Kindern oder Jugendlichen, die mindestens 10 bis 15 Jahre alt waren, bestimmte Erfahrungen bewusst gemacht werden können und dass spätestens ab 90 Jahre die Erinnerung nachlässt, ergibt sich ein klar abgegrenzter Zeitraum. Konkret bedeutet dies, dass der Nationalsozialismus als bevorzugtes Objekt von Zeitzeugenbefragungen inzwischen mündlich immer weniger erfragbar ist. Inhaltlich bieten sich Themen an, zu denen es keine anderen Quellen gibt. Große Oral-History-Projekte haben sich etwa den Lebenserfahrungen der Arbeiterschaft im Ruhrgebiet gewidmet. Zum anderen kann dabei ein neuer Aspekt eines schon bekannten Sachverhalts beleuchtet werden, etwa die Erfahrungen der Personen in einer bestimmten Epoche und ihre Wahrnehmung politischer Prozesse. Dabei steht die Subjektivität des Erzählers im Mittelpunkt. Dies ermöglicht zum dritten die Sinnbildungsprozesse selbst zu untersuchen: Wie werden bestimmte Erfahrungen gedeutet und verarbeitet?

Zu b): Es lassen sich grundsätzlich drei Formen des Gesprächs unterscheiden:

- Beim **Experteninterview** gibt ein besonders qualifizierter Gesprächspartner Auskunft über einen ganz bestimmten Ausschnitt des Untersuchungsgegenstands. So berichtet ein ehemaliger Politiker als Insider über die Vorbereitung eines bestimmten Gesetzesvorhabens – oder ein Historiker berichtet über seine Forschungen.
- Beim **thematischen Interview** werden wesentliche Aspekte des Untersuchungsgegenstands in offener Form zur Sprache gebracht. Es geht hier nicht nur um die Klärung spezifischer Einzelfragen wie beim Experteninterview, sondern um die Erkundung des Sachverhalts insgesamt. Bei der Untersuchung des Freizeitverhaltens von Jugendlichen in den 1950er-Jahren interessieren nur Aussagen zu diesem Thema. Die darüber hinaus gehende Biografie der Befragten spielt allenfalls eine nachrangige Rolle.
- Beim **biografischen Interview** steht genau dies im Mittelpunkt. Der gesamte Lebensweg wird hier besprochen. Oft geschieht dies bei der Befragung von ehemaligen KZ-Häftlingen, die Herkunft und Geburt ebenso schildern wie die Zeit der Haft sowie ihren weiteren Lebensweg nach der Befreiung.

Zu c): Bei der Befragung selbst ist entscheidend, dass das Gespräch gelingt und der Befragte „ins Erzählen kommt". Erst wenn die Erzählung eine Eigendynamik bekommt, der Erzählende in einen „Erzählzwang" (Fritz Schütze) kommt, mithin nicht mehr bewusst steuert, was und wie er erzählt, werden die Aussagen für den Historiker besonders interessant. Selbstverständlich wird das Gespräch – am besten audiovisuell – aufgezeichnet.

Zu d): Das Gespräch selbst wird dann transkribiert, wobei es nicht nur auf die inhaltlichen Aussagen ankommt, sondern auch auf die mit einer geeigneten Notation festgehaltenen metasprachlichen Elemente wie Mimik, Gestik, Sprechpausen usw. Diese können wertvolle Hinweise auf interessante Aspekte und heikle Punkte der Erinnerung geben. Die Erstellung eines Gedächtnisprotokolls dient der späteren Vergegenwärtigung der Interviewsituation und garantiert, dass das Gespräch immer auch als Ganzes präsent bleibt. So wird die Gefahr, sich in einzelnen Aussagen zu verlieren, gebannt. Die Indexierung dient bei einem großen Korpus dazu, die entsprechenden Stellen schnell und sicher zu finden.

Zu e): Zeitzeugeninterviews sind Quellen eigener Art, da sie ja nicht überliefert, sondern bewusst erzeugt werden. Sie sind immer retrospektiv und stehen so den bewusst, ja absichtsvoll gestalteten Überlieferungen näher, sind mithin eher Tradition als Überrest. Insofern bedürfen sie einer besonders sorgfältigen Analyse, bei der nicht nur die Aussagen selbst, sondern auch deren kommunikative Einbettung und die Beteiligung des Forschers kritisch reflektiert werden müssen. Mithin handelt es sich um eine hochkomplexe geschichtswissenschaftliche Methode.

Angesichts dessen stellt sich die Frage, welche Rolle ***Oral History*** **im Geschichtsunterricht** überhaupt spielen kann. Ausgehend von den Überlegungen von Gerhard Henke-Bockschatz (*1954) lassen sich „Gründe" und „Bedenken" gegenüberstellen (Henke-Bockschatz, Oral History, 10ff.):

- unmittelbare Erfahrung von Geschichte: „‚Geschichte' tritt Schülern in solchen Gesprächssituationen wesentlich unmittelbarer gegenüber als im gewöhnlichen Geschichtsunterricht" (10). Dies kann gleichermaßen das Erzählte (persönliche Erlebnisse) wie das Erzählen selbst (Lebendigkeit) betreffen.
- „Eigenaktivität der Lernenden" (11): Die Schüler müssen sich während des gesamten Prozesses beteiligen, als Vorbereitende, als Fragende, als Auswertende, als Beurteilende. Dies passt gut zu handlungs- und projektorientierten Lernarrangements.
- Außerschulische Relevanz: Einbeziehung der „Zeitzeugeninterviews tragen zur Öffnung der Schulen bei, indem das außerschulische Leben in den Geschichtsunterricht einbezogen wird" (11).
- Präsenz von Zeitzeugen in der Geschichtskultur: Kaum eine zeitgeschichtliche Dokumentation kommt ohne Zeitzeugen aus. Daher ist es notwendig, dass die Schülerinnen und Schüler als Zuschauer über das Zustandekommen solcher Aussagen Aufschluss erhalten.
- Reflexion über Möglichkeiten und Grenzen des Erzählens: Das Bewusstsein, dass Geschichte auf vielfältige Weise, eben auch als persönliche Erinnerung, weitergegeben werden kann, schärft den Blick für verschiedene Darstellungsformen, ja für Fragen der Darstellbarkeit von Geschichte überhaupt.

Dem stehen jedoch gewichtige „Bedenken" gegenüber:

- Methodische Überforderung: Das komplexe wissenschaftliche Verfahren der *Oral History* setzte eine Professionalität voraus, die von Kindern und Jugendlichen kaum zu erwarten ist. „Oral History ist alles andere als einfach" (13).
- Persönliche Überforderung: Gerade bei heiklen Themen und menschlich nicht einfachen Situationen kann die fehlende Lebenserfahrung der Kinder und Jugendlichen dazu führen, dass sie der Interviewsituation nicht gewachsen sind.
- Inhaltliche Überforderung: Jeder Interviewer bereitet sich gründlich auf das Gespräch vor. Im Grunde müssen die jungen Forscher sich nicht nur mit der

zu befragenden Person, sondern auch mit dem zu besprechenden Sachverhalt auseinandersetzen und sich das nötige Fachwissen aneignen, um das Gespräch führen und ggf. die Aussagen kritisch einordnen zu können.
- Schulorganisatorischer Aufwand: *Oral History* lässt sich kaum in 45 Minuten durchführen, sondern erfordert außerschulisches Engagement aller Beteiligten.
- Gefahr der Banalisierung: Es besteht die Gefahr, dass den Erzählungen des Interviewten unreflektiert geglaubt wird und der Prozess der geschichtswissenschaftlich inspirierten Abwägung und differenzierten Urteilsbildung nicht in Gang kommt. Es entsteht eine Form der Beschäftigung mit der Vergangenheit, die „dem Kern des Selbstverständnisses moderner Geschichtswissenschaft widerspricht" (14).

Dabei ist grundsätzlich zu unterscheiden, ob die Schülerinnen und Schüler nur einen **Einblick in die Methode** bekommen oder auch die Anwendung der Methode einüben sollen. Ersteres ist insofern angezeigt, als es hier nicht nur um ein gängiges Verfahren der Geschichtswissenschaft geht. Wenn Kinder und Jugendliche im Geschichtsunterricht erfahren sollen, wie geschichtswissenschaftliche Erkenntnisse zustande kommen, müssen sie nicht nur das Verfahren der Textquelleninterpretation kennenlernen, sondern auch das der *Oral History*, zumal dieses für die Zeitgeschichtsforschung große Bedeutung hat. Im schulischen Kontext begegnet *Oral History* oft in Form eines Zeitzeugengesprächs, bei dem etwa ein ehemaliger KZ-Häftling in der Aula über seine Erlebnisse berichtet. Dieses Format kann das historische Lernen wesentlich bereichern, hat jedoch mit der beschriebenen wissenschaftlichen Methode nur bedingt zu tun. Eine Thematisierung quellenkritischer Fragen ist in diesem Rahmen auch schwierig, ja deplatziert. Gleichwohl können in der Vor- oder Nachbesprechung Bezüge hergestellt werden, um den besonderen Charakter solcher Veranstaltungen herauszustellen.

Oral History ist aber auch ein Verfahren, das durch die Befragung von Zeitzeugen für Fernsehsendungen **medial** außerordentlich präsent ist. Um deren Einsatz angemessen wahrnehmen und einschätzen zu können, ist eine Kenntnis der Grundzüge notwendig. Dann erst werden die Besonderheiten des medialen Umgangs mit solchen Dokumenten deutlich:
- Sie beschränken sich in der Regel auf wenige Sätze, sind mithin **thematisch eng begrenzt** und **zeitlich außerordentlich knapp**.
- Sie finden vor neutralem Hintergrund statt und bestehen aus isolierten Aussagen meist ohne Fragen, so dass dem Betrachter die **reale Gesprächssituation verborgen** bleibt.
- Sie beschränken den Zeitzeugen auf eine **bestimmte Rolle**, ohne dass seine persönliche Situation thematisiert würde.

Dies führt dazu, dass die Aussagen von Zeitzeugen im Gang der Filmerzählung **keinen Eigenwert** mehr besitzen, sondern als Belege für die Argumentation gelten. Diese Beobachtung kann nicht pauschal gegen die Verwendung von Zeitzeugen ins Feld geführt werden, da Dokumentationen einer eigenen Logik folgen dürfen. Es bedarf jedoch der Feststellung dieses an vielen Filmen belegbaren Sachverhalts, um auf dieser Basis weiterarbeiten zu können.

Die **Anwendung der Methode** stellt sehr viel höhere Anforderungen und wird in einer dem wissenschaftlichen Vorgehen verpflichteten Weise eher ausnahmsweise im Geschichtsunterricht praktiziert werden können. Gleichwohl gibt es interessante inhaltliche, mediale und methodische Ansatzpunkte, das Thema im Unterricht zu behandeln (vgl. die „Typologie von Themen" bei Henke-Bockschatz, Oral History, 50-52):

- Erkunden des Quellenwerts von Zeitzeugenaussagen im Rahmen allgemeiner Unterrichtsthemen: Welche Informationen können Zeitzeugenaussagen zur Situation in der unmittelbaren Nachkriegszeit liefern?
- Exemplarische Thematisierung der Methode anhand geeigneter Beispiele: Zwischenzeitlich liegen viele videografierte Zeitzeugenbefragungen vor, die dafür gut geeignet sind, da sie die Interviewsituation deutlich werden lassen und den transkribierten Text zur Verfügung stellen.
- Kritische Analyse von Zeitzeugenaussagen in Dokumentationen.
- Befragung von Familienmitgliedern zu bestimmten Ereignissen.
- Durchführung von Zeitzeugengesprächen im Unterricht: Bei der Vorbereitung und bei der Auswertung kommen die Schülerinnen und Schüler dabei mit den methodischen Fragen in Berührung, ohne dass es sich schon um ein Oral-History-Projekt handeln würde.
- Ein Oral-History-Projekt, das wissenschaftlichen Kriterien genügt, wird hingegen nur selten, etwa in speziellen Kursen oder als Wettbewerbsbeitrag durchzuführen sein.

Sound History

Ging es bisher um hörbare sprachliche Überlieferung, so sind andere akustisch wahrnehmbare Quellen zu erwähnen. Gängig sind etwa **Lieder**, wobei diese, wenn der Text untersucht wird, eher als schriftliche Quellen anzusprechen sind. Eine Analyse und Interpretation der Melodie ist eine Domäne der Musikwissenschaft und wird geschichtswissenschaftlich selten durchgeführt. Andere Musikwerke spielen als Quellen kaum eine Rolle. Allerdings entdeckt die Geschichtswissenschaft langsam die Bedeutung von Geräuschen, Klängen und Tönen. ***Sound*** bezeichnet dabei als umfassender Sammelbegriff alles Hörbare. Einerseits sind diese akustischen Wahrnehmungen flüchtig und uns nur dann zugänglich, wenn sie schriftlich beschrieben oder bildlich festgehalten wurden. Erst im 20. Jahrhundert wurde die technische Aufzeichnung und Wiedergabe möglich. Andererseits ist die akustische Wahrnehmung eine zentrale menschliche Erfahrungsweise. Mögliche Fragestellungen im Hinblick auf den *Sound* von Städten skizziert der deutsche Historiker Gerhard Paul (*1951): „Wie klangen Städte zur vorletzten

Jahrhundertwende im Vergleich zu der Zeit der Industrialisierung? Und wie klingen Städte heute? Sind sie lauter oder leiser geworden? Ab wann begannen Menschen, den urbanen Lärm als Belästigung, gar als unerträgliche Belastung wahrzunehmen? Ab wann wurde der Lärm erfasst und gemessen? [...]" (Paul/Schock, Sound, 11). Allerdings sind sie nicht nur Quellen für etwas: „Sound ist auch ein Akteur, der, vermittelt durch vielfältige mediale Formen, als nicht zu unterschätzender Faktor (manchmal auch als Waffe) in historische Prozesse eingreift und selbst Geschichte macht": Kirchenglocken symbolisierten den Einfluss der Kirche, Fabriksirenen strukturierten den Arbeitstag, Protestsongs riefen zum politischen Handeln auf (Paul/Schock, Sound, 13). Da dieser Bereich noch kaum wissenschaftlich erschlossen ist, liegen auch noch keine unterrichtstauglichen Vorschläge vor. Gleichwohl biete sich hier eine Fülle von neuen Themen, Quellen und Fragestellungen für das historische Lernen.

Unterrichtskommunikation

Im Unterschied zu den bisherigen Ausführungen, die sich vornehmlich mit hörbaren Quellen beschäftigten, bewegen sich die folgenden Überlegungen im Bereich der Unterrichtsmedien. Im Unterricht wird permanent kommuniziert: Schülerinnen und Schüler fragen, die Lehrkraft erklärt etwas, die Klasse diskutiert. Neben dieser offiziellen Unterrichtskommunikation gibt es auch eine inoffizielle: Die Kleidung der Lehrkraft wird begutachtet und Verabredungen für den Nachmittag werden getroffen. Es müssen also verschiedene Gesprächsforen und Gesprächsformen unterschieden werden. Zunächst gibt es ein Hauptforum, auf dem Unterricht im Plenum stattfindet und in dessen Mittelpunkt oft die Lehrkraft steht. Dann gibt es verschiedene, quasi öffentliche Nebenforen, auf denen der Unterricht etwa bei arbeitsteiligen Verfahren stattfindet oder zwischen Banknachbarn kommentiert wird. Im Klassenzimmer werden aber auch Beziehungen verhandelt: Ein Schüler will sich die Lehrkraft gewogen machen, ein anderer vor Mitschülern profilieren. Daneben gibt es eine Reihe von verborgenen Nebenforen, auf denen nicht unterrichtsbezogen kommuniziert wird, da etwa der verhandelte Gegenstand nicht interessiert. Zu bedenken ist schließlich, dass Kommunikation nicht nur sprachlich, sondern auch nonverbal stattfindet, durch Blicke, Gesten und Körperhaltungen.

Grundsätzlich lassen sich **monologische** und dialogische Formen unterscheiden. Zu den monologischen Formen gehört auf der einen Seite der **Fachvortrag**, der von der Lehrkraft oder als Referat von Schülern gehalten wird. Gezielt eingesetzt und gut gestaltet, hat er trotz der pauschalen Abwertung als „Frontalunterricht" doch seine Berechtigung. Auch wenn es nicht um die affektive Überzeugung, ja Beeinflussung der Zuhörer gehen kann, sondern vor allem um die sachliche Information und um die problemorientierte Erörterung, gelten grundsätzlich die Regeln der Rhetorik als *ars bene dicendi*, als Kunst guten und wirkungsvollen Redens. Kriterien sind dafür z. B. ansprechender Beginn, Publikums- und Situationsbezug, übersichtlicher Aufbau, sprachliche Klarheit, wirkungsvoller Vortrag, begleitende Veranschaulichung, gelungener Schluss. Auf der anderen Seite kann idealtypisch die **mündliche Geschichtserzählung** verortet werden, die sich nicht durch die grundsätzliche Kommunikationssituation, sondern durch die erlebnishafte, am literarischen Erzählen geschulte Gestaltung der „Botschaft" unterscheidet. Da das Erzählen von Geschichte, zumal wenn anspruchsvollere Formen gewählt werden, jedoch eine Verschriftlichung erfordert, wird dies im nächsten Abschnitt thematisiert. Zwischen den Idealtypen Fachvortrag und Geschichtserzählung gibt es verschiedene Mischformen.

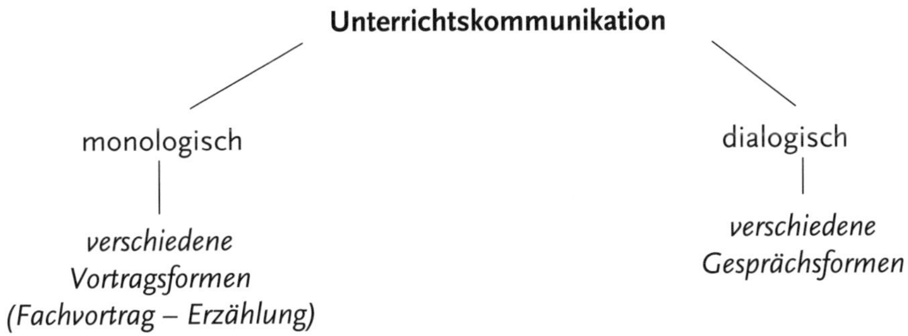

Abb. 26: Unterrichtskommunikation

Die **dialogischen** Formen lassen sich unter der Überschrift „Unterrichtsgespräch" zusammenfassen.

> „Das Unterrichtsgespräch ist eine zum schulischen Lehren, Lernen und Erziehen eingesetzte dialogische Interaktion, mit der unter kommunikativen Gesetzmäßigkeiten sozial relevante Bildungskontexte bereitgestellt werden und in der die personalen Interessen, Rücksichten und Erwartungen so zu moderieren sind, dass Schüler kulturell vorstrukturierte Stoffgebiete er- und verarbeiten können" (Bittner, Unterrichtsgespräch, 31).

Zum einen wird in dieser Definition deutlich, dass Unterricht vornehmlich auf **sprachlicher Kommunikation** beruht, da andernfalls der Lernprozess in der Regel nicht initiiert, organisiert, fortgeführt, reflektiert und beendet werden kann. Zum zweiten ist das Merkmal der **„dialogischen Interaktion"** zu betonen, grenzt dieses das Unterrichtsgespräch von anderen monologischen Formen der Unterrichtkommunikation wie Lehrervortrag, Referat, Präsentation usw. ab. Zum dritten ist die **Sachgebundenheit** und **Ergebnisorientierung** des Unterrichtsgesprächs konstitutiv, werden im Unterricht doch stets „kulturell vorstrukturierte Stoffgebiete" mit dem Anspruch nachhaltiger Verankerung verhandelt. Zum vierten scheint in den „kommunikativen Gesetzmäßigkeiten" die Einbettung ins institutionelle Gefüge der **Schule** durch. Nicht zuletzt dies unterscheidet das formelle Unterrichtsgespräch wesentlich vom informellen Alltagsgespräch: Die fixe Zeittaktung der Unterrichtsstunden ist ebenso von Bedeutung wie die vorgegebene Raumstruktur der Klassenzimmer mit festgelegten Sitzordnungen. Schließlich zeichnet sich die kommunikative Grundordnung dadurch aus, dass die Lehrkraft, die sowohl als Funktionsträger wie als Vertreter einer älteren Generation Autorität beansprucht, der Klasse als einer oft diffus wahrgenommenen Lerngruppe gegenübersteht, die zwar in der Regel altershomogen, aber meist gemischt-geschlechtlich und nach eher zufälligen Kriterien wie Wohnort, Sprachenwahl usw. zusammengestellt ist und sich eine eigene innere Struktur gibt. Diese **asymmetrische Rollenverteilung** zwischen Lehrer und Schülern kann zwar verändert und individuell interpretiert werden, ist aber institutionell vorgegeben.

Allerdings wäre es verfehlt, sich beim Unterrichtsgespräch nur auf die Ausrichtung am Inhalt zu konzentrieren, werden doch im kommunikativen Austausch immer auch andere Aspekte verhandelt. Der Psychologe und Kommunikationswissenschaftler Friedemann Schulz von Thun (*1944) hat ein einflussreiches Modell mit vier Faktoren entwickelt: Sachinhalt; Selbstoffenbarung; Appell; Beziehung. Wichtig ist dabei, dass im Unterrichtsgespräch nicht nur über Themen gesprochen wird, sondern auch persönliche Befindlichkeiten artikuliert, Erwartungen formuliert und Beziehungen ausgehandelt werden. Gerade die asymmetrische Rollenverteilung zwischen Lehrer und Schülern provoziert immer wieder explizite wie implizite Auseinandersetzungen über das vorgegebene Autoritätsgefälle.

Das Unterrichtsgespräch wird dabei oft mit dem **Sonderfall des „fragend-entwickelnden Unterrichtsgesprächs“** oder „Lehrgesprächs“ identifiziert. Dieses ist wesentlich abhängig von der Gesprächsführung des Lehrers, insbesondere seiner Fragetechnik und reduziert in seinen Fehlformen die Kinder und Jugendlichen zu Stichwortgebern. Allerdings hat es als offen gestaltete Lehrer-Schüler-Diskussion seinen legitimen Platz. Demgegenüber sind jedoch, wenn von Unterrichtsgespräch die Rede ist, grundsätzlich alle Formen der sachgebundenen „dialogischen Interaktion“ zu berücksichtigen. Allerdings ist zu überlegen, welche Formen zu unterscheiden sind und welche Funktion sie im Prozess des historischen Lernens spielen.

Eine differenzierende Kategorisierung unternimmt die Geschichtsdidaktikerin Birgit Wenzel (*1956). Die Orientierung an den unterrichtlichen „Funktionen und Zielen von Gesprächen“ im Unterricht ergibt so folgende Typisierung (Wenzel, Wissen, 193ff.):

- Brainstorming zur „Einführung eines historischen Themas“
- Planungsgespräch zur Vorbereitung der eigentlichen Lernphase
- Sachklärungsgespräch zur Erarbeitung des Sachverhalts
- Lehrgespräch zur „Informationsvermittlung“
- Interpretationsgespräch zur Erschließung von Quellen und Materialien
- Arbeits- und Auswertungsgespräch zur Zusammenfassung des Erarbeiteten bzw. zur Reflexion des eigenen Vorgehens

- Diskussion zum Austrag von Meinungsverschiedenheiten
- Urteilsgespräch zur Reflexion von Werturteilen
- Pro-und-Kontra-Gespräch zum Austausch kontroverser Standpunkte.

Diese idealtypische Unterscheidung ist nicht immer trennscharf, da sie verschiedene Kriterien zugrunde legt, etwa die Funktion für den historischen Lernprozess (Interpretationsgespräch, Urteilsgespräch) oder das kommunikative Arrangement (Pro-Kontra-Gespräch, Lehrgespräch) oder die Stellung im Verlauf der Unterrichtseinheit (Brainstorming). Gleichwohl stellt die Kategorisierung Wenzels den bisher differenziertesten Vorschlag aus geschichtsdidaktischer Perspektive dar. In der Realität werden zudem immer wieder Mischformen vorkommen, so dass sich solche Gesprächsformen allenfalls phasenweise isoliert beobachten lassen. Da das Grundproblem darin besteht, dass eine Typisierung immer von verschiedenen Kriterien ausgeht, die sich nicht widerspruchsfrei verbinden lassen, bietet es sich an, von einer Matrix mit drei Dimensionen auszugehen, die insbesondere für die Unterrichtsplanung praktikabel ist.

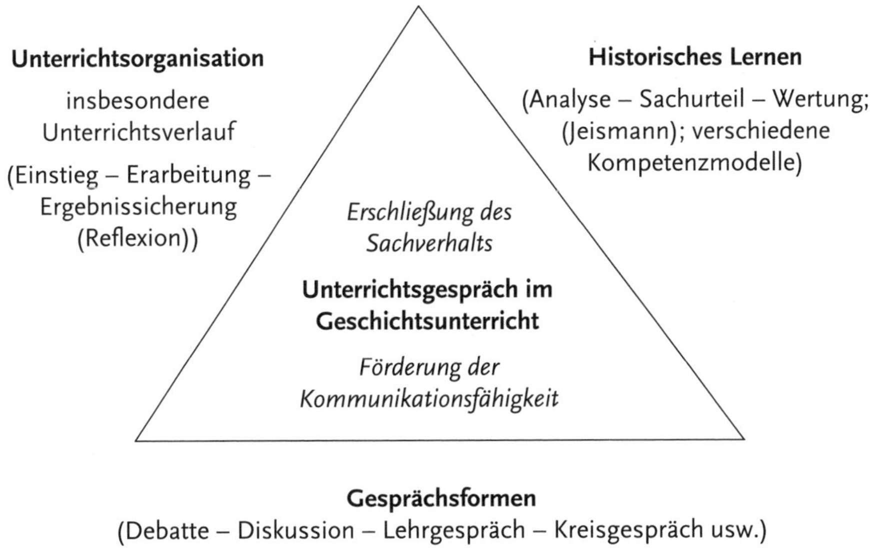

Abb. 27: Unterrichtsgespräch im Geschichtsunterricht

- **Unterrichtsorganisation**: Hierzu zählen neben den Raumverhältnissen und der Zeittaktung auch die Rollendefinitionen für Lehrer und Schüler. Für die konkrete Unterrichtsplanung ist die Stellung im **Unterrichtsverlauf** von zentraler Bedeutung: Bestimmte Unterrichtsphasen erfordern bestimmte kommunikative Arrangements; so ist eine Debatte in der Regel als Einstieg nicht geeignet.

- **Historisches Lernen**: Es lässt sich überlegen, welche Lernleistung im Einzelnen mit welcher Gesprächsform erbracht werden soll. Angesichts der aktuellen Debatte ist hier der Rückgriff auf ein Kompetenzmodell denkbar. Das Wahrnehmen von Geschichtlichkeit und die Entwicklung von Fragen bzw. Hypothesen, die auf der Auswertung von Quellen und Materialien beruhende Sachanalyse, das zusammenfassende Sachurteil und das persönliche Werturteil lassen sich zwar durchaus auf verschiedene Weise realisieren. Allerdings gibt es wohl bestimmte Affinitäten: So lassen sich Sach- und Werturteile sicher durch Diskussionsformate in der Regel besser gewinnen als im Lehrgespräch.
- **Gesprächsform**: Angesichts des komplexen kommunikativen Geschehens nicht nur in der Schule lassen sich Gespräche nicht eindeutig trennscharf kategorisieren, zumal es eine Fülle speziell ausgearbeiteter Arrangements für den Bildungsbereich gibt. Gleichwohl lassen sich bestimmte Formen näher charakterisieren. Bei der Unterrichtplanung können dann je nach den Unterrichtsbedingungen und den angestrebten Lernleistungen aus diesem Katalog bestimmte Gesprächsformen ausgewählt werden (vgl. z. B. Mattes, Methoden; Peterßen, Methodenlexikon; Wenzel, Wissen).

Gesprächsform (Beispiele)	**Beschreibung**
Blitzlicht	Kurze Vergewisserung über die aktuelle Gesprächssituation
Brainstorming	Assoziative Sammlung erster Eindrücke und Ideen
Debatte	Formalisierte, regelgeleitete Diskussion (etwa mit Rednerliste, festgelegter Rededauer usw.)
Feedback	Rückmeldung über den aktuellen Arbeitsstand
Fish Bowl; Aquarium	Diskussion eines Themas in einer Kleingruppe, die vor dem Plenum agiert
Fragend-entwickelndes Unterrichtsgespräch; Lehrgespräch	Lehrerzentrierte Informationsvermittlung bzw. Erarbeitung eines Sachverhalts
Gruppengespräch	Verhandlung eines Sachverhalts durch einen Teil der Klasse
Kreisgespräch	Offenes, nach der Sitzordnung benanntes Forum, in der jeder seine aktuellen Probleme äußern kann
Kugellager	Besprechung eines Themas, indem sich zwei Kreise gegeneinander verschieben und die jeweiligen Partner ihre Meinungen austauschen
Partnergespräch	Verhandlung eines Sachverhalts durch ein Schülerpaar
Pro-Kontra-Gespräch	Austausch kontroverser Standpunkte mit festen Rollen

Gesprächsform (Beispiele)	Beschreibung
Prüfungsgespräch	Oft formalisiertes Frage-Antwort-Gespräch zur Feststellung des erreichten Leistungsstandes
Redekette	Selbstorganisierte Form des Gesprächs, bei der ein Schüler den nächsten aufruft
(Neo-) Sokratischer Dialog	Erkenntnisgewinnung durch ein systematisch fortschreitendes, insistierendes Frage-Antwort-Spiel
...	...

Abb. 28: Gesprächsformen im Unterricht

Angesichts der Komplexität des kommunikativen Geschehens, der Vielzahl von Gesprächsformen und der verschiedenen Erfordernisse des historischen Lernens gibt es kein Rezept für die Auswahl passender Gesprächsformen, sondern sie obliegt der didaktisch-methodischen Reflexion der Lehrkraft. Entscheidend ist dabei, ob das kommunikative Arrangement vornehmlich dienende Funktion für die sachliche Erschließung hat, mithin Mittel zum Zweck ist, oder ob die Förderung der Gesprächsfähigkeit selbst Zweck des Lernprozesses ist. Die Umsetzung im Unterricht erweist sich in beiden Fällen nicht immer als einfach. So müssen entsprechende Gesprächsphasen klug geplant, genau vorbereitet, umsichtig durchgeführt und gezielt ausgewertet werden. (Hilfreiche Checkliste: Wenzel, Wissen, 201-204). Wichtig ist dabei, das gewählte kommunikative Arrangement genau zu definieren und konsequent durchzuführen. Insbesondere sind die zur jeweiligen Form passenden Gesprächs- bzw. Moderationsregeln genau zu beachten

Festzuhalten bleibt, dass das Unterrichtsgespräch als Basis des Lehrens und Lernens unverzichtbar ist. Wenn man es nicht auf den Spezialfall des fragend-entwickelnden Unterrichtsgesprächs einengt, erschließen sich eine Vielzahl von Möglichkeiten, wie verschiedene Gesprächsformen für das historische Lernen genutzt werden können. Offen bleibt jedoch, welche Wirkungen bestimmte Formen des Unterrichtsgesprächs hervorbringen. Dies empirisch zu erforschen, ist nicht einfach, vielleicht aber auch nicht sinnvoll, weil ein von den Teilnehmern als geglückt empfundenes Gespräch seinen Wert in sich trägt.

Bilingualer Geschichtsunterricht

Seit einigen Jahren wird diskutiert, inwieweit im Rahmen eines bilingualen Sachfachunterrichts gleichermaßen die fremdsprachlichen Fertigkeiten der Schülerinnen und Schüler gefördert und den Ansprüchen des jeweiligen Unterrichtsfaches Rechnung getragen werden kann. Dadurch, dass die Initiative von den Fremdsprachen ausging, fühlten sich die Sachfächer – vornehmlich Geografie und Geschichte – schnell vereinnahmt und mitunter als bloßes Übungsfeld für das Lernen einer fremden Sprache missbraucht. Doch gibt es nicht den bilingualen Sachfachunterricht, sondern verschiedene Formen, die jeweils eigene Lernchancen eröffnen, aber auch zu Lernschwierigkeiten führen können. Bilingualer Unterricht heißt nach einer Definition der KMK:

> „Unter bilingualem Unterricht wird in den deutschen Ländern grundsätzlich ein Fachunterricht in den nicht-sprachlichen Fächern verstanden, in dem überwiegend eine Fremdsprache für den fachlichen Diskurs verwendet wird. Bilingualer Unterricht wird von Lehrkräften des Sachfachs erteilt. Ein bilingual unterrichtetes Fach wird in der Regel in einer Fremdsprache und, zumindest zu Beginn, phasenweise oder gegebenenfalls auch in einer ergänzenden Stunde zur Absicherung des Verständnisses und des Fachwortschatzes, in der Sprache des Landes unterrichtet" (https://www.kmk.org/fileadmin/Dateien/veroeffentlichungen_beschluesse/2013/201_10_17-Konzepte-bilingualer-Unterricht.pdf, 4).

Darin, dass dem Fachunterricht grundsätzlich der Vorrang eingeräumt wird, unterscheidet sich die deutsche Diskussion von der in anderen Ländern. Ausgehend von dem deutsch-französischen Freundschaftsvertrag 1963 wurde 1969 ein erster bilingualer Zug eingerichtet, bevor seit den 1980er und 1990er-Jahren die Bemühungen verstärkt wurden. Dabei lassen sich laut KMK verschiedene Formen unterscheiden (https://www.kmk.org/fileadmin/Dateien/veroeffentlichungen_beschluesse/2013/201_10_17-Konzepte-bilingualer-Unterricht.pdf, 9):

- **Bilinguale Züge**: Hier wird der Fachunterricht (ganz oder teilweise) in der Fremdsprache unterrichtet. Oft über mehrere Jahre hinweg, mitunter bis zum Schulabschluss und oft mit zusätzlichen Stunden ausgestattet, wird Geschichte dann in Englisch oder Französisch unterrichtet, so dass die Bezeichnung „bilingual" streng genommen irreführend ist. Denn gemäß dem Prinzip der Einsprachigkeit im Fremdsprachenunterricht wird die Muttersprache nicht oder nur in Ausnahmefällen verwendet.
- **Bilingualer Sachfachunterricht**: Hier wird nicht der gesamte, aber doch ein erheblicher Teil des Fachunterrichts fremdsprachlich erteilt.
- **Bilinguale Module**: Hier werden nur einzelne Unterrichtssequenzen fremdsprachlich unterrichtet. In allen Fällen ist die Fremdsprache Arbeitssprache.

Diese Unterscheidung geht lediglich von der Unterrichtssprache aus und berücksichtigt nicht die Vielfalt der Unterrichtselemente. So ist insbesondere zu ergänzen:

- **Bilinguale Medien**: Hier werden im Unterricht fremdsprachige Quellen und Darstellungen verwendet, von der Karikatur bis zum Sachtext, ohne dass der Unterricht auch in der fremden Sprache gehalten werden müsste. Die Fremdsprache ist dann nicht Arbeitssprache, sondern Materialsprache. Es ist durchaus denkbar, dass auf Deutsch über eine englische Karikatur gesprochen wird.

Nicht zuletzt angesichts des Anspruchs, Quellen möglichst original zu präsentieren, bietet sich ein solches Vorgehen sowieso an.

Neben dem Fremdsprachenerwerb wird als zentrales Ziel des bilingualen Sachfachunterrichts die Förderung **interkultureller Kompetenz** genannt. Dies lässt sich insofern mit den Ansprüchen historischen Lernens vereinbaren, als der Geschichtsunterricht ja auch auf Perspektivenübernahme und Multiperspektivität abzielt und das Fremdverstehen fördern will. Daher können bilinguale Elemente viel leisten. Das oft zitierte Beispiel, dass der Erste Weltkrieg in Frankreich als „Grande Guerre" und in Großbritannien als „Great War" bezeichnet wird, eröffnet sowohl neue Zugänge zum historischen Ereignis selbst als auch zum gesellschaftlichen Umgang damit. Grundsätzlich stellt sich in diesem Zusammenhang die Frage, wie **Sinnbildungsprozesse** verlaufen und welche Rolle die Sprache dabei spielt. Abgesehen davon, welche Bedeutung nicht-sprachliche, z. B. bildliche, Ausdrucksformen dabei haben, ist auch zu erwägen, ob diese kognitiven Prozesse sprachspezifisch geprägt sind, ob also im Englischen andere Deutungsmuster entstehen als im Deutschen. Dies würde dann nicht nur die Wahrnehmung einer anderen kulturellen Perspektive bedeuten, sondern auch das Hineinwachsen in eine solche mit ganz spezifischen Wahrnehmungsmustern. Umgekehrt kann es bei bilingualen Zweigen dazu kommen, dass die **eigene Perspektive in der fremden gespiegelt** wird, wenn über deutsche Angelegenheiten auf Englisch oder Französisch gesprochen wird. Selbstverständliche deutsche Begriffe können so im Wortsinn frag-würdig werden. Dies kann aber auch zu der paradoxen Situation führen, dass eine quellennahe deutsche Bezeichnung wie „Endlösung der Judenfrage" nicht verwendet wird, sondern eine fremdsprachige wie „Final Solution". Absurd würde dies dann, wenn ursprünglich deutsche Quellen nicht mehr auf Deutsch, sondern nur noch in Übersetzung gelesen würden.

Denn die **allgemeinen Ansprüche an das historische Lernen** sollen ja auch bei der bilingualen Variante gelten. Dies erscheint jedoch nicht unproblematisch, da die Ausbildung von Kompetenzen, wie es die aktuelle geschichtsdidaktische Diskussion in Variationen, aber unisono fordert, an differenzierte sprachliche Fähigkeiten gebunden ist, die selbst in der Muttersprache nicht selbstverständlich vorausgesetzt werden können. Wird die Fremdsprache dann auch noch als Arbeitssprache verwendet, multiplizieren sich die Schwierigkeiten. Die Frage etwa, ob der 17. Juni 1953 eine imperialistische Verschwörung, eine Streikbewegung, ein Arbeiteraufstand, ein Volksaufstand oder gar der Beginn einer potentiellen Revolution gewesen sei, ist aufgrund der Begrifflichkeit und der Argumentation schon in der Muttersprache nicht leicht zu diskutieren – und erst recht nicht in der Fremdsprache, wobei hier gleichermaßen Fragen des Wortschatzes wie der Ausdrucksfähigkeit eine Rolle spielen.

Problematisch ist auch, dass die **Lehrkraft**, wenn die Fremdsprache als Arbeitssprache verwendet wird, diese sehr gut beherrschen, also in der Regel über die dafür notwendige Qualifikation verfügen muss. Insofern schränkt dies den Kreis potentieller Lehrkräfte, die auf weiterführenden Schulen oft die Kombination Deutsch/Geschichte haben, deutlich ein. Aber auch die Schülerinnen und Schüler werden erst mit ausreichenden Fertigkeiten in der Lage sein, sich in der Fremdsprache adäquat mit einem Thema auseinandersetzen zu können. Das so genannte **code-switching**, also das Wechseln zwischen den Sprachen, kann dabei nicht nur die sprachlichen Fertigkeiten, sondern auch den Stand des interkulturellen Lernens spiegeln.

Wenn es um bilinguale Module geht, muss die **thematische und inhaltliche Auswahl** genau überlegt werden. So bieten sich grundsätzlich alle **Sachverhalte aus der Geschichte des anderen Landes** an, also der zielsprachlichen Kultur, sei es die amerikanische Unabhängigkeitsbewegung oder die Französische Revolution. Aufschlussreich ist aber auch **der Blick von außen**, wenn ein deutsches Phänomen aus der Perspektive des Auslands betrachtet wird, etwa die „German Angst" beim Umgang mit aktuellen politischen Herausforderungen. Weiterhin sind kulturunabhängige bzw. übergreifende Phänomene potentielle Gegenstände des bilingualen Geschichtsunterrichts, z. B. die Geschichte der Globalisierung. Aber auch Themen, die mit **Wechselbeziehungen**, seien es transnationale Verhältnisse oder Prozesse des Kulturtransfers, zu tun haben, sind für bilingualen Geschichtsunterricht geeignet, sei es die amerikanische Besatzung Deutschlands oder sei es die Amerikanisierung von Lebenswelten nach dem Zweiten Weltkrieg.

Probleme und Perspektiven

(1) Erläutern Sie anhand von Beispielen die Bedeutung der mündlichen Überlieferung für die Geschichtswissenschaft einerseits und für den Geschichtsunterricht andererseits.
(2) Stellen Sie methodische Möglichkeiten zusammen, wie Schülerinnen und Schüler die historische Bedeutung mündlicher Überlieferung erkennen können.
(3) Erörtern Sie anhand eines geeigneten Themas (z. B. Kulturwandel im Zusammenhang der so genannten 68er-Bewegung) die Chancen und Probleme von *Oral History* im Geschichtsunterricht.
(4) Suchen Sie (z. B. über eine gängige Suchmaschine) ein Zeitzeugeninterview und untersuchen Sie, inwieweit es den wissenschaftlichen Standards entspricht und ob es für den Unterricht geeignet ist.
(5) Erörtern Sie, welche Themen der *Sound History* für den Geschichtsunterricht bedeutsam sein können und welche Lernchancen damit verbunden sind.
(6) Erörtern Sie anhand konkreter thematischer Beispiele, welche Gesprächsform welche Lernchancen beinhaltet.
(7) Diskutieren Sie grundsätzlich die Berechtigung des bilingualen Geschichtslernens.
(8) Untersuchen Sie in einem bilingualen Unterrichtswerk ein Kapitel Ihrer Wahl im Hinblick auf die Chancen und Probleme bilingualen Geschichtslernens.

Literaturhinweise

Mündliche Überlieferung und *Oral History*

Assmann, Aleida: Vier Grundtypen von Zeugenschaft, in: Stiftung „Erinnerung, Verantwortung und Zukunft" (Hg.): Zeugen und Zeugnisse. Bildungsprojekte zur NS-Zwangsarbeit mit Jugendlichen, Berlin 2008, S. 12-26 (*anregende Überlegungen*)

Dehne, Brigitte: Zeitzeugenbefragung im Unterricht, in: GWU 54 (2003), S. 440-451 (*knappe Einführung*)

Henke-Bockschatz, Gerhard: Oral History im Geschichtsunterricht, Schwalbach (Ts.) 2014 (*lesenswerter aktueller Überblick*)

Wierling, Dorothee: Oral History, in: Aufriss der historischen Wissenschaften, Bd. 7: Neue Themen und Methoden der Geschichtswissenschaft, hg. v. Michael Maurer, Stuttgart 2003, S. 81-151 (*informative Darstellung des Forschungsfeldes und der Forschungsmethode*)

Sound History

Paul, Gerhard/Schock, Ralph (Hg.): Sound des Jahrhunderts, Bonn 2013 (*überaus anregender Sammelband über verschiedenste Aspekte der Sound History*)

Unterrichtskommunikation

Baumgärtner, Ulrich: Unterrichtsgespräch, in: Praxis Geschichte 6/2012, S. I-IV (*Grundlage für die vorliegenden Ausführungen*)

Bittner, Stefan: Das Unterrichtsgespräch. Formen und Verfahren des dialogischen Lehrens und Lernens, Bad Heilbrunn 2006 (*Überblick über das Thema ohne geschichtsdidaktische Bezüge*)

Wenzel, Birgit: Über Geschichte kommunizieren, in: Günther-Arndt/Handro, Geschichts-Methodik, S. 191-202 (*gute Zusammenfassung der bisherigen Forschungen der Autorin*)

Bilingualer Unterricht

GWU-Themenheft „Bilingualer Geschichtsunterricht", H. 2/2002

„Konzepte für den bilingualen Unterricht – Erfahrungsbericht und Vorschläge zur Weiterentwicklung". Beschluss der Kultusministerkonferenz vom 17.10.2013 (https://www.kmk.org/fileadmin/Dateien/veroeffentlichungen_beschluesse/2013/201_10_17-Konzepte-bilingualer-Unterricht.pdf) (*offizielle Position der KMK*)

Maset, Michael: Bilingualer Geschichtsunterricht. Didaktik und Praxis, Stuttgart 2015 (*Aufriss der grundlegenden Fragestellungen*)

Schlutow, Martin: Geschichte bilingual unterrichten. Didaktische Grundlagen und methodische Zugänge, Schwalbach (Ts.) 2016 (*knappe Einführung mit einem Praxisbeispiel*)

ZfGD-Themenheft „Geschichte bilingual", 2009

Medien historischen Lernens: Schriftlichkeit

Schriftliche Medien sind trotz der Entdeckung der Bildlichkeit nach wie vor zentral für die Geschichtswissenschaft – und den Geschichtsunterricht. Dabei setzen sich Kinder und Jugendliche mit einer Vielzahl von Gattungen auseinander, deren spezifische Merkmale ihnen bewusst sein muss, wenn sie sie angemessen interpretieren wollen. Umgekehrt ist es ein Ziel des Geschichtsunterrichts, dass Schülerinnen und Schüler lernen, historische Sachverhalte auf adäquate Weise schriftlich darzustellen.

Schriftquellen in der Schule

Dass die Schriftlichkeit in Geschichtswissenschaft und Geschichtsunterricht nach wie vor so wichtig ist, hat verschiedene Gründe. Dies liegt zum einen an der Überlieferung selbst, die seit der Entstehung der Schrift um 3000 v. u. Z. in dieser Form vorliegt. Zuvor sind Wissenschaftler im Wesentlichen auf archäologische Funde angewiesen. Seit dem späten Mittelalter und vor allem in der Neuzeit wird die schriftliche Überlieferung immer dichter und umfangreicher und ist heute kaum mehr überschaubar. Zum anderen bieten manche schriftliche Quellen im Unterschied zu anderen Gattungen oft schon mehr oder weniger zusammenhängende und informationsreiche Darstellungen von Ereignissen und Entwicklungen. Daher erweisen sie sich bei der Interpretation oft als weniger vieldeutig. Zum dritten hat sich die Geschichtswissenschaft im 19. Jahrhundert aus den Philologien entwickelt und blieb methodisch lange der Textauslegung verpflichtet. Und schließlich ist die sprachliche Verständigung – auch in schriftlicher Form – eine menschliche Universalie, die allein bestimmte Kommunikations- und Bewusstseinsleistungen zu erbringen vermag, was andere Medien nicht auf diese Weise zu leisten vermögen. Die **Quellenlage** ist jedoch je nach Raum und Zeit sowohl quantitativ als auch qualitativ sehr unterschiedlich. Eine grobe Übersicht dient zur ersten Orientierung (Faulstich, Mediengeschichte; Maurer, Aufriss).

Epoche	**Schriftlichkeit**	**Beispiele**
Vor- und Frühgeschichte	Schriftlos	---
Frühe Hochkulturen (Ägypten)	Erste schriftliche Zeugnisse	Inschriften, Gesetze, Totenbücher, Schriftrollen

Epoche	Schriftlichkeit	Beispiele
Antike (Griechenland/Rom)	Relativ reichhaltige Überlieferung	Geschichtswerke, Gesetze, ethnografische und geografische Werke, politische Schriften, Briefe, Biografien
Mittelalter (Europa)	Geringe Schriftlichkeit, Klöster als Zentren der Schriftkultur	Urkunden, Akten, Urbare (Güterverzeichnisse), Annalen, Chroniken, Reiseberichte
Spätmittelalter (Europa)	Zuwachs an Schriftlichkeit vor allem in den Städten	Verwaltungsschrifttum
Frühe Neuzeit (Europa)	Aufkommender Buchdruck	Zunehmende Medienvielfalt , z. B. Publizistik (Flugschriften),
18. Jahrhundert (Europa)	Entstehung einer Öffentlichkeit	Brief, Zeitung, Zeitschrift , Kalender
19. Jahrhundert (Europa/Welt)	Umfassende Alphabetisierung	Vielfältige publizistische Schriften, zunehmend illustriert
20. Jahrhundert (Welt)	Elektronische und digitale Medien	Internetressourcen

Abb. 29: Quellengattungen im historischen Wandel

Schriftliche Quellen liegen in vielfältiger Form vor und unterscheiden sich mitunter fundamental. Die **Gattungseigenschaften** des zu untersuchenden Textes sind dabei möglichst genau zu beschreiben. Ohne Anspruch auf Vollständigkeit sind die folgenden Begriffe für eine nähere Charakterisierung hilfreich. Mögen diese Unterscheidungen auf den ersten Blick schulfremd und akademisch klingen, erweisen sie sich auf den zweiten Blick als unverzichtbar, um den zur Diskussion stehenden Quellen gerecht zu werden:

- Inschriften auf Münzen, Denkmälern, Gebäuden usw.
- Urkunden: Verträge und Verfassungen
- Akten: interne Verwaltungsschriften
- Notizen und Aufzeichnungen zum persönlichen Gebrauch
- Aufstellungen wie z.B. Rechnungen und Statistiken
- Briefe
- Journalistische Formen wie Meldung, Bericht, Kommentar, Glosse, Feature usw.
- Reden

- Persönliche Darstellungen („Ego-Dokumente“) wie Erlebnisberichte, Tagebücher, Autobiografien usw.
- Sachdarstellungen, sofern sie als Quellen befragt werden, wie Schulbücher usw.

Grundsätzlich gelten für die **Analyse von Schriftquellen** die gleichen Regeln wie für alle Quellen, die eingangs bereits dargestellt wurden. Jedoch hat sich im Zuge der Professionalisierung der Geschichtswissenschaft bei der Beschäftigung mit schriftlichen Zeugnissen eine spezifische Interpretationsmethode herausgebildet: die historisch-kritische Methode. Das klassische Vorgehen besteht dabei aus folgenden Schritten:

(1) **Fragestellung**: Formulierung des Erkenntnisinteresses
(2) **Heuristik**: Suchen und Sammeln geeigneter Quellen
(3) **Quellenkritik**: Überprüfung der Echtheit, und zwar im Hinblick auf die „äußere“ Beschaffenheit der Quelle („äußere Quellenkritik“) und im Hinblick auf die innere Plausibilität des Inhalts („innere Quellenkritik“)
(4) **Quelleninterpretation**: umfassende Erschließung der Quelle im Hinblick auf die zugrunde liegende Fragestellung
(5) **Darstellung**: Zusammenfassung der gewonnenen Erkenntnisse unter Berücksichtigung der einschlägigen Forschungsliteratur

Historisches Lernen in der Schule ist an den Fragestellungen, dem methodischen Vorgehen und den Ergebnissen der Fachwissenschaft orientiert, besitzt jedoch gegenüber der Forschung seine eigene Berechtigung und innere Logik. Insofern ist einerseits Quellenarbeit im Unterricht unverzichtbar, hat aber andererseits in der Regel nicht das Ziel, neue Erkenntnisse zu gewinnen. Die wissenschaftliche Verwendungsweise von Quellen mit dem Ziel eines Erkenntnisfortschritts wird im Geschichtsunterricht nur ausnahmsweise – etwa im Kontext forschenden Lernens – von Bedeutung sein, so dass sich die Frage nach dem Ort der Arbeit mit Textquellen im Rahmen des historischen Lernens in der Schule stellt. Seit den 1970er-Jahren erfolgte eine Umorientierung in der geschichtsdidaktischen Diskussion, die mehrheitlich für einen quellengestützten Arbeitsunterricht an Stelle von darstellungsorientierten Lehrverfahren plädierte, so dass zwischenzeitlich ein breiter Konsens darüber herrscht, dass die Arbeit mit Quellen im schulischen Geschichtsunterricht unverzichtbar ist. Auch wenn viele Schülerinnen und Schüler später in der Regel nicht professionelle Historiker werden und so nur selten direkt mit Quellen in Berührung kommen werden, ist das Erlernen der historisch-kritischen Methode gleichwohl zentral für historisches Lernen, da nur so die geschichtswissenschaftlichen Erkenntnisse und auch der geschichtskulturelle Umgang mit der Vergangenheit adäquat beurteilt werden können. Demnach ergeben sich für die Arbeit mit Textquellen folgende **Ziele,** die sich am Beispiel des so genannten Augsburger Schieds von 1158, der „Gründungsurkunde“ von München, erläutern lassen:

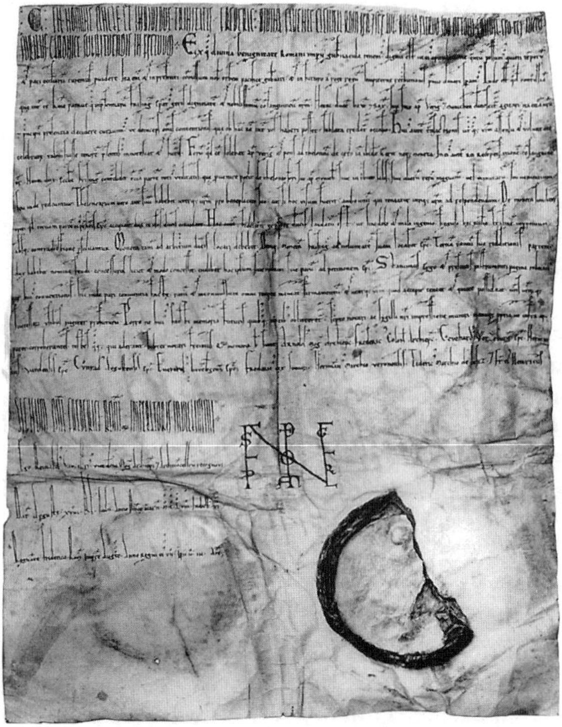

Abb. 30: Der Augsburger Schied von 1158

- **Lesefähigkeit und Texterfassung**: Angesichts der wenig ermutigenden einschlägigen Forschungsergebnisse erscheint die Arbeit mit Textquellen als Beitrag zur Schulung der Lesekompetenz, wobei die Sensibilität für die (a) *Historizität eines Textes* (altertümliche Ausdrücke, Bedeutungswandel von Begriffen) für das historische Lernen zentral ist. Zur Ausbildung einer *historical literacy* gehört insbesondere das Bewusstsein für die (b) *Gattung eines Textes*: In einem privaten Brief kann und wird anders formuliert als in einer öffentlichen Rede. Auch die deutsche Übersetzung des in Latein abgefassten Textes bereitet Jugendlichen Verständnisschwierigkeiten. Dies ist auch der Gattung geschuldet, da in dieser Urkunde rechtliche Regelungen getroffen werden, die den Streit zwischen dem Bischof von Freising und Herzog Heinrich dem Löwen schlichten sollen.
- **Erkenntnisgewinn**: Quellen sind laut Pandel „als *Stücke unvergangener Vergangenheit* das einzige, was von ihr noch übrig ist" und somit „die *ursprünglichste Form unseres historischen Wissens* von der Vergangenheit" (Pandel, Quelleninterpretation, 126; Herv. i. Orig.). Die Auswertung erweitert das Wissen von der Vergangenheit. So ist die Urkunde eine zentrale Quelle für die Stadtgeschichte Münchens.

- **Alteritätserfahrung:** Bei einer gelingenden Quelleninterpretation erfahren die Schülerinnen und Schüler, dass sich die Verhältnisse der zur Diskussion stehenden Vergangenheit von ihrer Gegenwart unterscheiden. Dies beginnt schon bei der äußeren Form – Pergament statt Papier als Beschreibstoff – und reicht bis zum Formular einer mittelalterlichen Urkunde. Sie unterscheidet sich einerseits deutlich von heutigen Dokumenten (Anrufung Gottes am Beginn), weist andererseits verblüffende Übereinstimmungen auf (Siegel zur Beglaubigung).
- **Kennenlernen und Erlernen der historisch-kritischen Methode**: In enger Anlehnung an das bereits geschilderte geschichtswissenschaftliche Vorgehen (Fragestellung – Heuristik – Kritik – Interpretation – Darstellung) werten die Schüler schriftliche Quellen aus und erlangen so Kenntnisse über die Vergangenheit. Abgesehen vom Sonderfall des *forschenden Lernens*, bei dem ähnlich wie in der Wissenschaft neue Erkenntnisse gewonnen werden, wird die Arbeit mit Schriftquellen sich im Rahmen bekannter Fragestellungen und traditioneller Texte bewegen und deshalb meist *nachvollziehenden Charakter* haben. Diese Schritte können an der vorliegenden Urkunde exemplifiziert werden.
- **Methodenreflexion**: Zur Einübung von Verfahren der Quelleninterpretation gehört die Reflexion des eigenen Vorgehens. Die Reichweite der eigenen Ergebnisse, ihre Verlässlichkeit sowie die Möglichkeiten einer Weiterarbeit sind hier zentrale Aspekte. In der vorliegenden Urkunde wird bereits eine Siedlung „*munichen*" erwähnt, woraus erschließbar ist, dass es sich nicht um eine Gründungsurkunde handelt und die Ursprünge Münchens weiter zurückliegen und auf andere Weise erschlossen werden müssen.
- **Geschichtstheoretische Überlegungen**: Die Methodenreflexion führt zu Überlegungen grundsätzlicher Art, etwa dem Unterschied zwischen (verlorener) Vergangenheit und (rekonstruierter) Geschichte, der Lückenhaftigkeit historischen Wissens, der Standortgebundenheit historischer Erkenntnis oder dem notwendigen Wandel historischer Fragestellungen aufgrund der Veränderung lebensweltlich bedingter Interessen. Gerade ein Blick in die Frühgeschichte Münchens zeigt, dass manche Fragen wie z. B. die Herkunft der ersten Siedler aufgrund der Quellenlage nicht definitiv entscheiden werden können.
- **Beitrag zur Identitätsbildung**: Die Auseinandersetzung mit Quellen trägt gerade in der Konfrontation mit alternativen Lebensentwürfen und fremden Lebenswelten im Idealfall zur Selbstvergewisserung bei. Sie sind „die *beharrenden Bezugspunkte im beschleunigten kulturellen Wandel* und der zunehmenden Pluralität der Sinndeutungsangebote", „besitzen unerschöpfbare Sinnpotentiale", „leisten einen Beitrag zur Orientierung in politisch-gesellschaftlichen Kontroversen" und „bereichern unser imaginatives Vorstellungsvermögen" (Pandel, Quelleninterpretation, 126f.; Herv. i. Orig.). Im vorliegenden Fall erhalten die Kinder und Jugendlichen einen anderen Blick auf die Geschichte ihrer Stadt, entpuppt sich das alljährlich gefeierte Stadtgründungsfest als ein Datum, das sich „nur" auf die erste urkundliche Erwähnung bezieht.

Will man die einzelnen, im Interpretationsvorgang zur Geltung kommenden geistigen Leistungen näher kennzeichnen, lassen sich nach Hans-Jürgen Pandel kognitive, methodische und evaluative **Operationen** unterscheiden und in sich nach zunehmendem Schwierigkeitsgrad ordnen (Pandel, Quelleninterpretation, 188ff.). Vornehmlich **kognitiv** ist auf einer einfachen Anforderungsstufe die Kenntnis von Fakten, Zahlen und Ereignissen, dann schon anspruchsvoller das Erkennen von Motiven und Zusammenhängen sowie schließlich die Fähigkeit, Entwicklungen darstellen zu können („narrativieren"). Vornehmlich **methodisch** sind – wiederum in aufsteigender Folge – das Datieren von Ereignissen, die Fähigkeit, probeweise eine Perspektive zu übernehmen sowie die gleichzeitige Berücksichtigung verschiedener Perspektiven. Vornehmlich **evaluativ** sind die Fähigkeiten, Kritik üben, darauf aufbauend sachbezogene Urteile fällen sowie Wertungen begründen zu können.

Es wurde immer wieder versucht, **Auswahlkriterien** zu entwickeln, welche Quellen für den Gebrauch in der Schule geeignet sind. Aktuell hat Hans-Jürgen Pandel „didaktisch-methodische Anforderungen an eine Quelle" formuliert: Mit Hilfe **geschichtsdidaktischer Kriterien** kann überprüft werden, welche mentalen Leistungen im Rahmen des historischen Lernens Quellen grundsätzlich ermöglichen (Lernen, Verstehen und Begreifen, Erzählen). **Geschichtsmethodische Kriterien** geben Aufschluss, welche Quellen für das historische Lernen (besonders) geeignet sind (Menschen als Handelnde, Konkretisierung, Alterität). **Editorische Kriterien** schließlich gewährleisten die Genauigkeit des Arbeitens (wissenschaftliche Exaktheit, synonymer Text, wissenschaftlicher Apparat) (Übersicht: Pandel, Quelleninterpretation, 129). Es wäre allerdings zu diskutieren, ob geschichtsdidaktische und geschichtsmethodische Kriterien zum einen trennscharf und ob zum anderen die editorischen Kriterien mit den anderen beiden gleichgewichtig sind. Auch würden sich etwa unter dem Aspekt „Menschen als Handelnde" Verfassungstexte für den Unterricht nur wenig eignen. Unabhängig von solchen abstrakten Kriterien ist vielmehr davon auszugehen, dass prinzipiell alle Quellen im Unterricht verwendbar sind, sofern sie folgende Anforderungen erfüllen:

- **sachgerechte Auswahl**: Um die richtige Auswahl treffen zu können, ist eine Vertrautheit mit dem Gegenstand nötig, damit nicht Nebenaspekte ins Zentrum der Untersuchung rücken.
- **individuelle Passung**: Im Hinblick auf die Schüler ist Über- und Unterforderung gleichermaßen zu vermeiden, um ihnen einerseits einen Anreiz zur Beschäftigung zu bieten, sie aber andererseits bei der Arbeit nicht zu entmutigen.
- **quellenkritisch reflektierte Darbietung**: Verzicht auf vereinfachende Bearbeitung, Angaben der Fundstelle, Kennzeichnung der Kürzungen sind unabdingbar, da die Schülerinnen und Schüler die Quelle nicht nur in möglichst ursprünglicher Gestalt präsentiert, sondern auch Einblick in den wissenschaftlichen Umgang bekommen sollen.

Quellenarbeit eröffnet, richtig arrangiert, vielfältige **methodische Möglichkeiten**. Als seit den 1970er-Jahren die Quellenarbeit im Unterricht allgemein akzeptiert wurde, dominierte zunächst ein streng reguliertes Vorgehen der Wissenschaft, was bisweilen zur Abarbeitung von sterilen Fragekatalogen führte und in der Folgezeit zu Recht kritisiert wurde. Inzwischen gibt es eine Vielzahl möglicher Zugänge zu schriftlichen Quellen, die den Ansprüchen fachlicher Korrektheit ebenso gerecht werden wie den Bedürfnissen der Lernenden (anregende Zusammenstellung z. B. bei Pandel, Quelleninterpretation, 183ff.). Auch wenn der schulische Umgang mit schriftlichen Zeugnissen nicht den durch die historisch-kritische Methode geregelten geschichtswissenschaftlichen Forschungsprozess im Kleinen abbilden kann und soll, sondern der Entwicklung historischen Denkens dient, lassen sich die unterrichtsmethodischen Möglichkeiten auf die einzelnen idealtypischen Schritte der Quellenanalyse beziehen. So ist es möglich, die Vielzahl denkbarer Zugänge und Umgangsweisen zu ordnen. Entscheidend ist es, die im Folgenden zusammengestellten möglichen Schüleraktivitäten in ein sinnvolles Lernarrangement zu integrieren; weder Vollständigkeit noch die Einhaltung der Reihenfolge ist dabei zwingend. Ein guter Ansatzpunkt besteht darin, den ursprünglichen „Sitz der Quelle im Leben" zugrunde zu legen und daraus ein entsprechendes Unterrichtsverfahren zu entwickeln. So lässt sich eine Rede in der Klasse vortragen; sie stößt beim aus Mitschülern bestehenden Publikum auf Reaktionen, kann journalistisch kommentiert werden, fordert eine Gegenrede heraus usw. Im alltäglichen Unterricht wird die vollständige Interpretation einer Quelle nicht die Regel sein, da sie gemäß der zugrunde liegenden Fragestellung zumeist nur ausschnittsweise gelesen und ausgewertet werden kann. Gleichwohl bietet es sich an, immer wieder einmal Quellen selbst in den Mittelpunkt des Unterrichts zu stellen. Dies bringt nicht nur Abwechslung, sondern schärft auch das Bewusstsein für die Andersartigkeit der Vergangenheit und gibt Anlass für viele fachliche und theoretische Fragen.

Der Fundort von Schriftquellen ist das **Archiv**. Viele Quellen sind ediert und stehen damit allgemein zur Verfügung. Auch Historiker greifen darauf zurück und suchen im Archiv vornehmlich nach unveröffentlichten Quellen. Abgesehen vom Sonderfall des forschenden Lernens, bei dem Kinder und Jugendliche selbst etwas herausfinden, hat der Besuch eines Archivs im Rahmen des Geschichtsunterrichts eine andere Funktion. Zunächst werden sie mit der **Institution Archiv** vertraut, lernen Aufgaben, Zuständigkeiten, Organisation und Arbeitsabläufe kennen. Dies kann bereits eine Führung erfüllen. Darüber hinaus eröffnen sich bei der **Arbeit mit Archivalien** weitere Lernchancen. Zwar gelten auch hier grundsätzlich die gleichen Interpretationsregeln wie für edierte Quellen. Allerdings ist „Geschichte sinnlich erfahrbar machen" ein wichtiges Ziel (Lange/Lux, Lernen, 47): Das Pergament einer Urkunde zu befühlen, die Originalunterschrift einer historischen Person zu sehen, eine fremde Schrift zu entziffern – dies sind Erfahrungen, die eine edierte Quelle nicht bieten kann. Die **äußere Beschaffenheit** tritt somit in den Vordergrund. Die Vielzahl der Archivalien zu einem Thema zeigt oft

Grundlegende Schüleraktivität	Mögliche methodische Arrangements	Leitfrage	Bezug zur wissenschaftlichen Quellenanalyse	Bezug zur didaktischen Zielsetzung
Eine Fragestellung entwickeln	Erstellen einer Mindmap Diskussion Fragen auflisten	Was wollen wir wissen?	Fragestellung	Erlernen der historischen Methode
Schriftliche Quellen sammeln und zusammenstellen	Nachfrage bei „Experten“ Bibliotheksbesuch Internetrecherche	Welche Quellen sind für uns von Interesse?	Heuristik	Erlernen der historischen Methode Erkenntnisgewinn
Schriftliche Quellen untersuchen und beschreiben	Steckbrief einer Quelle (Größe, Beschreibstoff usw.) Arbeit mit Schriftproben Erstellung einer Kopie Anfertigung von Fälschungen	Wie sehen die Quellen aus?	„Äußere“ Quellenkritik	Lesekompetenz Erlernen der historischen Methode Erkenntnisgewinn Alteritätserfahrung
Die Überlieferungsgeschichte einer schriftlichen Quelle rekonstruieren	Original, Transkription und Übersetzung vergleichen Einen „Stammbaum“ der Quelle erstellen	Woher stammen die Quellen?	„Äußere“ Quellenkritik	Erlernen der historischen Methode Methodenreflexion
Eine schriftliche Quelle befragen, enträtseln, verstehen	Puzzle (Zusammenfügen der Einzelteile eines Textes bzw. Ergänzen fehlender Teile) Auffinden eingeschmuggelter Fehler Einschmuggeln von Fehlern Begriffe klären und Unklarheiten kommentieren Informationen zum Urheber und zum Adressaten recherchieren Gattungsbegriffe zuordnen Marginalien und Zwischenüberschriften formulieren	Was steht in den Quellen?	„Innere“ Quellenkritik	Lesekompetenz Erlernen der historischen Methode Erkenntnisgewinn Alteritätserfahrung
Schriftliche Quellen vergleichen und gegeneinander abwägen	Arbeit mit Umformulierungen Erstellen einer Synopse Texte vergleichen Eine Rangfolge vertrauenswürdiger Quellen erstellen	Welchen Quellen können wir glauben?	„Innere“ Quellenkritik Interpretation	Lesekompetenz Erlernen der historischen Methode

Schriftliche Quellen auswerten	Nacherzählung der Quelle Schreiben von Zusammenfassungen Gestaltung von Wandzeitungen szenisches Nachspielen Zeichnen von Plänen Anfertigung von Modellen	Welche Erkenntnisse haben wir gewonnen?	Interpretation Darstel ung	Erlernen der historischen Methode Lesekompetenz Erkenntnisgewinn
Den Wert einer schriftlichen Quelle reflektieren	Auflistung offener Fragen Leerstellen ergänzen eine fehlende Quelle ergänzen	Ist unsere Fragestellung beantwortet? Welche offenen Fragen gibt es?	Interpretation Darstel ung	Erlernen der historischen Methode Methodenreflexion
Über historische Erkenntnis anhand von schriftlichen Quellen nachdenken	Anfertigung von kontroversen Darstellungen Verfassen einer kontrafaktischen Geschichte Interpretationen aus verschiedenen Zeiten vergleichen Streitgespräch zwischen einem Historiker und einem „Historikerfeind“	Wie weit trägt historische Erkenntnis?	Interpretation Darstellung	Methodenreflexion Geschichtstheoretische Überlegungen

Abb. 30: Quellenarbeit im Geschichtsunterricht

die **Breite und Uneinheitlichkeit der Überlieferung**; „Geschichte entdecken: als offen und widersprüchlich kennenlernen" ist damit ein weiteres Ziel (Lange/Lux, Lernen, 47). Allerdings muss auch klar werden, dass erst die Erschließung der Quellen zu belastbaren Ergebnissen führt. Auf diese Weise kann ein Bewusstsein für die Herausforderungen und Verfahren **geschichtswissenschaftlicher Forschertätigkeit** entstehen. Schließlich zeigt das Vorhandensein von Archivalien die Präsenz der Vergangenheit in der Gegenwart: „Geschichte als nah und fremd zugleich erfahren" ist mithin ein wichtiges Anliegen des historischen Lernens im Archiv (Lange/Lux, Lernen, 48).

Schriftliche Darstellungen im Geschichtsunterricht

Auch wenn die Arbeit mit – insbesondere schriftlichen – Quellen als unverzichtbar für den Geschichtsunterricht angesehen wird, haben auch schriftliche Darstellungen verschiedenster Art ihren legitimen Platz im Unterricht. Dabei ist grundsätzlich zwischen **dokumentarischen** und **imaginativen** Formen zu unterscheiden. Beanspruchen jene für sich, eine wissenschaftlich abgesicherte Darstellung historischer Sachverhalte zu bieten, erlauben sich diese einen freien Umgang mit der Vergangenheit, der sich mitunter bewusst vom verbürgten Wissen löst. Eine besondere Schwierigkeit besteht darin, dass in der Geschichtsdidaktik der vieldeutige Begriff des Erzählens bzw. der Narrativität einen großen Stellenwert genießt, ja sogar zur zentralen Kategorie stilisiert wird, und den Begriff der (dokumentarischen bzw. imaginativen) Darstellung überlagert. Daher wird auf „Geschichts-Erzählungen" eigens eingegangen.

Dokumentarische Formate, die vornehmlich im Geschichtsunterricht verwendet werden, sind folgende:

- **Nachschlagewerke** dienen der schnellen Informationsentnahme, müssen jedoch im Hinblick auf ihre Verlässlichkeit und ihre spezifische Präsentationsform reflektiert werden.
- **Sachtexte und wissenschaftliche Texte** werden meist nur im Hinblick auf ihren Inhalt betrachtet, also die Informationen, die sie zu einem bestimmten Sachverhalt enthalten. Lohnend wäre es aber auch, die Argumentation, insbesondere die explizite oder implizite Fragestellung, zu betrachten. Dieses im Deutschunterricht übliche Verfahren bietet sich auch für das historische Lernen an. Eine Besonderheit wissenschaftlicher Texte ist der Apparat mit Fußnoten und Anmerkungen, in denen sich der Prozess der Erkenntnisgewinnung widerspiegelt.
- **Journalistische Texte** gibt es in verschiedensten Formen, sei es als Bericht, als Interview, als Kommentar oder als Glosse. Besonders attraktiv sind sie nicht nur wegen dieser Vielfalt, sondern auch wegen ihrer Adressatenbezogenheit, die den Zugang für Schüler oft erleichtert: Eine Zeitschriftenreportage über einen historischen Sachverhalt ist mitunter ansprechender als ein wissen-

schaftlicher Aufsatz dazu. Wichtig ist wiederum nicht nur die genaue inhaltliche Erschließung, sondern auch die gattungsspezifische Reflexion: Um welche Stilform handelt es sich? Welche spezifischen Vor- und Nachteile sind damit verbunden? Um welches Publikationsorgan handelt es sich? usw.

Geschichts-Erzählungen

Eine besondere Art der Darstellung stellen Geschichts-Erzählungen dar. Der Begriff „Erzählung" begegnet in verschiedenen Bedeutungen und meint verschiedene Arten von anschaulichen Darstellungen von Sachverhalten in einem kommunikativen Kontext. Demgegenüber benennt der Begriff „Narrativität" die Logik jener historischen Aussagen, die zeitdifferente Sachverhalte miteinander in Beziehung setzen. Unter den Begriff „Geschichte erzählen" werden sowohl dokumentarische als auch imaginative Formate subsumiert. Jene ließen sich auch schlicht als schriftliche Darstellungen bezeichnen.

Das **mündliche Erzählen** ist eine elementare Äußerungsform des Menschen. Er teilt seinen Mitmenschen etwas – meist eine Neuigkeit – mit. Im Unterschied zum sachlichen Bericht weisen diese Erzählungen lebendige und anschauliche Elemente auf (wörtliche Rede, schildernde Passagen, charakterisierende Adjektive usw.). Im Rahmen der Unterrichtskommunikation haben diese Formen ihren legitimen Platz.

Das **literarische Erzählen** zeichnet sich dadurch aus, dass eine fiktive Geschichte präsentiert wird, die bestimmte Bauformen mehr oder weniger kunstvoll verwendet (Perspektive, Raum- und Zeitgestaltung, Figurenzeichnung, Handlungsaufbau usw.). Eine besondere geschichtsdidaktisch relevante Gattung stellt dabei der **Historienroman** dar, der ein bestimmtes historisches Ereignis oder eine reale bzw. erfundene historische Figur in den Mittelpunkt stellt. In der Form des historischen Jugendbuchs wendet er sich gezielt an Kinder und Jugendliche. Es handelt es sich hier um Formen belletristischer Geschichtsschreibung (Pandel, Historisches Erzählen, 41f.).

Die **erzählende Geschichtsschreibung** versucht Sachverhalte möglichst anschaulich darzustellen, indem die Ereignisse lebendig und oft um wichtige Personen zentriert dargestellt werden. Diese Form begegnet oft in Biografien. Es handelt sich um eine besondere Variante der Historiografie, mithin um wissenschaftliche Texte, die im Unterricht entsprechend zu thematisieren sind.

Die **Geschichtserzählung** ist eine Sonderform der erzählenden Geschichtsschreibung, bei der ein bestimmtes historisches Ereignis für den Schulgebrauch dargestellt wird. Sie galt lange als wichtiges Medium, ja als Königsweg des historischen Lernens. Stilbildend dafür war Alois Clemens Scheiblhuber. Der Volksschullehrer aus Nürnberg suchte um 1900, reformpädagogisch inspiriert, nach Präsentationsformen, die einerseits den wissenschaftlichen Ansprüchen des Faches genügen und andererseits den Interessen der Kinder und Jugendlichen entgegenkommen sollten. Ausgangspunkt und Grundlage des Geschichtsunterrichts waren überschaubare, quellengestützte und anschaulich erzählte historische Begebenheiten; dies kann als novellistische Geschichtsschreibung bezeichnet werden (Pandel, Historisches Erzählen, 40f.). Seit den 1960er-Jahre wurde die geschichtsdidaktische **Kritik** an diesem Vorgehen immer lauter (Überblick bei Schörken, Imagination). Geschichtserzählungen böten nur eine einseitige Version der Geschichte und widersprächen dem Prinzip der Multiperspektivität; sie überwältigten die Schülerinnen und Schüler und verhinderten deren Eigenaktivität; sie stellten einzelne mächtige Figuren als Macher der Geschichte in den Mittelpunkt; und sie verfälschten mit ihren fiktiven Elementen die Geschichte und widersprächen so dem Prinzip der Wissenschaftsorientierung. Demgegenüber wurde ein konsequent an der Quellenarbeit orientierter Arbeitsunterricht gefordert. Allerdings regte sich dagegen immer wieder Widerstand. Dabei wurde zum einen das imaginative Potential solcher Erzählungen gerade für jüngere Schülerinnen und Schüler hervorgehoben. Zum anderen wurde auf die jeweilige Erzählweise abgehoben, da grundsätzlich ein breites Spektrum von unreflektiertem und identifikatorischem bis hin zu reflektiertem und distanziertem Erzählen zur Verfügung stehe. Das „Aufbrechen narrativer Harmonie" benannte der Geschichtsdidaktiker Rolf Schörken (1928-2014) als zentrales Qualitätsmerkmal geeigneter Geschichtserzählungen (Schörken, Aufbrechen). Im Zuge der Betonung der Bedeutung von Narrativität für das historische Lernen wurden allerdings bislang der Stellenwert und die Funktion verschiedener Erzählweisen nicht neu diskutiert.

Einen Sonderfall stellen **historische Jugendromane** dar. Dieser Begriff ist missverständlich, da er an alte für Jugendliche geschriebene Werke denken lässt, während damit doch vergleichsweise umfangreiche Geschichtserzählungen meist in Romanform gemeint sind. Es handelt sich mithin um Historienromane, die einen bestimmten historischen Sachverhalt (ein Ereignis, einen Lebenslauf usw.) kind- bzw. jugendgerecht aufbereiten, indem sie gemäß den Regeln des klassischen literarischen Erzählens eine Hauptfigur eine Geschichte erleben lassen. Diese Werke eröffnen, angemessen verwendet, durchaus interessante Lernchancen (einführender Überblick: Rox-Helmer, Jugendbücher).

Bei der **unterrichtlichen Behandlung** solcher imaginativer Texte muss neben die inhaltliche Auswertung und die Identifikation fiktionaler Elemente auch die Analyse der Erzählweise treten, bei der bestimmte Erzählmuster erkannt und beschrieben werden, wie z. B. das zyklische Erzählen, das die Wiederkehr früherer Zustände unterstellt, oder das organische Erzählen, das die historische Entwicklung als Werden und Vergehen, als Aufstieg und Niedergang versteht.

Es besteht aber auch die Möglichkeit, die Schülerinnen und Schüler selbst „erzählen" zu lassen. Auch wenn dies mündlich geschehen kann, bergen jedoch schriftliche Formen ein erhebliches Lernpotential. Im weiten Verständnis von Erzählen, wie es sich in der Geschichtsdidaktik eingebürgert hat, sind damit alle zusammenhängenden Darstellungen zu historischen Sachverhalten gemeint (Pandel, Historisches Erzählen, 151ff.).

- **Narrativieren** meint dabei die Entwicklung einer zusammenhängenden Darstellung. So kann eine Bilderfolge sprachlich nachvollzogen und erläutert werden.
- **Nacherzählen** meint die korrekte Wiedergabe eines Sachverhalts, etwa die Zusammenfassung eines Textes mit eigenen Worten.
- **Umerzählen** meint eine eigenständige neue Darstellung eines Sachverhalts, etwa aus einer anderen Perspektive ober mit anderen Beurteilungen.
- **Rezensieren** stellt die jeweilige „Erzählweise“ selbst in den Mittelpunkt und reflektiert diese, indem etwa zwei Darstellungen zu einem Sachverhalt verglichen werden.
- **Fantasieren** erlaubt zunächst jede Form erzählender Darstellung und dispensiert den Autor von der Bindung an die verbürgten historischen Sachverhalte. Allerdings folgen auch fiktionale Texte bestimmten Erzählmustern. Zudem ist stets die Fiktionalität zu bedenken und ggf. in die Darstellung zu integrieren, wenn etwa kontrafaktische Geschichte („Was wäre, wenn...?“) betrieben wird.

Diese allgemein beschriebenen Erzählhandlungen bedürfen einer unterrichtspraktischen Umsetzung, wozu insbesondere verschiedene Formen der schriftlichen Darstellung und des kreativen Schreibens, das unten eigens erwähnt wird, beitragen können (Pandel, Historisches Erzählen, 161ff.; Memminger, Schreiben).

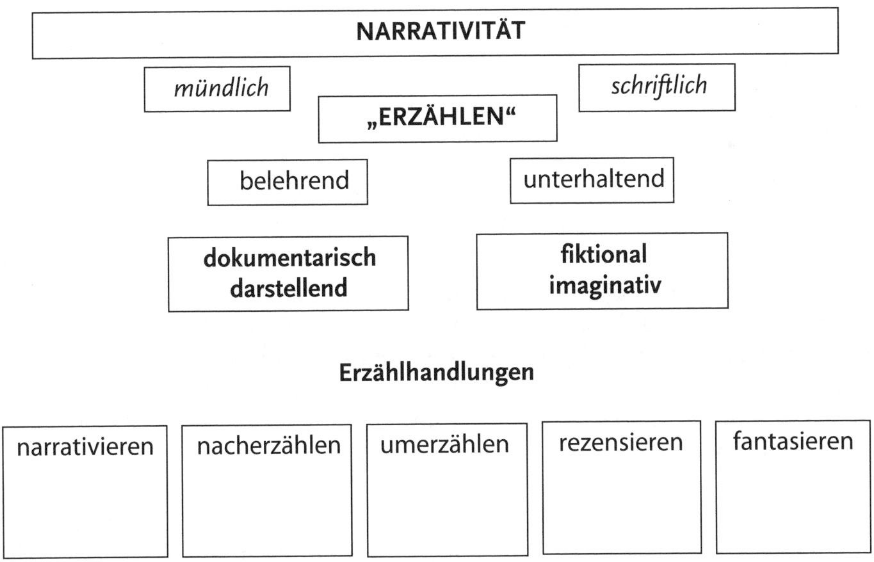

Abb. 32: Erzählen und Erzählhandlungen

Schulbuch

Das Schulbuch gilt nach wie vor als **Leitmedium des Geschichtsunterrichts**, da es in vielfacher Hinsicht prägend wirkt: Es spiegelt die curricularen Vorgaben wider und setzt diese in einen unterrichtstauglichen Lehrgang um; es hat aufgrund der ministeriellen Genehmigung offiziösen Charakter; es steht aufgrund der weithin geltenden Lernmittelfreiheit jederzeit zur Verfügung; es erfüllt für die am Lernprozess Beteiligten verschiedene Aufgaben, es hilft den Lehrkräften bei der Planung und bei der Gestaltung des Unterrichts und den Schülerinnen und Schülern bei der Vorbereitung, Erarbeitung und Nachbereitung der Themen. Trotz aller Versuche digitale Unterrichtsmedien zu etablieren, hat das traditionelle Schulbuch nicht zuletzt aufgrund fehlender technischer Ausstattung in den Schulen nach wie vor große Bedeutung.

Das Schulbuch ist ein **Medium ganz eigener Art**, da es einerseits wie jedes andere Buch auf den Markt kommt, andererseits, damit es in der Schule verwendet werden kann, zumeist einer ministeriellen Genehmigung bedarf. Insofern ist die **Entstehung** dadurch gekennzeichnet, dass spezielle Schulbuchverlage gezielt Autoren suchen, nämlich in der Regel praktizierende Lehrkräfte, die nebenberuflich ein Lehrwerk konzipieren und erstellen. Für die **Verbreitung** ist es wichtig, dass das Werk dem vorgegebenen Lehrplan gerecht werden und die Hürden des staatlichen **Genehmigungsverfahrens** meistern muss, bevor es in der Schule – und zumeist nur dort – **Verwendung** findet. Wie es eingesetzt wird und welche Wirkung die Arbeit mit ihm hat, ist Gegenstand der empirischen Forschung.

Schulbücher bieten aufgrund ihrer Besonderheiten für die geschichtsdidaktische Forschung verschiedene Ansatzpunkte: So kann das **zeitgenössische Geschichtsbild** untersucht werden: Die Auswahl der im Schulbuch dargestellten Sachverhalte und ihre spezifische Interpretation, ja Wertung ermöglichen interessante Aufschlüsse über das zur Entstehungszeit herrschende Geschichtsbild. Der Geschichtsdidaktiker Wolfgang Jacobmeyer (*1940) bezeichnet das Schulgeschichtsbuch daher als „Autobiographie der Nation" (Jacobmeyer, Schulgeschichtsbuch). So wird in bundesdeutschen Geschichtsschulbüchern der frühen 1950er-Jahre die Ermordung der europäischen Juden nicht eigens, sondern oft im Kontext des Zweiten Weltkriegs thematisiert. Daran ist zum einen ersichtlich, dass entgegen einem populären Vorurteil die NS-Verbrechen im Schulbuch – was noch nichts über den Geschichtsunterricht sagt – nicht verschwiegen wurden, dass aber zum anderen der inzwischen so bezeichnete *Holocaust* in seiner historischen Dimension noch nicht wahrgenommen, sondern lediglich als ein Aspekt der Kriegsführung angesehen wurde. In diesem Zusammenhang ist auch die internationale Schulbuchforschung außerordentlich interessant, die sich der Erforschung verschiedener, national geprägter Geschichtsbilder widmet und durch Empfehlungen dazu beitragen will, Fehlwahrnehmungen und Feindbilder abzubauen.

Schulgeschichtsbücher geben auch Aufschluss über die **Geschichte des Geschichtsunterrichts**: Auch wenn man sich vor dem Irrtum hüten muss, dass das, was im Geschichtsbuch steht, auch so im Geschichtsunterricht vermittelt wurde, lässt eine sorgsame Auswertung der Lehrwerke doch Rückschlüsse auf die normative, inhaltliche, methodische und mediale Ausgestaltung des historischen Lernens in der Schule zu. Eine Heranziehung weiterer Quellen wie Lehrpläne ist dabei unverzichtbar.

Am wichtigsten für die Schule ist die Analyse der Lehrwerke im Hinblick auf ihre **Eignung für den Geschichtsunterricht**. Allerdings gibt es dafür in der Geschichtsdidaktik, sieht man von den entsprechenden Vorgaben der Ministerien ab, kein allgemein gültiges Kriterienraster. Dieses muss für jede Schulbuchanalyse je nach Fragestellung eigens zusammengestellt bzw. entwickelt werden.

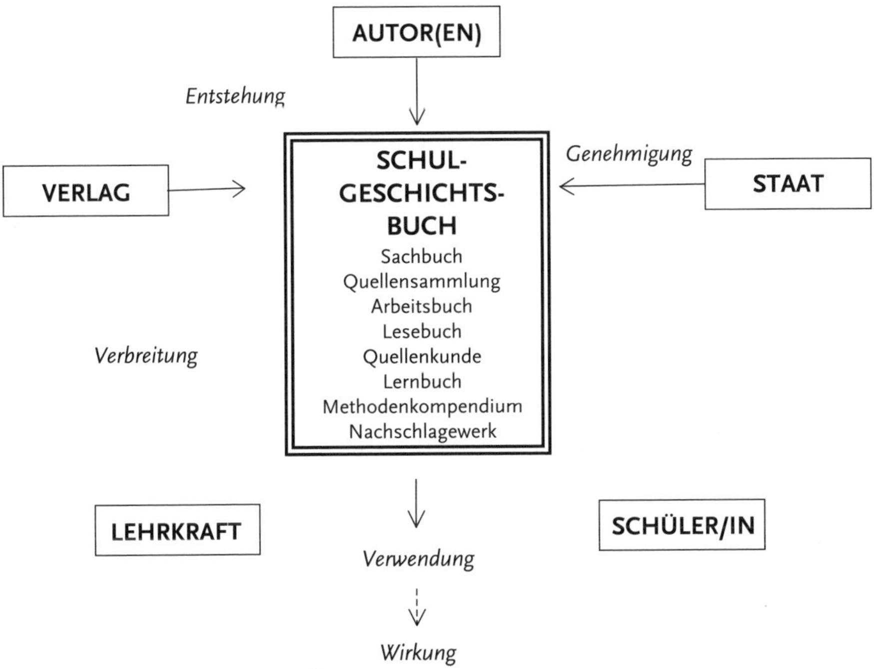

Abb. 33: Medium Schulbuch

Der Blick zurück zeigt allerdings, dass sich hinter dem Sammelbegriff „Schulbuch" ganz verschiedene Formen verbergen und dass die heute gängigen Formate sich historisch entwickelt haben. Auch wenn es im 18. Jahrhundert im Zuge der Aufklärung bereits entsprechende Publikationen für Kinder gegeben hat, entwickelt sich das Schulgeschichtsbuch erst im 19. Jahrhundert. Dabei lassen sich verschiedene Typen unterscheiden (Schönemann/Thünemann, Schulbucharbeit, 49ff.):

- **Katechese**: Auf der bis ins Mittelalter zurückreichenden entsprechenden Unterrichtsmethode beruhend, bestehen diese Lehrwerke aus der Zusammenstellung von einschlägigen Fragen und Antworten, die von den Schülern zu memorieren waren. Diese Form setzte voraus, dass die Fragen an die Geschichte eindeutig zu beantworten sind. Sie verliert im 19. Jahrhundert schnell an Bedeutung.
- **Leitfaden**: Diese Lehrwerke bestehen aus einer stringenten Darstellung der historischen Entwicklung in Form eines schülergerechten Handbuchs. Mitunter begegnen sie auch in tabellarischer Form. Hier wird vorausgesetzt, dass die chronologische und narrative Ordnung vergangenen Geschehens objektives Wissen verbürgt. Diese Form blieb bis nach dem Zweiten Weltkrieg maßgebend, auch wenn sich die Art und der Anspruch der Darstellung geändert haben.
- **Arbeitsbuch**: Im Gegensatz dazu enthält dieser Typus in der Reinform nur für den Unterricht zusammengestellte und aufbereitete Quellen und Materialien, aus denen die Schülerinnen und Schüler sich das historische Wissen selbstständig erarbeiten sollen. Nach Vorstufen, etwa dem Werk „Geschichte in unserer Zeit“, bei denen Arbeitsaufgaben, Quellenauszüge, Illustrationen u. a. Elemente schon Eingang in die Schulbücher gefunden hatten, verzichtete das von Heinz-Dieter Schmid (1921-2009) konzipierte Buch „Fragen an die Geschichte“ auf jeglichen Darstellungstext.
- **Kombiniertes Arbeits- und Lehrbuch**: Auch wenn sich das reine Arbeitsbuch nicht durchgesetzt hat, wirkte es doch insofern stilbildend, als nun auf Arbeitsmaterialien nicht mehr verzichtet werden konnte. Das Ergebnis war ein Lehrwerk, das sowohl Darstellungstexte als auch Unterrichtsmaterialien enthielt. Dieser Typ beherrscht heute den Markt, zumal aufgrund der einschlägigen Zulassungskriterien auch nur solche Werke genehmigungsfähig sind.

Doch ist die Bezeichnung „Kombiniertes Arbeits- und Lehrbuch“ irreführend, da es sich bei Geschichtsschulbüchern um hybride Medien handelt, die im Grunde verschiedene Publikationsformate in sich vereinen. Die wichtigsten Elemente sind:

- **Informationstexte**: Diese stellen historische Sachverhalte dar und dienen der Information. Das Schulbuch ist hier ein historisches **Sachbuch**.
- **Quellen und Materialien**: Sie dienen dazu, dass Schülerinnen und Schüler sich historische Sachverhalte selbst erarbeiten bzw. das Gelernte vertiefen und auf neue Zusammenhänge anwenden können. Das Schulbuch ist hier **Quellensammlung** und **Arbeitsbuch**.
- **Arbeitsaufträge**: Diese sind meist eng an die Quellen und Materialien, aber auch an die Informationstexte gebunden oder gehen sogar darüber hinaus. Das Schulbuch ist hier **Arbeitsbuch**.
- **Vertiefungen**: In Geschichtsschulbüchern finden sich immer wieder vertiefende Informationen zu einzelnen Themen ohne eigene Arbeitsaufträge und Aus-

züge aus erzählender Literatur, speziell für Jugendliche. Hier ist das Schulbuch **Lesebuch.** Neuerdings finden sich auch Hinweise zur Quellenlage. Dann wird das Schulbuch zur **Quellenkunde**.

- **Zusammenfassungen**: Am Ende eines Kapitels wird das Wichtigste oft noch einmal zusammengefasst. Das Schulbuch wird hier zum **Lernbuch**.
- **Methodenanleitungen**: Jenseits der Arbeitsaufträge wird in Schulbüchern vorgeführt, wie einschlägige Medien des historischen Lernens sachgerecht ausgewertet werden. Diese Methodenseiten stellen exemplarisch die entsprechenden Arbeitsschritte vor. Das Schulbuch wird so zum **Methodenkompendium**.
- **Glossar**: Schulbücher enthalten oft am Ende ein kleines Lexikon, in dem die wichtigsten Fachbegriffe verzeichnet sind. Das Schulbuch ist hier **Nachschlagewerk**.
- **Register**: Ein Verzeichnis der im Buch erwähnten Personen, Orte und Sachen beschließt in der Regel das Schulbuch. Dies ist ein typisches Element eines **Sachbuches**.

Diese Vielseitigkeit ist einerseits eine Stärke des Mediums, da es so vielfältig im Unterricht eingesetzt werden kann, stellt aber andererseits gerade jüngere Schülerinnen und Schüler vor nicht zu unterschätzende Herausforderungen. Sie müssen nicht nur die einzelnen Elemente kennenlernen, sondern sich auch aneignen, wie sie damit im Einzelnen und mit dem Schulbuch im Allgemeinen angemessen umgehen können.

In methodischer Hinsicht gibt es eine Vielfalt von Möglichkeiten, die grundsätzlich verschiedenen mentalen Operationen zugeordnet werden können (Überblick: Schönemann/Thünemann, Schulbucharbeit, 135ff.). So kann die „Informationsentnahme durch Reorganisation" durch die Erstellung von Zeitleisten, die Verbalisierung von visuellen Darstellungen oder die Visualisierung von schriftlichen Darstellungen geleistet werden. „Erkenntnisgewinn durch Materialerschließung" kann durch Fehlerkritik, Perspektivenerweiterung oder historische Einordnung bewerkstelligt werden. „Urteilsbildung durch Problemlösung" wird gefördert, wenn Schulbücher rezensiert oder eigene Schulbuchdarstellungen verfasst werden. „Ideologiekritik" schließlich ist durch „synchronen und diachronen Schulbuchvergleich" möglich. Grundsätzlich lassen sich darauf aufbauend vier Anliegen formulieren:

- **Kennenlernen des Buches**: Zunächst müssen die Schülerinnen und Schüler das Buch und seine Elemente kennenlernen und sich die elementaren Fertigkeiten im Umgang mit einem Sachbuch aneignen (Benutzung des Inhaltsverzeichnisses und des Registers; Kennenlernen der einzelnen Elemente).
- **Informationsentnahme**: Sind die Elemente des Buches bekannt, können diese gezielt zur Gewinnung von Wissen genutzt werden.
- **Auswertung der Materialien**: Die im Schulbuch versammelten Materialien wie Schrift- oder Bildquellen können gemäß der entsprechenden Vorgehensweise analysiert werden. Hinzu kommen wissenschaftliche Darstellungstexte und

Medien aus der Geschichtskultur, die in ihrer Eigenart gewürdigt werden müssen. Demgegenüber erfordern die Informationstexte eine gezielte Erschließung. Seit den Ergebnissen der PISA-Studie kann nicht mehr davon ausgegangen werden, dass auch einfach geschriebene Texte für alle Kinder und Jugendlichen selbsterklärend sind.
- **Reflexion der Darstellung**: Die jeweilige Schulbuchdarstellung soll nicht unhinterfragt akzeptiert, sondern immer wieder reflektiert werden. Hier sind Schulbuchvergleiche außerordentlich aufschlussreich.

Arbeitsblatt

Ein besonderes und gern benutztes Unterrichtsmedium ist das **Arbeitsblatt**. Da es einen historischen Sachverhalt für die Schülerinnen und Schüler aufbereitet, kann es zu den Darstellungen gerechnet werden, auch wenn es Quellen enthalten kann.

> „Ein Arbeitsblatt ist demnach ein (1) für ein bestimmtes, zeitlich begrenztes Lernarrangement (2) gezielt gestaltetes bzw. ausgewähltes Unterrichtsmittel (3) in Form eines – ein- oder auch zweiseitig bedruckten – Papierblattes (zumeist im Format DIN A 4), das (4) dem einzelnen Schüler vorliegt und (5) eine mehr oder weniger selbsttätige Bearbeitung der damit verbundenen Aufgaben erfordert und deshalb oft eine individuelle Beschriftung gestattet bzw. erfordert" (Baumgärtner, Arbeitsblatt, I).

Ausgeschlossen bleiben dabei Arbeitsblätter, die elektronisch vorliegen, da sie entweder – etwa als PDF – ausgedruckt werden können und dann in Papierform verfügbar sind, oder als interaktive Arbeitsblätter dem Lernen mit elektronischen Medien zuzurechnen sind und wegen ihrer automatisierten Bearbeitung (Richtig/Falsch-Rückmeldungen) einem anderen Genre zugehören. Diese nicht fachspezifisch ausgerichtete Definition trifft auf eine Vielzahl von Arbeitsblättern zu, die jeweils verschiedenen unterrichtlichen Funktionen dienen und sich dementsprechend in ihrer didaktisch-methodischen Ausrichtung sowie in ihrer äußeren Gestaltung unterscheiden. Für den Geschichtsunterricht lassen sich idealtypisch fünf verschiedene Arten von Arbeitsblättern unterscheiden, wobei in der Praxis selbstverständlich Mischformen begegnen:
- **Explorationsblatt:** Hier handelt es sich darum, in ein Thema einzuführen und die Schüler zu eigenen Fragestellungen anzuregen. Das Arbeitsblatt erscheint in diesem Zusammenhang als besonders gut geeignet, da der Einzelne für sich seine Gedanken klären und ordnen kann. So bietet sich beispielsweise als Zugang an, Assoziationen zum Begriff „Ritter" in Form eines Clusters zu sammeln, die sich zu einer strukturierten Mindmap weiterentwickeln lassen.

- **Materialblatt:** Dieses besteht aus unterrichtsrelevanten Materialien, ohne dass damit schon eine Aufgabenstellung kombiniert wäre. Diese Form steht zum einen dem Explorationsblatt insofern nahe, als die Schüler angeregt werden, sich mit eigenen Fragestellungen, die sie mit Hilfe der Materialien entwickeln, dem Thema zu nähern. Zum anderen ist es unmittelbare Grundlage für die inhaltliche Arbeit, indem es einschlägige Quellen und/oder Darstellungen präsentiert. Dementsprechend können für den Geschichtsunterricht (a) Quellenblatt, (b) Darstellungsblatt und (c) kombiniertes Quellen- und Darstellungsblatt unterschieden werden.
- **Aufgabenblatt:** Die überwiegende Mehrzahl zumindest der auf dem Markt befindlichen Arbeitsblätter enthält konkrete Arbeitsanweisungen. Grundsätzlich können dabei Arbeitsblätter (a) mit Materialien von solchen (b) ohne Materialien unterschieden werden.
- **Ergebnisblatt:** Dieser Typ fasst noch einmal die wichtigsten Ergebnisse zusammen und hat seinen Ort daher am Ende eines Lernprozesses. Ein Aufgabenblatt kann dabei, wenn es entsprechend konzipiert ist, auch als (a) Ergebnisblatt i. w. S. dienen, das den Erarbeitungsprozess mit enthält. Das (b) Ergebnisblatt i. e. S. – mitunter auch als Merkblatt bezeichnet – ist vornehmlich zur aufmerksamen Rezeption, zum Lernen, mithin zum „Schwarz-auf-weiß-nach-Hause-Tragen“ gedacht. In diese Kategorie gehören die bei Referaten oft üblichen Handouts oder in Gruppenarbeit erstellte Arbeitspapiere zu einem Thema, mit dem das Plenum informiert wird. (Ein Thesenpapier stellt eine Mischform aus Explorations- und Ergebnisblatt dar, da es ein Zwischenergebnis dokumentiert, das aber weiter zu diskutieren ist.) Ergebnisblätter können auch grafisch gestaltet werden, etwa in Form von ausgearbeiteten Mindmaps oder tabellarischen Übersichten.
- **Evaluationsblatt:** Ohne direkten Bezug zum Inhalt des Lernprozesses thematisiert das Evaluationsblatt den Arbeitsprozess selbst, indem es die Eindrücke und Wahrnehmungen der Lernenden abfragt und diskutierbar macht.

Das Arbeitsblatt lässt sich in ganz verschiedenartigen Lernarrangements verwenden: zur Wissenserschließung ebenso wie zur Methodenschulung, bei rezeptiven Lernprozessen ebenso wie bei produktiven, in lehrergesteuerten Unterrichtsphasen ebenso wie in schülerzentrierten, bei der Einzelarbeit ebenso wie bei kooperativen Arbeitsformen.

Schriftliche Ausarbeitungen der Schülerinnen und Schüler

Schülerinnen und Schüler begegnen im Geschichtsunterricht nicht nur schriftlichen Medien verschiedenster Art, sondern sind immer wieder angehalten, schriftlich etwas zu fixieren. Dabei sind folgende Formen von besonderer Bedeutung:

- **Dokumentation**: Begleitend zum Lernprozess werden die wesentlichen Ergebnisse und/oder Arbeitsvorgänge festgehalten. Dies kann in der Übernahme einer Tafeldarstellung in ein Geschichtsheft ebenso bestehen wie in der Anlage eines Portfolios, in der schriftlichen Beantwortung einer Aufgabe aus dem Schulbuch ebenso wie im Verfassen eines Arbeitspapiers. Das Geschichtsheft stellt dabei traditionell die bevorzugte Form dar.
- **Aufgaben**: Aus geschichtsdidaktischer Sicht gibt es im Rahmen der Kompetenzdiskussion erste Überlegungen, wie geeignete Aufgaben beschaffen sein müssen. Aufgaben sind meist von der Lehrkraft gestellte Anforderungen an Schülerinnen und Schüler, die diese erfüllen sollen. Sie gestalten Lehr-Lern-Prozesse, operationalisieren Fragestellungen und definieren bestimmte Anspruchsniveaus. **Diagnoseaufgaben** erkunden den Lernstand und die Lernvoraussetzungen der Kinder und Jugendlichen. **Lernaufgaben** sind konstitutiv für den Lernprozess und strukturieren diesen. Der Geschichtsdidaktiker Christian Heuer (*1974) hat dafür folgende Qualitätskriterien formuliert: Verständlichkeit; Transparenz des Arbeitsprozesses; Offenheit; adäquates Anspruchsniveau; Differenzierung; Anregung zur Kooperation und Einladung zum „Erzählen" (Heuer, Gütekriterien). Darüber hinaus lässt sich das „Aufgabenwissen" etwa im Hinblick auf den Aufgabentyp, die Anforderungsbereiche oder die Inhalte der Aufgabenstellungen systematisieren (Heuer/Resch, Aufgaben, 11). Holger Thünemann (*1975) postuliert übergeordnete fachspezifische Qualitätskriterien: „Historische Leitfragen als Lernimpuls", „Historische Werturteilsbildung als Lernziel", „Historische Reflexion als Lernprozessevaluation" (Thünemann, Lernaufgaben, 144ff.). Solche allgemeinen Typisierungen bedürften allerdings der Konkretisierung im Hinblick auf die im Unterricht verhandelten Sachverhalte. **Prüfungsaufgaben** kontrollieren am Ende den Lernerfolg. Diese sind Teil entsprechender Leistungserhebungen.
- **Prüfungsarbeiten**: Eine wesentliche Existenzberechtigung der Schule besteht in der Leistungserhebung. Es gibt Beurteilungen und Benotungen, die neben mündlichen Formaten auch in Geschichte auf schriftlichen Prüfungen beruhen. Stilbildend auch für die niedrigeren Gymnasialklassen sowie für andere Schularten wirken dabei die von der Kultusministerkonferenz beschlossenen „Einheitlichen Prüfungsanforderungen in der Abiturprüfung Geschichte" (EPA). Diese definieren, wie bereits im Zusammenhang mit den Zielen historischen Lernens erwähnt, drei Anforderungsbereiche, nämlich „Reproduktion", „Reorganisation" und „Reflexion", das heißt im Einzelnen das „Wiedergeben von Sachverhalten aus einem abgegrenzten Gebiet und im gelernten Zusammenhang", das „selbstständige Erklären, Bearbeiten und Ordnen bekannter Inhalte und das angemessene Anwenden gelernter Inhalte und Methoden auf andere Sachverhalte" und den „reflexiven Umgang mit neuen Problemstellungen, den eingesetzten Methoden und gewonnenen Erkenntnissen, um zu eigenständigen Begründungen, Folgerungen, Deutungen und Wertungen zu gelangen" (https://www.kmk.org/fileadmin/veroeffentlichungen_beschluesse/1989/1989_12_01-EPA-Geschichte.pdf, 6). Die Musteraufgaben verwenden so genannte Operatoren, das sind „hand-

lungsinitiierende Verben, die signalisieren, welche Tätigkeiten beim Lösen von Prüfungsaufgaben erwartet werden" (https://www.kmk.org/fileadmin/veroeffentlichungen_beschluesse/1989/1989_12_01-EPA-Geschichte.pdf, 7), die den verschiedenen Anforderungsbereichen zugeordnet werden können und bestimmte schriftliche Darstellungsweisen erfordern. So orientiert sich der Operator „Erörtern" an der entsprechenden klassischen Aufsatzform, bei der Pro- und Kontra-Argumente gegenübergestellt und gegeneinander abgewogen werden. Zusehends werden auch andere Formate bevorzugt, die den Lebensweltbezug stärker berücksichtigen. Jenseits der bundesweiten Festlegung gibt es angesichts des ausgeprägten Kulturföderalismus der Bundesländer keine einheitlichen Vorgaben für schriftliche Prüfungsaufgaben. Sie variieren von Bundesland zu Bundesland, von Schulart zu Schulart, von Schule zu Schule, ja von Klasse zu Klasse, so dass in diesem Rahmen verlässliche Beschreibungen nicht möglich sind. Entsprechend lassen sich zur Leistungsbewertung bzw. Leistungsbeurteilung keine allgemein gültigen Aussagen machen.

- **Schriftliche Darstellungen**: Der Geschichtsdidaktiker Olaf Hartung plädiert aufgrund einer empirischen Untersuchung nachdrücklich für eine Förderung des konzeptionellen Schreibhandelns im Geschichtsunterricht, bei dem Schülerinnen und Schüler historische Sachverhalte schriftlich darstellen. Er sieht die Lernleistung darin, dass „sie sich dabei geschichtliches Sachverhaltswissen ‚erlesen' und ‚erschreiben'", dass ihnen dabei bewusst wird, „dass Geschichte jeweils in Abhängigkeit von der Textfunktion und dem kommunikativen Ziel unterschiedlich perspektiviert und dargestellt werden kann", dass sie „Aussagen und Argumente nicht nur aneinanderreihen, sondern logisch miteinander verknüpfen" und dass „Informationen gezielt ausgewählt und in eine neue Wissensstruktur überführt werden müssen" (Hartung, Geschichte, 404).
- **„Erzählen"**: Darauf, dass Kinder und Jugendliche auch selbst etwas „erzählen" können, wurde bereits hingewiesen. Dies kann nicht nur mündlich geschehen, sondern muss, wenn es um anspruchsvollere Aufgabenstellungen geht, schriftlich erfolgen. Maßgeblich sind dabei die schon erwähnten Erzählhandlungen „Narrativieren", „Nacherzählen", „Umerzählen", „Rezensieren" und „Fantasieren". Die Abgrenzung zu schriftlichen Darstellungen ist dabei nicht immer klar, da „Erzählen" oft als umfassender Ausdruck für jede Form von Aussagen über Geschichte verwendet wird.
- **Kreatives Schreiben**: Umfasst die geschichtsdidaktische Verwendung des Begriffs des „Erzählens" grundsätzlich alle Formen schriftlicher Darstellung, die der für geschichtswissenschaftliche Erkenntnis gültigen Logik der Narrativität folgen, knüpfen Vorschläge zum Kreativen Schreiben eher an die alltagssprachliche Verwendung als erlebnishafte, schildernde Vergegenwärtigung an. In Anknüpfung an entsprechende Vorschläge aus der Deutschdidaktik plädiert der Geschichtsdidaktiker Josef Memminger (*1972) für eine stärkere Berücksichtigung solcher Formate im Geschichtsunterricht, „die breiten Raum für eigene Gestaltung lassen und über streng gelenkte Analyseaufträge, eine Wiedergabe

von Fakten und Sachverhalten oder ‚aufsatzartiges' Schreiben hinausgehen". Dies kann sich gleichermaßen in „spielerischen, erzählerischen und fiktiven Formen", aber auch in „freieren Varianten kommentierenden oder reflektierenden Schreibens ausdrücken, die eher als faktual anzusehen sind" (Memminger, Schreiben, 98). Damit umfasst kreatives Schreiben sowohl dokumentarische als auch fiktionale Formen der Darstellung, das klassische Erzählen ebenso wie argumentatives Schreiben. Leitbegriffe sind „Imagination", „Irritation", „Expression", „Imitation", „Reflexion und Elaboration" sowie „Narration"; die Lernleistungen bestehen demnach in: „Wiederholung und Vertiefung gelernter Inhalte", „Wahrnehmung der Multiperspektivität von Geschichte", „Empathisches Nachvollziehen und Verstehen", „Gattungskompetenz" und „Fächerübergreifendes Lernen" (Memminger, Schreiben, 99-101). Der Formenvielfalt sind hierbei keine Grenzen gesetzt (Übersicht mit vielen Beispielen: Memminger, Schreiben, 192ff.). Gleichwohl ist stets zu überlegen, welche Form in der konkreten Unterrichtssituation welche didaktisch-methodische Funktion zu erfüllen hat.

Die durch PISA belegten Defizite in der Lesekompetenz haben ein Bewusstsein dafür geschaffen, den Kindern und Jugendlichen durch einen **sprachsensiblen Unterricht** die Rezeption und Produktion von Texten zu erleichtern, denn in Geschichte haben sie es mit oft komplexen, fremdartigen und schwer verständlichen Quellen und Darstellungen zu tun. Inzwischen liegen konkrete Vorschläge vor, wie das historische Lernen durch gezielte Hilfestellungen erleichtert werden kann. Dies reicht von der Vereinfachung von Texten bzw. der Übersetzung in so genannte Leichte Sprache über die Vorstrukturierung etwa durch das so genannte *Scaffolding* bis hin zur Präsentation von Formulierungshilfen.

Probleme und Perspektiven

(1) Wählen Sie für ein Thema Ihrer Wahl drei zentrale unterrichtstaugliche Quellen aus.
(2) Erörtern Sie an einem geeigneten Beispiel die Lernchancen und Lernhindernisse bei der Arbeit mit Textquellen.
(3) Erläutern Sie die Abbildung zu Geschichts-Erzählungen mit Hilfe geeigneter Beispiele.
(4) Wählen Sie eine Geschichtserzählung (z. B. aus der Sammlung von Schnackenberg) und erörtern Sie deren Eignung für das historische Lernen.
(5) Hans-Jürgen Pandel bezeichnet die novellistische Geschichtserzählung als „Pseudo-Gattung". Diskutieren Sie dieses Urteil.
(6) Bestimmen Sie den Typ eines von Ihnen gewählten Schulgeschichtsbuchs und verorten Sie es in der Entwicklung der Gattung.
(7) Untersuchen Sie exemplarisch, inwieweit die Aufgaben in Schulgeschichtsbüchern für das historische Lernen geeignet sind.
(8) Erstellen Sie zwei Arbeitsblätter zu einem Thema Ihrer Wahl.

(9) Überprüfen Sie die Chancen und Probleme, die sich beim Kreativen Schreiben im Geschichtsunterricht stellen können, indem Sie einen Nachruf auf eine selbst gewählte historische Person verfassen.

Literaturhinweise

Schriftliche Quellen

Baumgärtner, Ulrich: Textquellen-Analyse, in: Praxis Geschichte 3/2009, S. I-IV (*Grundlage für die vorliegenden Ausführungen*)

Lange, Thomas/Lux, Thomas: Historisches Lernen im Archiv, Schwalbach (Ts.) 2004 (*informationsreicher Überblick*)

Maurer, Michael (Hg.): Aufriss der Historischen Wissenschaften, Bd. 4: Quellen, Stuttgart 2002 (*informativer fachwissenschaftlicher Überblick*)

Pandel, Hans-Jürgen: Quelleninterpretation. Die schriftliche Quelle im Geschichtsunterricht. Schwalbach (Ts.) 2000 (*zentrales Werk mit weiterführender Literatur*)

Pandel, Hans-Jürgen: Quelleninterpretation, in: Mayer, Handbuch Methoden, S. 152–171 (*Kurzfassung der Monografie Pandels zur schnellen Orientierung*)

Sauer, Michael: Textquellen im Geschichtsunterricht. Konzepte – Gattungen – Methoden, Seelze 2018 (*praxisnahes Kompendium*)

Schriftliche Darstellungen und Geschichts-Erzählungen

Hasberg, Wolfgang: Klio im Geschichtsunterricht, in: GWU 48 (1997), S. 708-726 (*Bestandsaufnahme der geschichtsdidaktischen Diskussion*)

Pandel, Hans-Jürgen: Historisches Erzählen. Narrativität im Geschichtsunterricht, Schwalbach (Ts.) 2010 (*gut lesbare Einführung zum Thema „Narrativität" und zu Erkenntnismöglichkeiten und Grenzen der Geschichtswissenschaft*)

Rohlfes, Joachim: Geschichtserzählung, in: GWU 48 (1997), S. 736-743 (*knappe Einführung*)

Rox-Helmer, Monika: Jugendbücher im Geschichtsunterricht, Schwalbach (Ts.) 2006 (*einführender Überblick über das Thema mit vielen Beispielen*)

Schnackenberg, Martin: Geschichtserzählungen, Braunschweig 2014 (= Praxis Geschichte extra) (*aktuelles Beispiel für gesammelte Geschichtserzählungen für den Unterricht*)

Schörken, Rolf: Das Aufbrechen narrativer Harmonie. Für eine Erneuerung des Erzählens mit Augenmaß, in: GWU 48 (1997), S. 727-735 (*differenziertes Plädoyer für die Geschichtserzählung*)

Schulbuch

Jacobmeyer, Wolfgang: Das Schulgeschichtsbuch – Gedächtnis der Gesellschaft oder Autobiographie der Nation?, in: Geschichte, Politik und ihre Didaktik 26 (1998), S. 26-35 (*anregende Überlegungen*)

Jacobmeyer, Wolfgang: Das deutsche Schulgeschichtsbuch 1700 – 1945. Die erste Epoche seiner Gattungsgeschichte im Spiegel der Vorworte, 3 Bde., Berlin 2011 (*aufschlussreiche Sammlung von Vorworten von Schulgeschichtsbüchern mit einer informativen Einführung*)

Schönemann, Bernd/Thünemann, Holger: Schulbucharbeit. Das Geschichtslehrbuch in der Unterrichtspraxis, Schwalbach (Ts.) 2010 (*gelungener Überblick*)

http://www.gei.de/home.html (*Homepage des Georg-Eckert-Instituts für internationale Schulbuchforschung*)

http://gei-digital.gei.de/viewer/ (*digitale Sammlung von Schulbüchern aus dem Georg-Eckert-Institut für internationale Schulbuchforschung*)

Arbeitsblätter

Baumgärtner, Ulrich: Arbeitsblatt, in: Praxis Geschichte 3/2010, S. I-IV (*Grundlage für die einschlägigen Ausführungen*)

Deile, Lars/Sobich, Frank Oliver: Arbeitsblätter im Geschichtsunterricht. Konzeption und Einsatz, Schulbuch (Ts.) 2014 (*praxisorientierte Einführung*)

Aufgaben

Baumgärtner, Ulrich: Leistungsbewertung. Geschichtsunterricht zwischen Notendruck und Leistungsmessung, in: Praxis Geschichte 6/2011, S. I-IV (*einführender Aufriss*)

Heuer, Christian: Gütekriterien für kompetenzorientierte Lernaufgaben im Fach Geschichte, GWU 62 (2011), S. 443-458 (*erster Versuch einer Systematisierung*)

Heuer, Christian/Resch, Mario: Aufgaben im Geschichtsunterricht. Stand und Perspektiven, in: Gfh 3/2018, S. 5-20 (*aktueller Überblick*)

Kühberger, Christoph: Leistungsfeststellung im Geschichtsunterricht. Diagnose – Bewertung – Beurteilung, Schwalbach (Ts.) 2014 (*praxisorientierte Einführung*)

Mägdefrau, Jutta/Michler, Andreas: Individualisierende Lernaufgaben im Geschichtsunterricht. Eine empirische Untersuchung zur Rolle von Schulbuchaufgaben und Eigenkonstruktionen von Lehrkräften, in: ZfGD 11 (2012), S. 208-232 (*aufschlussreiche empirische Untersuchung*)

Thünemann, Holger: Historische Lernaufgaben – Theoretische Überlegungen, empirische Befunde und forschungspragmatische Perspektiven, in: ZfGD 12 (2013), S. 141-155 (*aktueller Überblick über den Diskussionsstand*)

Schriftliche Darstellungen

Hartung, Olaf: Geschichte Schreiben Lernen. Empirische Erkundungen zum konzeptionellen Schreibhandeln im Geschichtsunterricht, Berlin 2013 (*anregende empirische Untersuchung*)

Kreatives Schreiben

Memminger, Josef: Schüler schreiben Geschichte. Kreatives Schreiben im Geschichtsunterricht zwischen Fiktionalität und Faktizität, Schwalbach (Ts.) 2007 (*Standardwerk zum Thema*)

Sprachsensibler Geschichtsunterricht

Handro, Saskia: „Sprachsensibler Geschichtsunterricht". Systematisierende Überlegungen zu einer überfälligen Debatte, in: Hasberg, Wofgang/Thünemann, Holger (Hg.): Geschichtsdidaktik in der Diskussion. Grundlagen und Perspektiven, Frankfurt/M. 2016, S. 265-296 (*instruktiver Überblick*)

ZfGD-Themenheft „Sprache und historisches Lernen", 2015 (*enthält vielfältige Beiträge zu verschiedenen Aspekten*)

Medien historischen Lernens: Bildlichkeit

Der gern zitierte Satz „Ein Bild sagt mehr als 1000 Worte“ scheint einen Königsweg historischen Lernens zu markieren. Durch die Beschäftigung mit visuellen Medien ließen sich demnach historische Sachverhalte unmittelbar veranschaulichen. Doch eine genauere Betrachtung zeigt nicht nur die Lernchancen, sondern auch die nicht zu unterschätzenden Probleme. Ausgehend vom Begriff „Bild“ wird das Verfahren der Bildanalyse dargestellt, bevor visuelle Unterrichtsmedien näher betrachtet werden.

Bilder und Bildquellen

Zu definieren, was ein „Bild“ ausmacht, ist nicht einfach, impliziert der Begriff doch eine Vielzahl von Bedeutungsvarianten:

> „Wenn das Wort ‚Bild' trotz seiner verschiedenen Gegenstände und Diskurse von der Mehrzahl der (deutsch sprechenden) Menschen verstanden wird, so lässt es sich gleichwohl nicht in einer eindeutigen, abstrakten und wissenschaftlich verbindlichen Weise definieren“ (Bruhn, Bild, S. 16).

Der Grund dafür liegt u. a. in den Besonderheiten des Mediums begründet:

- **Vielfalt der Gattungen**: Der Sammelbegriff umfasst das Gemälde ebenso wie die Karikatur, die Fotografie ebenso wie das Plakat.
- **Fehlende Trennschärfe zu anderen Medien**: So beinhalten viele Bilder wie z. B. Plakate auch Textelemente; weiterhin bezeichnete „Bild“ lange Zeit auch dreidimensionale Skulpturen und mitunter werden die bewegten Bilder des Films auch unter den Sammelbegriff subsumiert.
- **Ubiquität von Bildern**: Der Mensch ist von Bildern umgeben. Das war in früheren Zeiten schon so, wenn er die Fresken in einer Kirche betrachtete, und hat sich durch die Möglichkeiten der technischen (Re-)Produzierbarkeit noch verstärkt. Dabei handelt es sich nicht immer um abgrenzbare Bilder, sondern oft genug um bildhafte Elemente, die in verschiedensten Kontexten auftreten.
- **Mentale Bilder**: Nicht alle Bilder liegen materiell vor, sondern sind im individuellen bzw. kollektiven Bildgedächtnis gespeichert. So evoziert der Begriff „Großstadt“ bei jedem Einzelnen visuelle Assoziationen.
- **Vielzahl der wissenschaftlichen Zugriffe**: Da Bilder in verschiedensten Kontexten vorkommen, gibt es auch eine Vielzahl von Wissenschaften, die sich mit dem Bild beschäftigen: von der Kunstgeschichte bis zur Psychologie, von der Theologie bis zur Historiografie. Das neu erwachte wissenschaftliche Interesse an Bildern wurde auch als *iconic turn* oder *visual turn* bezeichnet, wobei jede

Disziplin aufgrund des jeweiligen Untersuchungsgegenstands und des jeweiligen methodischen Zugriffs einen eigenen Bild-Begriff bevorzugt.

Die Uneindeutigkeit des Begriffs und die Schwierigkeiten, ja Unmöglichkeit einer wissenschaftlich exakten Definition lenkt den Blick auf die **Visualität** als umfassendes Phänomen. Bildlichkeit ist, wie die vorgeschichtlichen Höhlenzeichnungen belegen, als Medium historisch älter als Schriftlichkeit; Bilder zählen daher zu den frühesten Kulturzeugnissen. Während Texte eine Übersetzung in ein Symbolsystem erfordern und nur sequentiell zu erfassen sind, können Bilder ganzheitlich wahrgenommen werden und suggerieren oft die – mehr oder weniger gelungene bzw. mehr oder weniger stilisierte – Wiedergabe eines Wirklichkeitsausschnitts. Allerdings ist grundsätzlich davon auszugehen, dass, auch wenn die bildliche Darstellung noch so realistisch wirkt, es sich „nur" um ein Ab-Bild handelt, das mehr oder weniger von der Wirklichkeit abweicht. Dies heißt „**pikturale Differenz**". Manche Bilder sind offensichtlich fiktiv oder fantastisch, etwa die traumartigen Gemälde von Marc Chagall (1887-1985); sie signalisieren dem Betrachter von sich aus diese pikturale Differenz. Allerdings trifft sie – wegen der Motivwahl, der Perspektive, der Belichtungszeit usw. – auch auf scheinbar objektive Fotografien zu, zumal manche Künstler wie etwa Andreas Gursky (*1955) ganz bewusst mit der Wirklichkeitsillusion spielen, um eingeübte Wahrnehmungsweisen in Frage zu stellen.

Aus dem breiten Feld der Bildlichkeit und der Fülle materiell vorliegender Bilder lassen sich **Bildquellen** als besondere, für das historische Lernen wichtige Gruppe herausheben. Diese unterscheiden sich von **bildlichen Darstellungen**, die – ein Beispiel sind Rekonstruktionszeichnungen – nachträgliche Visualisierungen von historischen Sachverhalten darstellen.

Hans-Jürgen Pandel nimmt dabei drei wichtige Eingrenzungen vor (Pandel, Bildinterpretation, 10f.):

- **Zweidimensionalität**: „Ein Bild ist eine bemalte (bzw. gezeichnete, gestochene, belichtete etc.) *Fläche*". In einem weiten Verständnis von Visualität wäre allerdings alles Sichtbare, also zum Beispiel auch dreidimensionale Gegenstände, dazuzurechnen. Umgekehrt kann das flächenhafte Bild auch als Sachquelle in seiner Materialität betrachtet werden (Rahmen, Trägerschicht usw.), mithin als dreidimensionaler Gegenstand.
- **Quellencharakter**: „Der hier gemeinte Bildbegriff bezieht sich auf Bildquellen, also auf Bilder, die in der Vergangenheit entstanden sind[,] und uns heute vorliegen." Zwar ist die Unterscheidung von Quellen und Darstellungen für das historische Arbeiten konstitutiv, doch ist der Quellencharakter dem jeweiligen Bild nicht inhärent, sondern verändert sich mit der Fragestellung. Der Maler Carl Theodor von Piloty (1826-1886) hat eine Reihe berühmter Historiengemälde gefertigt und z. B. Martin Luthers Auftritt vor dem Reichstag 1521 künstlerisch dargestellt. Als Quelle für das damalige Ereignis ist das Bild unergiebig und allenfalls als nachträgliche Darstellung interessant. Im Hin-

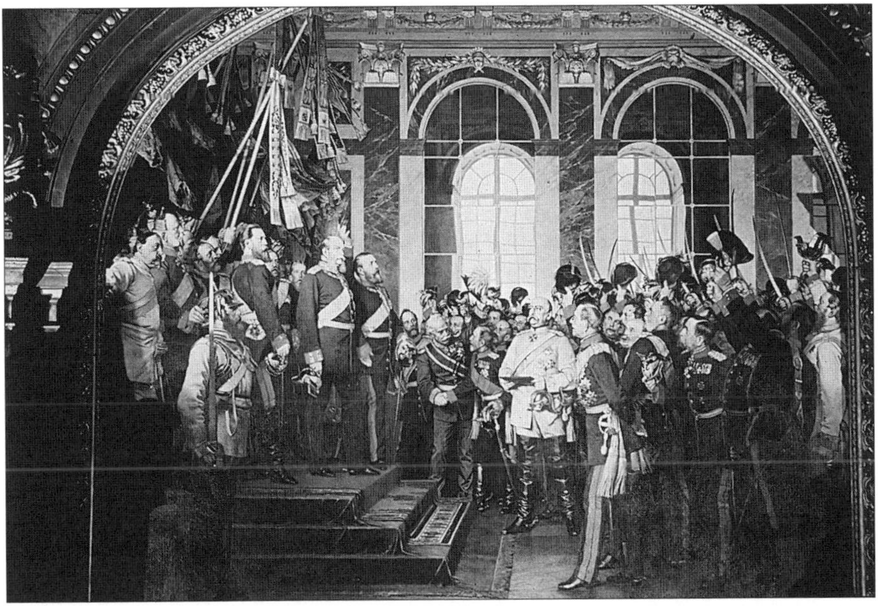

Abb. 34: Anton von Werner: Die Proklamierung des deutschen Kaiserreiches, zweite Fassung 1882. Wie mit Bildern umgegangen wird, hängt wesentlich von der Fragestellung ab.

blick auf das Luther-Bild im 19. Jahrhundert wird das Gemälde jedoch zur Quelle.

- **Entstehungszeitpunkt**: „Bilder sind ungeachtet ihres Bildinhaltes nur für den *Zeitpunkt ihrer Herstellung* eine Quelle.“ Hier gibt es jedoch Grenzfälle. So war der Maler Anton von Werner (1843-1915), der Schöpfer des bekannten Bildes von der Proklamation des Kaiserreichs 1871, Augenzeuge der damaligen Versammlung im Spiegelsaal des Schlosses in Versailles. In der Folgezeit hat er diese Szene mehrfach auf immer wieder neue und künstlerisch freie Weise gestaltet. Daher können seine Bilder – mit der notwendigen Vorsicht – als Quelle betrachtet werden; sie dürfen aber nicht als Wiedergabe der Realität missverstanden werden.

Allerdings sind Bildquellen nur ein kleiner Ausschnitt der im Unterricht auftretenden Visualiät. Bilder können sich daher auf verschiedene Weise auf Geschichte beziehen, was in folgender Unterscheidung zum Ausdruck kommt:

- **Bilder aus der Geschichte** sind demnach Bildquellen, aus denen man etwas über die Vergangenheit erfahren kann.
- **Bilder zur Geschichte** sind nachträgliche Vergegenwärtigungen von Vergangenheit, wie z. B. Historienbilder, die ein Ereignis aus großer zeitlicher Distanz rückblickend deuten.

- **Bilder von der Geschichte** sind Vorstellungen vom historischen Verlauf, die oft genug visuelle Vorstellungen evozieren („Aufstieg und Niedergang", „Fortschritt").

Verfahren der Bildinterpretation

So lassen sich verschiedene Zugangsweisen unterscheiden: Bei der **Realienkunde** richtet sich das Interesse unabhängig von der Gesamtkomposition des Bildes auf die dargestellten Gegenstände. Bei der **Ikonografie** bzw. **Ikonologie** sind das Thema und die Aussage des Einzelbildes von Bedeutung. Bei der **Funktionsanalyse** wird das Bild im gesellschaftlichen Kontext betrachtet. Bei der **semiotischen Analyse** steht die visuelle Kommunikation im Mittelpunkt. Beim **rezeptionsästhetischen Ansatz** liegt das Interesse auf der Wahrnehmung durch den Betrachter. Jeder dieser Ansätze erfordert andere Zugänge und Methoden. Wie lassen sich Bilder nun angemessen interpretieren?

Eine erste Antwort bietet die **Realienkunde**. Zunächst interessierten Bilder aller Art im Hinblick auf die darauf dargestellten Gegenstände. So kann die Sachkultur vergangener Zeiten, ohne das Bild als solches zu analysieren, erschlossen werden. Wie sind die Gebäude beschaffen? Wie sind die Häuser eingerichtet? Welche Alltagsgegenstände sind abgebildet? Welche Kleidung tragen die Figuren?

Eine zweite Antwort gibt die **historische Bildkunde**, die sich an der Kunstgeschichte orientiert, dort verwendete Verfahren rezipiert und für geschichtswissen-

Abb. 35: Jan Vermeer: Die Perlenwägerin, 1665

schaftliche Zwecke modifiziert. Als besonders einflussreich erwies sich dabei das dreischrittige Verfahren des Kunsthistorikers Erwin Panofsky (1892-1968):

- Bei der **vorikonografischen Beschreibung** wird das Bild möglichst exakt und neutral beschrieben. Dies soll voreilige Schlüsse verhindern.
- Die **ikonografische Analyse** erschließt das Thema und die Bedeutung der einzelnen Elemente.
- Die **ikonologische Interpretation** schließlich bestimmt aufgrund der vorherigen Arbeitsschritte die Gesamtaussage des Bildes.

So lässt sich das 1662–1664 entstandene Gemälde „Frau mit Waage (Die Perlenwägerin)“ von Jan Vermeer (1632-1675) zunächst als Darstellung einer jungen Frau mit Waage in einem Zimmer beschreiben, bevor die einzelnen Elemente entschlüsselt werden, die schließlich darauf hindeuten, dass allegorisch die göttliche Gerechtigkeit dargestellt wird.

Dieses kunstgeschichtliche Verfahren hat der deutsche Historiker Rainer Wohlfeil (*1927) auf die Geschichtswissenschaft übertragen, um den für die geschichtswissenschaftliche Forschung zentralen **Dokumentensinn** von Bildern zu erschließen. Er erweitert die ikonografische Analyse um die historische Einbettung des Bildes zur ikonografisch-historischen Analyse und kombiniert die ikonologische Interpretation mit der Quellenkritik, so dass auf diese Weise der historische Dokumentensinn erschlossen werden kann. Dieses Verfahren wurde aufgrund seiner methodologischen Systematik und seiner einprägsamen Dreischrittigkeit schnell von der Geschichtsdidaktik adaptiert und begegnet in unterschiedlicher Ausdeutung und Terminologie in allen gängigen Publikationen (Übersicht bei Bergmann/Schneider, Handbuch Medien, 249f.). Eine systematische Ausarbeitung bietet Pandel anhand des Bildes „Die Haarlemer Stadtpatronin huldigt Friedrich Heinrich als Friedensbringer“ (Pandel, Bildinterpretation, S. 119ff.).

Zunächst wird durch eine genaue **Beschreibung** der **Erscheinungssinn** bestimmt. Dies entspricht der vorikonografischen Beschreibung der einzelnen Bildelemente. Bei der **Analyse** wird der **Bedeutungssinn** erschlossen, der sich an der ikonografischen Interpretation orientiert. Die **Interpretation** erschließt nun den **Dokumentensinn** des Bildes, also die Aussage der Bildquelle. Bei der **Zeitdeutung** soll durch die Einbettung in den historischen Verlauf der **Erzählsinn** herausgearbeitet werden (zusammenfassendes Schaubild: Pandel, Bildinterpretation, 137).

Die wesentliche Erweiterung besteht im letzten Schritt, der Zeitdeutung: „Wir müssen die Vor- und Nachgeschichte der dargestellten Bildszene ergänzen, um den narrativen Prozess, in dem das zu interpretierende Bild steht, zu erschließen“ (Pandel, Bildinterpretation, 133).

Diese von Pandels narrativem Geschichtsverständnis gespeiste These wäre jedoch eigens zu diskutieren. Muss tatsächlich jedes Bild in einen Handlungsablauf aufgelöst werden? Sind Porträts und Herrscherbild nicht gerade dadurch gekennzeichnet, dass sie einen Zustand zeigen wollen?

Abb. 36: Jan de Bray: Die Haarlemer Stadtpatronin huldigt Friedrich Heinrich als Friedensbringer, 1681

Eine dritte Antwort bietet die ***Visual History***, die über die Historische Bildkunde hinausgeht, indem sie nach der historischen Wirksamkeit von Visualität insgesamt fragt:

> „Bis Ende der 1990er-Jahre folgte die Geschichtswissenschaft somit weitgehend einem verkürzten Bild-Begriff, der sich primär auf das trägergebundene Bild reduzierte und dieses oft ausschließlich [...] als passiven Spiegel der Zeitläufte, kaum einmal jedoch das Bild als Medium und Bildakt, das selbst wiederum Einstellungen, Mentalitäten, Geschichtsbilder etc. generiert, zum Gegenstand machte. Dass Bilder [...] zur Welt der Ereignisse in einem gleichermaßen reagierenden wie gestaltenden Verhältnis stehen, Geschichte nicht nur passivisch widerspiegeln, sondern als Bildakte selbst zu prägen vermögen, blieb weitgehend außerhalb des historiografischen Verständnisses" (Paul, Visual History, 18).

Dass Bilder nicht nur etwas darstellen, sondern auch etwas bewirken, ja Macht ausüben können, lenkt den Blick auf soziale Prozesse, in denen Bilder, ja Bildlichkeit allgemein eine wichtige Rolle spielen. So schlägt Gerhard Paul (*1951) vor, „das gesamte Spektrum der historiografischen Auseinandersetzung mit den Produkten und Praktiken der visuellen Medien" als *Visual History* zu bezeichnen und von einem weit gefassten Bild-Begriff auszugehen: „Dieser sieht keine Hierarchisierung visueller Quellen vor, sondern bezieht Bilder und Praktiken älterer Bildmedien wie Plakate, Bildpostkarten und Zeitschriftenkarikaturen ebenso ein wie Fotografien und Filme und die modernen elektronischen Bilder des Fernsehens und des Internet" (Paul, Visual History, 26). Dieser Ansatz weist nicht nur weit über die Analyse einzelner Bilder hinaus, sondern umfasst auch Fragestellungen nach der Entwicklung von bildlichen Vorstellungen im historischen Kontext überhaupt, etwa Wirksamkeit von nationalen Feind-Bildern oder politischen Ideal-Bildern.

Bildtypen und Bildgattungen

Will man die Fülle der bildlichen Hinterlassenschaft systematisieren, stellt sich die Frage nach den zugrunde liegenden Kriterien. Mögliche Einteilungen können sich orientieren

- an der **Herstellungstechnik**: Gemälde, Fotografie, Mosaik, Holzschnitt usw. Dies ist stets zu bedenken, da bestimmte Techniken nur bestimmte Darstellungsarten zulassen. So musste in der Frühzeit der Fotografie mit langen Belichtungszeiten gearbeitet werden. Der statuarische Eindruck, den viele Porträts erwecken, ist daher nur mit Vorsicht als Ausdruck einer rigiden Persönlichkeitsstruktur und formeller gesellschaftlicher Beziehungen zu deuten, sondern dem Produktionsprozess geschuldet.
- an den dargestellten Gegenständen, den **Sujets**: Porträt, Landschaftsmalerei, Heiligenbild usw. Diese weisen selbst eine lange Tradition auf, so dass die Be-

Abb. 37a+b: Familienfotografie aus der Mitte des 19. Jahrhunderts und von heute, Fotos: Hamar, Koltsovpa

sonderheit eines Bildes oft erst durch den Vergleich mit anderen einschlägigen Kunstwerken geschehen kann. Dass um 1500 Madonnenfiguren nicht mehr vor einem goldenen Hintergrund, sondern vor einer realistisch gemalten Landschaft gemalt werden, deutet auf einen grundlegenden Wandel der Weltwahrnehmung hin. Die trifft auch auf die Auflösung der gegenständlichen und das Aufkommen der abstrakten Malerei um 1900 zu.

- an traditionellen **Bildgattungen**: Karikatur, Plakat, Comic usw. Diese hängen zwar oft mit der jeweiligen Herstellungstechnik zusammen, zeichnen sich jedoch durch bestimmte Merkmale als eindeutig identifizierbare Bildtypen aus. So definiert sich die Karikatur durch Überzeichnung und Verzerrung, der Comic durch die Abfolge von Einzelbildern, die eingefügten Sprechblasen usw.
- am **Verwendungszweck**: Altarbild zur Anbetung, Herrscherporträt als politische Selbstdarstellung, Urlaubsfoto zur persönlichen Erinnerung usw.
- an der **kunstgeschichtlichen Entwicklung**: So sind Höhlenmalereien Bildquellen aus der Frühzeit der Menschheit, während die Geschichte der Fotografie nur bis ins 19. Jahrhundert zurückreicht. So lassen sich epochentypische Bildgattungen – „visuelle Handschriften“ (Michael Sauer) – identifizieren, etwa Vasenmalerei in der griechischen Antike, Buchmalerei im Mittelalter, Historienmalerei im 19. Jahrhundert. Allerdings handelt es sich um keine stringente Abfolge, sondern um vielfältige Überlagerungen, da Landschaftsgemälde etwa durch die Jahrhundert hindurch immer wieder angefertigt wurden.

Die beiden gängigen geschichtsdidaktischen Monografien zu Bildern im Geschichtsunterricht von Michael Sauer (*1955) (Sauer, Bilder) und Hans-Jürgen Pandel (*1940) (Pandel, Bildinterpretation) gliedern auf unterschiedliche Weise:

Sauer (2000)			**Pandel (2008)**
Thematischer Aspekt	**Technik, Präsentation und Verbreitung**	**Visuelle Handschriften**	**Einteilung des visuellen Feldes**
Personenbilder	Plastik	Ägypten	Höhlenbilder
Ereignisbilder	Malerei	Griechische Antike	Ägyptische Wandmalerei
Alltagsbilder	Druckgrafik	Mittelalter	Antike Vasenmalerei
Landschaftsbilder	Fotografie	Renaissance	Rom: Mosaikbilder – Malerei in Stein
Stadtbilder		Impressionismus und Beginn der Moderne	Mittelalterliche Buchmalerei
Plakate		China	Frühe Neuzeit: Kupferstiche – grafische Kunst

Sauer (2000)			**Pandel (2008)**
Thematischer Aspekt	**Technik, Präsentation und Verbreitung**	**Visuelle Handschriften**	**Einteilung des visuellen Feldes**
Karikaturen		Afrika	Historienmalerei: Historische Wahrheit versus dokumentarische Entwicklung
			Das 20. Jahrhundert: Fotografie – Malen mit Licht
			Moderne Historienmalerei
			Fremdbilder: Fremde Bilder – Bilder des Fremden

Abb. 38: Einteilung von Bildern

Solche Einteilungen sind als heuristische Orientierungshilfen gut zu gebrauchen, sollten jedoch nicht dazu verführen, eine Systematik zu unterstellen, die es aufgrund der Vielfältigkeit von einzelnen Formen nicht gibt. Gleichwohl hilft es beim Verständnis einer Karikatur, wenn Grundelemente der Gattung bekannt sind. Auch die Kenntnis der darstellerischen Möglichkeiten einer bestimmten Technik wie des zu grober Linienführung neigenden Holzschnitts („holzschnittartig") oder der scheinbar objektiv abbildenden Fotografie ist bei der Interpretation hilfreich.

Kompetenter Umgang mit Bildquellen im Geschichtsunterricht

Angesichts der Kompetenzdiskussion wird auch im Hinblick auf den Umgang mit Bildquellen die Entwicklung einer Bildkompetenz, einer Bildlesekompetenz oder einer visuellen Kompetenz gefordert. Auch wenn es dazu kein elaboriertes Modell gibt, lassen sich doch Elemente zusammenstellen, die dafür unerlässlich sind:

- Konzentrierte **Wahrnehmung**: Ohne eine genaue Betrachtung auch von Details kann eine Erschließung von Bildern nicht gelingen.
- Beherrschung von **Analyseverfahren**: Ein regelgeleitetes Vorgehen erleichtert den Zugang und auch den Arbeitsprozess, wobei die Verfahren nicht im Schematismus erstarren sollten. Hier gibt es vielfältige Vorschläge für eine abwechslungsreiche Unterrichtsgestaltung.
- Kenntnis wichtiger **Bildgattungen** und ihrer technischen Grundlagen: Diese kann zwar erst nach und nach entwickelt werden, ist jedoch unverzichtbar, um

Fehlinterpretationen zu vermeiden. (Da diese hier nicht eigens vorgestellt werden können, sei auf die zusammenfassenden Darstellungen von Sauer und Pandel sowie die einschlägigen Monografien verwiesen.)

- Verfügung über das notwendige historische **Kontextwissen**: Dieses ist in der Regel nicht vorauszusetzen. Die Identifizierung von Personen oder die Entschlüsselung von Symbolen kann den Schülerinnen und Schülern oft nur mit Hilfestellung gelingen.
- Präzise Darstellung der **Ergebnisse**: Hier ist insbesondere die Fähigkeit zur Versprachlichung gefragt, auch wenn manches anders, etwa visuell oder akustisch, präsentiert werden kann.

Um diese Fähigkeiten zu fördern bieten sich verschiedene unterrichtsmethodische Arrangements an. So schlägt Sauer entsprechend den verschiedenen Schritten der Bilderschließung z. B. folgende Verfahren vor (Sauer, Bilder, 20ff.):

> „1. Bildbetrachtung – sich Bildern nähern
> - Bilder aushängen
> - Bilder sammeln
> - Bilder ohne Zusatzinformationen präsentieren
> - Bilder zerschneiden und als Puzzle präsentieren
>
> 2. Bildanalyse
> - Bilder rastern
> - Den Bildaufbau nachzeichnen
> - Umzeichnung eines Bildes herstellen
>
> 3. Bildinterpretation
> - Bilder mit Bildern oder anderen Quellen/Medien zusammenstellen
> - Eine Geschichte zu einem Bild erzählen
> - Sprech- oder Denkblasen in ein Bild einfügen
> - Bilder mit anderen Sinnen ergänzen
> - Einen Bildauftrag formulieren
> - Bildszenen nachstellen oder nachspielen
> - Szenarien mit Figurenbildern erstellen
> - Bilder ergänzen und umgestalten
> - Fotomontagen oder Collagen herstellen
> - Historische Bilder und aktuelle Bilder einander gegenüberstellen“.

Ausgehend von den Schüleraktivitäten stellt Pandel u. a. folgende Verfahren zusammen (Pandel, Bildinterpretation, 173ff.), z. B.:

„• Bilder ergänzen: Der Restaurator
- Bilder durch Bilder erklären: Spurensuche
- Umzeichnungen als Hilfsmittel
- Transfer herstellen
- Bilder verfremden
- Bildvergleich
- Strukturen sichtbar machen
- Mittelalterliche Miniaturen: Mit den Händen reden
- Übungen mit Legenden
- Bilder zum Sprechen bringen
- Der Verwendungszweck von Bildern: Das Bild im sozialen Raum
- Motive im Wandel der Zeit
- Menschlichkeitsbilder
- Spurensuche: Die Arbeit an Details
- Bilder verfilmen: Bildinterpretation durch Bildverfilmung
- Bilder treiben Späße".

An diesen Übersichten ist nicht nur erkennbar, dass es bei den methodischen Vorschlägen große Schnittmengen gibt, sondern dass gerade angesichts der Vielfalt der Bildgattungen und der schier unüberschaubaren Zahl von Einzelbildern der methodischen Phantasie keine Grenzen gesetzt sind. Insofern lohnt es sich, bei dem jeweiligen Bild zu beginnen, dieses eingehend zu interpretieren und davon ausgehend unterrichtliche Verfahrensweisen zu entwickeln, da nicht alle gleichermaßen gut für jedes Bild geeignet sind. So stellt Kristina Lange (*1966) aufgrund ihrer empirischen Untersuchung nachdrücklich in Frage, „ob die auch gerade in der Lehrerausbildung weitverbreitete Vorgehensweise, geschichtsdidaktische Bildinterpretationsmodelle immer wiederkehrend schematisch und monoton abzuarbeiten, den gewünschten Lernertrag auf inhaltlicher sowie auf methodischer Ebene erzielt", da die Schülerinnen und Schüler so gezwungen sind, „ihren eigenen Aneignungsprozess zu unterbrechen" (Lange, Bildverstehen, 276).

Zusammenfassend lassen sich die Bezüge grafisch wie folgt darstellen. Die individuelle Perzeption von Bildern folgt den psychologischen Regeln der Bildwahrnehmung und ist eingebettet in das individuelle und kollektive Bildgedächtnis. Der Begriff „Bild" wird dabei als Sammelbegriff für vielfältige Formen visueller Repräsentation verstanden, die eigens als Karikatur, Gemälde, Plakat usw. zu beschreiben wären. Grundsätzlich gelten ebenso wie für schriftlichen Quellen die Regeln der Quellenkritik, wofür die Reflexion der Gattungseigenschaften ebenso bedeutsam ist wie etwa die Unterscheidung von Überrest und Tradition. Im Hinblick auf die wissenschaftlichen Fragestellungen lassen sich idealtypisch drei Zugänge unterscheiden: die Untersuchung von Einzelelementen zur Erforschung vergangener Sachkultur, die Interpretation des Bildes als Informations- bzw. als Bedeutungsträger sowie die Analyse der mit den jeweiligen Bildern verbundenen sozialen Prozesse. Ausgehend von diesen theoretischen Überlegungen erfolgt dann die unterrichtspraktische Umsetzung. Dabei lassen sich folgende Analyseschritte unterscheiden: Die um Genauigkeit und Neutralität bemühte Bildbeschreibung, die Bilderschließung, die die Einzelelemente sowie den Bildaufbau analysiert, sowie die zusammenfassende Bildinterpretation. Um zu vermeiden, dass Bildanalysen schematisch erstarren, dürfen diese nicht als stereotype Arbeitsanweisung missverstanden werden. Vielmehr bietet es sich an, auf die Vielzahl an methodischen Vorschlägen zurückzugreifen.

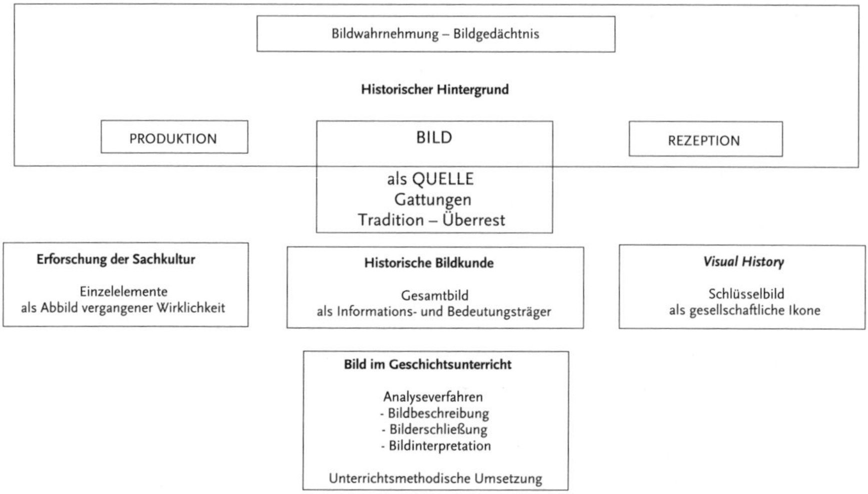

Abb. 39: Bilder im Geschichtsunterricht

Film

Film und Geschichte

Seit seiner Entstehung gegen Ende des 19. Jahrhunderts hat der Film eine erstaunliche Entwicklung absolviert und ist zu einem Leitmedium der modernen Welt geworden. Die Präsenz von Filmen in der Öffentlichkeit und die Präsenz historischer Inhalte in diesem Medium lassen es als unverzichtbar erscheinen, ihn als zentrales Medium des historischen Lernens zu betrachten. Dabei beruht der Film auf einer optischen Täuschung. Das menschliche Gehirn nimmt eine Folge von Einzelbildern als zusammenhängende Bewegung wahr und spricht diesen Abbildern Realitätsgehalt zu. Gegenüber Fotografien ist mithin die Wirklichkeitsillusion noch ausgeprägter, zumal mit der Erfindung des Tonfilms nicht nur der Sehsinn angesprochen wird. Dass auf diese Weise der Zuschauer ins Geschehen hineingezogen, mithin zum Beteiligten wird, macht die Faszination des Mediums aus, erschwert aber gleichzeitig die kritische Distanz. Daher sind Filme für historische Lernprozesse einerseits überaus attraktiv, andererseits aber schwierig zu handhaben.

Auch wenn es beim historischen Lernen vorrangig nicht um eine trennscharfe Einordnung des jeweiligen Films geht, ist es doch unabdingbar, sich über dessen spezifische Merkmale und Besonderheiten Rechenschaft abzulegen. In seiner gut hundertjährigen Geschichte hat dieses Medium eine Vielzahl von Formen hervorgebracht, die sich nur schwer typisieren lassen, und die verschiedenen Kriterien lassen sich nur bedingt miteinander kombinieren. Die Kunstwissenschaftler Michael Klant (*1952) und Raphael Spielmann (*1978) schlagen in ihrem Filmkompass sieben Kriterien vor, wobei die ersten drei technischer Natur, die restlichen vier inhaltlicher Natur sind (Klant/Spielmann, Grundkurs, Bd. 1, 21):

- Filmlänge: Kurzfilm – Langfilm
- Akustik: Stummfilm – Tonfilm
- Farbigkeit: Schwarzweißfilm – Farbfilm
- Herstellungsverfahren: Kamerafilm – Animationsfilm – Experimentalfilm
- Ort der Aufführung: Kino – Fernsehen – Multimedia – Videokunst
- Realitätsbezug: Ficton – Non-fiction
- Funktion: Lehrfilm – Propagandafilm – Werbefilm – Dokumentarfilm – Unterhaltungsfilm
- Genre und Formate: Hier lässt sich eine kaum überschaubare Vielfalt zusammenstellen wie Heimatfilm, Horrorfilm, Nachrichtensendung, Reportage, Musikfilm usw.

Dieser Kompass ermöglicht eine multidimensionale und flexible Bestimmung der jeweiligen Filmgattung, wobei es im Einzelfall natürlich Überschneidungen gibt. Allerdings fehlt hier der geschichtsdidaktische Bezug, ist doch beim historischen Lernen zentral, wie der jeweilige Film mit Geschichte umgeht. Filme können dabei wie alle Medien des historischen Lernens grundsätzlich als **Quellen** oder als **Darstellungen** betrachtet werden. Als Quellen geben sie Auskunft über ihre Entstehungszeit, als Darstellungen vermitteln sie im Rückblick ein bestimmtes Geschichts-Bild.

In geschichtsdidaktischer Hinsicht begegnen in den einschlägigen Handbüchern verschiedene Einteilungen. Norbert Zwölfer unterscheidet „aus der Perspektive der Filmmacher" die „filmische Fiktion", die „filmische Rekonstruktion" und den „Archiv- und Dokumentarfilm" (in: Günther-Arndt, Geschichts-Didaktik, 136). Diese recht grobe Einteilung erfasst die Vielfalt filmischer Formate nur unzureichend und berücksichtigt insbesondere nicht den Quellencharakter. Ähnlich ist es bei Gerhard Schneider (Pandel/Schneider, Handbuch Medien, 367ff.), der den „kommentierten Dokumentarfilm", das „Filmdokument" und den „historischen Spielfilm" nennt. Peter Meyers (Meyers, Film) schließlich unterscheidet „Filmdokument", „Dokumentarfilm", „Spielfilm" und „Unterrichtsfilm". Hier wird bereits der Quellencharakter und die grundsätzliche Unterscheidung zwischen fiktional und dokumentarisch reflektiert. Andererseits stellt der Unterrichtsfilm eher eine besondere Variante des Dokumentarfilms dar als eine eigene Gattung. Mit Hilfe eines Kriterienrasters, das insbesondere berücksichtigt, ob es sich einerseits um eine Quelle oder eine Darstellung, andererseits um ein dokumentarisches oder fiktionales Format handelt, lassen sich die einzelnen Filme näher charakterisieren. In diesem Sinne schlägt Sauer folgende Einteilung vor (Sauer, Geschichte, 215):

	Quelle	Darstellung
dokumentarisch	Filmdokument, historischer Dokumentarfilm	heutiger Dokumentarfilm
fiktional	historischer Spielfilm	Geschichtsfilm

Diese sinnvolle Einteilung lässt sich noch weiter differenzieren, wenn man zusätzlich die Unterscheidung von Tradition und Überrest bedenkt. Dann lassen sich grundsätzlich unterscheiden:

Filmische Quellen stammen aus der zu untersuchenden Zeit und geben daher Auskunft über sie:

- **Filmische Überreste** sind dabei unabsichtlich angefertigte und – streng genommen – unbearbeitete Aufnahmen, also das von einem Kameramann aufgenommene Filmmaterial. Die Aufnahmen einer fest installierten und ständig laufenden Webcam oder einer Überwachungskamera sind ein Beispiel dafür. In der Übersicht von Sauer wäre dies ein Filmdokument.
- **Filmische Traditionen** sind geschnittene, mit Kommentar versehene, mit Musik unterlegte usw. Filmaufnahmen. Diese können dokumentarisch, d. h. nichtfiktional, sein, wenn sie vorgeben, die Wirklichkeit darzustellen, was propagandistische Absichten nicht ausschließt. Eine entsprechend gestaltete Wochenschau über die Olympischen Spiele 1936 ist dafür ein Beispiel. Oder sie können fiktional sein, wenn eine erfundene Handlung zugrunde liegt. Zeitgenössische, aus heutiger Sicht: historische, Spielfilme zählen dazu.

Filmische Darstellungen hingegen sind nachträglich erstellte Präsentationen über vergangene Sachverhalte. Dabei können als übergeordnete Sammelbegriffe für alle einschlägigen Genres „Dokumentation“ und „Historienfilm“ verwendet werden:

- **Filmische Dokumentationen** beanspruchen, ein sachgerechtes, wissenschaftlich gesichertes Bild der Vergangenheit zu zeigen. Dabei werden vielfältige filmische Elemente verwendet: Sprecherkommentar, Spielszenen, Animationen, Zeitzeugen, Experten usw. Insbesondere im Fernsehen werden solche Filme gezeigt.
- **Historienfilme** – oder Geschichtsfilme, wobei dieser Begriff weniger präzise ist – präsentieren historische Sachverhalte in fiktionalen Filmformaten. Mitunter geben solche Filme vor, dokumentarisch zu sein („nach einer wahren Begebenheit“), doch ist diese Authentizitätsfiktion ein zentrales Merkmal des Films und ändert nichts an seiner Genrezugehörigkeit. Diese Filme folgen typischen Darstellungskonventionen wie z. B. Personalisierung, Spannungssteigerung, Happyend usw., weshalb eine freie, vom gesicherten Wissen abweichende Darstellung notwendig – und legitim – ist. Besonders beliebt sind

handlungsstarke, auf Einzelpersonen konzentrierte Sujets („Luther", „Gladiator", „Sophie Scholl. Die letzten Tage").

Im Laufe der Zeit können filmische Darstellungen selbst zu filmischen Quellen werden. So sind Dokumentarfilme zum Nationalsozialismus aus den 1960er-Jahren aus heutiger Sicht Quellen für die so genannte Vergangenheitsbewältigung. Selbstredend sind diese Unterscheidungen nicht immer trennscharf, aber sehr hilfreich bei der Klärung des Vorgehens. Entscheidend ist nämlich die Fragestellung, die den jeweiligen Filmen ihren Status zuweist. So kann ein und derselbe Film unter verschiedenen Gesichtspunkten analysiert werden. Fritz Langs Spielfilm „Metropolis" (1927) ist z. B. als Stummfilm in Schwarzweiß ein Beispiel für ein frühes Stadium der Filmtechnik. Die Entstehungsgeschichte weist auf das damalige Produktionssystem und die Rolle der Produktionsgesellschaft UFA hin. Als Science-fiction-Film spiegelt er die zeitgenössische Wirklichkeit der Weimarer Republik auf spezifische Weise. Die Distribution verweist auf die Rolle des Kinos in der Weimarer Republik. Die Rezeptionsgeschichte lenkt den Blick auf die Sehgewohnheiten des Publikums. Erst wenn die zugrunde liegende Fragestellung geklärt ist, kann der Film sinnvoll analysiert werden.

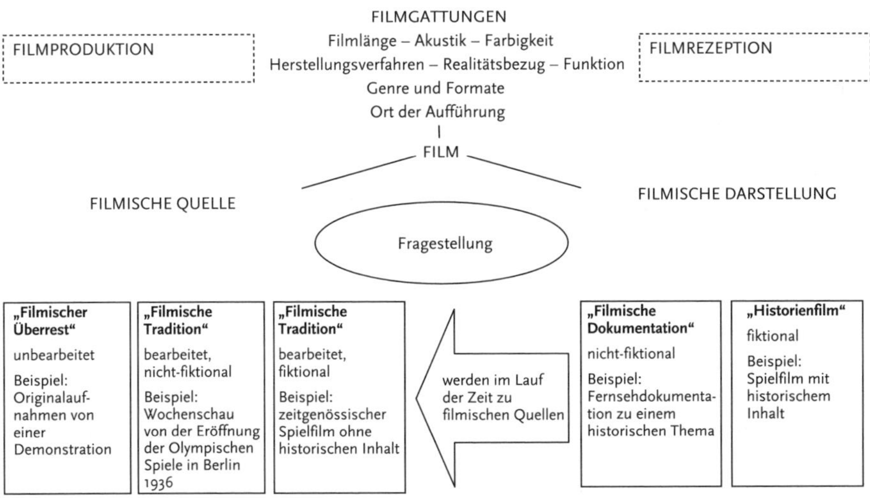

Abb. 39: Filme und Filmgattungen

Filme im Geschichtsunterricht

Der Einsatz von Filmen im Geschichtsunterricht wirft eine Reihe von Fragen auf, die angesichts der Vielfalt der Filmgenres nicht pauschal beantwortet werden können. Das konkrete Arrangement hängt dabei nicht nur vom jeweiligen Film, sondern auch von anderen Faktoren wie der technischen Ausstattung, dem Vorwissen der Schülerinnen und Schüler und dem Ziel des historischen Lernens ab. Dabei können verschiedene Aspekte im Mittelpunkt der Betrachtung stehen:

- **Geschichte der Filmtechnik**: Auch wenn dies aufgrund seiner historischen Dimension ein potentielles Thema für den Geschichtsunterricht wäre, werden die technischen Einzelheiten allenfalls eine untergeordnete Rolle spielen. Gleichwohl ist für die spätere Analyse interessant, welche technischen Möglichkeiten für den zu behandelnden Film zur Verfügung standen (Farbigkeit, Akustik usw.).
- **Geschichte des Films und seiner Genres**: Meilensteine der Filmgeschichte lassen sich nur dann bestimmen, wenn die historische Entwicklung bekannt ist und reflektiert werden kann. So haben sich bestimmte Merkmale des Western herausgebildet (einsamer Held; Auseinandersetzung zwischen Gut und Böse; Zuspitzung auf eine gewaltsam ausgetragene Entscheidungssituation; Indianer als Feinde usw.), die jedoch reflektiert, in Frage gestellt, persifliert, konterkariert usw. werden.
- **Informationsgehalt des Films**: Voraussetzung für die weitere Arbeit ist die Erfassung des Inhalts und die Herausarbeitung des Aufbaus. Bei Unterrichtsfilmen sind beide auf die Lernsituation bezogen, da die Vermittlung von Informationen mit funktional ausgewählten filmischen Mitteln im Mittelpunkt steht und nicht die Analyse der filmischen Mittel selbst. Diese sollen vielmehr in den Hintergrund treten. Gleichwohl bietet es sich an, die Schülerinnen und Schüler auch dafür zu sensibilisieren.
- **Filmische Gestaltung/Filmsprache**: Die Komplexität des Mediums ergibt sich aus der synchronen Kombination verschiedener Elemente, die bei der Analyse mühsam getrennt werden müssen.
- **Bedeutung des Films**: Die Zusammenschau der verschiedenen Aspekte führt zur Bedeutung des Films. Ist dieser bei dokumentarischen Formaten oft leichter zu erschließen, erfordern kunstvoll komponierte Spielfilme eine differenzierte Interpretation.

Bei der Analyse der filmischen Mittel hilft als Grundlage ein **Sequenzprotokoll**, das als Transkription des filmischen Geschehens die Arbeits- und Zitiergrundlage darstellt. Dieses kann je nach Bedarf überblicksartig oder detailliert ausfallen. Grundsätzlich besteht der Film aus:

- **Einzelbildern**, von denen 24 pro Sekunde gezeigt werden, damit der Mensch eine kontinuierliche Bewegung wahrnehmen kann.
- **Einstellungen**, einer Abfolge von Einzelbildern von Schnitt zu Schnitt.
- **Szenen**, einer Folge von Einstellungen, die durch den gemeinsamen Handlungsort zusammengehalten und/oder in Anlehnung an das Drama durch den Auftritt bzw. Abtritt von Figuren bestimmt werden.

- **Sequenzen**, also mehreren inhaltlich zusammenhängenden Szenen, gleichsam ein Kapitel des Films. Während die vorangegangenen Elemente eindeutig beobachtbar sind, enthält diese Aufteilung schon eine Interpretation.

Parallel zu der sequentiellen Gliederung des Films lassen sich dann die filmischen Elemente notieren. Für den **visuellen Eindruck** sind u. a. folgende Elemente wichtig:
- Einstellungsgrößen: Damit wird die Nähe der Kamera zum Geschehen bezeichnet – von der Übersicht über eine Landschaft bis hin zur Detailaufnahme eines Gesichts.
- Kameraperspektive: Hiermit ist der Blickwinkel der Kamera – von oben, von unten, von der Seite usw. – gemeint.
- Kamerabewegung: Entscheidend ist, ob sich die Kamera selbst bewegt, und wenn ja, wie.
- Schärfenverlagerung: Nicht alles, was sichtbar ist, muss gestochen scharf sein. Dies ist oft für die Wahrnehmung entscheidend.
- Bildkomposition: Der gewählte Ausschnitt und die Anordnung der sichtbaren Elemente sind nicht zufällig.
- Raumgestaltung: Die gezeigten Räume sind selbst bedeutungstragend; so macht es einen großen Unterschied, ob ein Gespräch in einem engen Raum oder in der freien Natur inszeniert wird.
- Lichtregie: Damit ist die Ausleuchtung der jeweiligen Einstellungen und Szenen gemeint.
- Farbgebung: Nicht nur die Tatsache, ob ein Film in Farbe gedreht wurde, sondern auch und vor allem, wie mit den Farben „gespielt" wird, ist entscheidend.
- Schnitt und Montagetechnik: Wie die einzelnen Einstellungen und Szenen aneinandergereiht werden und wie diese Übergänge gestaltet werden, ermöglicht vielfältige Formen kunstvoller Gestaltung.

Für den **akustischen Eindruck** sind wichtig:
- Geräusche
- Musik
- Stimmen der Figuren
- Stimmen aus dem Off

Dies zeigt, dass Filme außerordentlich komplexe Medien sind, bei dem der visuelle Eindruck zwar bestimmend ist, aber auch der Hörsinn angesprochen wird. Für den schulischen Gebrauch bietet sich eine vereinfachte Form an, die es bei Bedarf ermöglicht, einzelne Szenen, ja Einstellungen genauer zu betrachten. Auch für Dokumentationen ist ein solches Vorgehen geeignet, wie das folgende Beispiel zeigt (Abb. 41):

Nr.	*Zeit*	*Inhalt*	*Elemente*
0	0:00	Vorspann	
I	**0:38**	**„Gott mit den Franken“**	
1	0:38	*„Sachsen Sommer 772“*- Irminsul: Pferdeheilung	Spielszene
2	1:53	Eindringen der Franken: Überfall auf ein Dorf	Spielszene
3	4:45	*„Irminsul“*- Fällung der Irminsul	Spielszene – Karte
4	6:30	Widerstand Widukinds und der Sachsen	Spielszene

Abb. 41: Beispiel eines Sequenzprotokolls „Die Deutschen: Karl der Große und die Sachsen“ (Erstsendung: ZDF, 14.11.2010)

Bei der unterrichtlichen Thematisierung sind der methodischen Phantasie keine Grenzen gesetzt, da je nach Film und Fragestellung spezifische Verfahrensweisen möglich sind. Dementsprechend bietet die folgende Übersicht nur eine grobe Orientierung und erhebt nicht den Anspruch der Vollständigkeit. So kann bereits die **Rezeption** des Films methodisch gesteuert werden; allerdings ist davon abzuraten, diese Phase zu überlasten. Vielmehr sollen sich die Schülerinnen und Schüler auf den Film konzentrieren und diesen möglichst genau wahrnehmen. Bei der **Analyse** lassen sich grundsätzlich systematisch angelegte von kreativen Unterrichtsverfahren unterscheiden. Während jene klar strukturiert vorgehen, wählen diese variable Zugänge. Beides lässt sich nicht nur gut kombinieren, sondern ist auch unverzichtbar, denn es kommt letztlich darauf an, dass die Schülerinnen und Schüler einen Film einerseits selbstständig analysieren können und ihn sich andererseits persönlich aneignen. Lohnend ist auch eine Untersuchung der **Kontexte** des Films, da diese historisch interessante Rückschlüsse auf die zeitgenössische Wahrnehmung erlauben.

<table>
<tr><th colspan="4">REZEPTION DES FILMS</th></tr>
<tr><td>Vorgespräch</td><td>Betrachtung von Trailer und Vorspann</td><td>Beobachtungsaufträge</td><td>Nachgespräch</td></tr>
<tr><th colspan="4">ANALYSE DES FILMS</th></tr>
<tr><th colspan="4">Systematische Unterrichtsverfahren (Beispiele)</th></tr>
<tr><td colspan="4">Erstellung eines Filmprotokolls</td></tr>
<tr><td colspan="4">Analyse des Films mit Hilfe des Filmprotokolls und geeigneten Arbeitsaufträgen
(Einzelarbeit – Partnerarbeit – Gruppenarbeit – Plenum)</td></tr>
<tr><td>Trailer und Vorspann</td><td colspan="2">Ausschnitte
Einzelbilder – Einstellungen – Szenen – Kapitel</td><td>Gesamtwerk</td></tr>
</table>

Analyseaspekte		
visuell • *Einstellungsgrößen* • *Kameraperspektive* • *Kamerabewegung* • *Schärfenverlagerung* • *Bildkomposition* • *Raumgestaltung* • *Lichtregie* • *Farbgebung*	*akustisch* • *Geräusche* • *Musik* • *Stimmen der Figuren* • *Stimmen aus dem Off*	*narrativ* • *Inhalt und Aufbau* • *Schnitt und Montagetechnik* • *Zeitgestaltung* • *Erzählstrukturen*
Kreative Unterrichtsverfahren (Beispiele)		
visuell	**akustisch**	**narrativ**
Vorgestaltung	Vorgestaltung	Vorgestaltung
gezielte Unterbrechungen	gezielte Unterbrechungen	gezielte Unterbrechungen
Nachstellung von Standbildern	Vorführung ohne Ton	Visualisierung der Handlungsstruktur
Zeichnerische Umsetzung (Einzelbild/Storyboard)	Soundtrack ohne Bild	Visualisierung der Zeitstruktur
Ergänzung von Lücken	Nachsprechen von Dialogen	Visualisierung der Zeitstruktur
Kommentar für Blinde	Synchronisieren	Kommentar des „Regisseurs“
Visualisierung der Raumstruktur	Erfinden neuer Dialoge	Alternative Schlüsse
	neue Filmmusik	
	Erfinden neuer Geräusche	
	Kommentar aus dem Off	
ANALYSE DER KONTEXTE DES FILMS		
Analyse der Produktion, z. B. • Vergleich Vorlage – Film • Filmvergleich • Analyse des Herstellungsprozesses (Interviews, Budget usw.)	Analyse der Distribution, z. B. • Analyse von Filmplakaten • Analyse des Internetauftritts • Auswertung der Vorberichterstattung	Analyse der Rezeption, z. B. • Analyse von Filmkritiken • Auswertung der Besucherzahlen • Verfassen einer Filmkritik

Abb. 43: Film im Geschichtsunterricht – Untersuchungsaspekte

Karten

Karten scheinen eine Domäne der Geografie zu sein, doch sind sie auch für den Geschichtsunterricht fundamental: Sie erschließen die Dimension des Raums. Für das historische Lernen sind sie ebenso attraktiv wie anspruchsvoll. Um sinnvoll mit ihnen arbeiten zu können, müssen ihre Einzelelemente bekannt und Kenntnisse über die vielfältigen Formen vorhanden sein. Ausgangspunkt der Überlegungen ist eine klassische Definition des Geografen Eduard Imhof (1895-1986):

> „*Karten sind verkleinerte, vereinfachte Grundrisse der Erdoberfläche oder von Teilen derselben, ergänzt durch Eintragungen der verschiedensten, an die Erdoberfläche gebundenen Vorkommnisse und Erscheinungen.* [...] Wir scheiden die Gesamtheit der Karten in zwei Hauptgruppen, die *topographischen* und die *thematischen* Karten. Die *topographischen Karten* zeigen im Wesentlichen Form, Gliederung und Bedeckung des Geländes. „*Topographie*" bedeutet Orts- und Lagebeschreibung, auch entsprechende Beschreibung der Gestaltung von Ländern, Erdteilen usw. [...] Die *thematischen* Karten enthalten vorwiegend Erscheinungen oder Vorkommnisse *nicht* topographischer Art, solche aber, die mit der Erdoberfläche in Verbindung stehen. Es handelt sich stets um Dinge, die eine georäumliche Lage, Verbreitung oder Bewegung besitzen, sowohl um reale Dinge, als auch um Beziehungen, Funktionen, Hypothesen, geistige Vorstellungen, Möglichkeiten, Projekte" (Imhof, Lehrbuch, 12f; Herv. i. Orig.).

Bezugspunkt ist die real existierende dreidimensionale und für den Menschen nur begrenzt überschaubare **Erdoberfläche**. Erst Satellitenbilder ermöglichen einen vollständigen Überblick. Die Darstellung der Erdoberfläche auf einer Karte bedeutet eine Verkleinerung und vor allem eine **Verebnung**, d. h. eine Reduktion von drei auf zwei Dimensionen. Dafür gibt es verschiedene Verfahren (Azimutal-Abbildungen, Kegel-Abbildungen Zylinder-Abbildungen und Planisphären), die jedoch stets Verzerrungen mit sich bringen, sei es bei der Flächentreue, der Abstandstreue oder der Winkeltreue. Bis heute einflussreich ist die nach Gerhard Kremer (gen. Mercator) (1512-1594) benannte Mercator-Projektion. Ein anderes Bild der Welt ergibt sich durch den flächentreuen Weltatlas von Arno Peters (1916-2002). Die **grafische Aufbereitung** der Karten mit Hilfe von Farben, Linien, Symbolen usw. führt nicht nur zu einem komplexen Kartenbild, das entschlüsselt werden muss, sondern beinhaltet mitunter auch schon eine bestimmte Deutung. Für das historische Lernen sind zwar auch topografische, aber vornehmlich **thematische** Karten von Bedeutung, da es weniger um den Raum an sich als um die **räumliche Dimension von Geschichte** geht.

Wie auch andere Medien können Karten **Quellen** oder **Darstellungen** sein.

- **Historische Karten** stellen die Welt aus zeitgenössischer Sicht dar und sind Quellen, vor allem für das Welt-Bild der damaligen Zeit. So zeigen mittelalter-

liche Karten – entgegen den geografischen Gegebenheiten – meist Jerusalem im Mittelpunkt, wodurch der heilsgeschichtliche Blick auf die Welt deutlich wird. Um diese angemessen verstehen zu können, ist ein Blick in die **Geschichte der Kartografie** notwendig. Manche Elemente erschließen sich erst aus den damals gültigen Regeln kartografischer Gestaltung.
- **Geschichtskarten** sind demgegenüber nachträgliche Darstellungen von historischen Zuständen, Ereignissen oder Entwicklungen in Kartenform. Mit zunehmendem zeitlichem Abstand können diese selbst zu Quellen werden. So sind Geschichtskarten aus den 1970er-Jahren, auf denen die deutsche Teilung dargestellt wird, heute historische Karten für die damalige Wahrnehmung und Beurteilung.

Bei der Systematisierung von Geschichtskarten gibt es divergierende Vorschläge. Im Anschluss an die Geschichtsdidaktikerin Christina Böttcher (*1945) bietet sich folgende Systematisierung an (Pandel/Schneider, Handbuch Medien, 176):
- **Raum:** Der dargestellte Raum wird durch den Kartenausschnitt bestimmt (**Kartengattung**). Hier kann unterschieden werden: Weltkarte, Europakarte, Deutschlandkarte, Stadtplan usw.
- **Thema:** Der inhaltliche Schwerpunkt kommt meist im Titel zum Ausdruck (**Kartenart**). Beispiele sind: Politische Karten wie „Der Dreißigjährige Krieg" oder Wirtschaftskarten wie „Handelsbeziehungen des antiken Athen".
- **Gestaltung**: Die sichtbaren Merkmale der Karte sind Ausdruck kartografischer Darstellungstechniken (**Kartentyp**). Ausgangspunkt jeder kartografischen Gestaltung ist eine möglichst genaue Wiedergabe der räumlichen Verhältnisse. Eine topografische Karte zeigt, wie gesagt, vornehmlich die Oberflächengestalt der Erde, während eine thematische Karte andere Aspekte in den Vordergrund stellt. Kartentyp und Kartenart hängen oft eng zusammen.
- **Präsentationsform:** Die Präsentationsform zeigt sich in der materiellen Beschaffenheit der Karte (**Kartenform**). Ein und dieselbe Karte kann in verschiedenen Formen vorliegen: als Wandkarte und verkleinert im Schulbuch. Hier sind zu nennen: Globus, Wandkarte, Schulbuchkarte, Folienkarte usw.

Karten sind nicht nur Informationsspeicher und Arbeitsmaterial, sondern prägen auch räumliche Vorstellungen im Kopf, so genannte **mental maps**. Der Versuch, eine einfache Faustskizze etwa Europas anzufertigen, offenbart bestimmte Bilder über Umriss, Lage und Größe bestimmter Staaten, die nicht nur als Verankerungen im Gedächtnis zu verstehen sind, sondern auch bestimmte Deutungen implizieren. So zeigen gängige Geschichtskarten meist Europa im Mittelpunkt – gleichsam eine Form von kartografischem Eurozentrismus –, während es in der pazifischen Perspektive förmlich an den Rand der Welt rückt. Solche Vorstellungen sind nicht nur lernrelevant, damit historische Phänomene richtig verortet werden, sondern auch Ausdruck von Geschichtsbewusstsein, in dem sich bestimmte historisch geprägte Raumvorstellungen widerspiegeln.

Auf die Bedeutung des Raums weist die Umorientierung der Geschichtswissenschaft hin, die als *spatial turn* bezeichnet wird. Hier wird gegenüber der Dimension Zeit gerade angesichts der Globalisierung die geschichtsmächtige Wirkung geografischer Gegebenheiten im Hinblick auf langfristig wirkende Strukturen thematisiert.

Die Komplexität der Kartendarstellung bedingt, dass sie nicht selbsterklärend ist. Vielmehr müssen Schülerinnen und Schüler lernen, Karten zu lesen. Diese Kartenlesekompetenz lässt sich mit Hilfe von fünf Fähigkeiten beschreiben. Sie sind grundsätzlich fächerübergreifend, erhalten jedoch je nach Kontext eine fachspezifische Dimension für das historische Lernen.

- **Entzifferung**: Grundlegend ist die Fähigkeit, Karten als Karten wahrzunehmen, das Prinzip der kartografischen Darstellung zu verstehen und die verwendeten Gestaltungsmerkmale zu kennen, also zu wissen, was es mit dem Maßstab auf sich hat, was in der Legende verzeichnet ist und was bestimmte Symbole bedeuten.
- **Orientierung**: Im Mittelpunkt steht dabei die räumliche Orientierung, die Wahrnehmung des gewählten Ausschnitts und des Zeitraums, das Finden bestimmter Orte, die Bestimmung von Entfernungen. Die Frage nach dem Heimatort ist dabei sehr hilfreich.
- **Erschließung**: Hier geht es darum, ausgehend von einer bestimmten Fragestellung, gezielt Informationen aus der Karte zu entnehmen, etwa die in Friedensschlüssen verfügten Gebietsveränderungen nachzuvollziehen.
- **Interpretation**: Die Interpretation nimmt im Unterschied dazu die Karte insgesamt in den Blick und wertet sie systematisch aus. So kann aus einschlägigen Karten der Verlauf des Zweiten Weltkriegs herausgearbeitet werden. Unter Umständen ist eine Heranziehung weiterer Informationen sinnvoll und notwendig.
- **Kritik**: Kartografie ist auch eine politische Waffe. Durch gezielte Darstellungen kann die eigene Position gestärkt und die feindliche abgewertet werden. So regelte ein Beschluss der Kultusministerkonferenz, wie das geteilte Deutschland kartografisch darzustellen ist. Die Grenze zur DDR durfte etwa nicht als normale Staatsgrenze eingezeichnet und die Bezeichnung „BRD" nicht verwendet werden. Eine scheinbar objektive Geschichtskarte spiegelt also die politische Auffassung der Bundesrepublik zur deutschen Teilung vor dem Hintergrund des Kalten Kriegs wider.

Bei der konkreten Arbeit im Unterricht gibt es eine Vielzahl von Möglichkeiten, die sich in zwei Gruppen ordnen lassen:

- **Analytische Verfahren** beruhen darauf, dass aus relativ komplexen Karten einzelne Informationen erschlossen werden.
- **Synthetische Verfahren** zielen demgegenüber darauf ab, dass einfache Karten mit zusätzlichen Informationen ergänzt werden.

Die verschiedenen methodischen Arrangements lassen sich entsprechend kategorisieren. Die folgende Übersicht verzeichnet einige Beispiele:

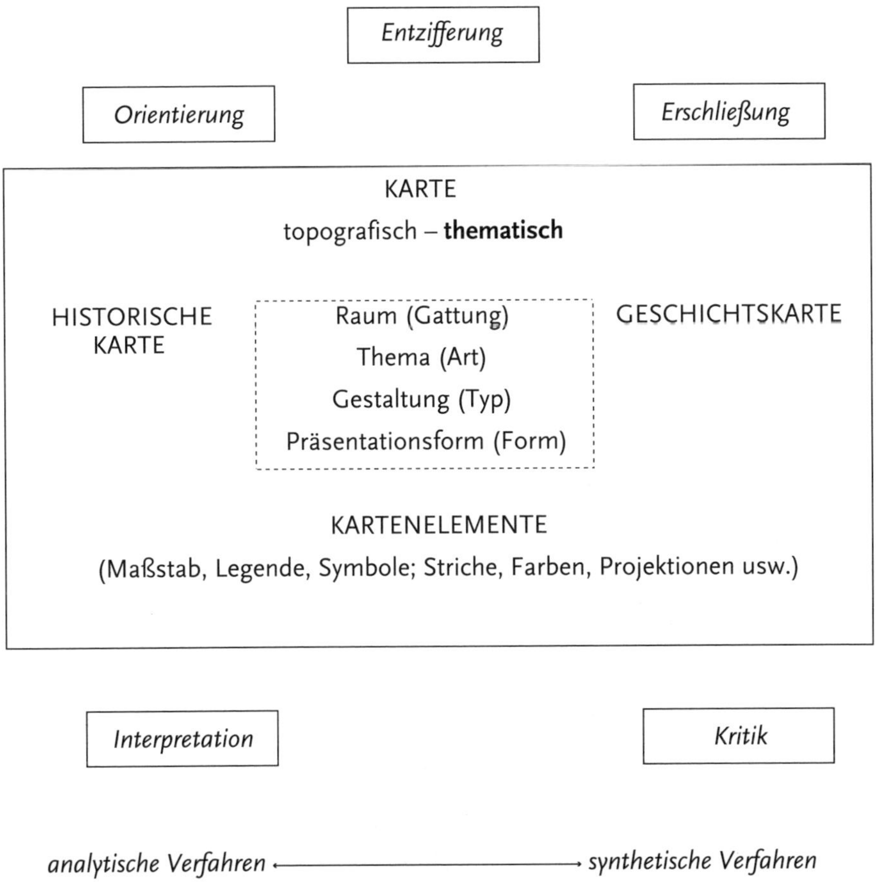

Abb. 43: Arbeit mit Karten im Geschichtsunterricht

Analytische Verfahren	Synthetische Verfahren
Informationsentnahme mit Hilfe eines Arbeitsblatts	Ergänzung von stummen Karten
Reduktion auf eine Zeitschicht, Erstellung von Kartenfolgen	Anfertigung von eigenen Karten
Kartenvergleich	Erstellung eines Kartogramms
Übungen zur Kartensprache	Zerschnittene Karten zusammensetzen
Karten vereinfachen	Länderumrisse erraten und zusammensetzen
Quiz	Dreidimensionaler Nachbau eines Raumes
...	Karten beschriften
	Karten mit anderen Medien kombinieren (Bilder, Texte usw.)
	Kartenfolgen ordnen

Visualisierende Darstellungen

Veranschaulichung ist ein stets erhobener Anspruch an Unterricht, der schon im Begriff auf die visuelle Dimension des Lernprozesses abhebt. Wenn eine Erzählung als anschaulich bezeichnet wird, so wird dabei indirekt behauptet, dass im Rezipienten ein detailreiches Bild des Erzählten entsteht. Visuell gestützte Vorstellungen, die für das Lernen förderlich sind, sollen **sachgerecht** sein, d. h. den Gegenstand adäquat wiedergeben, **strukturiert**, d. h. eine erkennbare Ordnung aufweisen, **anschlussfähig**, d. h. mit anderen Vorstellungen verknüpfbar, **bedeutsam**, d. h. persönlich relevant, und **nachhaltig**, d. h. dauerhaft verfügbar. Auch wenn die Schriftlichkeit eine wichtige Rolle dabei spielt, steht doch zumeist die grafische Aufbereitung im Mittelpunkt, wenn etwas gegenübergestellt oder abgeleitet wird. Insofern erscheint die Zuordnung zu bildlichen Medien trotz allem gerechtfertigt. Gemeinsam ist allen visualisierenden Darstellungen, dass der räumlichen Anordnung der einzelnen Elemente „Text“, „Bild“ und „Zeichen“ selbst Bedeutung zukommt.

Im Hinblick auf den Unterricht lassen sich grundsätzlich zwei Formen unterscheiden: solche, die außerschulisch entstanden sind, aber in der Schule verwendet werden, und solche, die im Unterricht selbst entstehen, um den Lernprozess zu unterstützen. Zur ersten Gruppe gehören z. B. so genannte **Infografiken**, die Sachverhalte in oft komplexen Schaubildern veranschaulichen und gerne in den Massenmedien verwendet werden. Gegenüber aktuellen sind historische Themen dabei jedoch unterrepräsentiert. Diese nicht speziell für das historische Lernen gedachten Darstellungen lassen sich im Unterricht gut verwenden, da sie nicht nur zur Klärung eines Problems beitragen können, sondern den Kindern und Jugendlichen auch helfen, an der medial vermittelten öffentlichen Diskussion teilzunehmen. Auch Schulbücher greifen immer wieder darauf zurück: Verfassungsschemata sind ein klassisches Beispiel.

Das zentrale Trägermedium für die zweite Gruppe war und ist die Tafel: „Tafelbild", „Tafelanschrieb" (oder „Tafelanschrift"), „Tafelarbeit" sind gängige Bezeichnungen dafür. Als übergreifende Bezeichnung bietet sich die Bezeichnung „**Tafeldarstellung**" an, da diese schriftliche wie grafische Elemente gleichermaßen erfasst und tatsächlich als Darstellung im geschichtswissenschaftlichen Sinn zu verstehen ist, die einen historischen Sachverhalt nachträglich zur Anschauung bringt. Allerdings ist „Tafel" nicht immer wörtlich zu verstehen, stehen doch heute weitere Präsentationsformen wie z. B. Flipcharts, Tageslichtprojektoren, Whiteboards oder Beamer zur Verfügung. Auch gibt es darüber hinaus vielfältige Formen der Visualisierung – etwa von Schülern erstellte Plakate.

Im Hinblick auf die Verwendung im Geschichtsunterricht lassen sich verschiedene Formen von visualisierenden Darstellungen unterscheiden. Diese Typisierung geht von der äußeren Erscheinung aus und beschreibt didaktisch-methodische Perspektiven, die für historisches Lernen charakteristisch sind. Der jeweils gewählten Form liegt ein bestimmter inhaltlicher Zugriff, also eine bestimmte Fragestellung, zugrunde und begünstigt mitunter ein bestimmtes unterrichtsmethodisches Vorgehen.

- **Verbale Zusammenfassungen und Merkhilfen:** Darunter sind alle Fixierungen zu verstehen, die das zu Lernende schriftlich zusammenfassen und das Lernen erleichtern sollen (Notizen, Begriffe, Merksätze, kurze Zusammenfassungen, Definitionen, Datentabellen). Die visuelle Dimension ist abgesehen von Strukturierungshilfen (Nummerierung usw.) wenig ausgeprägt. Der Schwerpunkt liegt auf der Ergebnissicherung und dem reproduzierenden Lernen.
- **Gliederungen:** Im Unterschied zu den Merkhilfen nennen Gliederungen lediglich die im Unterricht zu untersuchenden Aspekte eines Themas, ohne die Ergebnisse festzuhalten. Insofern hat diese Form die Funktion einer inhaltlichen und/oder methodischen Strukturierung. Hierzu zählen etwa auch Cluster und Mindmaps. Während jene eher assoziativ verschiedene Aspekte eines Themas verzeichnen, versuchen diese eine systematische Erfassung eines Gegenstandsbereichs. Eine solche „mentale Landkarte" soll den Sachverhalt gleichsam widerspiegeln. Es ist auch möglich, das unterrichtsmethodische Vorgehen im Sinne eines „advanced organizer" vorab zu präsentieren.
- **Formulare** sind vorgegebene Raster, die im Zuge des Lernprozesses ausgefüllt werden. Es kann sich dabei insbesondere um tabellenartige Übersichten handeln. Diese eignen sich besonders gut, um Arbeitsergebnisse von verschiedenen Gruppen zusammenzutragen.
- **Bilder und Skizzen:** Vor dem Siegeszug der Fotografie und moderner Reproduktionstechniken hatten Wandbilder die Funktion der optischen Vergegenwärtigung. Diese kunstvoll angefertigten Zeichnungen und Gemälde konnten

nicht ohne weiteres, zumal wenn der Lehrkraft die künstlerische Begabung fehlte, auf die Tafel übertragen werden. Gleichwohl hat die künstlerische Gestaltung eines Tafelbilds eine lange Tradition und wird mitunter auch heute noch praktiziert. Es lassen sich mit wenig Aufwand und auch mit geringer Begabung einfache Bilder und Skizzen erstellen. Umgekehrt können Schülerinnen und Schüler bestimmte Sachverhalte zeichnerisch umsetzen, indem sie etwa ein Plakat gestalten.

- **Collage**: Hierbei handelt es sich um eine künstlerische Darstellung eines historischen Sachverhalts, wobei es weniger um wissenschaftliche Triftigkeit als um subjektive Auseinandersetzung geht. Wenn dies stets bewusst bleibt, eröffnen sich interessante persönliche Zugänge.

Das **Schaubild** zeichnet sich gegenüber den Bildern und Skizzen dadurch aus, dass es den dargestellten Gegenstand erklärend beschriftet. Hierzu zählen auch Rekonstruktionszeichnungen. Dieses Verfahren lässt sich auch mit Quellen praktizieren, die entsprechend kommentiert werden.

- **Ereignisdiagramme:** Diese Form stellt Ereignisabläufe möglichst sinnfällig dar, indem sie zum einen wichtige Elemente auswählt und diese zum anderen in eine bestimmte Ordnung bringt. Ein Flussdiagramm wäre dafür ein Beispiel.
- **Prozessdiagramme** unterscheiden sich von Ereignisdiagrammen dadurch, dass sie dem dargestellten Ablauf eine spezifische Deutung unterlegen, indem sie eine bestimmte sinntragende grafische Anordnung wählen. So kann durch die Verwendung einer pyramidalen Anordnung „Aufstieg und Fall“ versinnbildlicht werden.
- **Kartendarstellungen oder „Kartogramme“** bringen die geografische Dimension historischer Ereignisse zur Anschauung. Dabei liegt ein mehr oder weniger detaillierter Kartenausschnitt zugrunde. Ein klassisches Beispiel ist die grafische Darstellung des „Bündnissystems Bismarcks“.
- **Strukturdarstellungen** beanspruchen, wesentliche, äußerlich nicht wahrnehmbare Zusammenhänge zu visualisieren, indem sie sich gängiger Schemata bedienen. Sie enthalten etwa zwei Spalten, um Antagonismen, Sterne, um Einflussfaktoren, und „Säulen“, um Herrschaftsgrundlagen darzustellen. Es handelt sich dabei oft um grafische Metaphern, die bestimmte Formen mit bestimmten Bedeutungen kombinieren, also etwa „Pyramide“ (gemeint ist eigentlich ein gleichschenkliges Dreieck mit nach oben weisender Spitze) mit „Hierarchie“. Hierzu zählen auch viele so genannte Infografiken, die in den Medien begegnen. Die Erarbeitung einer entsprechenden „Legende“, in der die Bedeutung bestimmter Elemente wie Linien, Pfeile und Symbole festgehalten werden, bietet sich an.

Schließlich können historische Sachverhalte spielerisch vergegenwärtigt werden. Während das szenische Spiel im Rahmen der „Körperlichkeit“ abgehandelt wird, beinhalten andere Spielformen wie z. B. ein Würfelspiel oder ein Rätsel visuelle Elemente.

Bereits an der Vielfalt der möglichen visualisierenden Darstellungen ist erkennbar, dass diese kein bestimmtes unterrichtsmethodisches Arrangement erfordern. Vielmehr eröffnen sich vielfältige Verwendungsweisen. Der didaktisch-methodische Ort der Visualisierung erweist sich erst im Zusammenhang des Lernprozesses. Deshalb erscheint es sinnvoll, verschiedene unterrichtsrelevante Dimensionen zu unterscheiden, wobei die folgenden Gegensatzpaare die Endpunkte eines Kontinuums markieren:

- **Lehrerproduziert – schülerproduziert:** Visualisierungen müssen nicht immer von Lehrkräften erstellt werden; auch Schülerinnen und Schüler können solche selbst entwerfen. Formulare zum Beispiel werden in der Regel vom Lehrer vorgegeben und können dann durch Schülerbeiträge vervollständigt werden. Wenn einzelne Gruppen das im Unterricht Gelernte in Strukturdarstellungen zusammenfassen und als Plakat präsentieren, bietet der Vergleich alternativer Entwürfe die zusätzliche Chance, die Art der Darstellung selbst thematisieren zu können, also nicht nur die inhaltliche Strukturierung, sondern auch die grafische Präsentation zu reflektieren.
- **Methodisch organisierend – inhaltlich strukturierend:** Es muss nicht immer das im Unterricht thematisierte Wissen, sondern es kann auch die Unterrichtsorganisation visualisiert werden, wenn etwa ein Arbeitsplan notiert oder eine Evaluation vorgenommen wird.
- **Den Lernprozess initiierend – den Lernprozess abschließend:** Eng damit zusammenhängend, aber stärker auf den Ablauf des Lernprozesses abzielend, lassen sich Visualisierungen danach unterscheiden, ob sie am Beginn oder am Ende der Beschäftigung mit einem Thema stehen. *Clustering* und *Mind-Mapping* eignen sich gut als Einführung, während eine durchaus komplexere Strukturdarstellung noch einmal das Wichtigste zusammenfassen kann.
- **Während des Unterrichts entstehend – in fertiger Form im Unterricht präsentiert:** Visualisierende Darstellungen können während des Unterrichtsgeschehens Gestalt annehmen, indem die einzelnen Elemente Schritt für Schritt hinzugefügt werden. Aber es ist auch möglich, die vollständige Form – etwa am Ende der Stunde als Zusammenfassung – auf einmal zu präsentieren.

Probleme und Perspektiven

(1) „Ein Bild sagt mehr als 1000 Worte." Erörtern Sie anhand von Beispielen, ob diese Behauptung stimmt.
(2) Sammeln Sie Bilder zu einem historischen Sachverhalt und vergleichen Sie diese im Hinblick auf ihren Quellenwert und ihre Eignung für das historische Lernen.
(3) Überprüfen Sie an Filmbeispielen Ihrer Wahl die Zuordnung zu bestimmten Gattungen.

(4) Erstellen Sie eine Liste von Filmen, die Ihrer Meinung nach für den Einsatz im Geschichtsunterricht geeignet bzw. nicht geeignet sind. Begründen Sie die Auswahl.
(5) Wählen Sie aus einem Film Ihrer Wahl einen für den Unterricht geeigneten Ausschnitt aus und begründen Sie diese Auswahl.
(6) Erläutern Sie anhand von Beispielen den Unterschied von historischen und Geschichtskarten.
(7) Erstellen Sie zu einem Thema Ihrer Wahl verschiedene Visualisierungen und erörtern Sie deren Eignung für die Verwendung im Geschichtsunterricht.

Literaturhinweise

Bild

Bruhn, Matthias: Das Bild. Theorie – Geschichte – Praxis, Berlin 2009 (*aktuelle Einführung*)

Lange, Kristina: Historisches Bildverstehen oder Wie lernen Schüler mit Bildquellen. Ein Beitrag zur geschichtsdidaktischen Lehr-Lern-Forschung, Berlin 2011 (*informative empirische Untersuchung*)

Pandel, Hans-Jürgen: Bildinterpretation. Die Bildquelle im Geschichtsunterricht. Bildinterpretation I, Schwalbach (Ts.) 2008; Land, Kristin/Pandel, Hans-Jürgen: Bildinterpretation praktisch. Bildgeschichten und verfilmte Bilder. Bildinterpretation II, Schwalbach (Ts.) 2009 (*eine der beiden maßgeblichen geschichtsdidaktischen Monografien*)

Paul, Gerhard (Hg.): Visual History. Ein Studienbuch, Göttingen 2006 (*Sammelband, der aus verschiedenen Perspektiven das Anliegen der neuen Forschungsrichtung umreißt*)

Paul, Gerhard (Hg.): Das Jahrhundert der Bilder, 2 Bde. (1900 bis 1949 – 1949 bis heute), Göttingen 2008/09 (*voluminöse Bände mit aufschlussreichen Analysen einzelner „Bilder“*)

Sauer, Michael: Bilder im Geschichtsunterricht. Typen – Interpretationsmethoden – Unterrichtsverfahren, 4. Aufl., Seelze-Velber 2012 (*die andere der beiden maßgeblichen geschichtsdidaktische Monografien*)

Wohlfeil, Rainer/Tolkemitt, Brigitte: Historische Bildkunde. Probleme – Wege – Beispiele, Berlin 1991 (=ZfHF, Beih. 12) (*Sammelband, der die neue Beschäftigung mit Bildern einläutete*)

Gemälde

Haskell, Francis: Die Geschichte und ihre Bilder, München 1995 (*anregende, weit ausgreifende Darstellung, die sich nicht nur auf Gemälde konzentriert*)

Comic

Geschichte lernen, H. 37: Geschichte im Comic (*Themenheft mit Unterrichtsvorschlägen*)

Gundermann, Christine: Jenseits von Asterix. Comics im Geschichtsunterricht, Schwalbach (Ts.) 2007 (*geschichtsdidaktische Darstellung der Bildgattung*)

Fotografie

Hamann, Christoph: Bilderwelten und Weltbilder. Fotos, die Geschichte(n) mach(t)-en, Teetz 2001 (*Sammlung von Einzelanalysen*)

Hamann, Christoph: Visual History und Geschichtsdidaktik. Bildkompetenz in der historisch-politischen Bildung, Herbolzheim 2007 (*geschichtsdidaktische Erörterungen anhand von Fotografien*)

Haus der Geschichte der Bundesrepublik (Hg.): Bilder, die lügen, 2. Aufl., Bonn 2000 (*instruktiver Ausstellungskatalog mit verblüffenden Beispielen*)

Jäger, Jens: Photographie: Bilder der Neuzeit. Einführung in die Historische Bildforschung, Tübingen 2000 (*gute Einführung*)

Praxis Geschichte 1/2006: Fotografien im Geschichtsunterricht (*Themenheft mit Unterrichtsvorschlägen*)

Karikatur

Geschichte lernen, H. 18: Politische Karikaturen (*Themenheft mit Unterrichtsvorschlägen*)

Praxis Geschichte 1/2004: Politische Karikaturen (*Themenheft mit Unterrichtsvorschlägen*)

Schnakenberg, Ulrich: Die Karikatur im Geschichtsunterricht, Schwalbach/Ts. 2012 (*geschichtsdidaktische Darstellung der Bildgattung*)

Plakate

Geschichte lernen, H. 114: Plakate (*Themenheft mit Unterrichtsvorschlägen*)

Praxis Geschichte 4/2010: Politische Plakate (*Themenheft mit Unterrichtsvorschlägen*)

Film

Geschichte betrifft uns 4/2011: Methoden im Geschichtsunterricht III. Filme als Quelle und Medium (*Themenheft zur Methodenschulung im Unterricht*)

Geschichte lernen Nr. 158: Spielfilme; Nr. 42: Geschichte im Film (*Themenhefte mit Unterrichtsvorschlägen*)

Klant, Michael/Spielmann, Ralph (Hg.): Grundkurs Film, 3 Bde., Braunschweig 2008-2012 (*anregende umfangreiche allgemeine Einführung*)

Meyers, Peter: Film im Geschichtsunterricht , in: GWU 52 (2001), S. 246-259 (*kurze Einführung*)

Praxis Geschichte 5/2006: Spiel-Filme im Geschichtsunterricht; Heft 3/2012: Geschichte im Fernsehen – Dokumentarische Filme (*Themenhefte mit Unterrichtsvorschlägen*)

Wehen, Britta Almut: „Heute gucken wir einen Film“. Eine Studie zum Einsatz von historischen Spielfilmen im Geschichtsunterricht, Oldenburg 2012 (*interessante empirische Untersuchung*)

Karten

Arbeit mit Karten im Geschichtsunterricht am Gymnasium. Eine Handreichung für Lehrerinnen und Lehrer, hg. v. Staatsinstitut für Schulqualität und Bildungsforschung München, München 2004 (*praxisorientierte Anleitung*)

Böttcher, Christina: Die Karte, in: Pandel/Schneider, Handbuch Medien, S. 170-196 (*guter Überblick*)

Filser, Karl: Karten, in: Schreiber, Begegnungen, Bd. 1, S. 481-508 (*anregende Einführung*)

Imhof, Eduard, Lehrbuch der Allgemeinen Geografie. Thematisch Kartografie, Berlin 1972 (*klassische Einführung aus der Geografie*)

Oswalt, Vadim: Das Wo zum Was und Wann. Der „Spatial turn“ und seine Bedeutung für die Geschichtsdidaktik, in GWU 41 (2010), S. 220-233 (*anregende Überlegungen*)

Praxis Geschichte 5/2008: Kartenarbeit (*Themenheft mit Unterrichtsvorschlägen*)

Rau, Susanne: Räume. Konzepte, Wahrnehmungen, Nutzungen, 2. Aufl., Frankfurt/M./New York 2017 (*Gelungene Einführung in die historische Bedeutung von Räumen und die Raumanalyse*)

Visualisierende Darstellungen

Baumgärtner, Ulrich: Tafeldarstellung, in: Praxis Geschichte 3/2006, S. I-IV (*Grundlage der vorliegenden Ausführungen*)

Stary, Joachim: Visualisieren. Ein Studien- und Praxisbuch. Berlin 1997 (*lesenswerte Einführung*)

Medien historischen Lernens: Gegenständlichkeit

Sachquellen sind eine der drei klassischen Quellengattungen, stießen jedoch in der Geschichtswissenschaft – ebenso wie die Bildquellen – lange Zeit auf eher geringes Interesse. Gleichwohl waren sie insbesondere für die Alte Geschichte und die Mittelalterliche Geschichte aufgrund der schmalen schriftlichen Überlieferung schon immer von Bedeutung. Zudem beschäftigt sich die Archäologie als eigene Disziplin mit eigenen Fragestellungen und eigenen Methoden schon lange mit diesen Relikten.

Sachquellen

Sachquellen unterscheiden sich von schriftlichen und bildlichen Quellen durch ihre Beschaffenheit:

„Gegenständliche Quellen sind materielle Überreste gelebter geschichtlicher Wirklichkeit. Als authentische, da unmittelbar überlieferte Materialisierungen vergangenen menschlichen Handelns zeugen sie von den Lebensumständen derjenigen Menschen, die sie geschaffen, benutzt und bewahrt haben" (Heese, Vergangenheit, 33).

Bedeutsam ist dabei:

- Es handelt sich um (dreidimensionale) **Gegenstände** („Materielle Überreste", „Materialisierungen"): Während ein altes Werkzeug offensichtlich eine Sachquelle darstellt, kann allerdings auch eine auf den ersten Blick schriftliche Quelle daraufhin untersucht werden, wie der Beschreibstoff beschaffen ist und welche Tinten verwendet wurden. Ebenso kann bei Münzen, wenn sie als Sachquellen betrachtet werden, die Metallzusammensetzung oder die Herstellung von Interesse sein.
- Es handelt sich um **von Menschen geschaffene bzw. benutzte** Gegenstände („vergangenen menschlichen Handelns"): Damit sind „Quellen" der Naturgeschichte wie Steine zunächst ausgeschlossen. Wenn sie allerdings gesammelt oder bearbeitet worden sind, erlangen sie den Charakter von gegenständlichen Quellen.
- Es handelt sich um **originale** Gegenstände („unmittelbar überliefert", „authentisch"): Es müssen keine wertvollen Unikate sein, sondern es kommt vielmehr darauf an, dass sie aus der Zeit stammen, die untersucht wird. Insofern kann auch ein massenhaft hergestelltes Kleidungsstück gerade deshalb eine hochin-

teressante Quelle sein, da die große Verbreitung Rückschlüsse auf allgemeine Vorlieben erlaubt.

Zur näheren Charakterisierung von Sachquellen werden verschiedene Begriffe verwendet: Zum einen gibt es oft synonym verwendete Begriffe wie **Objekt**, **Gegenstand**, **Ding**, **Sache**, die allesamt für „gegenständliche Quelle“ stehen können. Ein **Exponat** hingegen bezeichnet ein Ausstellungsstück, das oft, aber nicht immer eine Sachquelle sein muss; ein **Exemplar** ist ein Einzelobjekt eines mehrfach, ja massenhaft hergestellten Gegenstands und ein **Fund** ist eine archäologisch entdeckte Sachquelle. Zum anderen lassen sich mit Hilfe der folgenden Gegensatzpaare Sachquellen näher klassifizieren (Heese, Vergangenheit, 39ff.):

- **Artefakt vs. Relikt**: Während Artefakte von Menschen hergestellte Dinge (Werkzeuge, Schmuck usw.) bezeichnen, sind Relikte unbearbeitete Überreste. Gleichwohl kann ein Knochenfund in einem Grab Auskünfte über die damaligen Lebensverhältnisse geben.
- **Sammelgut vs. Zufallsfund**: Diese Unterscheidung zielt darauf ab, ob etwas bewusst aufgehoben oder nur beiläufig entdeckt wurde.
- **Monument vs. Dokument**: Monumente wie z. B. Denkmäler wollen der Nachwelt eine bestimmte Botschaft vermitteln, während Dokumente wie z. B. Essgeschirr ursprünglich für den aktuellen Gebrauch hergestellt wurden.
- **Semiophoren vs. Gebrauchsgegenstände**: Manche Gegenstände gehen in ihrer Funktion auf, während andere mit bestimmten Bedeutungen belegt werden. Ein Becher, der zu einem bestimmten Anlass gefertigt wurde, kann als Trinkgefäß benutzt, aber auch als Erinnerungsstück aufgehoben werden. Insofern überschneidet sich diese Unterscheidung mit der von Monument vs. Dokument.
- **Original vs. Replikat**: Auch wenn es für einen Laien auf den ersten Blick oft nicht überprüfbar ist, ob ein Gegenstand „alt“ ist oder „nachgemacht“, so ist die materielle Beschaffenheit für seine Erforschung entscheidend, da nur so die verwendeten Materialien und die Herstellungstechniken untersucht werden können.
- **Einzelobjekt vs. Ensemble**: Manche Sachquellen stellen Unikate dar, während andere ihre Wirkung und Bedeutung zusammen mit anderen Objekten entfalten. So wirkt eine Königskrone für sich, während ein Teller erst als Teil eines im höfischen Kontext verwendeten Tafelgeschirrs seine historische Bedeutung gewinnt.
- **Mobilien vs. Immobilien**: Unter praktischen Gesichtspunkten können Sachquellen danach unterschieden werden, ob man sie bewegen kann (Möbel!) oder ob sie fest verankert sind (Gebäude), wobei die Übergänge fließend sind: Gedenksteine werden mitunter versetzt. Fraglich ist allerdings, ob immobile Sachquellen nicht besser als historische Orte anzusprechen sind.

Die **Archäologie** widmet sich als eigene Wissenschaft den Ausgrabungen. Auch wenn die Vor- und Frühgeschichte sowie die Alte Geschichte bevorzugte Tätigkeitsfelder sind, ist sie nicht auf diese Epochen beschränkt.

Sachquellen im Geschichtsunterricht

Der Historiker Thorsten Heese (*1965) sieht in Sachquellen folgende lernrelevante Dimensionen (Heese, Vergangenheit, 12ff.):

- **Haptik**: Damit ist die sinnliche Wahrnehmbarkeit von Sachquellen gemeint: Sie können angefasst, untersucht und ausprobiert werden.
- **Ästhetik**: Damit ist sinnliche Ansprechbarkeit gemeint; es findet eine „visuell-sinnliche Kommunikation" statt.
- **Authentizität**: Damit ist die Faszination durch die Aura des Originals gemeint.
- **Emotionalität**: Damit ist die Reaktion des Betrachters auf das Objekt gemeint, der von einem Gegenstand fasziniert ist.

Diese Dimensionen verschränken Objekteigenschaften mit Wahrnehmungsprozessen des Betrachters. Während die Haptik auf das – im Wortsinn – „Vor-Handen-Sein" von Gegenständen abhebt, zielen die anderen drei Kategorien auf die Wirkung beim Betrachter ab und sind eng miteinander verwoben. Sinnvoller erscheint es daher, zunächst von der **Sachquelle** selbst auszugehen und den Gegenstand als solchen zu untersuchen. Dies lässt sich an einer Milchkanne demonstrieren, in der Emanuel Ringelblum (1900-1944) Dokumente aus dem Warschauer Ghetto versteckt hat (https://collections.ushmm.org/search/catalog/pa1091138):

- **Form/Beschaffenheit**: Zunächst muss der Gegenstand, insbesondere wenn die Funktion nicht offensichtlich ist, möglichst genau betrachtet und beschrieben werden. Dies hilft, ähnlich wie bei der Bildanalyse, voreilige Fehlschlüsse zu vermeiden. Im vorliegenden Fall handelt es sich um einen Hohlköper mit einem Verschluss an der Oberseite, d. h. um eine Milchkanne.
- **(zeitgenössischer) Verwendungszweck**: Es gilt zu eruieren, wozu der Gegenstand diente und wie er benutzt wurde. Zunächst wurde die Milchkanne als solche verwendet. Später legte Emanuel Ringelblum im Warschauer Ghetto ein Archiv an, das er, als die Räumung drohte, in Milchkannen und anderen Behältern versteckte und vergrub.

Abb. 44: Eine von Emanuel Ringelblums Milchkannen

- **Überlieferungsgeschichte**: Gegenstände erhalten Gebrauchsspuren, werden beschädigt und repariert, kurz: verändert. Sie wechseln den Besitzer, verschwinden mitunter und werden wiedergefunden. Nach dem Zweiten Weltkrieg wurde die Milchkanne entdeckt, ausgegraben und schließlich im Museum ausgestellt.
- **(heutiger) Verwendungszweck**: Die Funktion der Sachquelle kann sich wandeln. Insbesondere wenn er ins Museum wandert, verliert er seinen ursprünglichen Kontext. So ist die Milchkanne heute ein Exponat im *United States Holocaust Memorial Museum* in Washington, das die Anlegung des Archivs durch Ringelblum exemplarisch dokumentiert und als Symbol für den Selbstbehauptungswillen der Juden während des Nationalsozialismus gelten kann.

In einem zweiten Schritt kann dann die **Perspektive des Betrachters** hinzugefügt werden. Die Faszination („Emotionalität"), die eine Sachquelle auf den Betrachter ausüben kann, lässt sich als Aura bezeichnen. Dies muss nicht darauf begrenzt sein, dass die Sachquelle ein Unikat darstellt; es kann sich auch um ein Produkt der Massenkultur handeln. Die Faszination kann auf Verschiedenem beruhen: auf der kunstvollen Ausgestaltung, auf der prachtvollen Erscheinung, auf dem haptischen Reiz, auf dem materiellen Wert, auf dem Alter, auf der Seltenheit, auf der (individuell empfundenen) Schönheit, auf der historischen Bedeutung usw. Insofern sind Haptik, Ästhetik, Authentizität und Emotionalität nicht streng zu scheiden und erfassen wohl auch nicht alle Aspekte der Anmutung durch eine Sachquelle. Erst im Zusammenspiel zwischen Objekt und Subjekt entsteht die Aura eines Objekts und sie ist wesentlich an die Imaginationsfähigkeit des Einzelnen gebunden.

Da einerseits der besondere Reiz des Umgangs mit Sachquellen darin besteht, wenn die Schülerinnen und Schüler sie anfassen und ausprobieren können, und da andererseits viele dieser Objekt im Wortsinn nicht greifbar sind, bietet es sich an, im Sinne einer „Wohnzimmerarchäologie" (Rainer Brieske) Alltagsgegenstände als historische Sachquellen zu betrachten.

Im Hinblick auf das konkrete Vorgehen schlägt Heese vier Phasen vor, wobei diese eher als idealtypische Arbeitsschritte zu verstehen sind, die in der konkreten Lernsituation variabel gehandhabt und mit entsprechenden methodischen Arrangements ergänzt werden können. Dieses sinnvolle Vorgehen sollte allerdings nicht zu eng an den Leitfragen ausgerichtet werden. So ist bei der Funktion (Phase 2) etwa auch an den sich mitunter wandelnden Verwendungszweck zu denken. Die Bedeutung (Phase 3) kann in verschiedener Richtung ausdifferenziert werden (für den damaligen Besitzer, für nachmalige Besitzer, für die historische Entwicklung, für mich usw.). Die Frage nach dem Lernertrag (Phase 4) gehört zu großen Teilen noch zum „Erkennen" und ist nicht an das – sicher sinnvolle, aber nicht zwangsläufig notwendige – Dokumentieren allein gebunden (Übersicht nach Heese, Quellen, III).

Phase	Aktivität	Leitfrage	Methodische Arrangements
1	Wahrnehmen	Wie sieht der Gegenstand aus?	beschreiben, abzeichnen, Einzelteile auf einer Rekonstruktionszeichnung benennen, fehlende Teile ergänzen usw.
2	Erschließen	Wie funktioniert der Gegenstand?	ausprobieren, mit heutigen Gegenständen vergleichen, zum Gegenstand recherchieren, vereinfachte Modelle zeichnen bzw. bauen usw.
3	Erkennen	Welche Bedeutung hat der Gegenstand?	(re-)kontextualisieren, historisch einordnen, zusammenfassend deuten
4	Ergebnisse dokumentieren	Was lernen wir durch die Beschäftigung mit dem Gegenstand?	

Abb. 45: Sachquellen im Geschichtsunterricht

Museum

„Vom Musentempel zum Lernort“

Mit dieser Formel bezeichnet der Historiker Walter Hochreiter (*1955) die Geschichte des Museums und seiner sich wandelnden Funktionen. Doch stellt sich zunächst die Frage, was unter „Museum“ überhaupt zu verstehen ist. Angesichts der Vielfalt der Museumslandschaft ist es schwierig, „Museum“ exakt zu definieren. Der 1946 gegründete *International Council of Museums (ICOM)* hat sich 2007 auf folgende oft zitierte Beschreibung geeinigt:

> „A museum is a non-profit, permanent institution in the service of society and its development, open to the public, which acquires, conserves, researches, communicates and exhibits the tangible and intangible heritage of humanity and its environment for the purposes of education, study and enjoyment“ (Statuten des International Council of Museums 2016 – https://icom.museum/wp-content/uploads/2018/07/2017_ICOM_Statutes_EN.pdf.)

Diese Beschreibung enthält wichtige Elemente, wobei manches wie Gewinnorientierung, Öffentlichkeit und soziale Nützlichkeit nicht für alle Museen in gleicher Weise gilt. Allerdings sind die genannten Haupttätigkeiten für eine Charakterisierung entscheidend:

- **Sammeln**: Jedes Museum beruht auf einer Sammlung, die oft so groß ist, dass nur ein Teil ausgestellt werden kann, während vieles im Depot verbleibt. Das Ziel ist es, die Bestände zu ergänzen und zu erweitern, sofern dies die räumlichen und finanziellen Ressourcen erlauben. Entscheidend ist, dass der jeweilige Gegenstand Teil einer Sammlung ist und somit nicht mehr in seinem ursprünglichen Verwendungszusammenhang begegnet, mithin ent-kontextualisiert ist.
- **Bewahren**: Das Museumsgut muss sachgerecht aufbewahrt, gepflegt und restauriert werden.
- **Erforschen**: Zu den einzelnen Exponaten werden so viele Informationen wie möglich zusammengetragen: vom Auftraggeber über die Herstellung und Verwendung bis zur Überlieferung. In der Beschriftung wird dem Besucher oft nur ein Teil dieses Wissens mitgeteilt.
- **Ausstellen**: Der eigentliche Zweck ist die Präsentation der Objekte. Auch Privatsammler zeigen ihre Schätze einem ausgewählten Besucherkreis. Die meisten Museen jedoch sind allgemein zugänglich. Wie die einzelnen Objekte präsentiert werden, hängt zum einen von den räumlichen Verhältnissen, also vom Museumsbau ab, zum anderen von den Entscheidungen der „Museumsmacher", die entweder ein Objekt für sich wirken lassen möchten oder es bewusst in eine Inszenierung einbetten, die den ursprünglichen Verwendungszweck vergegenwärtigt, also den Gegenstand re-kontextualisiert. So kann z. B. ein Motorroller für sich gezeigt werden oder im Rahmen einer nachgestellten Straßenszene der 1950-er Jahre.
- **Kommunizieren**: Diese Aufgabe zielt auf die Rolle der Museen als Institutionen der Öffentlichkeit ab, die über das Ausstellungsgeschäft i. e. S. hinausgeht. Darunter sind Führungen, Vorträge, aber auch alle museumspädagogischen Aktivitäten zu verstehen.

Die daraus sich ergebenden Zweckbestimmungen – Studium, Bildung, Vergnügen usw. – überschneiden sich und sind für jedes Museum wieder eigens zu bestimmen. Dabei können die Intentionen der Museumsmacher von der Wahrnehmung der Museumsbesucher abweichen. Ist es schon schwierig, „Museum" exakt zu definieren, so ist es fast noch schwieriger, eine schlüssige Kategorisierung vorzunehmen. So unterscheidet z. B. der Historiker Olaf Hartung nach dem **Thema** der jeweiligen Sammlung folgende Typen (Hartung, Museumsgeschichte):

- Kunstmuseum
- Gewerbemuseum
- Kulturhistorisches Museum
- Heimatmuseum
- Volks- und Völkerkundliches Museum
- Naturwissenschaftliches und Technisches Museum
- Sozial- und Wirtschaftsmuseum.

Auch ist es denkbar, nach dem **Träger** zu unterscheiden, wie z. B. staatliche Museen, städtische Museen, nicht-staatliche Museen, Privatmuseen usw. Ohne dass der **Zweck** eindeutig als Kriterium für eine Museumseinteilung herangezogen werden kann, spielt er doch für das Museum eine wichtige Rolle – sei es, dass ein Sammler seinen Reichtum präsentieren, oder sei es, dass der Staat sich durch die Ausstellung kulturgeschichtlicher Objekte Legitimität verschaffen will.

Die meisten Museen weisen, auch wenn sie nicht direkt Geschichte ausstellen, eine historische Dimension auf, da die Exponate aus der Vergangenheit stammen. Insofern sind sie Institutionen der Geschichtskultur einer Gesellschaft. Allerdings widmen sich nur genuin historische Museen den zugrunde liegenden geschichtlichen Sachverhalten. Für das historische Lernen ist bedeutsam, dass die historische Dimension der Exponate erst erschlossen werden muss und dass die Präsentation in der Regel nicht schulspezifisch ausgerichtet ist. Daraus ergeben sich für die Museumspädagogik besondere Herausforderungen.

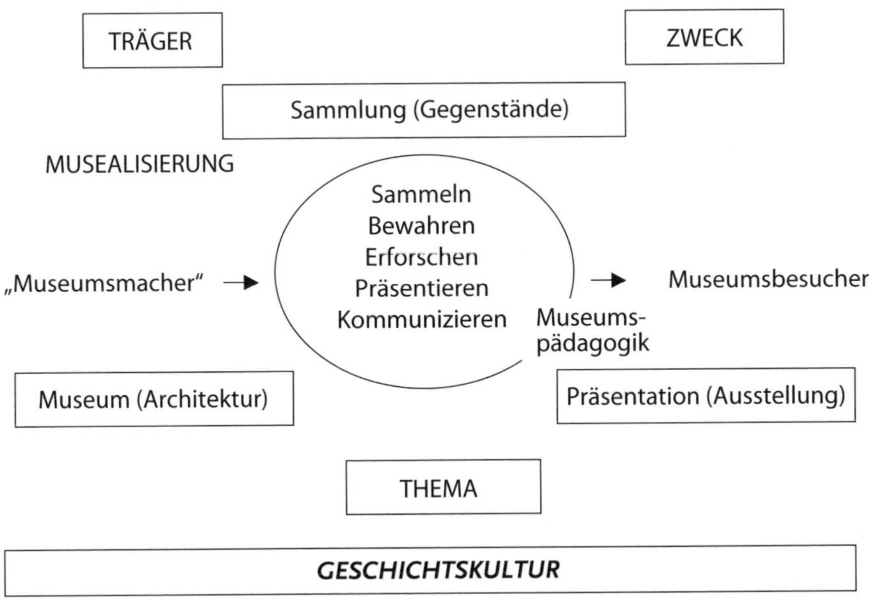

Abb. 46: Museen als Institutionen der Geschichtskultur

Die Entstehung von Museen beruht auf dem Vorgang der **Musealisierung**. So postulierte der deutsche Philosoph Hermann Lübbe (*1926) angesichts vielfältiger Museumsgründungen in den 1980-er Jahren, dass das Bedürfnis moderner Gesellschaften nach historischer Orientierung in dem Maße wachse, in dem sich der politische, wirtschaftliche gesellschaftliche und kulturelle Wandel beschleunige. Der Rückgriff auf Geschichte diene – gleichsam kompensatorisch – der Selbstvergewisserung. Unabhängig davon lehrt die **Museumsgeschichte**, dass das Sammeln von Gegenständen ein menschliches Grundbedürfnis zu sein scheint, das in allen Epochen begegnet.

Der Begriff Museum leitet sich ab vom griechischen Wort *museion*, das den „Musensitz" bezeichnet, wo die Schutzgöttinnen der Künste verehrt wurden. Dabei war die Bibliothek von Alexandria, die im alten Ägypten als Forschungsstätte eingerichtet wurde, das erste und bedeutendste „Museum". Während in Europa Schatzhäuser in der Antike und kirchliche Schatzkammern im Mittelalter diese Tradition fortsetzten, sind die Wunderkammern, die Herrscher in der Frühen Neuzeit einrichteten, Vorläufer der modernen Museen. Im Mittelpunkt stand dabei das Außergewöhnliche, das Exotische. Es sind davon nicht nur viele Objekte in heutige Museen übergegangen, sondern es wurde bereits versucht, das Gesammelte zu klassifizieren und zu ordnen. Gängige Abteilungen waren z. B. *Naturalia*: (Objekte aus der Natur), *Artificialia* (Artefakte, d. h. von Menschen geschaffene Objekte), *Exotica* (Objekte aus fernen Ländern) und *Scientifica* (wissenschaftliche Instrumente). Die Öffnung fürstlicher Sammlungen im ausgehenden 18. und beginnenden 19. Jahrhundert markierte dann den Übergang zum modernen Museum, das zusehends vom Staat betrieben wurde. Exemplarisch dafür steht die Geschichte des *Louvre*, der 1793 als erstes modernes Museum geöffnet wurde. Waren diese frühen Museen einerseits „Musentempel", so wurde auch früh schon intensiv darüber diskutiert, wie die Sammlungen als „Lernort" genutzt werden konnten.

Historisches Lernen im Museum

Aus der Konstellation, dass das Museum einerseits als Institution der Geschichtskultur einer eigenen Logik folgt, die von der schulischen Lernens deutlich abweicht, und dass das Museum andererseits als außerschulischer Lernort im Rahmen des Geschichtsunterrichts genutzt wird, ergeben sich spezifische Herausforderungen, auf die die **Museumspädagogik** zu antworten versucht. Dabei ist festzuhalten, dass angesichts der Vielfalt der Museen dort nicht nur historisches Lernen stattfindet, wenngleich sich aus der Tatsache, dass die Exponate immer aus der (näheren oder ferneren) Vergangenheit stammen, meist eine historische Dimension ergibt. Insofern organisiert Museumspädagogik immer auch historisches Lernen, greift aber weit darüber hinaus.

Aus der Entwicklung des modernen Museums, das für eine breite Öffentlichkeit gedacht war, ergab sich zugleich ein Bildungsanspruch, der jedoch zunächst nicht auf das schulische Lernen bezogen war. Allerdings standen die im 19. Jahrhundert entstehenden Kunstgewerbemuseen in enger Verbindung mit den Kunstgewerbeschulen, sollten sie doch den jungen Kunsthandwerkern vorbildliche Modelle präsentieren. Im Zuge der Reformpädagogik um 1900 wurde dann systematisch versucht, das Museum als Lernort zu nutzen. Der Direktor der Hamburger Kunsthalle Alfred Lichtwark (1852-1914) bot einschlägige Kurse an. In München entwickelte der Pädagoge Georg Kerschensteiner (1854-1932) entsprechende Initiativen und arbeitete am pädagogischen Konzept des neu entstehenden Deutschen Museums mit. Der Pädagoge und Kulturpolitiker Adolf Reichwein (1898-1944) widmete sich intensiv der Zusammenarbeit von Schule und Museum. Seit den 1960-er Jahren wurden diese Gedanken aufgegriffen und es entstanden vielfältige Initiativen. Insbesondere die Museumspädagogischen Zentren in verschiedenen Städten sind infolge dieser Diskussionen gegründet worden.

Lassen sich Sachquellen in den schulischen Geschichtsunterricht (als Replikat, als Alltagsgegenstand, als Abbildung) integrieren, so bietet sich in der Regel ein Besuch vor Ort an. Museumskoffer und Wanderausstellungen sind eher die Ausnahme und werden dem Anliegen des historischen Lernens im Museum nur bedingt gerecht. Ausgehend von entsprechenden Überlegungen museumspädagogischer Initiativen lassen sich daher folgende Ziele postulieren:

- **Gewinnung neuer Besucher**: Es soll die Hemmschwelle gesenkt werden, indem insbesondere Kinder und Jugendliche aus bildungsfernen Schichten mit dieser Institution vertraut gemacht werden. Dies ist ein allgemeines pädagogisches Anliegen.
- **Kennenlernen der Institution Museum**: Eng damit verbunden ist das Ziel, Museen als öffentliche Institutionen bekannt zu machen und einen Überblick über die (lokale und regionale) Museumslandschaft zu vermitteln.
- **Vermittlung von Museumsgeschichte**: Hier geht es um die historische Entwicklung eines bestimmten Museums: seine Gründung, die Entwicklung und aktuelle Probleme.
- **Schulung der Wahrnehmung**: Bevor weitergehende Fragen erörtert werden können, kommt es darauf an, die Exponate genau zu betrachten, auf Details zu achten und Besonderheiten wahrzunehmen. Dies geht weit über das historische Lernen hinaus, stellt aber eine zentrale Voraussetzung für den angemessenen Umgang mit Exponaten im Museum dar.
- **Erschließung von Einzelobjekten**: Erst nach einer genauen Wahrnehmung ist es möglich, das Exponat selbst in seinen vielfältigen Bezügen zu erschließen. So kann ein im Museum ausgestellter Altar als religiöses und liturgisches Zentrum einer Kirche bestimmt werden. Auch wenn stets die historische Dimension des Objekts eine Rolle spielen wird, steht hier das historische Lernen nicht unbedingt im Mittelpunkt.
- **Historisches Lernen anhand von Objekten**: Ein anderer Ansatzpunkt ist es, bestimmte Sachverhalte mit Hilfe von Exponaten zu erschließen. Das Objekt interessiert hier nicht als Gegenstand für sich, sondern im Hinblick auf eine bestimmte Fragestellung, mithin als Sachquelle. So können die auf einem Altar dargestellten Szenen abgelöst von seiner religiösen bzw. kirchlichen Funktion betrachtet werden: Eine Spitalszene gibt dann Aufschluss über die Krankenfürsorge im Mittelalter.

Methodisch sind verschiedene Arrangements denkbar, die sich deutlich von dem unterscheiden, was im Klassenzimmer üblich und möglich ist. Entscheidend sind dabei die intendierten Ziele, die ausgewählten Exponate, die Voraussetzungen der Lerngruppe sowie die Gegebenheiten vor Ort. Insofern muss das Vorgehen stets individuell bestimmt werden. Grundsätzlich gibt es folgende Möglichkeiten, die miteinander kombiniert werden können (ausführlich: Czech, Museumspädagogik, 197ff.):

- **Führung**: Diese klassische Form muss nicht monologisch angelegt sein, sondern kann auch als Gespräch gestaltet werden. Die Rolle des Museumsführers muss dabei nicht professionell besetzt sein. Auch die Lehrkraft oder die Schülerinnen und Schüler können aktiv werden.
- **Erkundung**: Mit Hilfe geeigneter Materialien können Kinder und Jugendliche etwa im Rahmen einer Rallye das Museum selbst erkunden.
- **Gestaltung**: Ausgehend von Exponaten können Schülerinnen und Schüler selbst gestalterisch tätig werden. So lassen sich Bilder nachzeichnen, Gemäldeszenen nachstellen und Exponate wie z. B. ein Ritterhelm basteln. Museumspädagogische Programme bieten oft entsprechende Aktivitäten an.

Historische Orte

Was sind historische Orte?

„Exkursion“, „historische Exkursion“, „außerschulischer Lernort“, „immobile Sachquelle“, „historische Stätte“, „historischer Ort“ – all diese Begriffe liest man, wenn man sich über das historische Lernen vor Ort informiert. Allerdings sind diese nicht synonym, sondern bezeichnen verschiedene Sachverhalte bzw. verschiedene Aspekte, gehen einmal vom Ort aus, ein anderes Mal von der Aktivität der Lernenden. Das Gemeinsame der verschiedenen Bezeichnungen ist, dass sie Formen (historischen) Lernens benennen, die außerhalb des Klassenzimmers bzw. des Schulgeländes und jenseits der eingespielten Routine des Stundenplans stattfinden. **Exkursion** bezeichnet im Wortsinn das Verlassen der Schule und das Aufsuchen eines außerschulischen Lernorts, ohne dass dieser schon näher bestimmt wäre. **Historische Exkursion** wird oft als Aufsuchen eines historischen Ortes verstanden. Die Bezeichnung **außerschulische Lernorte** umfasst, da sie nur besagt, dass außerhalb der Schule gelernt wird, so disparate Ziele wie Museum, Archiv, Grabung und Denkmal; es kann sich aber auch um eine Bildungsstätte ohne historischen Bezug handeln. Der Begriff **immobile Sachquelle** ist zu sehr mit einem gegenständlichen Relikt assoziiert und wird der Komplexität eines historischen Ortes nicht gerecht. Während **historische Stätte** oft synonym verwendet wird, schwingt hier die einengende Bedeutung „Schauplatz eines Ereignisses“ mit. Als allgemeine Definition bietet sich an:

„Historische Orte sind originale Orte insofern, als sie durch geschichtliche Ereignisse, Prozesse, Strukturen und Deutungen geprägt sind, die an Ort und Stelle rekonstruiert werden können" (Baumgärtner, Orte, I).

Dies bedeutet, dass Archive und Museen bewusst ausgeschlossen bleiben, da das, was man dort findet, nicht mehr am ursprünglichen Ort ist. Museen und Archive sind zudem strukturell eigenständige Institutionen, die im Hinblick auf historisches Lernen grundsätzlich andere fachdidaktische und methodische Überlegungen erfordern. Geht es allerdings um die Geschichte der Institution selbst, also etwa die Gründung und Entwicklung eines Museums, handelt es sich wiederum um einen historischen Ort. Ebenso ausgeschlossen bleiben so genannte „**Erinnerungsorte**". Ursprünglich vom französischen Historiker Pierre Nora (*1931) für Frankreich untersucht, bezeichnen solche *lieux de mémoires* die für das Gedächtnis einer Nation maßgeblichen Elemente, die an reale Orte gebunden sein können, aber nicht müssen. So finden sich im maßgeblichen von den Historikern Etienne François (*1943) und Hagen Schulze (*1943) herausgegebenen Sammelwerk „Deutsche Erinnerungsorte" zum einen reale historische Orte wie „Die Paulskirche", „Die Wartburg" oder „Neuschwanstein", die auch heute noch besucht und besichtigt werden können, zum anderen aber metaphorisch zu verstehende „Erinnerungsorte" wie „Die D-Mark", „Bismarck" oder „Der Duden", die keinen räumlichen Bezug aufweisen.

Typen historischer Orte

Für die nähere Charakterisierung historischer Orte bietet sich folgende Typisierung an. Diese orientiert sich nicht an der sichtbaren äußeren Form (Ruine, Kirche usw.), sondern an den jeweils vorzufindenden Vergangenheitsbezügen. Dabei lassen sich idealtypisch vier verschiedene Formen unterscheiden, wobei dies nicht als trennscharfe Abgrenzung missverstanden werden darf, denn für einen historischen Ort können durchaus mehrere Dimensionen zutreffen. Eine solche Typisierung ermöglicht es, genau zu bestimmen, was im Mittelpunkt des historischen Lernens stehen soll: ein Ereignis, eine Struktur, ein Prozess oder eine Deutung:

- **Ort eines geschichtlichen Ereignisses**: Hier ist der historische Ort der Schauplatz, an dem historisch Bedeutsames stattgefunden hat. Dies kann ein singuläres Ereignis sein – etwa das Schlachtfeld der Völkerschlacht bei Leipzig (1813) –, aber auch ein wiederkehrendes – etwa die Pfalzkapelle in Aachen als Ort von Königskrönungen im Mittelalter.
- **Ort geschichtlich bedeutsamer Strukturen**: Hier steht nicht ein bestimmtes Ereignis, das möglicherweise an dem Ort stattgefunden hat, im Mittelpunkt, sondern das für einen bestimmten Sachverhalt Typische: Eine Schlossanlage

Abb. 47: Zeitschichten: Internationales Mahnmal von 1968, dahinter Tor am Jourhaus des KZ Dachau, Foto: Martin St.-Amant

(Architektur, Gartenanlage usw.) verrät viel über das Selbstverständnis eines absolutistischen Herrschers.

- **Ort geschichtlicher Veränderung**: Hier geht es weder um den ursprünglichen noch den jetzigen Zustand, sondern um den Prozess, der den Ort verändert hat. Die Verwandlung eines beschaulichen Marktplatzes in einen städtischen Verkehrsknotenpunkt im Zuge der Industrialisierung ist dafür ein Beispiel.
- **Ort präsentierter bzw. gedeuteter Geschichte**: Hier wird ausdrücklich auf die historische Bedeutung des Ortes hingewiesen – sei es durch städtebauliche Maßnahmen (Platzgestaltung usw.), sei es durch architektonische Gestaltung (Fassade, Anbauten usw.), sei es durch Hinweisschilder und Informationstafeln. Im Unterschied zu den ersten drei Formen richtet sich der Blick auf Wahrnehmungen und Deutungen aus dem Horizont der Gegenwart, mithin auf ein Phänomen der Geschichtskultur. Die Grenze zwischen Präsentation und Deutung ist dabei fließend: Schon der Entscheidung, bestimmte Gebäude hervorzuheben, liegt eine historische Wertung zugrunde, ohne dass dies etwa auf einer Tafel explizit begründet werden müsste. In diese Kategorie gehören auch die bereits erwähnten „Erinnerungsorte" mit einem räumlichen Bezug.

Historische Orte sind **komplexe Quellen**. Aufgrund ihrer materiellen Beschaffenheit gehören sie am ehesten in die Kategorie der Sachquellen, doch sind sie oft nicht als Unikat isolierbar. So ist die Bezeichnung als immobile Sachquelle missverständlich, zumal sich oft verschiedene Quellentypen vor Ort vermischen: Inschriften, Wandbilder, Figurenschmuck usw. Historische Orte zeichnen sich zudem dadurch aus, dass sie in der Regel nicht mehr im „ursprünglichen" Zustand vorhanden sind. Daher muss stets die **Historizität des Orts** mitbedacht und zumeist auch thematisiert werden. Es begegnet nicht nur eine, sondern es begegnen mehrere miteinander verschmolzene Zeitschichten, die oft nur mit großem Aufwand wieder isolierbar sind.

Einen Sonderfall stellen **Denkmäler** dar. Der Begriff des Denkmals ist nicht eindeutig definiert; er umfasst bedeutsame Relikte einer vergangenen Kultur ebenso wie historische Bauten („Baudenkmal") und verschüttete kulturgeschichtliche Hinterlassenschaften („Bodendenkmal"). Im engeren Sinne geht es um „bewusst zur Erinnerung an eine Person oder ein Ereignis errichtete Monumente, die eine bestimmte Botschaft enthalten. Diese stehen meist an sehr zentralen Orten und besitzen eine gesellschaftspolitische Funktion. In der Frühzeit waren diese Art von Denkmälern eng mit dem Totengedenken verbunden, das zum einen das Fortleben im Jenseits, zum anderen die Erinnerung an den Toten zur Aufgabe hatte" (Hermanns, Denkmal).

Ein solches Denkmal ist ein bewusst gesetztes und in der Öffentlichkeit sichtbares Erinnerungszeichen. Insofern handelt es sich in mehrfacher Hinsicht um einen historischen Ort: als „Ereignis-Ort", wenn es um die Errichtung und den Akt der Sinnstiftung geht; als „Struktur-Ort", sofern das Denkmal typische, verallgemeinerungsfähige Merkmale aufweist; als „Veränderungs-Ort", wenn der Umgang mit dem Denkmal nach seiner Errichtung zur Sprache kommt. Die Deutung ist dem Denkmal inhärent und kann der Gestaltung und den Inschriften entnommen werden. Gleichwohl kann die ursprüngliche Interpretation durch spätere zustimmende bzw. distanzierende überlagert werden. Da für Denkmäler oft exponierte, öffentlichkeitswirksame Orte gewählt werden, handelt es sich meist nicht um historische Orte im Sinne von Ereignis-Orten. So wurde das Holocaust-Mahnmal in Berlin prominent platziert, auch wenn an dieser Stelle kein Konzentrationslager existierte. Allenfalls ergibt die geografische Nähe zu den Machtzentren des Nationalsozialismus einen historischen Bezug. Inzwischen hat sich der Denkmalbegriff deutlich ausgeweitet und umfasst die verschiedensten Gestaltungen.

Historische Orte im Geschichtsunterricht

Das Lernen an historischen Orten beinhaltet trotz der damit verbundenen Herausforderungen ein großes Lernpotential (Kuchler, Orte, 32ff.):

- Besondere Lernchancen bietet die **räumliche Erfahrung**: Die Größe eines Platzes, die Höhe eines Raumes, die Großzügigkeit einer Parkanlage lässt sich mit guten Fotos, anschaulichen Simulationen oder dreidimensionalen Modellen nur bedingt vermitteln.

- Diese sinnliche Erfahrung der räumlichen Gegebenheiten begünstigt die **Imagination** der Schülerinnen und Schüler, so dass sie sich bestimmte Sachverhalte lebhafter vorstellen können. Der vor Ort vorgelesene Bericht oder der nachgestellte Ablauf ermöglichen ihnen einen direkteren und nicht nur kognitiv bestimmten Zugang zu einem geschichtlichen Phänomen.
- Eine weitere Lernchance besteht in der **Methodisierung** des historischen Lernens. Da historische Orte stumm sind, bedarf es der Untersuchung der Gegebenheiten und zumeist der Einbeziehung weiterer Informationen. So können in der Regel keine fertigen Ergebnisse konsumiert, sondern die historischen Bezüge müssen erläutert bzw. selbst erarbeitet werden.
- Da die Schülerinnen und Schüler sich im Hier und Jetzt an einem historischen Ort befinden, ist der oft geforderte **Gegenwartsbezug** zwangsläufig gegeben. Ausgangspunkt des Lernprozesses ist der gegenwärtig wahrnehmbare Zustand, der nicht nur Hinweise auf die Vergangenheit gibt, sondern erkennen lässt, wie die Gegenwart mit ihr umgeht.
- Schließlich sind Schülerinnen und Schüler mit dem Phänomen der Gleichzeitigkeit des Ungleichzeitigen unmittelbar konfrontiert, müssen die verschiedenen Zeitebenen trennen und erfahren so **Historizität**. Das Fachwerkhaus neben dem Wolkenkratzer, die unter Glas sichtbare Ausgrabung in einer U-Bahn-Station sind evidente Beispiele dafür.

Welche dieser Dimensionen beim historischen Lernen thematisiert werden, hängt von der jeweils gewählten **Fragestellung** ab. Diese bestimmt auch darüber, welche Orte überhaupt als geschichtlich bedeutsam erachtet werden. Da Geschichte uns überall begegnet, mithin alles historisch gewachsen ist, gibt es potentiell nur historische Orte. So kann die Geschichte ihres Schulhauses bei Schülerinnen und Schülern historisches Interesse erregen. Die auf den ersten Blick geschichtlich bedeutungslos wirkende Trabantenstadt oder Reihenhaussiedlung, in der die Kinder und Jugendlichen wohnen, kann als Ausdruck moderner Stadtentwicklung der 1960-er und 1970-er Jahre wahrgenommen werden, so dass ihr Lebensraum historische Tiefe gewinnt. Erst die jeweils gewählte Fragestellung macht somit einen Ort zum historischen Ort.

Im Hinblick auf das **methodische Vorgehen** lassen sich zwei Herangehensweisen idealtypisch unterscheiden, die sich in der Praxis oft mischen:

- Bei der **heuristischen Erkundung** steht die Geschichte des historischen Ortes selbst im Mittelpunkt und dient zur Entwicklung von Fragestellungen. Die Historizität des historischen Ortes, der – wenngleich original wirkend – nicht mehr im „ursprünglichen“ Zustand ist, kommt dabei unweigerlich zu Bewusstsein.
- Demgegenüber folgt die **thematische Erschließung** einer spezifischen, vorgegebenen Fragestellung, die immer nur einen bestimmten Aspekt des Ortes in den Blick nimmt.

Dabei sind ganz verschiedene Schüleraktivitäten denk- und durchführbar.

- Zu den **darbietenden Lehr- und rezeptiven Lernformen** zählt etwa die Führung, bei der ein Experte, der mit der Lehrkraft nicht identisch sein muss, den historischen Lernort erklärt.
- Zu den **moderierenden Lehr- und produktiven Lernformen** zählt demgegenüber das Projekt, bei dem die Schülerinnen und Schüler sich selbstständig mit einem historischen Ort auseinander setzen und dies z.B. in einer Ausstellung, einem Videofilm oder einem selbst erstellten Audioguide präsentieren.

Im Hinblick auf das konkrete Vorgehen sind folgende grundlegende Operationen zu unterscheiden:

- **Wahrnehmen** eines Ortes als historischer Ort: Identifizieren alter Gebäude; Vermutungen über die Bauzeit usw.
- **Dokumentieren** der Situation vor Ort: Fotografieren, Ausmessen, mit Plänen vergleichen usw.
- **Rekonstruieren** der interessierenden Verhältnisse: historische Abbildungen betrachten; Quellen erschließen usw.
- **Kontextualisieren** des Befundes: Vergleiche heranziehen; historischen Hintergrund klären usw.

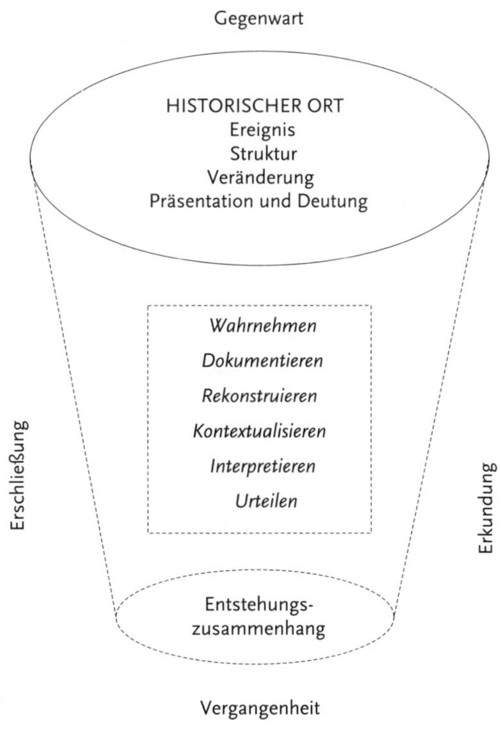

Abb. 48: Historische Orte im Geschichtsunterricht

- **Interpretieren** der Ergebnisse: Zusammenfassungen erstellen; Sachtexte schreiben; Sachurteile formulieren usw.
- **Urteilen und Werten**: Thesen erörtern; Gestaltungsvorschläge erstellen; Debatten führen; Werturteile formulieren.

Probleme und Perspektiven

(1) Stellen Sie eine Liste von zehn Sachquellen zusammen, mit denen sich Schülerinnen und Schüler im Rahmen des Geschichtsunterrichts auseinandersetzen sollten. Begründen Sie diese Auswahl.
(2) Erörtern Sie die Lernchancen und Lernhindernisse bei der Arbeit mit Sachquellen.
(3) Begründen Sie, welches Museum für historisches Lernen gut und welches schlecht geeignet ist.
(4) Erläutern Sie an einem Denkmal Ihrer Wahl, warum es sich um ein Denkmal handelt, welche historischen Bezüge es aufweist und welche Lernchancen es bietet.
(5) Erläutern Sie an einer Ihnen bekannten KZ-Gedenkstätte, welche Dimensionen eines historischen Ortes den Besuchern begegnen.
(6) Entwickeln Sie für einen ihnen bekannten historischen Ort geeignete methodische Ideen für den Besuch mit einer Lerngruppe.

Literaturhinweise

Sachquellen

Brieske, Rainer: Wohnzimmerarchäologie oder: Grabe, wo du sitzt. Alltagsgegenständliche Quellen im Geschichtsunterricht, in: Praxis Geschichte 5/2003, S. 52-55, 6/2003, S. 60-63 *(interessante Anregungen)*

Heese, Thorsten: Vergangenheit „begreifen“. Die gegenständliche Quelle im Geschichtsunterricht, Schwalbach (Ts.) 2007 (*maßgebliche Darstellung zu diesem Thema*)

Heese, Thorsten: Gegenständliche Quellen, in: PGS 6/2009, S. 1-IV (*Kurzfassung der Monografie*)

Hermanns, Beatrice: Denkmal. Aus: Medien und Kommunikation in der Frühen Neuzeit, in: historicum.net, URL: https://www.historicum.net/purl/6pzgu/ – *auslaufende Homepage!*

McGregor, Neil: Eine Geschichte der Welt in 100 Objekten, Bonn 2014 (*exemplarische Analysen von Exponaten des* British Museum)

Archäologie

Beyer, Jeorjios Martin (Hg.): Von der Schatzsuche zur Wissenschaft, Mainz 2010 (*umfassender und anschaulicher Überblick*)

GWU-Themenheft „Archäologie in Forschung und Unterricht“, Heft, 3-4/2012 (*interessante Einzelbeiträge*)

Hölscher, Tonio: Klassische Archäologie. Grundwissen, 4. Aufl., Darmstadt 2015 (*weitverbreitete, gut lesbare Einführung*)

Parzinger, Hermann: Abenteuer Archäologie. Eine Reise durch die Menschheitsgeschichte, München 2016

Museum

Barricelli, Michele/Golgath, Tabea (Hg.): Historische Museen heute, Schwalbach (Ts.) 2014 *(Überblick in Selbstdarstellungen)*

Czech, Alfred u.a. (Hg.): Museumspädagogik. Ein Handbuch. Grundlagen und Hilfen für die Praxis, Schwalbach (Ts.) 2014 *(umfassende Darstellung)*

GWU-Themenheft „Historische Ausstellungen – neue Herausforderungen“, Heft 11-12/2012 (*Auseinandersetzung mit aktuellen Fragen*)

GWU-Themenheft „Museumspädagogik heute“, H. 1-2/2017

Flügel, Katharina: Einführung in die Museologie, 2. Aufl., Darmstadt 2009 (*knappe Einführung in die Museumswissenschaft*)

Hartung, Olaf: Kleine deutsche Museumsgeschichte. Von der Aufklärung bis zum frühen 20. Jahrhundert, Köln u.a. 2010 (*kurzgefasste und gut lesbare Darstellung*)

Hochreiter, Walter: Vom Musentempel zum Lernort. Zur Sozialgeschichte deutscher Museen 1800 - 1914, Darmstadt 1994 *(umfassende Darstellung der deutschen Museumsgeschichte)*

Kuhn, Bärbel u.a. (Hg.): Geschichte erfahren im Museum, St. Ingbert 2014 (*Sammelband mit grundsätzlichen Ausführungen und konkreten Vorschlägen*)

Popp, Susanne/Schönemann, Bernd (Hg.): Historische Kompetenzen und Museen, Idstein 2009 (*Beiträge einer Tagung der Konferenz für Geschichtsdidaktik*)

Vieregg, Hildegard K.: Geschichte des Museums. Eine Einführung, München 2008 (*breit angelegter Überblick*)

Historische Orte

Baumgärtner, Ulrich: Historische Orte, in: Praxis Geschichte 3/2015, S. I-IV (*Grundlage für die vorliegenden Ausführungen*)

François, Etienne/Schulze, Hagen (Hg.): Deutsche Erinnerungsorte, 3 Bde., München 2001 *(umfassende Darstellung in Einzelbeiträgen)*

Kuchler, Christian: Historische Orte im Geschichtsunterricht, Schwalbach/Ts. 2012 (*maßgebliche geschichtsdidaktische Monografie zum Thema*)

Mayer, Ulrich: Historische Orte als Lernorte, in: Mayer, Handbuch Methoden, S. 389-407 *(gute Einführung)*

Schreiber, Waltraud: Geschichte lernen an historische Stätten: die historische Exkursion, in: Schreiber, Begegnungen, Bd. 1, S. 589-606 *(guter Überblick)*

Medien historischen Lernens: Körperlichkeit

„Handlungsorientierung" im Geschichtsunterricht

Dass nicht nur mit dem Kopf, sondern auch mit Herz und Hand gelernt wird, ist seit Johann Heinrich Pestalozzi (1746-1827), dem Schweizer Pädagogen, fast schon ein Gemeinplatz der einschlägigen Literatur. Dementsprechend ist das Prinzip der Handlungsorientierung positiv konnotiert. Allerdings zeichnet sich das schulische Lernen gerade dadurch aus, dass es – abgesehen von Fächern wie Sport – die körperliche Erfahrung eher ausschließt. Dies ist nicht nur an der Bevorzugung kognitiver Aneignung, sondern auch an der Organisation des Schullebens mit festgelegten Pausen, regulativen Sitzordnungen und der großen Bedeutung von Ruhe und Disziplin während der Unterrichtsstunden erkennbar. Die vielfältigen Reformansätze, die – vor allem zurzeit der Reformpädagogik um 1900 – kritisch auf das existierende Schulsystem reagierten, schrieben gerade die Forderung nach **ganzheitlichem Lernen** und nach Selbsttätigkeit auf ihre Fahnen: Die Kinder und Jugendlichen sollten in Arbeitsschulen nicht nur theoretisch, sondern auch praktisch lernen; sie sollten im Rahmen der Kunsterziehungsbewegung selbst kreativ tätig sein; sie sollten in Landerziehungsheimen die Natur erfahren und in ihr tätig werden. Gerade vor diesem Hintergrund ist verständlich, dass das Prinzip der Handlungsorientierung so große Wertschätzung genießt.

Gleichwohl hat auch das schulische Lernen – ob dies den Beteiligten bewusst ist oder nicht – eine körperliche Dimension. Als Teil der allgemeinen, nicht auf das historische Lernen bezogenen **Unterrichtskommunikation** sind körperliche Signale wesentlich für die zwischenmenschliche Verständigung. Eine lebendig agierende, „mit Händen und Füßen sprechende" Lehrkraft prägt das Unterrichtsgeschehen ebenso wie ein Schüler, der mit verschränkten Armen demonstrativ seine Distanz, ja Ablehnung zum Ausdruck bringt. Beim historischen Lernen besteht die grundlegende Herausforderung darin, dass der Gegenstand nicht mehr vorhanden ist, sondern mental vorgestellt werden muss. In anderen Fächern liegt praktisches Tun näher: Im Biologieunterricht etwa können Schülerinnen und Schüler Blumen sammeln, untersuchen, pressen, zeichnen usw. Im Geschichtsunterricht können sie sich historischen Sachverhalten hingegen in der Regel nur indirekt über verschiedene Medien, insbesondere Quellen, annähern. Manche Schritte auf diesem Weg können gleichwohl körperlich absolviert werden: Ein Begriff kann pantomimisch nachgestellt werden oder die eigene Meinung kann dadurch zum Ausdruck gebracht werden, dass eine bestimmte Zimmerecke aufgesucht wird. Dies sind Beispiele für handlungsorientierte, **körperlich bestimmte Unterrichtsmethoden** im Fach Geschichte.

Allerdings ist im Rahmen des historischen Lernens auch die **körperliche Dimension der verwendeten Medien** zu bedenken: Wenn die Schülerinnen und

Schüler eine Rede deklamieren, eine abgebildete Szene nachstellen oder einen historischen Ort „erlaufen“, ist dies keine methodische Zutat, sondern in der Sache begründet und kann zu einem besseren Verständnis beitragen. Das Körperliche begegnet uns aber auch direkt: auf Bildern bäuerlicher Arbeit oder in Beschreibungen peinlicher Befragungen. Da die damaligen Personen, die solche körperlichen Erfahrungen gemacht haben, nicht mehr leben, sind diese nur noch vermittelt, etwa in schriftlichen und bildlichen Quellen präsent. So kann die **Geschichte der Körperlichkeit** zum Gegenstand historischen Lernens werden. Dabei bietet es sich durchaus an, solche Handlungsabläufe nachzustellen, die abgebildeten Posen und Tätigkeiten wieder zum Leben zu erwecken.

Neben der Körperlichkeit im Sinne handelnder Tätigkeit sind auch die **sinnlichen Wahrnehmungen** und deren historischer Wandel zu berücksichtigen. Nicht nur akustische und visuelle Eindrücke, wie sie die *sound history* und die *visual history* untersuchen, verändern sich, sondern auch olfaktorische, taktile und gustatorische Empfindungen (*sensory studies*).

Die fachdidaktische Diskussion konzentriert sich auf das bereits erwähnte Prinzip der **Handlungsorientierung**. Damit ist ein Unterricht gemeint, „der sich durch Eigenaktivität und Selbsttätigkeit der Schülerinnen und Schüler auszeichnet“ (Völkel, Handlungsorientierung, 8). Die Geschichtsdidaktikerin Bärbel Völkel (*1960) listet folgende Merkmale auf (Völkel, Handlungsorientierung, 14-17):

- „Lernen mit Kopf, Herz und Hand“: Es sollen im Zuge des Lernprozesses möglichst viele Sinne angesprochen werden. Insbesondere soll auch praktisches Tun („Hand“) möglich sein.
- „Anknüpfung an die Interessen der Beteiligten und deren Handlungsziele“: Dies zielt auf eine Berücksichtigung und Integration der Schülerinteressen in den Lernprozess ab.
- „Anknüpfung an die Erfahrungswelt der Beteiligten“: Bevorzugt werden Bezüge zur Lebenswelt der Schülerinnen und Schüler wie z. B. die Erkundung historischer Orte.
- „Raum für selbstorganisiertes und selbstverantwortetes Lernen“: Die Schülerinnen und Schüler sollen den Unterrichtsverlauf aktiv mitgestalten.
- „Produktorientierung“: Am Ende des Lernprozesses steht ein vorzeigbares und sichtbares Ergebnis wie z. B. eine kleine Ausstellung.

Auf diese Weise soll es gelingen, die Subjektebene, also die individuelle Lernlogik des Schülers, mit der Objektebene, also der Sachlogik des Gegenstands zu verbinden, ja zu versöhnen (zusammenfassendes Schaubild: Völkel, Handlungsorientierung, 27).

Dem Prinzip der Handlungsorientierung liegt als Modell das **Projekt** zugrunde. Ausgehend von reformpädagogisch inspirierten Überlegungen war es das Ziel der amerikanischen Pädagogen John Dewey (1859-1952) und William Heard Kilpatrick (1871-1965), die Aufsplitterung des Lernprozesses zu überwinden und eine aktive ganzheitliche Erfahrung und Erschließung der Welt zu ermöglichen, um durch die Selbsttätigkeit die demokratische Teilhabe der künftigen Staatsbürger zu fördern. Kinder und Jugendliche stoßen demnach in ihrer Umgebung selbst auf Probleme, die sie lösen wollen. Dabei greifen sie auf Kenntnisse und Techniken aus verschiedenen Fachbereichen zurück. Ein Beispiel für ein Projekt im Rahmen des Faches Geschichte ist die Konzipierung einer Ausstellung zu einem historischen Jubiläum. Der in einzelnen Publikationen unterschiedlich gegliederte Ablauf besteht grundsätzlich in folgenden Schritten. Entscheidend ist dabei, dass der Lernprozess von der Vorbereitung bis zur Auswertung wesentlich von den Schülerinnen und Schülern selbst gestaltet wird:

- Vorbereitung: Entscheidung für ein Projekt
- Planung: Organisation des Arbeitsablaufs
- Durchführung: Arbeit am Projekt
- Präsentation der Projektergebnisse
- Auswertung: Reflexion und Evaluation des Arbeitsprozesses; ggf. Weiterführung in Folgeprojekten.

Die Verwirklichung des Unterrichtsprinzips der Handlungsorientierung etwa in Form von Projekten erfordert, streng genommen, eine andere Organisation des schulischen Lernens. Oft genug begegnet diese Form historischen Lernens im Rahmen von Wettbewerben, bei denen die Beiträge außerhalb des regulären Unterrichts entstehen. Gleichwohl können Elemente durchaus in den Geschichtsunterricht integriert werden. Die entsprechenden Vorschläge zeigen, dass es vornehmlich um einen handlungsorientierten Umgang mit den üblichen Medien historischen Lernens wie Texte, Bilder usw. geht. So können Texte vervollständigt, Bilder ergänzt oder Streitfragen nach bestimmten Regeln diskutiert werden (Völkel, Handlungsorientierung, 50ff.). Auch wenn die so ermöglichte körperliche Erfahrung das historische Lernen durchaus bereichern kann, ist sie selbst nicht Medium des historischen Lernens. Dies ist der Fall in verschiedenen Formen des Szenischen Spiels.

	Unterrichtsprinzipien (Handlungsorientierung)	
Geschichte der Körperlichkeit	Unterrichtsmedien	Körperlichkeit in Quellen
	Unterrichtsmethoden (Projekt, Szenisches Spiel ...)	
	Unterrichtskommunikation	

Abb. 49: Aspekte von Körperlichkeit beim historischen Lernen

Szenisches Spiel

Das Spiel ist eine menschliche Universalie. Kinder eignen sich durch Spielen die Welt an und Spiele verschiedenster Art sind daher aus allen weltgeschichtlichen

Epochen überliefert. Gerade die Vielfalt der Spielformate macht es allerdings schwierig, den Gegenstand einzugrenzen und eine einheitliche Definition zu entwickeln, zumal sich verschiedene Wissenschaften – von der Geschichte bis zur Psychologie, von der Ökonomie bis zur Ethnologie – aus ihrer je spezifischen Sichtweise für diesen Gegenstand interessieren. Gleichwohl nennt der deutsche Geschichtsdidaktiker Markus Bernhardt (*1959) folgende „Wesensmomente“ (Bernhardt, Spiel, 16f.):

- „Das Moment der Freiheit“: Es folgt keinem Zweck, sondern hat seinen Sinn in sich.
- „Das Moment der inneren Unendlichkeit“: Es hat potentiell kein Ende. Es kann immer wieder eine neue Runde begonnen werden.
- „Das Moment der Scheinhaftigkeit“: Es hat mit der Realität, auch wenn es Anklänge gibt, nichts zu tun, sondern schafft eine eigene Welt.
- „Das Moment der Ambivalenz“: Es erfordert einerseits Anspannung und Konzentration, dient aber gleichzeitig der Entspannung und Ablenkung.
- „Das Moment der Geschlossenheit“: Es folgt eigenen, nur für die Welt des Spiels geltenden Regeln.
- „Das Moment der Gegenwärtigkeit“: Man lebt nur in der Gegenwart des Spiels.

Bei der Betrachtung dieser Merkmale wird deutlich, dass die Spiel-Logik, die sich selbst genug ist, der Lern-Logik, die stets auf ein Ziel ausgerichtet ist, widerspricht. Zwar kann es durchaus auch ein Ziel sein, ein bestimmtes Spiel (z. B. Fußball) besonders gut zu beherrschen, aber auch hier bleibt das Ziel spielimmanent. Demgegenüber ist insbesondere schulisches Lernen oft auf ein über das momentane Tun hinausgehendes Ziel ausgerichtet: Das Lernen von Vokabeln dient der Beherrschung der Fremdsprache; die Auswertung einer Quelle dient dem Wissenserwerb über einen historischen Sachverhalt. Wenn Spiel nun als Unterrichtsmethode Verwendung findet, muss der Lernerfolg etwa im Sportunterricht in der immer besseren Ausübung des Spiels selbst begründet oder im Geschichtsunterricht funktional auf ein übergeordnetes Ziel historischen Lernens ausgerichtet sein.

Nach einer kritischen Reflexion vorliegender Einteilungen schlägt Bernhardt folgernde **Typologie** vor (Übersicht: Bernhardt, Spiel, 48f.; nähere Ausführungen mit vielen Beispielen: 57ff.):

- **Lernspiele:** Hier wird auf spielerische Weise zumeist deklaratives Wissen kognitiv gelernt. Memoriespiele festigen erworbenes Wissen, explorative Spiele erschließen neues. Das „Erklären“ von historischen Sachverhalten steht dabei im Mittelpunkt.
- **Erfahrungsspiele:** Hier kommt es auf das „Verstehen“ von historischen Sachverhalten an, das insbesondere durch Perspektivübernahme geleistet wird. Beispiele sind Szenische Spiele, Simulations- und Planspiele sowie Rollenspiele. Beim Rollenspiel schlüpfen die Beteiligten in vorgegebene Rollen und erproben anhand bestimmter persönlicher Konfliktsituationen mögliche Lösungsmöglichkeiten. Beim Simulationsspiel wird ein Konflikt modellhaft durchgespielt. Beim Planspiel

entwickeln die Beteiligten eine offene Konfliktsituation weiter, indem sie im Rahmen eines vorgegebenen institutionellen Gefüges miteinander interagieren. Alle anderen Formen subsumiert Bernhardt unter dem Begriff „Szenisches Spiel“.

- **Narrative Spiele:** Solche Formen, die auf das „Erzählen“ von historischen Sachverhalten abzielen, enthalten spielerische Elemente, ohne selbst vollgültige Spielformen zu sein. Entscheidend ist, dass ein „narratives Produkt“ wie z. B. ein Hörspiel entsteht.
- Hinzu kommen als Sonderform **Computerspiele**.

In dieser Übersicht lassen sich zwei Formen von Spiel erkennen: zum einen das Lernspiel, das keinen körperlichen Einsatz fordert, sondern auf bestimmte Materialien konzentriert ist: Hier wird gewürfelt, geraten, aufgedeckt, gerätselt, zugeordnet, ausgefüllt usw. Die anderen Formen (außer den Computerspielen) lassen sich unter dem Begriff „**szenisches Spiel**“ subsumieren, da hier stets – mehr oder weniger – das körperliche Agieren der Beteiligten gefordert ist. Entscheidend ist mithin das Handeln. Die vorgeschlagenen Spielformen sind dabei nicht trennscharf, da etwa die im Rollenspiel verhandelte individuelle Konfliktsituation durchaus die für das Simulationsspiel vorgesehenen Strukturerfahrungen ermöglicht. Daher erscheint es sinnvoller, von einer allgemeinen Definition des Szenischen Spiels auszugehen und dann die einzelnen Formen phänomenologisch zu beschreiben. Erst in der konkreten Spielsituation ergibt sich dann eine bestimmte Funktion. Allgemein lässt sich also zunächst sagen:

> „Dem szenischen Spiel liegt eine (1) handlungsträchtige (2) Situation zugrunde, in der mehrere (3) Figuren, die oft, aber nicht immer von menschlichen Darstellern verkörpert werden, in einer bestimmten (4) Rolle vor einem (5) Publikum sprachlich und körperlich (6) agieren und eine dynamische Entwicklung, sprich eine (7) Veränderung der Situation bewirken“ (Baumgärtner, Spiel, I).

Das szenische Spiel hat im **Theater** eine lange Geschichte, wobei schon früh nicht nur gegenwärtige, sondern auch vergangene Situationen dargestellt wurden. Dies zeigt etwa die Vergegenwärtigung vergangener Ereignisse im historischen Drama, genauer im Historien-Drama, etwa in Aischylos‘ (525-456 v.u.Z.) Tragödie *Die Perser* (472 v.u.Z.). In dieser Tradition sind auch die vielfältigen Formen von **Geschichtstheater** zu sehen, die in der Geschichtskultur präsent sind. Darunter sind „Präsentations- und Aneignungsformen historischer Ereignisse, Prozesse und Personen mit Praktiken des Theaters – Kostümierung, personalisierende Dramatisierung, Inszenierung – im öffentlichen und halböffentlichen Raum“ zu verstehen (Hochbruck, Geschichtstheater, S. 11). Gegenüber der *Living History*, einem Begriff von Jay Anderson, der auf eine Vergegenwärtigung der Vergangenheit im handelnden Nachvollzug des damaligen Alltagslebens abzielte, stehen hier die spezifisch theatralischen Formen im Mittelpunkt. Sie dienen verschiedenen Zwecken (Hochbruck, Geschichtstheater, S. 37-129): der wissenschaftlichen Forschung („Austesten:

Experimentelle Archäologie"), der Wissensvermittlung („Präsentieren: *Living History Interpretation*"), der Prachtentfaltung („*Pageantry*: Historische Festaufzüge"), wozu auch die Mittelalter-Märkte zu rechnen sind, dem Nacherleben („Hineinversetzen: *Reenactments*") sowie dem historischen Lernen („Geschichtstheater als fachdidaktische Methode") und sind hier mit dem Szenischen Spiel identisch.
Daneben hat Theaterspielen aber auch im schulischen Bereich eine lange Tradition – etwa bei den Jesuiten oder in den Reformschulen seit dem 18. Jahrhundert. Zwar findet Schultheater zumeist außerhalb des regulären Unterrichts statt und ist daher für den schulischen Alltag nicht unmittelbar relevant. Gleichwohl können Elemente in den Unterricht integriert werden. Auch wenn das Fach Deutsch etwa im Zuge der Dramenlektüre eine größere Affinität zum szenischen Spiel besitzt, bieten sich für den Geschichtsunterricht ebenfalls Ansatzpunkte, wenn etwa das antike Drama thematisiert oder das szenische Spiel als Unterrichtsmethode verwendet wird. Dieser Ansatz geht auf das Rollenspiel als **sozialpädagogisches Verfahren** zurück, das seine Wurzeln in der soziologischen Rollentheorie hat. Ausgehend von der Theatermetapher für das soziale Zusammenleben, lässt sich das Handeln in verschiedenen gesellschaftlichen Kontexten als das Spielen von verschiedenen Rollen beschreiben. Diese muss der Einzelne im Hinblick auf seine Identität ausgleichen und koordinieren. Dabei übernimmt er nicht nur die mit der einzelnen Rolle verbundenen Normen und Erwartungen der Gesellschaft (*role-taking*), sondern kann diese auch individuell interpretieren und eigenständig gestalten (*role-making*). Auftretende Konflikte können mit Hilfe des sozialtherapeutisch angelegten Rollenspiels bearbeitet werden, indem exemplarische Situationen nach bestimmten Regeln durchgespielt und reflektiert werden. Dabei ist das übergeordnete Ziel, Qualifikationen zu erwerben, die das Spielen von gesellschaftlichen Rollen erleichtern. Hierzu zählen unter anderem Empathie, also das Sich-Hineinversetzen in andere Personen, um einen Sachverhalt aus deren Perspektive betrachten zu können, oder Ambiguitätstoleranz, also die Fähigkeit, die mit verschiedenen Rollen verbundenen z. T. divergierenden Erwartungen ausbalancieren zu können. Nachdem das Rollenspiel seit den 1970er-Jahren für den Unterricht entdeckt wurde, lag es nahe, die Eignung für das Fach Geschichte zu erkunden, spielt doch die Perspektivenübernahme für das historische Lernen eine zentrale Rolle.

Allerdings interessierte sich die **Geschichtsdidaktik** auch schon zuvor für das Spiel (vgl. Bernhardt, Spiel, 28ff.). So hat bereits der deutsche Geschichtsdidaktiker Hans Ebeling (1906-1967) für den Einsatz von Spielen plädiert, um, an das kindliche Spielbedürfnis anknüpfend, historische Sachverhalte zu vergegenwärtigen. In diese Richtung argumentiert auch Wolfgang Hug (*1931), dem es vor allem um eine stärkere Berücksichtigung der Schülerbedürfnisse und um eine methodische Anreicherung des historischen Lernens ging. Stärker von der Tradition des sozialpädagogischen Rollenspiels ist die gestaltpädagogisch inspirierte Geschichtsdidaktik von Peter Knoch (1935-1994) geprägt. Er spricht dem Körper, also auch dem szenischen Spiel, neben der Ratio, der Imagination und der Moral eine zentrale Bedeutung für den Lernprozess zu. Noch ausgeprägter in diese Richtung argumentiert Peter Schulz-Hageleit (*1939), der im Rahmen seines Konzepts eines Erfahrungsunterrichts nachdrücklich für die Verwendung solcher Verfahren im Geschichtsunterricht wirbt, um nicht nur die Vergangenheit für die Schülerinnen und Schüler erfahrbar zu machen, sondern ihnen auch und vor allem eine intensive Auseinandersetzung mit ihrer persönlichen Lebensgeschichte zu eröffnen.

Die zentrale **Lernchance** des szenischen Spiels wird mithin in der durch die Rollenübernahme bewirkten Empathie des Darstellers mit seiner Figur gesehen, die das Fremdverstehen als zentrales Element des historischen Lernens fördert. Das aktive Sich-Hineinversetzen in eine historische Situation soll dabei Verstehenshindernisse abbauen und einen affektiven Zugang eröffnen. Darüber hinaus werden je nach Spielarrangement weitere Qualifikationen geschult wie die Entwicklung von Fragestellungen, die Erschließung von Quellen oder die Beurteilung von Sachverhalten. Das zentrale Problem ist die Gefahr des Präsentismus, d.h., dass die Figur oder die Situation nicht historisch wahrgenommen wird, sondern aktuelle Themen nur historisch kostümiert durchgespielt werden.

Idealtypische **Formen des szenischen Spiels** lassen sich aus den Gegebenheiten historischen Lernens ableiten. Entscheidend ist dabei, in welcher Weise die Schülerinnen und Schüler im szenischen Spiel der Vergangenheit gegenübertreten. Dabei ist zum einen in fachlicher Hinsicht die Glaubwürdigkeit der zugrunde liegenden Situation bedeutsam, also inwieweit sie dokumentiert bzw. fiktiv ist. Zum anderen ist in spielerischer Hinsicht die Verbindlichkeit der Spiel-Vorlage zu berücksichtigen, also inwieweit ein vorgegebener Text inszeniert oder in der Szene improvisiert wird. Selbstredend sind vielfältige Mischformen denkbar.

- **Standbild.** Dabei handelt es sich zwar um eine szenische Vergegenwärtigung, die allerdings statisch angelegt ist und ohne die Dynamik des darstellenden Spiels auskommt. Zudem muss es nicht situationsgebunden sein, sondern kann auch einen abstrakten Sachverhalt metaphorisch zum Ausdruck bringen – etwa Ständegesellschaft als nachgestellte Pyramide. Insofern stellt dieses Verfahren einen Grenzfall des szenischen Spiels dar.
- **Szenische Demonstration eines historischen Sachverhalts.** Auch dies ist ein Grenzfall szenischen Spiels, da es weniger um eine eigenständige Präsentation durch die Schülerinnen und Schüler geht, als vielmehr um die Visualisierung eines Sachverhalts. Kinder und Jugendliche übernehmen z. B. stellvertretend die Rolle des Kaisers, der Kurfürsten, der Fürsten, der Städte usw., um den Aufbaus des Alten Reiches körperlich darzustellen.
- **Szenische Exploration eines historischen Sachverhalts.** Hier geht um eine erste Annäherung an ein historisches Phänomen, indem eine relativ allgemein gehaltene Spielsituation vorgegeben wird. Dazu können auch Quellen herangezogen werden. Bei einem solchen Stegreifspiel wird zunächst bewusst auf Authentizität verzichtet; erst in einer späteren Arbeitsphase wird dieses Phantasie-Spiel mit der realen historischen Situation verglichen. So kann ein Faustkeil Grundlage verschiedener kleiner Spielszenen sein, aus denen dann die Funktion des Werkzeugs und die Lebensweise der Menschen in der Steinzeit

rekonstruiert werden. Auch das Anprobieren einer Toga und das Nachkochen historischer Rezepte kann hier subsumiert werden.

- **Nachspielen einer historisch dokumentierten Szene**. Bei dieser Form eines Imitationsspiels ist die „Handlung" historisch verbürgt. So kann aufgrund der Bilder aus dem Sachsenspiegel die Begründung eines Lehensverhältnisses in einem symbolischen Kommunikationsakt gestisch nachvollzogen werden. Auch eignet sich der Krönungs-Bericht Widukinds von Corvey in seiner „Sachsengeschichte" (um 967-973) aufgrund der detaillierten Wiedergabe des Ablaufs zum Nachspielen im Unterricht.
- **Inszenierung einer Quelle**. Hier steht die bekannte und zumindest schon teilweise erschlossene Quelle im Mittelpunkt, die mit Hilfe einer szenischen Darbietung historisch verortet werden soll. Manche Quellen beinhalten nämlich selbst ein solches szenisches Potential, das bewusst genutzt werden kann. So können Flugschriften der Reformationszeit in der damals typischen Situation des Vorlesens erschlossen werden: Ein gebildeter Anhänger der Reformation erläutert den des Lesens unkundigen einfachen Leuten, dem „gemeinen Mann", den Inhalt einer solchen Schrift.
- **Spielen einer selbst entworfenen historischen Szene.** Hier schlüpfen die Schülerinnen und Schüler in die Rolle von Theaterautoren und schreiben eine Szene, ja ein Mini-Drama, mit historischem Inhalt und spielen es vor.
- **Nachspielen einer Szene aus einem Drama (eines gesamten Dramas)**. Hier ist zu unterscheiden zwischen einem Historien-Drama, das einen vergangenen geschichtlichen Sachverhalt darstellt, wie z. B. Bertolt Brechts „Leben des Galilei" (1939), und einem zeitgenössischen Drama, das auch als Quelle für die Entstehungszeit gelesen werden kann, wie z. B. Gerhart Hauptmanns „Vor Sonnenaufgang" (1889). In beiden Fällen ist der Text festgelegt. Da beim Historien-Drama das Dargestellte zwar mitunter historisch plausibel, aber zumeist nicht geschichtlich verbürgt ist, handelt es sich mithin nicht um eine Quelle, sondern um eine theatralisch interpretierende Darstellung eines historischen Sachverhalts (bei Brecht des Konflikts Galileis mit der Kirche). Demgegenüber können zeitgenössische Werke als Quelle (bei Hauptmann für die negativen Folgen der Industrialisierung) untersucht werden.
- **Szenische Rekonstruktion einer dokumentierten historischen Handlung**. Dabei sind zwei Varianten denkbar. Ausgangspunkt kann eine historische Situation sein, deren Zustandekommen (a) *retrospektiv* nachgespielt wird. Eine Entscheidungssituation, etwa, ob angesichts der Repressalien in der NS-Diktatur, eine Familie auswandern soll, kann im Spiel nachgestellt werden. Umgekehrt kann auch eine historisch verbürgte Ausgangssituation vorgegeben werden, deren weiterer Verlauf (b) *prospektiv* erschlossen wird. Ein Beispiel hierfür ist die Situation der fünfköpfigen Fraktion der Deutschen Staatspartei, die am Vorabend des Ermächtigungsgesetzes über ihr Abstimmungsverhalten beraten muss. Dafür hat Theodor Heuss eine Erklärung entworfen, die als Grundlage der Diskussion dienen kann.

- **Historisches Planspiel.** Im Unterschied zum klassischen Planspiel, bei dem die zukunftsorientierte Lösung eines Problems im Mittelpunkt steht, geht es hier darum, ausgehend von einem historischen Konflikt den weiteren Verlauf durchzuspielen. Wichtig ist, dass den Schülerinnen und Schülern die Offenheit der damaligen Situation deutlich wird. Im Unterschied zur prospektiven szenischen Rekonstruktion liegt hier nicht nur eine bestimmte überschaubare Entscheidungssituation zugrunde, sondern ein komplexes Szenario mit verschiedenen Akteuren. Auf diese Weise können sich die Schülerinnen und Schüler z. B. mit der Kubakrise auseinandersetzen, indem sie ausgehend vom Bekanntwerden der sowjetischen Raketenbasen auf Kuba die jeweiligen Interessen der Beteiligten reflektieren und stellvertretend politische Entscheidungen treffen.
- **Szenische Kontrafaktur einer historischen Handlung.** Während bei den bisherigen Formen eine Rekonstruktion der historischen Wirklichkeit das Ziel des szenischen Spiels war, sollen hier bewusst Handlungsalternativen dargestellt und ihre potentielle Geschichtsmächtigkeit reflektiert werden. Ausgangspunkt ist die Frage „Was wäre wenn?". Dies ist in manchen Formen (prospektive szenische Rekonstruktion, historisches Planspiel, Spielen einer selbst entworfenen historischen Szene) bereits angelegt, wird hier aber in den Mittelpunkt gestellt. Zum Beispiel können Schülerinnen und Schüler, nachdem die Zustimmung der verschiedenen Parteien zum Ermächtigungsgesetz in der entsprechenden Reichstagssitzung thematisiert wurde, eine selbst verfasste ablehnende Stellungnahme vortragen.

In einer Übersicht lassen sich die geschilderten Formen szenischen Spiels grob einordnen. Dies dient nur zur ungefähren Orientierung, da je nach konkreter Ausgestaltung und Durchführung des jeweiligen Spiels sich die Einordnung verschieben kann.

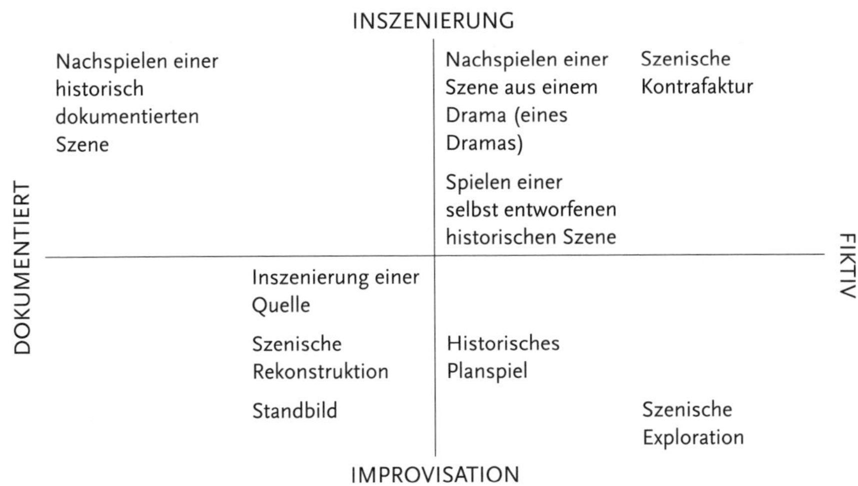

Abb. 50: Szenisches Spiel im Geschichtsunterricht

Aus der Spezifik des szenischen Spiels ergibt sich für die **Durchführung** im Geschichtsunterricht das Vorgehen:

- **Planung**: Zuerst muss genau überlegt werden, ob sich ein szenisches Spiel für das historische Lernen eignet, welche fachlichen, didaktischen und methodischen Aspekte zu berücksichtigen sind und welche Spielform in diesem Zusammenhang geeignet erscheint.
- **Vorbereitung**: Bevor gespielt wird, muss das Spiel im Unterricht eingeführt werden. Die fachlichen Bezüge und die Verfahrensweisen sind zusammen mit den Schülerinnen und Schülern zu klären. Besteht in der Lerngruppe keine Bereitschaft, sich auf ein szenisches Spiel einzulassen, steht der Erfolg von vornherein in Frage. Grundsätzlich soll niemand zur Übernahme einer Rolle gezwungen werden.
- **Einstimmung**: Gerade beim szenischen Spiel ist mitunter eine Einstimmung auf die jeweilige Rolle sinnvoll. Neben der inhaltlichen Auseinandersetzung mit der Figur bieten sich auch entsprechende Schauspiel-Übungen (Bewegungsübungen, Stimmübungen) an.
- **Durchführung**: Wenn das Spiel läuft, darf die Eigendynamik des Spiels nur in Ausnahmefällen unterbrochen werden – es sei denn, es handelt sich tatsächlich um die Einstudierung einer Szene. Eine Video-Aufzeichnung des szenischen Spiels ist aufwendig, kann aber u. U. hilfreich sein.
- **Reflexion**: Umso notwendiger ist eine nachträgliche Reflexion, bei der zunächst die Darsteller mit der Selbstwahrnehmung beginnen, bevor die Szene in größerer Runde besprochen wird. Ein mehrmaliges Durchspielen der Szene u. U. mit Rollentausch kann sinnvoll sein.

Bei genauer fachlicher, didaktischer und methodischer Reflexion sowie bei umsichtiger Durchführung besitzt das szenische Spiel ein erhebliches Lernpotential, so dass diese menschliche Universalie durchaus sinnvoll und für alle Seiten gewinnbringend in den Geschichtsunterricht integriert werden kann.

Probleme und Perspektiven

(1) Setzen Sie sich mit dem Prinzip der Handlungsorientierung anhand konkreter Beispiele auseinander.
(2) Entwerfen Sie eine Projektidee und erörtern Sie Chancen und Probleme für das historische Lernen.
(3) Überprüfen Sie die Unterscheidung einzelner Formen szenischen Spiels anhand konkreter Beispiele.
(4) Entwickeln Sie konkrete Spielideen zu Themen Ihrer Wahl. Begründen Sie, worin der Mehrwert für historisches Lernen besteht.

Literaturhinweise

Baumgärtner, Ulrich: Szenisches Spiel, in: Praxis Geschichte 6/2013, S. I-IV (*Grundlage für die vorliegenden Ausführungen*)

Bernhardt, Markus: Das Spiel im Geschichtsunterricht, 3. Aufl., Schwalbach (Ts.) 2018 (*grundlegende geschichtsdidaktische Darstellung*)

Dittmer, Lothar (Hg.): Spurensucher. Ein Praxisbuch für die historische Projektarbeit, Hamburg 2005 (*praxisorientierte Einführung im Kontext des Geschichtswettbewerbs des Bundespräsidenten*)

Hank, Elisabeth: Spielen im Geschichtsunterricht, in: GWU 44 (1993), S. 102-105 (*knappe Einführung*)

Hochbruck, Wolfgang: Geschichtstheater. Formen der „Living History". Eine Typologie, Bielefeld 2013 (*informativer Überblick über die verschiedenen Erscheinungsformen*)

Knoch, Peter/Stöckle, Frieder: Spiele und Projekte. Materialien zum Lernfeld Geschichte, Weinheim/Basel 1984 (*frühe Anregungen zur Nutzung des szenischen Spiels im Geschichtsunterricht*)

Kuhn, Bärbel/Windus, Astrid (Hg.): Geschichte für Augen, Ohren und Nasen. Sinnliche Wahrnehmungen in der Geschichte, St. Ingbert 2016 (*verschiedene Beiträge zur Geschichte sinnlicher Wahrnehmungen mit Materialien*)

Lässig, Simone (Hg.): Projekte im Fach Geschichte. Historisches Forschen und Entdecken in Schule und Hochschule, Schwalbach (Ts.) 2007 (*Zusammenstellung vielfältiger Beispiele*)

Lehmann, Katja (Hg.): Theater spielen im Geschichtsunterricht. Spielformen, Methoden, Anwendungen und deren didaktische Reflexion, Neuried 2006 (*Sammelband mit verschiedenen Anregungen*)

Mayer, Ulrich: Handlungsorientierter Geschichtsunterricht, in: Demantowsky, Marko/Schönemann, Bernd (Hg.): Neue geschichtsdidaktische Positionen, Bochum 2002, S. 27-37 (*kompakte Zusammenfassung der jahrelangen Überlegungen des Autors zum Thema*)

Schulz-Hageleit, Peter: Geschichte: erfahren – gespielt – begriffen, Braunschweig 1982 (*grundsätzliche Überlegungen und konkrete Beispiele*)

Schulz-Hageleit, Peter: Erfahrungsunterricht, in: GWU 48 (1997), S. 161-168 (*kurzer Abriss der geschichtsdidaktischen Position Schulz-Hageleits*)

Völkel, Bärbel: Handlungsorientierung im Geschichtsunterricht, Schwalbach/Ts. 2005 (*grundlegende Einführung mit vielen Beispielen*)

Völkel, Bärbel: Inklusive Geschichtsdidaktik. Vom inneren Zeitbewusstsein zur dialogischen Geschichte, Schwalbach (Ts.)2017 (*theoretische Betonung der körperlichen Zugänge zur Geschichte*)

Medien historischen Lernens: Digitalität

Eine ganz neue Form der Vermittlung stellen digitale Medien dar, die an entsprechende technische Voraussetzungen gebunden sind. Inwieweit es sich dabei um ein neues Medium oder nur um eine neue Präsentationsform handelt, ist ebenso umstritten, wie die Frage, welches spezifische Lernpotential für den Geschichtsunterricht damit verbunden ist und wie dieses realisiert werden kann.

Was sind digitale Medien?

Während früher bevorzugt vom Lernen mit dem Computer, am Internet und mit elektronischen Medien die Rede war, wird aktuell der Begriff „digitale Medien" bevorzugt. Angesichts dessen, dass sich die sichtbaren Geräte, die benutzt werden, ebenso kontinuierlich verändern wie die zur Verfügung stehenden Ressourcen, bietet sich dieser Sammelbegriff an. Digital bedeutet zunächst nur, dass Informationen auf eine bestimmte Weise kodiert werden, nämlich nach einem binären System, das nur nach „Strom – kein Strom" unterscheidet, was auch mit den Symbolen „0" und „1" ausgedrückt wird. Demgegenüber kann eine analoge Kodierung stufenlos Werte zwischen einem Minimum und einem Maximum darstellen. Da sich auf den ersten Blick nur die für den Rezipienten unsichtbare mediale Kodierung ändert und nicht die sichtbare Präsentation, stellt sich die Frage, was die Neuheit digitaler Medien ausmacht.

Auf den zweiten Blick eröffnet der Computer mit seiner je spezifischen Ausstattung von Hardware und Software neue mediale Dimensionen. Als entscheidend nennt der deutsche Geschichtsdidaktiker Waldemar Grosch (*1958) (Barricelli/Lücke, Handbuch, Bd. 2, 133):

- **Multimedialität.** Verknüpfung verschiedener Informationsträger
- **Multimodalität**: Ansprache verschiedener Sinne
- **Multikodalität**: Verknüpfung unterschiedlich kodierter Medien (Texte, Bilder usw.)
- **Hyperlink**: Vernetzung verschiedener Elemente. Dieser Begriff bezeichnet die für digitale Medien spezifische Form der Verknüpfung, die nicht mehr linear durch Verweise auf andere Stellen erfolgt, die dann eigens aufgesucht werden müssen, sondern netzartig durch Links, die unmittelbar die anderen Stellen zugänglich machen. Dies bringt nicht nur andere Texte hervor, sondern begünstigt auch andere Rezeptionsformen. Die Darstellung ist nicht als stringente Argumentation von Anfang bis Ende angelegt, führt nicht, bildlich gesprochen, wie ein Weg von A nach B, sondern eröffnet an vielen Kreuzungen alternative Routen, die möglicherweise nach C führen. Entsprechend bewegt

sich die Rezeption nicht linear und zielstrebig, sondern eher intuitiv und sprunghaft.

- **Interaktivität**: Eingriffsmöglichkeiten des Nutzers. Dieses Merkmal gewinnt im Zeichen des so genannten Web 2.0 noch an Bedeutung. Sind moderne Medien wie Radio und Fernsehen einseitig – es sei denn, ein Rezipient ruft beim Sender an oder schreibt ihm –, eröffnen sich über digitale Kommunikationsplattformen vielfältige unmittelbare Austauschmöglichkeiten.

Zu diesen Merkmalen lässt sich noch hinzufügen:

- **Individualität**: Der Nutzer kann selbst entscheiden, wann er das Medium wie nutzt, was etwa beim Buch ebenfalls möglich ist, aber nicht bzw. nur eingeschränkt bei Fernsehen und Radio.
- **allgemeine Zugänglichkeit**: Abgesehen von den Kosten und ggf. einer Anmeldepflicht kann jede Person das Medium nutzen.
- **Unabgeschlossenheit**: Die digital im Netz zur Verfügung gestellten Ressourcen können ständig verändert und erweitert werden, ohne dass es einen definierten Zielpunkt bzw. andere Begrenzungen gäbe.
- **Transparenz**: Die Vorgänge sind mehr oder weniger nachvollziehbar. So kann die Entstehung und Bearbeitung eines Wikipedia-Artikels auf der entsprechenden Seite nachvollzogen werden, was bei einem herkömmlichen Nachschlagewerk nicht möglich ist.

Einzelne Merkmale wie Interaktivität oder Unabgeschlossenheit treffen vornehmlich für die Arbeit im Internet zu und nicht für die Arbeit offline bzw. mit Ressourcen auf Datenträgern. Auch wenn vieles an bisher bekannte Medien erinnert, stellt doch die Verbindung verschiedener Medien und der dadurch ermöglichte Zugriff eine neue Qualität dar, so dass durchaus von einem **neuen Medium** gesprochen werden kann, ja der Medienbegriff selbst einer neuen Bestimmung bedarf. Die damit einher gehende Wahrnehmung wird mitunter als „virtuell" bezeichnet. Insbesondere erfordert es andere bzw. **veränderte Techniken der Mediennutzung**. Die Rede von *digital natives*, die mit den digitalen Medien groß geworden sind, und *digital immigrants*, die sich in dieser neuen Umgebung erst (mühsam) zurechtfinden müssen, bringt dies anschaulich zum Ausdruck.

Digitale Medien im Geschichtsunterricht

Ausgehend von den im Geschichtsunterricht verwendeten Medien lassen sich die digitalen Pendants in ihrer Besonderheit näher bestimmen. Dabei hat die **digitale Aufbereitung** keine Bedeutung für das historische Lernen. Ob ein Bild als digitale Datei via Beamer präsentiert wird oder als Farbfolie auf dem Tageslichtprojektor, hat für den Lernprozess, abgesehen von der technischen Qualität, keine Auswirkungen. Entscheidend ist und bleibt die Analyse des Bildes. Erfolgt jedoch eine **digitale Bearbeitung**, verändert sich die Situation. So unterscheiden sich entsprechend aufbereitete Quellen durch die als Links unmittelbar greifbaren Worterklärungen und Zusatzinformationen. Auch bietet das Smartboard gegenüber der Kreidetafel eine Reihe von Zusatzfunktionen. **Genuin digitale Angebote** zeichnen sich dadurch aus, dass sie am Computer und nur am Computer funktionieren. Steht bei der digitalen Bearbeitung noch ein bekanntes Medium im Mittelpunkt, so entsteht jetzt ein eigenständiges und einzigartiges Angebot. Dies kann ein Medienverbund mit entsprechenden Hyperlinks ebenso sein wie ein virtueller Rundgang durch ein dreidimensionales Modell.

Der Einsatz des Computers kann nicht nur Auswirkungen auf die mediale Präsentation haben, sondern auch gängige **Unterrichtsarrangements** deutlich verändern. So werden bekannte Verfahrensweisen durch die Einbeziehung digitaler Medien umgestaltet. Digitale Präsentationstechniken ermöglichen etwa neue Formen des Lehrervortrags und des Schülerreferats; letztlich bleibt aber die entsprechende Aktionsform erhalten. Weitergehend ist der Bereich des so genannten **E-Learning**. Hier eröffnet der Computer neue Arbeitsformen, die nur auf diese Weise möglich sind. Solche Angebote ersetzen ganz oder teilweise den schulischen Geschichtsunterricht. Hier lassen sich grundsätzlich drei Formen unterscheiden (Grosch, Einsatz, 135f.):

- **Lernprogramme** für das Selbststudium (*Computer Based Training*). Diese Form erinnert an das in den 1970er-Jahren favorisierte programmierte Lernen. Der Lernende eignet sich individuell und selbstätig einen Gegenstandsbereich an, indem er eine vorgegebene Abfolge von Lernschritten absolviert und stets eine Rückmeldung über seinen Lernfortschritt erhält.
- **Lernangebote**, die im Netz verfügbar sind und zusätzlich von einem Tutor begleitet bzw. angeleitet werden (*Web Based Training*).
- **Virtuelle Lehrgänge**, die im Netz nicht nur Materialien bereitstellen, sondern die in ihrer Gesamtheit im Netz stattfinden (*Learning Management System*).

Einen interessanten Vorschlag zur Systematisierung der verschiedenen „Modi" beim historischen Lernen mit digitalen Medien legten Daniel Bernsen u.a. vor (Bernsen, Medien, 16ff.; Herv. i. Orig; Übersicht: 19). Sie unterscheiden:

- „Lernen *an* digitalen Medien": Lernobjekte stehen digital zur Verfügung.
- „Lernen *mit* digitalen Medien": Sie sind „Lern- und Denkwerkzeuge" und dienen einer effektiven Organisation des Lernprozesses.
- „Lernen *über* digitale Medien": Hier werden die digitalen Medien selbst zum Lerngegenstand.
- „Lernen *im* digitalen Medium": Digitale Medien bilden die Lernumgebung.

Sind der erste und vierte Modus am Inhalt des historischen Lernens ausgerichtet, hilft der zweite mit fachunspezifischen Instrumenten bei der Durchführung, während der dritte der Reflexion des Mediums dient.

Im Rahmen des Geschichtsunterrichts lassen sich, davon ausgehend, beim Umgang mit digitalen Medien verschiedene **Schüleraktivitäten** identifizieren. Der

Geschichtsdidaktiker Josef Rave (*1950) unterscheidet zehn Tätigkeiten (Trainieren, Visualisieren, Informieren, Kommunizieren, Systematisieren, Formieren, Repräsentieren, Simulieren, Programmieren, Bewerten), die allerdings z. T. fachunspezifisch (Formieren im Sinne von Textgestaltung) und z. T. lehrerorientiert (Bewerten) sind (Pandel/Schneider, Handbuch Medien, 593ff.). Gleichwohl bietet diese Aufstellung einen guten Ansatz; modifiziert ergibt sich daraus folgende Übersicht:

- **Recherche**: Hier geht es darum, dass sich die Kinder und Jugendlichen zumeist aus dem Internet entsprechende Informationen beschaffen. Dass sie inzwischen problemlos mit der Technik umgehen können, heißt noch nicht, dass sie das Angebot auch effektiv zu nutzen im Stande sind. Die Gefahr, sich in den Weiten des Internets zu verlieren, an Nebensächlichkeiten hängen zu bleiben, ja falschen Informationen aufzusitzen, ist groß. Dazu bedarf es meist einer gezielten Anleitung, die einerseits ein ergebnisorientiertes Vorgehen einübt und andererseits das Bewusstsein für die Qualität einer Ressource schult. Entsprechende Arbeitsblätter und Link-Listen sind dafür eine wichtige Hilfestellung. Im Hinblick auf das historische Lernen ist daher stets ein Grundverständnis für das Material, mit dem gearbeitet werden soll, unverzichtbar. In diesem Zusammenhang ist etwa die Unterscheidung Quelle vs. Darstellung von entscheidender Bedeutung.
- **Dokumentation**: Die gefundenen Informationen müssen – zunächst für den Eigenbedarf – ausgewertet und zusammengestellt werden. Dazu bedarf es einer sinnvollen Ordnung, um sich die Inhalte anzueignen und verfügbar zu halten. Hier kann das an der Geschichtswissenschaft geschulte Vorgehen hilfreich sein: Fragestellung als Ausgangspunkt – Zusammenstellung von Quellen und Darstellungen als Grundlage für die Beantwortung der Fragestellung – Sammlung und Ordnung relevanter Informationen – Beantwortung der Frage mit Hilfe der Materialien usw.
- **Visualisierung**: Im Unterschied zur Dokumentation dient die Visualisierung bereits der strukturellen Erfassung der Sachverhalte. So geht etwa in ein am Computer erstelltes Schaubild, ja Plakat, wie es auch auf wissenschaftlichen Tagungen üblich ist, schon eine Interpretationsleistung ein.
- **Archivierung**: Für die Speicherung der Informationen bietet der Computer faszinierende Möglichkeiten. Die große Kapazität und die Einfachheit, mit der Ordner angelegt und gelöscht werden können, verleiten zur Unübersichtlichkeit. Die Struktur des Faches – etwa die Epochengliederung – kann helfen, eine sinnvolle „Archiv-Struktur" zu entwickeln.
- **Präsentation**: Oft recherchieren, dokumentieren und archivieren Schülerinnen und Schüler nicht aus eigenem Antrieb, sondern weil sie eine Präsentation vorbereiten, sei es als Einzelreferat, sei es als Vorstellung in einer Gruppe. Die entsprechenden Programme (*power point*) bieten hier interessante Möglichkeiten. Neben dem Inhalt können aber auch die relevanten Materialien, insbesondere die Quellen, gezeigt werden. Auf diese Weise wird der Weg, wie

Kenntnisse zustande kommen, transparent. Umgekehrt besteht die Gefahr, dass die vielfältigen und ansprechenden Möglichkeiten den Blick auf die Sache verstellen.

- **Kommunikation**: Zwar findet schulische Kommunikation meist unmittelbar (*face to face*) und im Unterrichtsraum statt, doch eröffnet der Computer vielfältige Austauschmöglichkeiten: Anfragen per Mail, Nutzung von Lernplattformen, Beteiligung an Blogs und Chats sowie Austausch über soziale Netzwerke.
- **Übung**: Am Computer das Gelernte zu überprüfen, ist eine klassische Form des E-Learning (Lernprogramme für das Selbststudium (*Computer Based Training*)). So kann man sich in einem Geschichts-Quiz durch eine Anzahl von Fragen klicken, um am Ende die Anzahl der richtigen Antworten festzustellen. Auch wenn Geschichtsunterricht nicht darin besteht, deklaratives Wissen anzusammeln, so bietet diese Form, wenn man sich der Grenzen bewusst ist, eine sinnvolle Möglichkeit, diesen Teilbereich des historischen Lernens abwechslungsreich zu gestalten. Weiter gehende Lernprogramme, die insbesondere auf methodische Verfahren abzielen, sind ungleich schwieriger zu konzipieren. In dem Maße, in dem Interpretationsleistungen notwendig sind, vervielfältigen sich die individuellen Lernwege, die mit der Logik eines programmierten Vorgehens zusehends in Konflikt geraten. Eine inhaltliche Auswertung einer Textquelle nach zentralen Aussagen oder die Identifizierung von zentralen Elementen in einer Bildquelle lässt sich noch relativ gut und einfach bewerkstelligen; die zusammenfassende Deutung entzieht sich oft einem so vorgezeichneten Vorgehen.
- **Spiel**: Computerspiele sind bei Jugendlichen nicht nur außerordentlich beliebt, sondern weisen interessanterweise oft historische Bezüge auf, sofern sie nicht sogar historische Entwicklungen simulieren. Die für den Unterricht konzipierten Lern-Spiele kommen aus den genannten Gründen oft nicht über den Aspekt der Übung hinaus und sind für die spielerfahrenen Jugendlichen aufgrund ihrer Gestaltung mitunter wenig attraktiv. Eine Einbeziehung kommerzieller Spiele, die nicht für die schulische Verwendung, sondern für die Freizeitbeschäftigung gemacht sind, in den Unterricht erweist sich jedoch als schwierig – von der Spieldauer, die weit über die in der Schule verfügbare Lernzeit hinausreicht, über die fachliche und pädagogische Fragwürdigkeit einzelner Spiele bis hin zur Kompatibilität mit den Ansprüchen historischen Lernens. Gleichwohl bietet sich im Sinne einer Einbeziehung der Geschichtskultur die Thematisierung und Diskussion von Computerspielen durchaus an.

Ziel ist die Ausbildung einer digitalen Medienkompetenz, die aus der Beherrschung der eben aufgeführten Fertigkeiten besteht und, über das fachliche Lernen hinausgehend, nicht nur die effiziente Nutzung, sondern auch die kritische Reflexion umfasst.

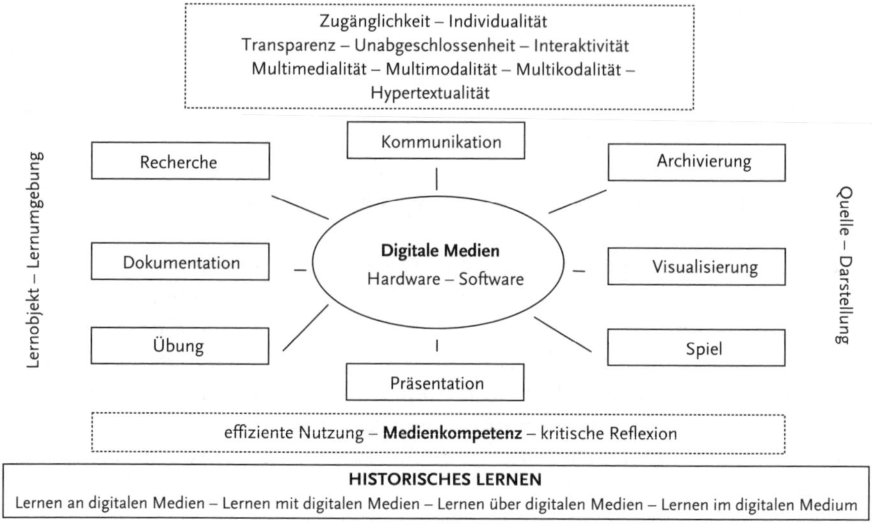

Abb. 51: Digitale Medien im Geschichtsunterricht

Probleme und Perspektiven

(1) Erstellen Sie zu einem Thema Ihrer Wahl eine Link-Liste und beurteilen Sie knapp die gefundenen Angebote.
(2) Wählen Sie daraus ein Angebot aus, das Ihrer Meinung für den Geschichtsunterricht geeignet ist, und begründen Sie Ihre Wahl.
(3) Vergleichen Sie das Angebot an digitalen Medien zu einem Thema Ihrer Wahl mit den herkömmlichen nicht-digitalen Ressourcen (wissenschaftliche Literatur usw.).
(4) Ordnen Sie die Schüleraktivitäten den verschiedenen Modi des historischen Lernens zu. Erörtern Sie die Eignung dieser Einteilungen.
(5) Erörtern Sie Vor- und Nachteile, die mit dem Einsatz von digitalen Medien im Geschichtsunterricht verbunden sind.
(6) Wählen Sie aus den aufgeführten Unterrichtsvorschlägen ein Ihrer Meinung gelungenes und ein weniger gelungenes aus. Begründen Sie Ihre Entscheidung.

Literaturhinweise

Bernsen, Daniel u.a.: Medien und historisches Lernen: Eine Verhältnisbestimmung und ein Plädoyer für eine digitale Geschichtsdidaktik. Zeitschrift für digitale

Geschichtswissenschaften 1 (2012); verfügbar unter: http://universaar.uni-saarland.de/journals/index.php/zdg/article/view/294/358 (*guter Überblick über den Forschungsstand und bedenkenswerter Versuch einer Systematisierung*)

Bernsen, Daniel/Kerber, Ulf (Hg.): Praxishandbuch Historisches Lernen und Medienbildung im digitalen Zeitalter, Opladen u.a. 2017 (*umfassende Bestandsaufnahme*)

Danker, Uwe/Schwabe, Astrid (Hg.): Historisches Lernen im Internet. Geschichtsdidaktik und Neue Medien, Schwalbach (Ts.) 2008 (*Tagungsband, der verschiedene Aspekte des Themas beleuchtet*)

Danker, Uwe/Schwabe, Astrid: Geschichte im Internet, Stuttgart 2017 (*geschichtsdidaktische Reflexionen und praktische Vorschläge*)

Demantowsky, Marko/Pallaske, Christoph (Hg.): Geschichte lernen im digitalen Wandel, Berlin u.a. 2015 (*aktueller Tagungsband mit anregenden Beiträgen*)

Geschichte lernen Nr. 159/160: Historisches Lernen mit digitalen Medien (*Themenheft mit verschiedenen Unterrichtsvorschlägen*)

Grosch, Waldemar: Der Einsatz digitaler Medien in historischen Lernprozessen, in: Barricelli/Lücke, Handbuch, Bd. 2, S. 125-145 (*aktuelle Übersicht über das Thema*)

Praxis Geschichte 5/2001: Internet und Geschichtsunterricht; 4/2009: Historisches Lernen mit elektronischen Medien (*Themenheft mit verschiedenen Unterrichtsvorschlägen*)

Schwabe, Astrid: Ein Blick über den disziplinären Tellerrand. Über die Potenziale eines kommunikationswissenschaftlichen Medienverständnisses für die geschichtsdidaktische Mediendiskussion im digitalen Wandel, in: Pallaske, Christoph (Hg): Medien machen Geschichte. Neue Anforderungen an den geschichtsdidaktischen Medienbegriff im digitalen Wandel. Berlin 2015, S. 37-51 (*instruktive Überlegungen zum Medien-Begriff*)

Planung, Durchführung und Auswertung von Geschichtsunterricht

Geschichtsdidaktik lässt sich als Theorie und Praxis des historischen Lernens beschreiben. Standen bisher grundsätzliche Überlegungen im Vordergrund, die allerdings als Voraussetzung für eine gute Praxis unerlässlich sind, soll nun ein Blick auf die konkreten Herausforderungen geworfen werden, die sich bei der Planung von Geschichtsunterricht ergeben.

Unterrichtsplanung

Unterrichtsplanung ist eine durch Anleitung und Erfahrung zu erwerbende Fertigkeit, die gleichwohl der geschichtsdidaktischen Reflexion bedarf. Denn eine reine Meisterlehre wird den Ansprüchen historischen Lernens nicht gerecht. Insofern grundieren – auch wenn dies nicht stets expliziert wird – die bisherigen Ausführungen zu Geschichte und Didaktik, zu Geschichtsbewusstsein und Geschichtskultur, zu Historischem Lernen und Geschichtsunterricht sowie zu Zielen, Inhalten, Methoden und Medien des historischen Lernens die folgenden, stärker am schulischen Alltag orientierten Ausführungen. **Planung**, Durchführung und Auswertung sind integrale Bestandteile der Unterrichtstätigkeit. Denn nur die Auswertung des durchgeführten Unterrichts gibt Aufschluss über das Gelingen einer Stunde und ist insofern wiederum Voraussetzung für erneute Planungen. Die folgenden Ausführungen konzentrieren sich auf die Unterrichtsvorbereitung, da im Rahmen dieses Wegweisers nur die hier relevanten Grundsätze darstellbar sind. Die **Durchführung** geschieht in der konkreten Unterrichtssituation, die durch die Beteiligten – im Wesentlichen Lehrkraft und Schüler – geprägt wird und einer Eigendynamik folgt. Sie ist in Buchform nicht simulierbar. Die erfolgreiche Durchführung von Unterricht kann nur praktisch eingeübt werden und ist mithin wesentliches Element der Professionalisierung. Darunter versteht man die Übernahme und Gestaltung der Berufsrolle, was nach entsprechenden Forschungen einen mehrjährigen Prozess erfordern kann. Im Unterschied zu herkömmlichen Vorstellungen vom „geborenen Lehrer" geht es hier darum, sich das zur Ausübung des Berufs notwendige Wissen und Können schrittweise anzueignen. Wesentlich ist die bewusste Auseinandersetzung mit den eigenen Unterrichtserfahrungen. Da Unterricht ganz verschieden wahrgenommen wird, gilt es dabei, sich nicht nur auf die eigene **Wahrnehmung** zu verlassen, sondern möglichst viele Sichtweisen zu berücksichtigen, die allerdings erheblich voneinander abweichen können. Daher gilt es zunächst, sich darüber zu verständigen, um eine tragfähige Basis für die Reflexion und **Auswertung** zu finden. Hier kann man zwischen einer subjektiven

Evaluation im Alltag, die auf der unsystematischen Reflexion eigener Erfahrungen beruht, und einer wissenschaftlichen Evaluation unterscheiden, die im Rahmen empirischer Forschung beansprucht, belastbare Ergebnisse über die Wirkungen historischen Lernens in der Schule zu liefern.

Grundsätzlich gibt es keine allgemein verbindlichen Stundenmodelle und keine unmittelbar anwendbaren Unterrichtsrezepte. Die Erfahrung, dass eine Stunde, wenn sie ein zweites Mal gehalten wird, einen ganz anderen Verlauf nehmen kann, zeigt, dass das Unterrichtsgeschehen durch vielerlei Faktoren immer wieder anders beeinflusst wird. Daher erscheint es sinnvoll, von situativ angepassten Lernarrangements auszugehen. Bei deren Planung sind insbesondere folgende Aspekte zu berücksichtigen:

- **Vorstellungen und Erwartungen der Schülerinnen und Schüler**, die mit Schule und Unterricht im Allgemeinen sowie mit historischem Lernen im Besonderen verbunden sind. Diese können spekulativ erschlossen, aber auch gezielt erhoben werden.
- **Vorstellungen und Erwartungen der Lehrkraft**, die sich mit dem Unterrichten von Geschichte verbinden. Darüber muss sich der Einzelne selbst Rechenschaft ablegen.
- **Fachwissenschaftliche Grundlagen**, da der Unterricht dem Prinzip der fachlichen Richtigkeit verpflichtet ist.
- **Vorgaben des jeweiligen Lehrplans**, der die fachlichen Inhalte für das schulische Lernen aufbereitet.
- **Lernvoraussetzungen der Schülerinnen und Schüler**, da nur dann, wenn sie das Lernangebot nutzen können, Unterricht gelingen kann.
- Mögliche **persönliche Zugänge** eines Themas für die Schülerinnen und Schüler.
- **Organisatorische Voraussetzungen**, die die zur Verfügung stehende Lernzeit ebenso umfasst wie die Zeittaktung des Unterrichts, das räumliche Angebot ebenso wie die mediale Ausstattung.

Innerhalb dieses Rahmens erfolgt dann die Planung von Unterricht. Dabei sind grundsätzlich verschiedene Ebenen zu unterscheiden:

- Bei der Planung des **Gesamtprozesses des historischen Lernens in der Schule** wird im Idealfall der mehrjährige Lernprozess des einzelnen Schülers in den Blick genommen. Die Lehrplanvorgaben sind dafür ein Beispiel, schulinterne Curricula, die die Aneignung von methodischen Kompetenzen im Sinne einer Lernprogression jahrgangsbezogen stufen, ein anderes.
- Bei der **Jahresplanung** geht es um die Vorstrukturierung des Lernprozesses für ein ganzes Schuljahr, wobei in der Regel nicht die Einzelstunden, sondern die übergreifenden Unterrichtseinheiten festgelegt werden, um der Eigendynamik des Lernprozesses Rechnung zu tragen.
- Bei der Planung von **Unterrichtseinheiten** steht die Strukturierung eines bestimmten Themenkomplexes im Mittelpunkt, der in einem überschaubaren

Zeitrahmen im Unterricht bearbeitet wird. Dies kann wenige Stunden, aber auch einen längeren Zeitraum umfassen. Sinnvoll ist es bereits hier, eine leitende Fragestellung zu entwickeln. Gegenüber der deskriptiven Benennung „Die Endphase der Weimarer Republik", was eine umfassende Behandlung der Ereignisse der Jahre zwischen 1929 und 1933 erfordern würde, fokussiert die Formulierung „Warum scheiterte die Weimarer Republik?" den Lernprozess auf zentrale Faktoren, die dann in einzelnen Stunden behandelt werden können.

- Bei der Planung von **Geschichtsstunden**, die im Alltag der Lehrkraft eine entscheidende Rolle spielt, werden einzelne Lerneinheiten unterschiedlicher Dauer (meist 45 oder 90 Minuten) vorbereitet.

Bei der konkreten Planung einer solchen Einzelstunde spielen Überlegungen eine Rolle, die im Rahmen dieses Wegweisers bereits näher erläutert wurden. So lassen sich im Anschluss an das Modell von Heimann/Otto/Schulz vier zentrale Elemente von Unterricht identifizieren, die im Zuge des Planungsprozesses aufeinander abgestimmt werden müssen: die **Ziele**, die erreicht, die **Inhalte**, die verhandelt, die **Methoden**, die angewendet, und die **Medien**, die dabei bearbeitet werden sollen. Diese Faktoren sind interdependent, so dass, wenn sich hier Inkonsistenzen, ja Widersprüche ergeben, das Lernangebot defizitär ist. Gilt diese Unterscheidung für Unterricht allgemein, so zeichnet sich das historische Lernen in der Schule durch einige Besonderheiten aus, die bereits näher erläutert wurden: Neben den übergreifenden Zielen, wie z. B. die Förderung eines reflektierten Geschichtsbewusstseins bzw. historischer Kompetenzen, und den fachlichen Inhalten, die verhandelt werden, können bestimmte Medien, wie z. B. Textquellen, und die entsprechenden Methoden, wie die Quelleninterpretation, genannt werden. Darüber hinausgehend werden in der Geschichtsdidaktik, wie bereits erwähnt, **Unterrichtsprinzipien** angeführt, die den Geschichtsunterricht und nur diesen kennzeichnen sollen, wie z. B. Multiperspektivität und Gegenwartsorientierung.

Der Prozess der Unterrichtvorbereitung verläuft nicht unbedingt nach einem bestimmten Muster: Er kann ausgehen von einem interessanten Medium, einer bestimmten Methode, einem übergreifenden Ziel oder einem ansprechenden Inhalt. In einem spiralförmigen Reflexionsprozess werden nach und nach die einzelnen Elemente aufeinander bezogen, bis endlich die Planung steht. Im Zentrum der Vorbereitung steht gleichwohl die **Themenfindung**, da historisches Lernen nur an historischen Gegenständen erfolgen kann. Diese kann grundsätzlich nach den oben näher erläuterten verschiedenen Prinzipien erfolgen: **Enzyklopädie, Abbild, Fachlogik, Auswahl, Strukturierung, Konstruktion.** In diesem Zusammenhang spielen auch die Grundformen der Geschichtsschreibung eine wichtige Rolle, die jedoch für das historische Lernen adaptiert werden müssen: **Ereignis, Struktur** und **Prozess.** Daran knüpfen die in der geschichtsdidaktischen Literatur genannten besonderen Zugänge an: **Falldarstellung, Epochensequenz, Längsschnitt, Querschnitt, Vergleich** und **Biografie.**

Bei der Themenfindung ist entscheidend, dass in einem fachdidaktischen Reflexionsprozess die verschiedenen für das historische Lernen relevanten Aspekte berücksichtigt werden, um das Lernpotential für die Schülerinnen und Schüler auszuloten. Dabei wird der Sachverhalt fachlich erschlossen, im Hinblick auf die Unterrichtsprinzipien didaktisch analysiert, unter verschiedenen Kriterien (Lehrplan, Verfassung usw.) reflektiert und – ganz zentral – auf die Interessen sowie Bildungsbedürfnisse der Kinder und Jugendlichen bezogen. Das Ergebnis dieser Überlegungen, die Schnittmenge gleichsam, stellt das **Lernpotential** dar. Bei der Themenfindung können mithin ganz verschiedene Kriterien herangezogen werden. Doch handelt es sich dabei zunächst um einen Arbeitstitel, da sich im Zuge der konkreten Planung herausstellen kann, dass der Schwerpunkt verändert, das Thema umformuliert werden muss.

Ein **Beispiel** kann dies nochmals verdeutlichen: So kann sich aufgrund der Lehrplanvorgaben und der fachwissenschaftlichen Beschäftigung als Stundenthema herauskristallisieren: „Die Entstehung von Städten im Mittelalter". Dies ist eine wesentliche Entwicklung der Epoche, die bis heute relevant ist und den Schülern in ihrer Lebenswelt begegnet. Der Blick in die Vergangenheit kann ihnen helfen, diese besser zu verstehen (Straßennamen, alte Gebäude, Straßenführung usw.). Bei der Konzentration auf diesen Aspekt verändert sich der thematische Zugriff. Das Stundenthema kann dann z. B. lauten: „Welche Spuren aus dem Mittelalter gibt es in unserer Stadt?" Dieser Zugang bietet ein ungleich größeres Lernpotential als „Die Stadt im Mittelalter". Er hat aber auch für die Gestaltung des Unterrichts unmittelbare Folgen im Hinblick auf die Ziele (Erschließung einer Stadtlandschaft, kein Wissensüberblick), Inhalte (konkretes Beispiel, kein Idealtyp), die Methoden (eigene Recherche, Erkundung) und die Medien (lokale Materialien).

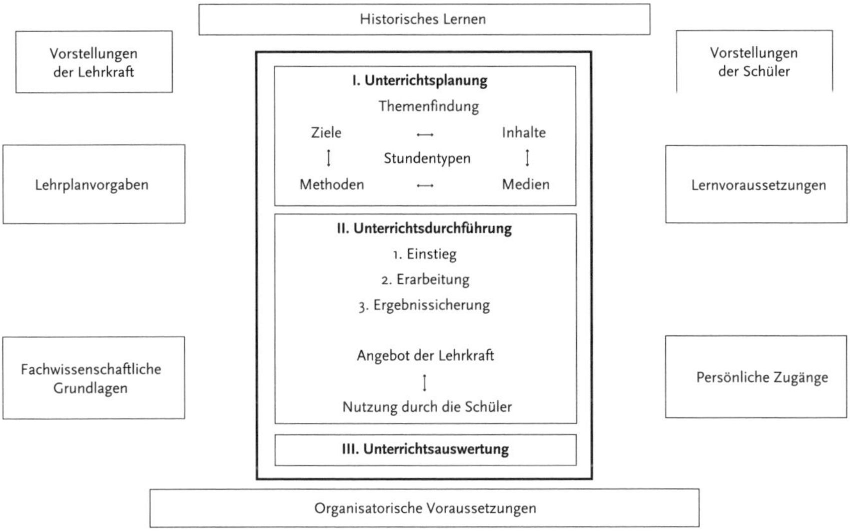

Abb. 52: Unterrichtsplanung

Planung von Einzelstunden

Für den **Verlauf einer Stunde** gibt es verschiedene Vorschläge (knapper Überblick: Peters, Geschichtsstunden). Grundsätzlich lassen sich dabei solche idealtypischen Verlaufsmuster, auch Artikulationsschemata genannt, in allgemeindidaktische und fachdidaktische unterscheiden. **Allgemeindidaktische Verlaufsmuster** formulieren **Formalstufen**, d. h. allgemein gültige Unterrichtsphasen, die je nach Fach konkret gefüllt und gestaltet werden. Die auf den deutschen Philosophen und Pädagogen Johann Heinrich Herbart (1776-1841) zurückgehende Tradition entwickelte ein relativ starres, stark lehrerzentriertes Schema für den Unterrichtsablauf. Bei Wilhelm Rein (1847-1929) lauten die Phasen: Vorbereitung auf den neuen Stoff – Darbietung des neuen Stoffs – Verknüpfung mit dem vorhandenen Wissen – Zusammenfassung des Gelernten – Anwendung auf praktische Beispiele. Daran anknüpfend hat der Psychologe Heinrich Roth (1906-1983) ein weitverbreitetes und wirkungsmächtiges Modell entwickelt, das die Schülerperspektive sehr viel stärker berücksichtigt: Stufe der Motivation – Stufe der Schwierigkeiten – Stufe der Lösung – Stufe des Tuns und Ausführens – Stufe des Behaltens und Einübens. Eine ganz pragmatische Strukturierung, die offen für verschiedene Arrangements ist, beschränkt sich auf die Unterscheidung von **Einstieg – Erarbeitung – Ergebnissicherung**. Demgegenüber sind in offenen Unterrichtsarrangements (Projekt, Vorhaben usw.) logischerweise nur allgemeine, nicht näher planbare Unterrichtsphasen vorgesehen, die für die durchgetaktete Organisation in Regelschulen keine Basis bilden können.

Fachdidaktische Artikulationsschemata orientieren sich oft an der Logik des geschichtswissenschaftlichen Erkenntnisprozesses, der idealtypisch von der Formulierung einer Fragestellung ausgeht. Die Suche nach geeigneten Quellen (Heuristik) und deren Bewertung (Quellenkritik) führt dann zur systematischen Auswertung (Analyse und Interpretation), woraufhin die so gewonnenen Erkenntnisse in einer Darstellung niedergelegt werden. Michael Sauer schlägt etwa die Schritte vor: Historische Frage – Untersuchung mit Materialien – Erklärung; Hans-Jürgen Pandel postuliert: Frage – Heuristik – Darstellung – Narrative Erklärung; Jelko Peters erweitert dies neuerdings durch die vorgeschaltete Begegnung mit dem Vergangenen: Kontingenzerfahrung – Historische Frage – Heuristik – Analyse und Deutung – Präsentation – Diskussion.

Nun folgt die geschichtswissenschaftliche Forschung selbst in der Praxis nicht konsequent diesem idealtypischen Vorgehen, sondern bewegt sich frei zwischen den verschiedenen Arbeitsschritten, weshalb solche Vorschläge zum einen die Gefahr der Erstarrung beinhalten. Wenn der gesamte Geschichtsunterricht, ja jede Geschichtsstunde nach dem gleichen Muster abläuft, einzelne Phasen sogar stets noch mit bestimmten Methoden kombiniert werden, kann dies schnell ermüdend wirken. Gleichwohl ist es sinnvoll die Logik geschichtswissenschaftlicher Forschung dem historischen Lernen zugrundzulegen und dies den Schülerinnen und Schülern auch bewusst zu machen, ohne jedoch in einen starren Schematismus zu verfallen. So kann etwa aus unkommentierten Materialien eine Fragestellung erst entwickelt werden oder ein Ergebnis auf die zugrunde liegende Fragestellung hin untersucht werden.

Zum anderen geht es im Geschichtsunterricht nicht nur um die Verengung des historischen Lernens auf die Erarbeitung neuer Erkenntnisse, sondern auch um eine umfassende und nachhaltige Auseinandersetzung mit Geschichte. Insofern scheint es, wie oben ausgeführt, überlegenswert, ausgehend von den Spezifika des historischen Lernens einzelne variabel einsetzbare **Typen von Lerneinheiten** zu unterscheiden, die für einzelne Unterrichtsphasen, ganze Unterrichtsstunden oder gar Unterrichtseinheiten prägend sind und eigenen Artikulationsschemata folgen können: **Thematische Einführung, Wissenserwerb, Methodeneinführung, Medienanalyse, Quellenkunde, Übung, Zusammenfassung, Wiederholung, Reflexion der Arbeitsergebnisse, Planung und Reflexion des Arbeitsprozesses.** Nicht das Artikulationsschema als solches gewährleistet das gelingende historische Lernen, sondern die inhaltliche Ausgestaltung des Lernprozesses.

Anhand des folgenden, weitverbreiteten Planungsrasters, das individuell angepasst werden kann, lassen sich zentrale Elemente der Unterrichtsplanung noch einmal zusammenfassend bestimmen, konkretisieren und weiterführen. Die tabellarische Anordnung der einzelnen Stundenelemente dient nicht nur der Übersichtlichkeit, sondern ermöglicht nach erfolgter Planung auch eine abschließende Reflexion, indem die einzelnen Spalten für sich betrachtet werden: Passt die zeitliche Planung? Ist die Rhythmisierung der Stunde gelungen? Ist der inhaltliche Aufbau schlüssig? Gibt es Abwechslung im methodischen Bereich? Ist die mediale Auswahl ausgewogen? usw.

Thema:				
ggf. Stundentyp:				
Name: Klasse: Datum, Zeit:				
Ziele/Kompetenzerwartungen:				
ZEIT	PHASE	VERLAUF	METHODEN	MEDIEN
Hausaufgabe:				
Bemerkungen:				

Abb. 53: Planungsraster (Beispiel)

Nach der Themenfindung ist es wichtig, sich über die Lernziele bzw. **Kompetenzerwartungen** klar zu werden, wobei beides durch die Bestimmung des Stundentyps geschärft werden kann. Waren Lernziele als Sollzustände zu formulieren, gibt es im Hinblick auf Kompetenzerwartungen noch keinen Konsens. Hilfreich ist es, möglichst genau zu beschreiben, was die Schülerinnen und Schüler tun sollen und dabei lernen können.

Wenn möglich soll die Stunde mit einem gelungenen **Einstieg** beginnen, der das Interesse der Kinder und Jugendlichen weckt, zum Thema hinführt und u. U. bereits erste Aspekte erschließt. Die Phase der **Erarbeitung** hängt dann vom jeweiligen Thema und vom Stundentyp ab. Eine Wiederholungsstunde erfordert ein anderes Vorgehen als eine Stunde zur Quellenkunde. Am Ende muss das **Ergebnis** der Stunde in irgendeiner Weise festgehalten werden. Auch dies kann auf vielfältige Weise geschehen: kurzer Lehrer- oder Schülervortrag, Transfer, Diskussion usw.

Sind die Themenfindung, der inhaltliche Aufbau und die verwendeten Medien zumeist fachbezogen, trifft dies für die Methodik nur bedingt zu, da im Geschichtsunterricht auch eine Vielzahl von fachunspezifischen Verfahrensweisen zum Einsatz kommen: Gruppenarbeit, Unterrichtsgespräch und Referat sind allgemeine Unterrichtsmethoden. Die fachspezifischen Methoden wie z. B. Quellenanalyse bilden nur einen Teil des historischen Lernens in der Schule und können wiederum auf vielfältige Art und Weise durchgeführt werden. Es zeigt sich: Bei einer genaueren Beschäftigung erweist sich die Unterrichtsvorbereitung als äußerst anspruchsvolle Herausforderung, die wesentlich über das Gelingen historischen Lernens entscheidet.

Unterrichtsauswertung

Im Hinblick auf die Qualität von Unterricht hat der Psychologe Andreas Helmke (*1945) ein Angebot-Nutzungs-Modell der Wirkungsweise von Unterricht entwickelt (Helmke, Unterrichtsqualität, 41ff.; Übersicht: 42). Er unterscheidet sechs „Erklärungsblöcke", nämlich die Lehrerpersönlichkeit, die Unterrichtsqualität, den Kontext des Lernprozesses, die individuellen Eingangsvoraussetzungen der Schülerinnen und Schüler, die Mediationsprozesse und Lernaktivitäten sowie die Wirkungen von Unterricht. Zentral ist dabei die dem Konstruktivismus verpflichtete Überlegung, dass sich die Wirkungen „nur auf dem Weg über individuelle Verarbeitungsprozesse" erklären lassen, mithin Unterricht ein Angebot darstellt, das von den Kindern und Jugendlichen individuell genutzt wird. Daher kommt es darauf an, im Geschichtsunterricht ein möglichst gutes Angebot zu präsentieren.

Ob Geschichtsunterricht tatsächlich gelungen, ja erfolgreich ist, lässt sich oft schwer entscheiden. Dies hängt zum einen davon ab, dass Unterricht je nach Perspektive ganz unterschiedlich wahrgenommen werden kann. Die Schüler sehen und erleben etwas anderes als die Lehrkraft; ein unbeteiligter Beobachter achtet wiederum auf andere Aspekte. Dies ist zum anderen darin begründet, dass es im Unterricht nicht nur ein Geschehen gibt, das nur verschieden wahrgenommen wird, sondern mehrere Geschehen, die zeitlich aufeinander folgen oder sogar gleichzeitig stattfinden. Zum dritten gibt es keinen Konsens darüber, was guten Geschichtsunterricht ausmacht, da die jeweils zugrunde liegenden Kriterien wiederum von weitreichenden Grundentscheidungen abhängen und sich historisch wandeln (Überblick bei Gautschi, Geschichtsunterricht, 89ff.).

Bereits in den 1970er-Jahren haben Hans-Jürgen Pandel (*1940) und Ulrich Mayer (*1941) folgende geschichtsdidaktische Kategorien zusammengestellt, die durch einzelne Aspekte näher charakterisiert werden:

- Bezogenheit der Geschichte auf die eigene Situation
- Methoden historischer Erkenntnis
- Entwicklungszusammenhang sozialer Zustände und Veränderungen in der Zeit
- Menschliches Handeln im fortschreitenden Prozess gesellschaftlicher Praxis.

Guter Geschichtsunterricht wäre demnach solcher, der auf diesen Kategorien beruht und sie den Kindern und Jugendlichen zugänglich macht. Daran wird erkennbar, dass es schon damals nicht um die Aneignung deklarativen Wissens ging, sondern vielmehr um historisches Denken.

Michael Sauer und Michele Barricelli (*1966) haben 2006 ein sehr umfangreiches Kriterienraster vorgelegt; die einzelnen Punkte werden dabei in folgenden Bereichen zusammengefasst:

- Thema
- Gegenwartsbezug
- Einstieg/Anbahnung der historischen Begegnung
- Geschichte untersuchen
- Geschichte kennen und deuten
- Perspektivität und Identität
- Unterrichtsstunde insgesamt.

So wird z. B. die Dimension „Einstieg/Anbahnung der historischen Begegnung" näher erläutert. Hier werden zwar beobachtbare Kriterien genannt, die für gelingenden Unterricht wichtig sind, doch handelt es sich eher um eine additive Zusammenstellung (Barricelli/Sauer, Geschichtsunterricht, 8):

„1. Die Lehrkraft motiviert die Schüler (durch Provokation, Kontroverse, kognitive Dissonanz usw.).

2. Die Lehrkraft formuliert eine ‚historische Frage' für die Stunde (Fixierung an der Tafel?).

3. Die Schüler formulieren eine ‚historische Frage' für die Stunde (Fixierung an der Tafel?).

4. Die Schüler planen selbst einen Untersuchungsweg zur Lösung der ‚historischen Frage'.

5. Die Schüler besorgen selbst Material zur Lösung der ‚historischen Frage'."

Der neueste Vorschlag stammt von Peter Gautschi (*1959), der ein außerordentlich differenziertes Modell vorstellt. Dabei formuliert er zu den drei zentralen Bereichen von Geschichtsunterricht „Lerngegenstand", „Prozessstruktur" und „Nutzung" insgesamt 15 Gütekriterien (Gautschi, Geschichtsunterricht, 101):

„Lerngegenstand (Inhalte, Themen, Medien)
1. Bedeutsames Thema
2. Thematisierung von menschlichem Handeln in gesellschaftlicher Praxis
3. Thematisierung von Veränderungen in der Zeit und von Entwicklungszusammenhängen
4. Sachrichtigkeit, Multiperspektivität, Kontroversität
5. Bezogenheit des Themas auf die Situation der Lernenden
6. Exemplarische und zielgruppenangepasste Repräsentationen von Geschichte

Prozessstruktur (Unterrichtsgestaltung durch die Lehrperson)
7. Sicherung einer effizienten Klassenführung und Zeitnutzung
8. Förderung eines unterstützenden Klassenklimas
9. Gewährleistung von anregenden, aktivierenden und angepassten Lerngelegenheiten
10. Schaffung von angemessener Klarheit und Strukturiertheit

Nutzung (Fachspezifisches Lernen der Schüler/innen)
11. Wahrnehmung von historischen Zeugnissen und von Veränderungen in der Zeit
12. Erschließung, Überprüfung und Darstellung von historischen Sachanalysen
13. Interpretation (Analyse und Deutung) von Geschichte
14. Orientierung, Sinnbildung über Zeiterfahrung und Werturteilsprüfung an Zeiterfahrung
15. Aneignung und Wiedergabe von Wissen über Vergangenes und Verständnis von Geschichte.“

Die Kriterien 11 bis 14 beziehen sich dabei unmittelbar auf das oben geschilderte Kompetenz-Modell Gautschis, nämlich Wahrnehmungskompetenz, Erschließungskompetenz, Interpretationskompetenz und Orientierungskompetenz. Darüber hinaus konkretisiert er die einzelnen Kriterien in beobachtbare Unterrichtselemente. So heißt es zu Punkt 11 (Gautschi, Geschichtsunterricht, 146):

> „a) Lernende erkennen in der eigenen Gegenwart und Umgebung Phänomene, Sachverhalte, Spuren, die in die Vergangenheit weisen.
> b) Lernende erkennen Veränderungen in der Zeit und Zeitdifferenzen: Sie unterscheiden Altes von Neuem.
> c) Lernende suchen und finden selber gezielt Materialien oder Menschen, die über die Vergangenheit Auskunft geben.
> d) Lernende stellen Fragen an die Vergangenheit und diskutieren Wege der Beantwortung.“

Ohne einzelne Aspekte zu diskutieren, wie z. B. die Stimmigkeit der begrifflichen Zusammenfassung in Punkt 4 oder die Trennschärfe der Punkte 12, 13 und 14, ist festzuhalten, dass das Raster eine interessante Zusammenstellung wichtiger Kriterien bietet. Dieses erlaubt es, eine gut *wahrgenommene* Unterrichtsstunde zu identifizieren, kann jedoch nicht entscheiden, ob die entsprechende Stunde auch tatsächlich gut *war*.

Probleme und Perspektiven

(1) Formulieren Sie Ihr zentrales Anliegen im Hinblick auf das historische Lernen in der Schule und erörtern Sie, inwieweit sich daraus eine bestimmte Art des Unterrichtens ergibt.
(2) Benennen Sie drei Merkmale schlechten Geschichtsunterrichts und erläutern Sie Ihre Entscheidung.
(3) Vergleichen Sie die Kriterienraster für guten Geschichtsunterricht und diskutieren Sie die einzelnen Aspekte.
(4) Gewichten Sie die einzelnen Kriterien und begründen Sie Ihre Entscheidung.
(5) Skizzieren Sie zu einem Thema Ihrer Wahl zwei verschiedene Unterrichtsarrangements. Wägen Sie die jeweiligen Vor- und Nachteile ab.

Literaturhinweise

Barricelli, Michele/Sauer, Michael: „Was ist guter Geschichtsunterricht?" Fachdidaktische Kategorien zur Beobachtung und Analyse von Geschichtsunterricht, in: GWU 57 (2006), S. 4-26 (*umfangreiches Kriterienraster zur Beurteilung von Geschichtsstunden*)

Baumgärtner, Ulrich: Unterrichtsvorbereitung, in: Praxis Geschichte 6/2014, S. I-IV (*Grundlage für die vorliegenden Ausführungen*)

Borries, Bodo von: Unterrichtsplanung – Artikulationsschemata – Lehrervorbereitung, in: Barricelli/Lücke, Handbuch, Bd. 1, S. 181-201 (*aktuelle Übersicht*)

Gautschi, Peter: Guter Geschichtsunterricht. Grundlagen, Erkenntnisse, Hinweise, Schwalbach/Ts. 2009, S. 31-101 (*überaus anregende Überlegungen zur Qualität von Geschichtsunterricht*)

Helmke, Andreas: Unterrichtsqualität erfassen, bewerten, verbessern, 7. Aufl., Seelze 2017 (*weitverbreitetes Standardwerk zum Thema*)

Meyer, Hilbert: Leitfaden Unterrichtsvorbereitung, Neuausgabe, 6. Aufl., Berlin 2014 (*weitverbreitetes Standardwerk aus allgemeindidaktischer Perspektive*)

Oswalt, Vadim: Planung von Unterrichtseinheiten. Wie man Geschichte (an)ordnen kann, Schwalbach (Ts.) 2016 (*knapper Aufriss*)

Pandel, Hans-Jürgen: Geschichtsdidaktik. Eine Theorie für die Praxis, Schwalbach/Ts. 2013, S. 361-430 (*lesenswerter problembewusster Überblick*)

Peters, Jelko: Geschichtsstunden planen, St. Ingbert 2014 (*hilfreiche praxisorientierte Einführung*)

Empirische Forschung in der Geschichtsdidaktik

Welche Wirkungen hat das historische Lernen? Welche Rolle spielen die außerschulischen Vermittlungsinstanzen? Welche Bedeutung hat der schulische Geschichtsunterricht? Für solche Fragen interessiert sich die empirische Forschung. Im Folgenden soll ein kleiner Einblick in dieses aktuelle und vielfältige Forschungsfeld gegeben werden.

Grundlagen empirischer Forschung in der Geschichtsdidaktik

Die Forschungen zum historischen Lernen können der empirischen Sozialforschung zugerechnet werden:

> „Unter Empirischer Sozialforschung wird allgemein eine Gesamtheit von Methoden, Techniken und Instrumenten zur wissenschaftlich korrekten Durchführung von Untersuchungen des menschlichen Verhaltens und weiterer sozialer Phänomen verstanden. [...] Gemeinsames Anliegen der Empirischen Sozialforschung ist die Sammlung von Erkenntnissen über die soziale Realität" (Häder, Sozialforschung, 20).

Der Anspruch ist es also, belastbares Wissen über gesellschaftliche Tatbestände, hier das historische Lernen im weitesten Sinne, zu erhalten. Dazu bedient man sich verschiedener Verfahren. Grundsätzlich lassen sich dabei quantitative und qualitative Methoden unterscheiden:

- **Quantitative Methoden** erheben, kurz gesagt, mit standardisierten Verfahren auf breiter Basis eine Vielzahl von Daten, die systematisch mit Hilfe statistischer Verfahren ausgewertet werden.
- **Qualitative Methoden** erheben mit Hilfe offener Verfahren auf vergleichsweise schmaler Basis Denk- und Wahrnehmungsweisen, die eingehend interpretiert werden.

Allerdings scheint der früher besonders betonte Gegensatz überwunden. Vielmehr verspricht **Triangulation**, also ein Vorgehen, bei dem verschiedene Methoden auf einen Sachverhalt angewendet werden, besonders aussagekräftige Ergebnisse. Der Psychologe Carlos Kölbl (*1973) hält zur Erforschung historischen Lernens Interviews, Gruppendiskussionen, Beobachtung, schriftliche Zeugnisse, Fragebögen, Tests und Experimente für besonders gut geeignet, die mit dem entsprechenden Instrumentarium ausgewertet werden können (Kölbl, Zugänge).

Qualitätskriterien sind dabei (Häder, Sozialforschung, 108ff.):

- **Objektivität** bezeichnet die Unabhängigkeit der Untersuchung vom Durchführenden. „Objektivität liegt damit vor, wenn verschiedene Personen bei einer Untersuchung dieselben Ergebnisse erzielen."
- **Reliabilität** bezeichnet die innere Stimmigkeit der Untersuchung und die Verlässlichkeit der Testinstrumente. „Unter Reliabilität beziehungsweise Zuverlässigkeit [...] versteht man ein Maß für die Reproduzierbarkeit der Messergebnisse."
- **Validität** bezeichnet die Aussagekraft der Ergebnisse für die zu untersuchenden sozialen Tatsachen.

Diese Standards entwickelten sich im Zuge der empirischen Wende der Psychologie und Pädagogik in den 1960er-Jahren und wurden dann auch in der Geschichtsdidaktik rezipiert. Der Geschichtsdidaktiker Wolfgang Hasberg (*1961) hat 2001 einen zweibändigen Überblick über die empirischen Forschungen in der Geschichtsdidaktik vorgelegt, der auch als Handbuch für die einschlägigen Arbeiten benutzt werden kann (Hasberg, Forschung). Dabei ergeben sich als wichtige Stationen:

- Nach ersten Forschungen in den 1920er- und 1930er-Jahren gab es in den 1950er-und 1960er-Jahren Untersuchungen zum Geschichtsbewusstsein Jugendlicher. Sie interessierten sich in entwicklungspsychologischer Perspektive für die Ausbildung von Geschichtsvorstellungen. Sie blieben eher vereinzelt und traten in den Hintergrund, als die Psychologie sich selbst als empirische Wissenschaft neu positionierte.
- Nach der Wende der Geschichtsdidaktik von der Didaktik des Geschichtsunterrichts zur Wissenschaft vom Geschichtsbewusstsein bzw. vom historischen Lernen, wurden verschiedentlich Untersuchungen durchgeführt. Die Ergebnisse blieben oft punktuell; auch lag das Interesse mehr auf den Geschichtsvorstellungen von Kindern und Jugendlichen und weniger auf Prozessen der schulischen Vermittlung.
- Epoche machend waren die breit angelegten und repräsentativen Untersuchungen von Bodo von Borries in den 1980er- und 1990er-Jahren, die erstmals einen validen Überblick über verschiedene Aspekte des Geschichtsbewusstseins Jugendlicher – auch im internationalen Kontext – boten.
- Im Zuge des PISA-Schocks erlebte die Unterrichtsforschung insgesamt einen Aufschwung. Diese konzentrierte sich zunächst auf andere Fächer, wie z. B. Mathematik, regte aber auch die empirische Forschung in der Geschichtsdidaktik an. Allerdings widmete sich die Geschichtsdidaktik vor allem der Entwicklung von Kompetenzmodellen.
- Seitdem wurden insbesondere neue Untersuchungsdesigns erprobt: Weniger breit angelegte quantitative Untersuchungen als vielmehr eng begrenzte qualitativ angelegte Studien standen nun – nicht zuletzt auch aufgrund finanzieller Gründe – im Zentrum entsprechender Forschungen. Die eingehende Analyse

von Interviews mit ausgewählten Jugendlichen zu ihren Geschichtsvorstellungen und ihren Unterrichtserfahrungen sowie die Auswertung videografierter Unterrichtsstunden erfreuen sich großer Beliebtheit. Neuerdings befeuert die so genannte Hattie-Studie die Diskussion. Der neuseeländische Pädagoge John Hattie (*1950) wertete 50000 Einzeluntersuchungen aus, identifizierte 138 Einflussfaktoren und bestimmte deren Wirksamkeit.

Den aktuellen Stand resümiert Gautschi, indem er die verschiedenen Untersuchungen vornehmlich nach ihrem Gegenstandsbereich, ihrer Zielsetzung und nach ihrem Vorgehen typisiert (Gautschi, Geschichtsunterricht). Er unterscheidet:

- **Phänomenforschung**, die die verschiedenen Aspekte von Unterrichtsrealität möglichst genau zu beschreiben versucht.
- **Ergebnisforschung**, die gezielt nach den durch den Unterricht erzielten Lernerfolgen fragt.
- **Wirkungsforschung**, die untersucht, welche Faktoren zum Gelingen von Unterricht beitragen.
- **Interventionsforschung**, die, ausgehend von theoretischen Überlegungen, modellhafte Lerneinheiten entwirft und deren Wirkung überprüft.
- **Forschung zu historischem Denken und Lernen**, die, jenseits des historischen Lernens in der Schule, das Geschichtsbewusstsein von Kindern und Jugendlichen, aber auch von Erwachsenen untersucht.

In ihrem knappen Überblick konstatieren Michele Barricelli und Michael Sauer eine „massive Zunahme“ einschlägiger Untersuchungen, wobei es sich zumeist um „qualitative, nicht hypothesengeleitete, sondern exploratorisch und rekonstruktiv ausgerichtete Studien“ handele (Barricelli/Sauer, Lehr-Lernforschung, S. 194). Diese konzentrieren sich demnach auf das Geschichtsbewusstsein und seine individuelle Entwicklung, auf narrative Strukturen und Prozesse der Sinnbildung, auf Teilkompetenzen historischen Denkens, auf Unterrichtsprozesse, auf den Umgang mit bestimmten Medien des historischen Lernens und auf das außerschulische Geschichtslernen.

Dabei ist zu bedenken, dass viele empirische Untersuchungen, etwa aus dem Bereich der Psychologie und Pädagogik, der Soziologie und Politologie sowie Meinungsumfragen zu verschiedenen Themen interessante Aufschlüsse sowohl für die Beschaffenheit des Geschichtsbewusstseins als auch für das historische Lernen in der Schule liefern können. Gleichwohl konstatierte Wolfgang Hasberg 2007 die „Inkohärenz der Erkenntnisinteressen“, die „Disparität der Forschungsmethoden“ und die „Diffusion der Befunde“ (Hasberg, Schatten, 9). Angesichts der Vielzahl von Einzeluntersuchungen, die inzwischen vorliegen, ist eine resümierende Zusammenschau in diesem Rahmen nicht möglich. Einschlägige Sammelbände und Themenhefte geschichtsdidaktischer Zeitschriften vermitteln hier einen interessanten Einblick. Exemplarisch sollen abschließend zwei Untersuchungen näher vorgestellt werden.

Zwei ausgewählte Beispiele empirischer Untersuchungen

Bodo von Borries: Das Geschichtsbewusstsein Jugendlicher (1995)

Epochemachend war die Studie des Hamburger Geschichtsdidaktikers Bodo von Borries (*1943) aus den frühen 1990er Jahren, da erstmalig mit Hilfe quantitativer Methoden das „Geschichtsbewusstsein Jugendlicher" – so der Titel der Studie – repräsentativ erforscht wurde (Borries, Geschichtsbewusstsein). In der sich anschließenden internationalen Vergleichsstudie wurde dieses Bild im Wesentlichen bestätigt (Borries, Jugend). Seitdem gab es keine vergleichbare Untersuchung. Historischer Hintergrund war die deutsche Einigung 1990, die die Frage provozierte, ob und inwieweit sich das Geschichtsbewusstsein von Jugendlichen in West- und Ostdeutschland durch die voneinander abweichende Sozialisation und insbesondere den Einfluss des jeweiligen Schulsystems unterscheidet. Dazu wurden insgesamt knapp 6500 Schülerinnen und Schüler (sowie ihre Lehrkräfte) mit Hilfe eines breit angelegten Fragebogens in drei Untersuchungsgebieten befragt: in den damals „neuen Bundesländern", in Nordrhein-Westfalen sowie in Bayern und Baden-Württemberg. Die Ost-West-Verteilung ergab sich aus dem unmittelbaren Anlass der Untersuchung. Aus forschungspraktischen Gründen – der Kulturföderalismus erschwert bundesweite Untersuchungen – erfolgte eine Konzentration auf bevölkerungsreiche Bundesländer. Zudem versprach die Auswahl eines über Jahrzehnte SPD-regierten und zweier ebenso lang CDU/CSU-regierter Bundesländer Aufschlüsse über die Auswirkungen der jeweiligen Bildungspolitik. Ausgewählt wurden Schülerinnen und Schüler der sechsten, neunten und zwölften Jahrgangsstufe. Die Jüngsten haben noch keinen schulischen Geschichtsunterricht erfahren, ihr Geschichtsbewusstsein ist mithin auf außerschulische Einflussfaktoren zurückzuführen. Nach der neunten Klasse haben die Jugendlichen das schulische Pflichtprogramm absolviert, während nach der zwölften kein schulisches Geschichtslernen mehr erfolgt.

Der Fragebogen enthält neben den üblichen sozialstatistischen Angaben vielfältige Fragen zu verschiedenen Aspekten des Geschichtsbewusstseins. Die aufwändige Analyse einzelner sowie kombinierter Items erbrachte dann eine Reihe interessanter Ergebnisse (Borries, Geschichtsbewusstsein, 9; ausführlicher 345ff.):

„1. Ost- und westdeutsche Jugendliche denken 1992 fast identisch über Geschichte, nur bevorzugen die einen für die Zeit des gespaltenen Deutschland 1949-1989 die DDR, die anderen die BRD.
2. Geschlecht, Schulform und Parteipräferenz verursachen in vielen Fällen größere Differenzen als der frühere Systemgegensatz.
3. Geschichtslehrer(innen) in beiden Landesteilen unterscheiden sich in ihren geschichtswissenschaftlichen und geschichtsdidaktischen Konzeptionen viel stärker als die Lernenden.
4. Konkrete Einflüsse der Lehrenden und ihrer Unterrichtsformen auf die Leistungen und Einstellungen der Lernenden lassen sich nur in geringer Stärke nachweisen.
5. Der fachspezifische Lernfortschritt besteht im wesentlichen im Erwerb bescheidener Kenntnisse und Fertigkeiten, vor allem aber der Übernahme gesellschaftlich anerkannter Konventionen über historische Deutungen, Erklärungsmuster und Denkoperationen.
6. Die Forderung nach ‚Fremdverstehen', einer zentralen Kompetenz historischen Erkennens, bildet zwar normativ eine ‚kulturelle Selbstverständlichkeit' der jungen Deutschen; ihre praktische Ausübung wird jedoch im Verlauf der Sozialisation von den Jugendlichen nicht zunehmend eingelöst, sondern zunehmend ausgelöscht."

Jenseits der damaligen historischen Situation ist bemerkenswert, dass der schulische Einfluss (4.) gering zu veranschlagen ist und dass das schulische Lernen entgegen der geschichtsdidaktischen Programmatik eher konventionelles Wissen in bescheidenem Umfang (5.) erbringt und die Ausbildung eines kritischen Geschichtsbewusstseins eher nicht fördert (6.). Inwieweit diese enttäuschenden Ergebnisse heute noch gelten, lässt sich wegen fehlender aktueller Studien schlecht entscheiden. Bodo von Borries forderte damals (Borries, Geschichtsbewusstsein, 411ff.):

- „Elementarisierung von Lernschritten"
- „Intensivierung von Methoden"
- „Förderung von Fremdverstehen" und
- „Stimulierung von Reflexivität".

Nach der internationalen Folgeuntersuchung konkretisierte er diese Forderungen (Borries, Jugend, 387ff.):

1. Förderung des „Fremdverstehens"
2. Betonung von Mulitperspektivität, Kontroversität und Pluralität von Geschichtspräsentationen
3. Verstärkte Bemühungen, von Gegenwartsbezügen und Orientierungsbedürfnissen der Schüler auszugehen
4. Erweiterung des bisherigen Medienspektrums
5. Reflexion des Erkenntnisprozesses und Bewusstmachung der angewandten Sinnbildungsfiguren

6. Erhöhte Transparenz der Lernziele
7. Berücksichtigung der Geschlechtsspezifik
8. Einbeziehung multikultureller Deutungen
9. Berücksichtigung des Entwicklungsalters
10. Schrittweiser Kompetenzenaufbau.

Dies bedeutet eine Schärfung des Profils des Geschichtsunterrichts im Blick auf die zentralen Ziele (1.-3.), die Differenzierung der Lernarrangements (4., 7.-10.) und die verstärkte Reflexion des Lernprozesses selbst (5.-6.). Auch wenn diese Folgerungen zwar auf den Untersuchungsergebnissen beruhen, aber keine zwingende Konsequenz daraus sein können, zeigen sie doch, welche Bedeutung Ergebnisse empirischer Untersuchungen für den konkreten Geschichtsunterricht haben können.

Peter Gautschi: Guter Geschichtsunterricht (2009)

Einen anderen Weg beschritt der Schweizer Geschichtsdidaktiker Peter Gautschi (*1959). Ausgehend von seinem Kompetenzmodell und den bereits vorgestellten Gütekriterien von Geschichtsunterricht widmete er sich der Analyse von Einzelstunden. Insgesamt 41 solcher „Geschichtslektionen" wurden aufgezeichnet und ausgewertet. Daran schloss sich eine Befragung der Schüler, der Lehrkräfte sowie von Experten an, wozu die von Gautschi entwickelten Gütekriterien herangezogen wurden. Es zeigte sich, dass nur fünf Stunden von allen Befragten als „gut" bewertet wurden. Eine genaue Analyse zeigte dann, welche Gütekriterien in welchem Ausmaß erfüllt wurden. Dieses Güteprofil bezog sich auf „Lerngegenstand", „Prozessstruktur" und „Nutzung", in denen die insgesamt 15 Kriterien zusammengefasst sind. Hervorzuheben ist, dass die von allen Gruppen als gut erachteten Stunden ganz unterschiedlich gestaltet waren und auch nicht alle Gütekriterien erfüllten. Sie zeichneten sich aber dadurch aus, dass sie in vielen Bereichen überdurchschnittlich waren. Insbesondere wählten sie schülerbezogene Themen und boten anregende Lernarrangements:

> „Gute Geschichtslektionen sind dadurch charakterisiert, dass sie bei den beiden Gütekriterien „Bezogenheit des Themas auf die Situation der Lernenden" und „Gewährleistung von anregenden, aktivierenden und angepassten Lerngelegenheiten" mit „gut" oder „sehr gut" beurteilt werden. Diese beiden Kriterien können aufgrund der vorliegenden explorativen Arbeit mit der gebotenen Vorsicht als *Schlüsselfaktoren* für gute Geschichtslektionen bezeichnet werden" (Gautschi, Geschichtsunterricht, 243; Herv. i. Orig.).

Allerdings bleibt festzuhalten, dass Gautschi bei seiner Untersuchung, genau genommen, nicht guten Geschichtsunterricht, sondern als gut wahrgenommenen

Geschichtsunterricht untersucht. Eine Nachbetrachtung der untersuchten vorbildlichen Stunden fällt dabei zwiespältig aus, da die einzelnen Gütekriterien durchaus unterschiedlich interpretiert werden können. So lässt sich darüber streiten, ob diese im konkreten Fall tatsächlich realisiert wurden. Aufschlussreich ist in diesem Zusammenhang auch ein Experiment, bei dem namhafte Geschichtsdidaktiker dieselbe Stunde begutachteten (Meyer-Hamme u.a., Geschichtsunterricht). Da diese mit wenig Sorgfalt ausgewählt wurde und deutliche Schwächen aufwies, war die ablehnende bis vernichtende Kritik relativ einhellig, offenbarte in der konkreten Analyse doch klar voneinander abweichende Beurteilungskriterien. Diese Divergenzen würden sich vermutlich bei einer vermeintlich gelungenen Stunde noch sehr viel deutlicher zeigen.

Auch Gautschi beschränkt sich nicht auf die Vorstellung der Ergebnisse, sondern leitet daraus eine Reihe von Empfehlungen für den Geschichtsunterricht ab (Gautschi, Geschichtsunterricht, 265ff.):

- „Schülerinnen und Schüler sollen eine Vorstellung aufbauen, was Historisches Lernen ist, wozu es dient und wie man es erfolgreich praktiziert."
- „Lernende sollen über Geschichtsunterricht nachdenken und darüber reden."
- „Lehrende sollen Historisches Lernen mittels fachspezifisch bedeutsamer Lernaufgaben ermöglichen, die einen Bezug zu den Lernenden anbieten und sie zu einem historischen Erzählen anregen."
- „Lehrende sollen im Geschichtsunterricht das Thema auf die Situation der Lernenden beziehen."
- „Curriculumverantwortliche sollen für den Geschichtsunterricht *Opportunity-to-learn-Standards* definieren." Dabei geht es nicht um die Festlegungen von Lerninhalten oder zu erreichenden Kompetenzstufen, sondern um die Formulierung von „Lerngelegenheiten", die den Schülerinnen und Schüler geboten werden und mit denen sie sich auseinandersetzen.
- „Lehrende der Lehrerbildung sollen gemeinsam mit Studierenden und Lehrpersonen der Zielstufen [d.h. Schularten] Lernumgebungen für Historisches Lernen entwickeln, ausprobieren, erforschen und verbessern."

Bemerkenswert ist hier zum einen, dass der Reflexion des Lernprozesses und des Sinns von Geschichtslernen überhaupt zentrale Bedeutung zugesprochen wird, zum zweiten, dass die Lebenswelt der Schülerinnen und Schüler konsequent berücksichtigt wird, und zum dritten, dass offene Lernarrangements („Lerngelegenheiten") im Mittelpunkt des Geschichtsunterrichts stehen sollen.

Probleme und Perspektiven

(1) Wählen Sie eine empirische Untersuchung aus und charakterisieren Sie das Vorhaben mit Hilfe grundlegender Begriffe der empirischen Sozialforschung.
(2) Erörtern Sie die Schwierigkeiten, die sich bei der Erforschung konkreten Unterrichts ergeben.
(3) Diskutieren Sie mögliche Einwände gegen die Untersuchung von Bodo von Borries.
(4) Diskutieren Sie mögliche Einwände gegen die Untersuchung von Peter Gautschi.
(5) Fassen Sie die zentralen Ergebnisse der PISA-Studie zusammen und erörtern Sie, welche Konsequenzen sich daraus für den Geschichtsunterricht ergeben.
(6) Informieren Sie sich über die Hattie-Studie und und erörtern Sie, welche Konsequenzen sich daraus für den Geschichtsunterricht ergeben.

Literaturhinweise

Arand, Tobias/Seidenfuß, Manfred (Hrsg): Neue Wege – neue Themen – neue Methoden? Ein Querschnitt aus der geschichtsdidaktischen Forschung des wissenschaftlichen Nachwuchses, Göttingen 2014 (*Sammelband mit verschiedenen Einzelvorhaben*)

Barricelli, Michele/Sauer, Michael: Empirisch Lehr-Lernforschung im Fach Geschichte, in: Weißeno, Georg/Schelle, Carla (Hg.): Empirische Forschung in gesellschaftswissenschaftlichen Fachdidaktiken, Wiesbaden 2015, S. 185-200 (*knapper Überblick über den Forschungsstand*)

Borries, Bodo v.: Das Geschichtsbewußtsein Jugendlicher. Eine repräsentative Untersuchung über Vergangenheitsdeutungen, Gegenwartswahrnehmungen und Zukunftserwartungen von Schülerinnen und Schülern in Ost- und Westdeutschland, Weinheim/München 1995 (*Epochemachende Untersuchung*)

Borries, Bodo v.: Jugend und Geschichte. Ein europäischer Kulturvergleich aus deutscher Sicht, Opladen 1999 (*internationale Vergleichsstudie*)

Fenn, Monika (Hg.): Frühes historisches Lernen. Projekte und Perspektiven empirischer Forschung, Schwalbach (Ts.) 2018 (*Sammelband mit verschiedenen Untersuchungen*)

Gautschi, Peter: Geschichtsunterricht erforschen – eine aktuelle Notwendigkeit, in: ders. u. a. (Hg.): Geschichtsunterricht heute. Eine empirische Analyse ausgewählter Aspekte, Bern 2007, S. 21-59 (*kompakter Überblick*)

Gautschi, Peter: Guter Geschichtsunterricht. Grundlagen, Erkenntnisse, Hinweise, Schwalbach (Ts.) 2009 (*anregende Studie*)

Günther-Arndt, Hilke/Sauer, Michael: Empirische Forschung in der Geschichtsdidaktik. Fragestellungen – Methoden – Erträge, in: dies. (Hg.): Geschichtsdidaktik

empirisch. Untersuchungen zum historischen Denken und Lernen, Berlin 2006, S. 7-28 (*kompakter Überblick*)
GWU-Themenhefte zur empirischen Forschung, Hefte 5-6/2003; 12/2007; 9-10/2010
Häder, Michael: Empirische Sozialforschung. Eine Einführung, 2. Aufl., Wiesbaden 2010 (*aktuelle Einführung*)
Hasberg, Wolfgang: Im Schatten von Theorie und Pragmatik Methodologische Aspekte empirischer Forschung in der Geschichtsdidaktik, in: ZfGD 2007, S. 9-40 (*kritische Bestandsaufnahme*)
Hasberg, Wolfgang: Empirische Forschung in der Geschichtsdidaktik – Nutzen und Nachteil für den Geschichtsunterricht, 2 Bde., Neuried 2001 (*breit angelegtes Standardwerk*)
Hasberg, Wolfgang: Nutzen und Nachteil empirischer Forschung für den Geschichtsunterricht, in: Internationale Schulbuchforschung 23 (2001), S. 379-396 (*knapper Überblick*)
Hattie, John: Lernen sichtbar machen, Baltmannsweiler 2013 (*öffentlich breit diskutierte Untersuchung*)
Hodel, Jan/Ziegler, Béatrice (Hg.): Forschungswerkstatt Geschichtsdidaktik 07. Beiträge zur Tagung „geschichtsdidaktik empirisch 07", Bern 2009 (*interessante Zusammenstellung verschiedener Untersuchungen*)
Hodel, Jan/Ziegler, Béatrice (Hg.): Forschungswerkstatt Geschichtsdidaktik 09. Beiträge zur Tagung „geschichtsdidaktik empirisch 09", Bern 2011 (*interessante Zusammenstellung verschiedener Untersuchungen*)
Hodel, Jan u. a. (Hrsg.): Forschungswerkstatt Geschichtsdidaktik 12. Beiträge zur Tagung „geschichtsdidaktik empirisch 12", Bern 2013 (*interessante Zusammenstellung verschiedener Untersuchungen*)
Kölbl, Carlos: Qualitative und quantitative Zugänge in der Erforschung historischen Lernens: Potenziale und Grenzen, in: GWU 61 (2010), S. 476-487 (*Überblick über verschiedene Methoden*)
Köster, Manuel/Thünemann, Holger: Geschichtsdidaktische Forschung im Schatten von PISA, in: zdg 2/2015, S. 34-55 (*aktueller Forschungsüberblick*)
Meyer-Hamme, Johannes u. a. (Hg.): Was heißt guter Geschichtsunterricht? Perspektiven im Vergleich, Schwalbach/Ts. 2012 (*Analyse einer Geschichtsstunde aus dem Blickwinkel verschiedener Geschichtsdidaktiker*)
Pisa-Studien: http://www.oecd.org/berlin/themen/pisa-studie/
Thünemann, Holger/Zülsdorf-Kersting, Meik (Hg.): Methoden geschichtsdidaktischer Unterrichtsforschung, Schwalbach (Ts.) 2016 (*Überblick über verschiedene Forschungsmethoden*)
Waldis, Monika/Ziegler, Béatrice (Hg.): Forschungswerkstatt Geschichtsdidaktik 15. Beiträge zur Tagung „geschichtsdidaktik empirisch 15", Bern 2017 (*neuester Band aus der Reihe mit aktuellen Forschungsvorhaben*)
ZfGD-Themenheft „Geschichtsdidaktische empirische Forschung", 2007

Namenregister

(nicht vermerkt sind Literaturangaben)

utb.
Helga Esselborn-Krumbiegel
Tipps und Tricks bei Schreibblockaden
STARK
FÜRS STUDIUM